燃烧吧!大脑

——逻辑思维游戏——

8~15岁
第1辑 ①

[西]米葵尔·卡博 ◎ 著　李煜 ◎ 译

青岛出版集团 | 青岛出版社

图书在版编目（CIP）数据

燃烧吧!大脑. 8-15岁. 第1辑. 1, 逻辑思维游戏 /
(西) 米葵尔·卡博著；李煜译. -- 青岛：青岛出版社, 2019.4
ISBN 978-7-5552-8062-0

Ⅰ. ①燃… Ⅱ. ①米… ②李… Ⅲ. ①智力游戏—少年读物 Ⅳ. ①G898.2

中国版本图书馆CIP数据核字(2019)第041427号

365 enigmas y juegos de lógica: Pon a prueba tus neuronas
© 2012, Miquel Capó Dolz
© 2012, illustrations by Intercastilla
© 2012, Penguin Random House Grupo Editorial, S.A.U.
Travessera de Gràcia, 47-49. 08021 Barcelona
The simplified Chinese translation rights arranged through Rightol Media
（本书中文简体版权经由锐拓传媒旗下小说取得 Email.copyright@rightol.com）

山东省版权局著作权合同登记号 图字：15-2019-106

书　　名	燃烧吧！大脑（8~15岁）第1辑 RANSHAO BA DANAO（8-15 SUI） DI-1 JI	
分 册 名	逻辑思维游戏 LUOJI SIWEI YOUXI	
著　　者	[西] 米葵尔·卡博	
译　　者	李　煜	
出版发行	青岛出版社	
社　　址	青岛市海尔路182号（266061）	
本社网址	http://www.qdpub.com	
邮购电话	0532-68068091	
策划编辑	刘海波　周鸿媛	
责任编辑	刘百玉　曲　静	
封面设计	胡椒書衣	
照　　排	青岛乐道视觉创意设计有限公司	
印　　刷	青岛北琪精密制造有限公司	
出版日期	2019年4月第1版　2023年1月第7次印刷	
开　　本	32开（890mm×1240mm）	
印　　张	27.5	
字　　数	700千	
书　　号	ISBN 978-7-5552-8062-0	
定　　价	168.00元（全5册）	

编校质量、盗版监督服务电话　4006532017　0532-68068050

准备好接受挑战了吗?

开始行动吧……

Contents 目录

1. 你觉得呢（1） / 1
2. 寻找三角形（1） / 1
3. 迷你数独（1） / 2
4. 半个洞 / 2
5. 隐藏的信息 / 3
6. 七巧板（1） / 3
7. 不一样的图案（1） / 4
8. 樱桃蛋糕（1） / 4
9. 青蛙跳棋（1） / 5
10. 网格（1） / 6
11. 两个瓶子（1） / 6
12. 拼图 / 7
13. 加减乘除（1） / 7
14. 正方形里的正方形 / 8
15. 需要多少筷子（1） / 8
16. 神秘的箱子（1） / 9
17. 九宫格（1） / 9
18. 一笔画（1） / 10
19. 切割正方形 / 10
20. 数字三角形 / 11
21. 桑切斯的家 / 11
22. 切蛋糕 / 12
23. 平均分（1） / 12
24. 父亲的遗产 / 13
25. 汤里有苍蝇 / 13
26. 比大小（1） / 14
27. 你觉得呢（2） / 14
28. 胡安和佩德罗的硬币 / 15
29. 说谎话的学生和说实话的学生 / 15
30. 让天平平衡（1） / 16
31. 女孩多大了 / 16
32. 寻找正方形（1） / 17
33. 字母序列 / 17
34. 停车（1） / 18
35. 刚好12分钟 / 19

36. 鸡蛋七巧板 / 19

37. 牧羊人和羊 / 20

38. 比大小（2） / 20

39. 移树 / 21

40. 这合法吗 / 21

41. 一笔画（2） / 22

42. 分蛋糕 / 22

43. 七巧板（2） / 23

44. 多少个橙子 / 23

45. 需要多少筷子（2） / 24

46. 划分小怪兽 / 24

47. 消失的筷子（1） / 25

48. 两位理发师 / 25

49. 佩雷斯的家 / 26

50. 商人和链条 / 26

51. 六枚鸡蛋 / 27

52. 三角形中的三角形 / 27

53. 没有开灯的汽车 / 28

54. 真的假的 / 28

55. 不一样的图案（2） / 29

56. 不是双胞胎 / 29

57. 组成立方体 / 30

58. 50减2 / 30

59. 多少钱 / 31

60. 几点钟（1） / 31

61. 母鸡下蛋 / 32

62. 天平和糖 / 32

63. 你觉得呢（3） / 33

64. 七巧板（3） / 33

65. 猫有九条命 / 34

66. 箱子中的箱子 / 34

67. 十六宫格（1） / 35

68. 士兵、男孩和船 / 35

69. 苍蝇和蜘蛛的决斗 / 36

70. 缺失的图案（1） / 36

71. 我的年龄 / 37

72. 移硬币 / 37

73. 九宫格（2） / 38

74. 超过第二名 / 38

75. 湖上的鸭子 / 39

76. 数字迷阵（1） / 39

77. 迷你数独（2） / 40

78. 体育运动 / 40

79. 网格（2） / 41

80. 楼梯在下沉 / 41

81. 黑白游戏（1） / 42

82. 神秘的打伞人 / 42

83. 三位朋友，三种职业，三个爱好 / 43

84. 等于650 / 43

85. 你觉得呢（4） / 44

86. 笔和笔帽 / 44

87. 数字迷阵（2） / 45

88. 铺瓷砖 / 45

89. 越过网格 / 46

90. 两个瓶子（2） / 47

91. 德摩卡的年龄 / 47

92. 三顶帽子 / 48

93. 寻找三角形（2） / 48

94. 神秘的箱子（2） / 49

95. 平均分（2） / 49

96. 移火柴（1） / 50

97. 猎人和鸟 / 50

98. 失事飞机之谜 / 51

99. 寻找正方形（2） / 51

100. 公牛农场 / 52

101. 糖果袋 / 52

102. 黑白游戏（2） / 53

103. 多余的数字（1） / 53

104. 不完整的砖块 / 54

105. 骰子（1） / 54

106. 我的狗 / 55

107. 七巧板（4） / 55

108. 神奇的星星（1） / 56

109. 加减乘除（2） / 56

110. 分割马蹄铁 / 57

111. 1~9 / 57

112. 连一连（1） / 58

113. 郊游 / 58

114. 迷你数独（3） / 59

115. 消失的火柴 / 59

116. 八面体（1） / 60

117. 神奇的星星（2） / 61

118. 飞镖游戏（1） / 61

119. 喂猪 / 62

120. 立方体涂色 / 62

121. 停车（2） / 63

122. 一对数字 / 63

123. 两个瓶子（3） / 64

124. 三个5 / 64

125. 单行隧道之谜 / 65

126. 立方体中的立方体 / 65

127. 等于24 / 66

128. 一笔画（3） / 66

129. 猜谜语（1） / 67

130. 你觉得呢（5） / 67

131. 九宫格（3） / 68

132. 玛丽亚、胡安和玛塔的年龄 / 68

133. 倾斜屋顶之谜 / 69

134. 盒子和苹果 / 69

135. 数字序列（1） / 69

136. 巴塞罗那和马德里之间的火车 / 70

137. 玛塔的糖果 / 70

138. 花生和榛子 / 70

139. 加减乘除（3） / 71

140. 飞镖游戏（2） / 71

141. 樱桃蛋糕（2） / 72

142. 镇上的农场 / 72

143. 让天平平衡（2） / 73

144. 寻找三角形（3） / 73

145. 排列盒子 / 74

146. 向左看的牛 / 74

147. 照片之谜 / 75

148. 电线杆和树 / 75

149. 七巧板（5） / 76

150. 不准时的时钟 / 76

151. 青蛙跳棋（2） / 77

152. 猜谜语（2） / 77

153. 胡安的糖果 / 78

154. 胡安的药 / 78

155. 切割立方体 / 79

156. 迷你数独（4） / 79

157. 找出假硬币 / 80

158. 电话号码 / 80

159. 父母、儿子和孙子 / 81

160. 猜谜语（3） / 81

161. 三角形的边 / 81

162. 数字序列（2） / 81

163. 吃蛋糕 / 82

164. 加减乘除（4） / 82

165. 迷你数独（5） / 83

166. 一笔画（4） / 83

167. 九宫格（4） / 84

168. 汽车之谜 / 84

169. 你觉得呢（6） / 85

170. 寻找正方形（3） / 85

171. 罗马广场 / 86

172. 右手之谜 / 86

173. 相同的笔 / 87

174. 窗户 / 87

175. 彩色立方体 / 88

176. 等于40 / 88

177. 消失的筷子（2） / 89

178. 水果运算（1） / 89

179. 八面体（2） / 90

180. 数字序列（3） / 90

181. 七巧板（6） / 91

182. 平均分（3） / 91

183. 神奇的星星（3） / 92

184. 樱桃蛋糕（3） / 92

185. 一笔画（5） / 93

186. 寻找正方形（4） / 93

187. 分比萨（1） / 94

188. 你觉得呢（7） / 94

189. 六格数独（1） / 95

190. 五个好朋友 / 95

191. 连一连（2） / 96

192. 网球比赛 / 96

193. 加减乘除（5） / 97

194. 星期日 / 97

195. 骰子（2） / 98

196. 几点钟（2） / 98

197. 捆盒子 / 99

198. 等分三角形 / 99

199. 七巧板（7） / 100

200. 双金字塔 / 100

201. 加减乘除（6） / 101

202. 猜谜语（4） / 101

203. 让天平平衡（3） / 102

204. 蚂蚁爬行 / 102

205. 数字网格（1） / 103

206. 粉刷立方体（1） / 103

207. 奇特的年龄 / 104

208. 数字序列（4） / 104

209. 五个奇数 / 104

210. 三角形和正方形 / 104

211. 神秘旅馆 / 105

212. 十六宫格（2） / 105

213. 寻找正方形（5） / 106

214. 你觉得呢（8） / 106

215. 怪兽迷宫 / 107

216. 一笔画（6） / 108

217. 连一连（3） / 108

218. 潜伏者（1） / 109

219. 你觉得呢（9） / 109

220. 加减乘除（7） / 110

221. 五枚硬币 / 110

222. 照亮黑暗 / 111

223. 瓶子分类 / 111

224. 四个朋友，四项运动 / 112

225. 买苹果 / 112

226. 三兄弟 / 113

227. 数字藤蔓（1） / 113

228. 神奇的星星（4） / 114

229. 分割三角形 / 114

230. 赛跑 / 115

231. "MATES"连写 / 115

232. 多米诺骨牌 / 116

233. 寻找三角形（4） / 116

234. 缺失的图案（2） / 117

235. 数字迷宫 / 117

236. 移火柴（2） / 118

237. 弹跳的球 / 118

238. 骰子（3） / 119

239. 神秘的箱子（3） / 119

240. 组成四面体 / 120

241. 连一连（4） / 120

242. 换卡片 / 121

243. 加减乘除（8） / 121

244. 猫、狗和老鼠 / 122

245. 数学成绩 / 122

246. 数字网格（2） / 123

247. 拍手游戏 / 123

248. 酒店员工 / 124

249. 神奇的星星（5） / 124

250. 分离连续数字 / 125

251. 水果运算（2） / 125

252. 青蛙跳棋（3） / 126

253. 数字网格（3） / 127

254. 失物之谜 / 127

255. 长凳排座 / 128

256. 我的挂钟 / 128

257. 数字藤蔓（2） / 129

258. 潜伏者（2） / 129

259. 粉刷立方体（2） / 130

260. 你觉得呢（10） / 130

261. 水果运算（3） / 131

262. 九宫格（5） / 131

263. 鞋柜 / 132

264. 六格数独（2） / 132

265. 泳池见 / 133

266. 最后一位数 / 133

267. 数字网格（4） / 134

268. 移火柴（3） / 134

269. 为什么不抓他 / 135

270. 十棵树 / 135

271. 神奇的星星（6） / 136

272. 迷你数独（6） / 136

273. 一笔画（7） / 137

274. 七巧板（8） / 137

275. 分比萨（2） / 138

276. 停车（3） / 138

277. 等于100 / 139

278. 多余的数字（2） / 139

279. 数字网格（5） / 140

答案 / 141

1 你觉得呢（1）

下图中的横线是否相互平行呢？

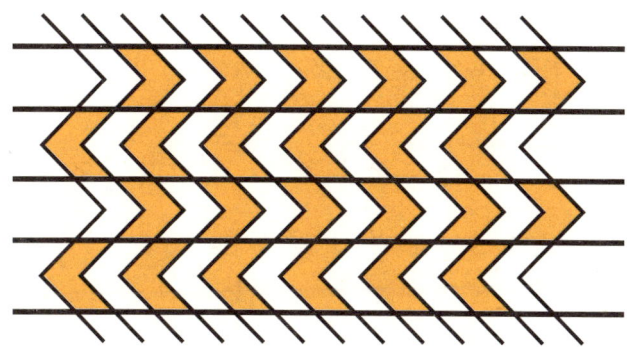

提示：不要想当然，请仔细观察再下结论。

2 寻找三角形（1）

下面的五角星图案中包含了10个三角形，你都能找出来吗？

提示：画出10个这样的五角星，每找出一个三角形，就用不同的颜色将它涂出来，这样就直观多了。

3 迷你数独（1）

迷你数独的玩法很简单，如左下图：在每个小格中填上数字1~4的任意一个，使每一行、每一列以及每4个小格组成的大格（用粗线表示）中都有1~4这四个数字。

看懂了规则，就开始做右下方的这个迷你数独吧。

1	4	2	3
2	3	1	4
4	2	3	1
3	1	4	2

	1	3	
3			1
			2
	2	1	

提示：可以先填写第一行的最后一个格，因为这个位置的数字可以马上确定出来。

4 半个洞

如果两个工人用36秒可以挖一个洞，那么一个工人需要多长时间才能挖半个洞？

提示：问题具有欺骗性哦，请仔细想一想。

5　隐藏的信息

下面是一条隐藏的信息,你能看出来是什么吗?

提示:这是爱因斯坦的一句名言,每一行文字都只显示了上半部分。

6　七巧板(1)

你能使用左下侧图中的七巧板,拼出右下侧的图案吗?

提示:火焰部分一看就知道用的是哪块板,图案的底部用的是一块较大的三角板。

7 不一样的图案（1）

以下哪组图案与其他图案不一样，请把它找出来。

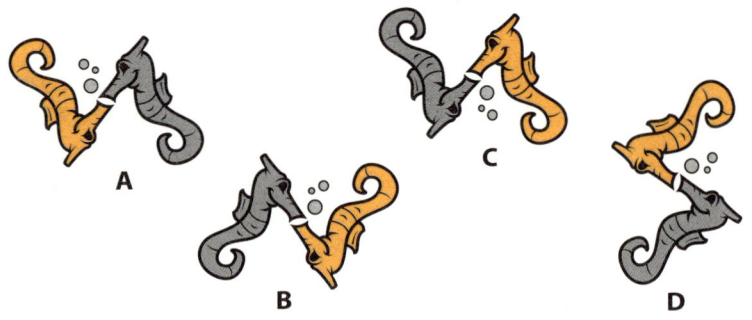

提示：将书转一转再看看。

8 樱桃蛋糕（1）

直直地切4刀，将蛋糕分成11块，使每块蛋糕上都有一颗樱桃。你能做到吗？

提示：矩形蛋糕的上边和左边应各被切两刀。

9 青蛙跳棋（1）

在这个游戏里，一只青蛙可以跃过另一只青蛙跳到空格里，但被跃过的青蛙会消失。你要按照这个规则，使图中只剩下一只青蛙，并指出最后这只青蛙会留在哪个格子里。

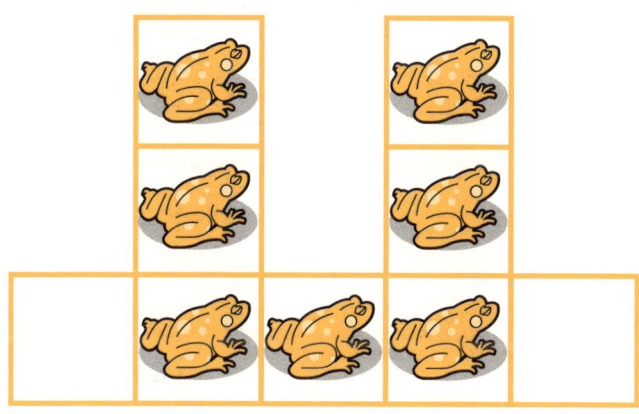

提示：这道题有不止一种解法，下面是其中一种解法的第一步完成后的样子。你能将它完成吗？你还能想到其他的解法吗？

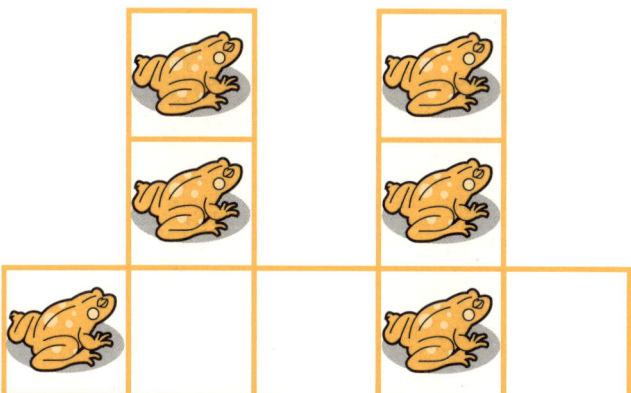

10 网格（1）

在一个4×4的网格中，要使每一行、每一列都只有一个橙色的方格。下面已经列出了三种方法，你还知道其他的方法吗？共有多少种方法呢？

提示：整行或者整列思考。先算一下第一行或第一列有几种可能，再算一下第二行或第二列有几种可能……

11 两个瓶子（1）

假如你只有两个瓶子，一个瓶子最多能装5升水，另一个最多能装7升水。想一想，你应该怎样做，才能得到4升水呢？

提示：先将7升的瓶子装满水。你可以列一个下面这样的表格来帮助自己理清思路。

7升瓶子里的水	5升瓶子里的水	步骤
7	0	装满7升的瓶子

12 拼图

下面左侧的A，B，C，D四个图案中，哪一个可以正好填上右下图的空白部分？

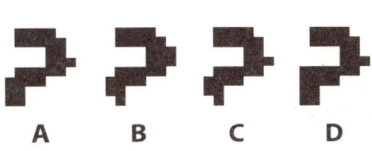

提示：图案需要旋转，你可以将书转转看。

13 加减乘除（1）

在下面的空格中填上"+""-""×""÷"四个运算符号中的任意一个，使等式成立。

2	2	2	2	=	8
2	2	2	2	=	0
2	2	2	2	=	10
2	2	2	2	=	5
2	2	2	2	=	6

提示：这道题有很多解法，先告诉你一种思路：第二个等式有加有减，第三个等式有加有乘，第四个等式需要用到除法，最后一个等式有减有乘。

请记住，如果在同一个运算中同时出现了加法、减法、乘法或除法，必须先考虑乘法和除法，然后再进行加法和减法的运算。

14 正方形里的正方形

按照面积计算，下图的大正方形可以装下多少个黑色小正方形？

提示：将大正方形划分成多个三角形与小正方形。

15 需要多少筷子（1）

下面三幅图中，摆出第一幅图需要用4根筷子，第二幅图需要用12根筷子，第三幅图需要用24根筷子。按照这个规律，你能算出第十幅图需要用多少根筷子吗？

提示：从第一幅图到第二幅图需要添8根筷子；从第二幅图到第三幅图需要添12根筷子。继续往下数，从第三幅图到第四幅图时，需要添16根筷子……

16　神秘的箱子（1）

下面三个箱子中分别装有黄金、白银和青铜，但从外观看不出来。每个箱子外面都贴有一张纸条，每张纸条上都有一条信息。这些信息中，只有一条信息是假的，其他的是真的。你能找到装有黄金的箱子吗？

提示：想一想，如果第一个箱子上的信息是假的会怎么样？再假设第二个箱子上的信息是假的。以此类推，如果第三个箱子上的信息是假呢？

17　九宫格（1）

在下面的空白方格中填上数字，使每一行、每一列和两条对角线上的数字之和都相等。

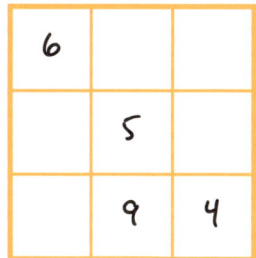

提示：已经有一条对角线上的数字是完整的了，将这几个数字相加，你就知道它们的和应该是多少了。

18 一笔画（1）

你能用笔将下面的图案一笔画出来吗？中间不能提起笔，也不能重复通过同一条线段。

提示：试试先将外圈画完。

19 切割正方形

将下面的大正方形切割成6个小正方形，原来的大正方形不算在内。

提示：注意问题中的陷阱，6个小正方形并不一定要同样大小哦。

20 数字三角形

将数字0~8全部填在下面的圆圈内,使每边的数字之和为13,每个数字仅可以用一次。

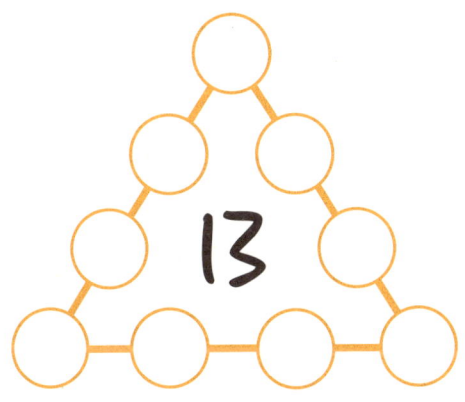

提示:0,1,2三个数字分别在三角形的三个顶点上。

21 桑切斯的家

在桑切斯家,每个男孩的姐妹的数量与这个男孩的兄弟的数量一样多,每个女孩的兄弟的数量是这个女孩的姐妹的数量的三倍。你知道桑切斯家有多少个男孩、多少个女孩吗?

提示:男孩人数多于女孩。

22 切蛋糕

四位兄弟想要将下面图中的蛋糕平均分成4份,但这块蛋糕已经被分成了形状如图的两块。你知道再怎么切可以将这个蛋糕分成大小完全相等的4份吗?可以不用直线哦。

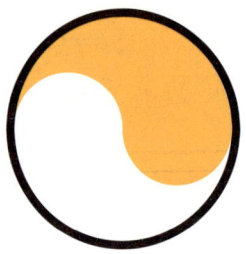

提示:竖向切,切割线形状与原有的相同。

23 平均分(1)

想想看,怎么切割才能将下面的图平均分成四个完全相同的部分呢?

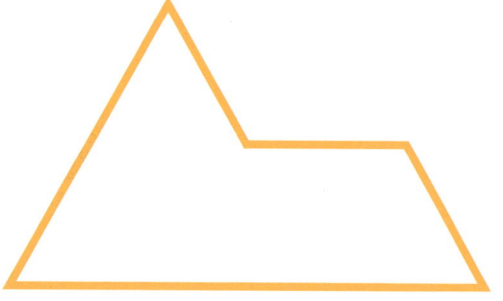

提示:答案有很多种,可以先将图形分割成两个相同的部分,再对每一部分进行分割。

24 父亲的遗产

父亲将一块方形土地作为遗产留给了4个儿子，土地上有8棵树。你能帮4兄弟将土地划分为4个完全相等的部分，使每块土地上都有两棵树吗？

提示：4块土地的形状相同，都呈"L"形。

25 汤里有苍蝇

在一家餐馆中，有一位顾客要求换碗汤，因为汤里有一只苍蝇。服务员拿走汤，给他换了一碗。顾客喝了一口后，立马说服务员没给他换汤，只是从汤中捞走了苍蝇。猜一猜，这位顾客是怎么知道这是同一碗汤的呢？注意，碗上没有标记哦。

提示：在服务员拿走汤碗之前，聪明的顾客对这碗汤动了手脚。

26 比大小（1）

下图是一个正方形，其中一部分涂上了颜色。比一比，有颜色的部分与空白部分哪个面积大呢？

提示：在正方形上画一条对角线就知道了。

27 你觉得呢（2）

下面的哪个图案的面积更大，图A还是图B？

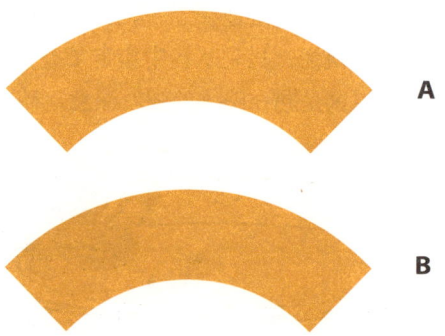

提示：最简单的办法是用一张白纸描出其中一个图案，然后放在另一个图案上比一比。

28 胡安和佩德罗的硬币

胡安说："如果我从你那拿走两枚硬币，我的硬币就和你的硬币一样多了。"佩德罗补充："是的，但是如果我从你那拿走4枚硬币，那么我的硬币数量将是你的硬币数量的4倍。"

算一算，他们每人各有几枚硬币？

提示：他们每个人拥有的硬币都不超过20枚。

29 说谎话的学生和说实话的学生

在学校里，有两种学生：认真的学生总是说实话，调皮的学生总是说谎话。

胡安说："佩德罗很认真。"佩德罗说："我很认真。"

胡安和佩德罗可能属于什么类型的学生呢？他们是相反类型的学生吗？

提示：先假设他们是相同类型的学生，并考虑在这种情况下会发生什么。

30 让天平平衡（1）

算一算，在第三台天平空着的托盘上要放多少个什么水果，才能让天平达到平衡。

提示：从第一台天平可以推断出一个苹果的重量与两颗草莓的重量相等，以此类推。

31 女孩多大了

现在10岁的女孩，如果按照出生后的日子来计算年龄，且周六、周日不算在内，那么她应该多大？

提示：先计算一年中有多少周，这样就可以计算出一年中有几个周六和周日，然后计算10年有几个周六和周日。最后，你只需要做一次减法就能算出来了。

32 寻找正方形（1）

左下图是一些圆点，以这些圆点为顶点画正方形，总共能画出几个正方形呢？右下图为示范。

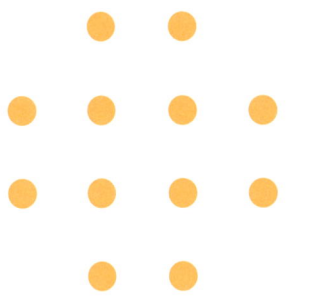

提示：总数超过10个，但不超过15个。

33 字母序列

你知道接下来是什么字母吗？

Q W E R T Y U ?

提示：你用电脑吗？

34 停车（1）

橙色车停在了下图所示的停车场中，但没办法直接开出来。要将车开出来，需要其他车辆的配合。所有车都没有足够的空间转弯，只能前进或后退。其他车辆该如何移动，才能让橙色车开出去呢？

提示：下面给出了前几步完成后的样子。

35 刚好12分钟

有一道菜，只能煮12分钟，否则食物会烧焦。但我们只有两个沙漏，一个能计时15分钟，另一个能计时9分钟。你知道用什么办法可以刚好计时12分钟吗？

提示：先不要开火，让两个沙漏同时开始漏沙。

36 鸡蛋七巧板

用左边的鸡蛋七巧板拼出右边的图案。

提示：图案底部由两个最长的鸡蛋碎片组成。

37 牧羊人和羊

有一位牧羊人,他不知道自己有多少只羊,但他知道有一半的羊将被屠宰。被屠宰的羊中有三分之一将被卖掉,而没被屠宰的羊中有五分之一将送给他人。那么,牧羊人至少拥有多少只绵羊呢?

提示:牧羊人拥有的绵羊数量必须可以同时被2,3和5整除。

38 比大小(2)

仔细观察下面的图形,正方形中白色部分的面积大还是灰色部分的面积大?

提示:将大正方形划分为许多个小正方形就知道答案了。

39　移树

只将一棵树移植到另一个方格中，使每行、每列和每个对角线上的树的数量都为偶数。

提示：要移动的这棵树在第四行。

40　这合法吗

一个人与他的遗孀的妹妹结婚是否合法？

提示：小心，问题很狡猾。

41 一笔画（2）

你能用笔将下面的图案一笔画出来吗？中途不能提起笔，也不能重复通过同一条线段。

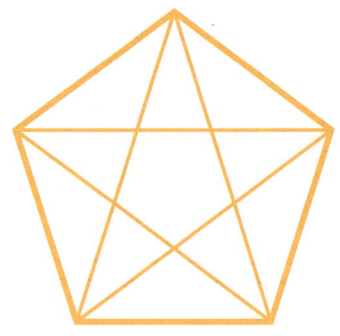

提示：多找几种方法试一试。

42 分蛋糕

两兄弟因为分蛋糕的事情吵了起来，他们都想自己分，因为他们认为分蛋糕的人会将大块的蛋糕留给自己。正吵得不可开交的时候，他们的妈妈想到一个办法，两兄弟都十分满意，你知道是什么办法吗？

提示：让一个兄弟切蛋糕，另一个兄弟……

43 七巧板（2）

下图中，你能使用上面的七巧板，拼出下面的图案吗？

提示：动物的头部用的是中间大小的三角形板。

44 多少个橙子

一位农民到市场上卖橙子。第一次卖出了一半多，第二次卖出了剩下部分的一半多，第三次又卖出了剩下部分的一半多，第四次又卖出剩下部分的一半多，正好全卖完了。你知道这位农民一开始至少有多少个橙子吗？

提示：最后一次卖出一半多后，他手里就没有橙子了，因此最后一次他手里只剩下一个橙子了。这样从后往前推算就很容易了。

45 需要多少筷子（2）

如下图所示，组建一个立方体需要12根筷子，组建两个并排的立方体需要20根筷子，组建三个并排的立方体需要28根筷子。那么组建100个并排的立方体需要多少根筷子呢？

提示：计算一下每多一个立方体需要添加多少根筷子，就能算出组建100个并排的立方体需要多少根筷子了。

46 划分小怪兽

将以下网格划分为四个完全相同的部分，使每个部分都包含两种小怪兽。

提示：每个部分的形状见下图。

47 消失的筷子（1）

从下图中拿掉八根筷子，让这个图只剩下两个正方形。

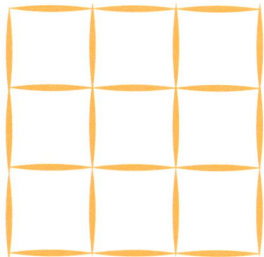

提示：两个正方形的大小可以不同哦。

48 两位理发师

你来到一个小镇，想理发。镇上只有两位理发师。其中一人的理发店内十分杂乱，本人也有点儿邋遢，穿着破旧的衣服，头发凌乱不堪。而另一家理发店一切都无可挑剔，整理得井井有条，非常干净整洁，理发师也穿着得体，发型完美。你会选择哪家理发店理发呢？

提示：想一想，理发师能自己理发吗？

49 佩雷斯的家

佩雷斯的家里有3个男孩,每个男孩有3个姐妹。你知道佩雷斯的家里有几个孩子吗?

提示:不超过10个。

50 商人和链条

一位商人有一条长20米的长链条,他想将它切割成每条长2米的短链条。如果他每天切割一条,需要多少天能全部割完?

提示:注意问题中的陷阱。

六枚鸡蛋

　　一个篮子里有六枚鸡蛋。六个朋友来拿，每人拿一枚鸡蛋，拿完后篮子里仍有一枚鸡蛋。你知道这是怎么回事吗？

提示：小心，问题有陷阱。

 三角形中的三角形

　　阴影部分的面积是大三角形面积的多少呢？你是如何计算的？

提示：将大三角形划分为许多个小三角形，就很容易了。

53 没有开灯的汽车

一辆汽车没有开前照灯就在一条街道上快速行驶，街上所有的路灯都已经损坏。此时，一位行人正在穿越街道。这个行人穿着一身黑色衣服，头发也是黑色的。尽管如此，司机还是看到了他，并设法避让，没有撞到他。你知道司机是怎样看到行人的吗？

提示：仔细看问题，不要做出题目中没有说明的任何假设。

54 真的假的

你认为下面的句子是真还是假？

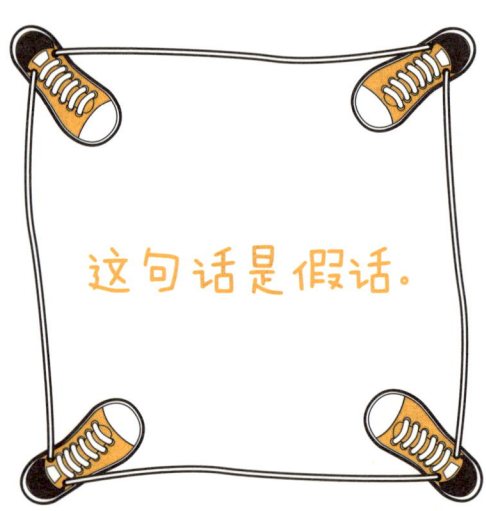

这句话是假话。

提示：想想如果这个句子是假的会发生什么，是真的又会发生什么？

55 不一样的图案（2）

以下哪个图案与其他图案不一样，请把它找出来。

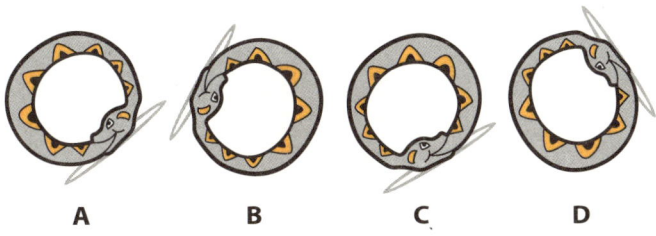

A　**B**　**C**　**D**

提示：将书转转看。

56 不是双胞胎

一位妈妈在同年同月同日生了多个孩子，但他们不是双胞胎。你知道这是怎么回事吗？

提示：只有生双胞胎的情况才符合题意吗？

57 组成立方体

以下的5个图案只有一个可以折叠成它们上面的这个立方体，你知道是哪一个吗？

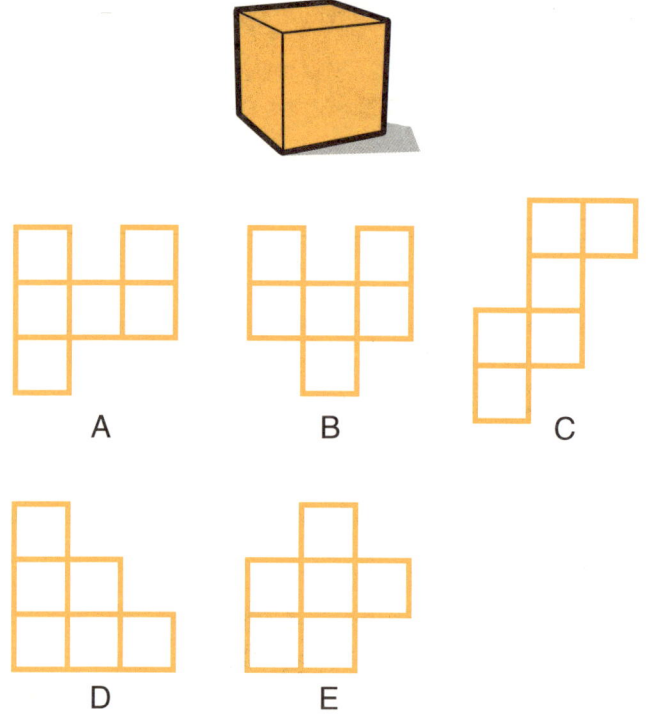

提示：如果找不出来，可以试着把图案描出并剪下来折折看。

58 50减2

50减2可以减多少次？

提示：注意问题中的陷阱。

59 多少钱

如果胡安和安东尼奥两个人手里的钱一样多,胡安要给安东尼奥多少元,安东尼奥手里的钱会比胡安多10欧元?

知识角:欧元是欧盟中19个国家的货币,这19个会员国是:德国、法国、意大利、荷兰、比利时、卢森堡、爱尔兰、西班牙、葡萄牙、奥地利、芬兰、立陶宛、拉脱维亚、爱沙尼亚、斯洛伐克、斯洛文尼亚、希腊、马耳他、塞浦路斯。

60 几点钟(1)

一天中有一个时刻,剩下的时间刚好是已过完的时间的三分之一,你知道是几点吗?

提示:可以找个时钟观察一下。

61 母鸡下蛋

如果一只母鸡每两天产3枚鸡蛋,那么四只母鸡需要多少天才能产24枚鸡蛋呢?

提示:先计算四只母鸡两天能产多少枚蛋。

62 天平和糖

制作蛋糕时,糕点师们需要用90克糖,但他们只有一台天平和240克的糖,没有砝码。你能帮助他们称出90克糖吗?

提示:先将糖分成两堆放在两个托盘上,让两边平衡。

63 你觉得呢（3）

图中的两个人哪一个人更高，左侧的还是右侧的？

提示：不要被表面现象迷惑哦。

64 七巧板（3）

你能使用左下侧图中的七巧板，拼出右下侧的图案吗？

提示：其中一个角是由一块正方形板拼成的。

65 猫有九条命

一只小猫从一座20层高的建筑物的窗户上掉下来却没有摔坏。你知道这是怎么回事吗?

提示:不要做出题中没有的假设。

66 箱子中的箱子

有四个大箱子,每个大箱子里面有两个中箱子,每个中箱子里面有三个小箱子。算一算,总共有多少箱子?每种大小的箱子各有多少个?

提示:分别计算小箱子的数量和中箱子的数量。

67 十六宫格（1）

在下面的空白方格中填上数字，使每一行、每一列和两条对角线上的数字之和都相等。

15		5	12
3			8
10		4	13
			1

提示：最右侧的四个数字已经全部给出，计算出它们的和，就知道其他方格应该填写的数字了。

68 士兵、男孩和船

三名士兵想过河，他们看到两个男孩在河边玩耍，男孩们有一条小船。小船每次只能支撑一名士兵或者两个男孩的重量，但无法支撑一名士兵加一个男孩的重量。两个男孩要怎么做才能帮助他们过河，并回到原来的河岸呢？

提示：船不能自己划回来，船上始终要有人。首先，可以让两个男孩先过河，之后将一个男孩留在对岸。

69 苍蝇和蜘蛛的决斗

一群苍蝇和一群蜘蛛决斗,双方一共有28个头和176条腿。你知道有多少只苍蝇和蜘蛛参与了决斗吗?

提示:苍蝇有6条腿,蜘蛛有8条腿。

70 缺失的图案(1)

第一行有三个图案,它们彼此相关。第二行也有三个图案,它们也彼此相关。你能找出它们的规律,将第三行中间的图案补上吗?

提示:每一行的第三个图都是由前两个图叠加而成的。

71 我的年龄

5年后，我的年龄将是5年前的三倍。
我现在几岁了？

提示：考虑5的倍数。

72 移硬币

只移动两枚硬币，怎样将上面的图案变成下面的图案呢？

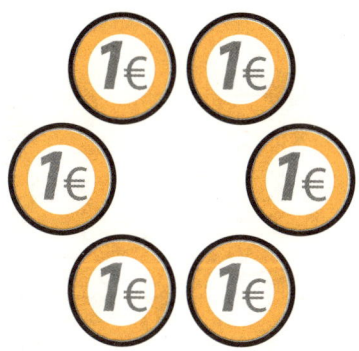

提示：这道题有很多方法，一种方法是移动第一行的第二个硬币和第二行的最后一个硬币。

73 九宫格（2）

将1~9这9个数字填写到下面的方格中，使每四个小格（2×2的正方形，如右下侧的图）内的数字相加都等于20，每个数字只能使用一次哦。

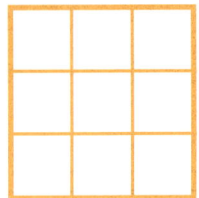 

提示：有多种填写方法，其中一种方法是，四个角上的数字分别为1，7，3和9。

74 超过第二名

在一场比赛中，你超过了第二名，那么你是第几名？

提示：小心，问题具有欺骗性。

75 湖上的鸭子

四个好朋友看到公园的湖里有一群鸭子,他们开始猜鸭子的数量。他们猜测的数量分别为25只、27只、28只和31只。其中只有一人猜对了,其他三人都猜错了,他们猜的数量分别与正确的差了1只、2只和4只。那么,你知道湖里到底有多少只鸭子吗?

提示:首先,假设25只是对的,并检查其他人猜的数量的误差是不是与题目中所说的相同。

76 数字迷阵(1)

以下是一组数字序列,你能接着写下去吗?

1
11
21
1112
3112
211213
312213
212223
114213
31121314
……

提示:每一行都是对上一行的说明。例如,第一行1个1,第二行两个1……

77 迷你数独（2）

迷你数独的玩法很简单：在每个小格中填上数字1~4的任意一个，使每一行、每一列以及每4个小格组成的大格（用粗线表示）中都有1~4这四个数字。

看懂了规则，就开始做下方的这个迷你数独吧。

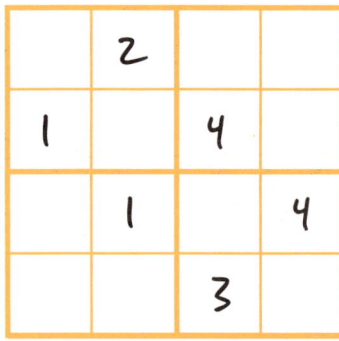

提示：可以先填写第二行的数字。

78 体育运动

一个班上有30名学生。其中，20人会踢足球，17人会打篮球。那么，你知道至少有多少人既会踢足球又会打篮球吗？

提示：先假设有20人会踢足球。

79 网格（2）

假设你只有黑色的笔，请你将下图中的网格涂上颜色。

每个方格可以涂色，也可以不涂色，没有任何限制。一共有多少种不同的涂法？请将它们全部画出来。

提示：请注意，每个方格只有两种可能性：涂色或不涂色。以下是其中几种涂色方法。

 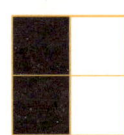  

80 楼梯在下沉

港口停了一艘船，船上垂下一个有15级台阶的梯子。潮汐使水面上升的速度为每半小时可以淹没一个台阶。如果此时有12级台阶在水面上方，三个小时后，还会有几级台阶在水面上方？

提示：小心问题中的陷阱。

81 黑白游戏（1）

下方右侧有6块小板，用其中的5块可以拼成下方左侧的6×6的大板。哪一块是多余的？去除多余的那块后，将有用的5块板拼成大板吧。

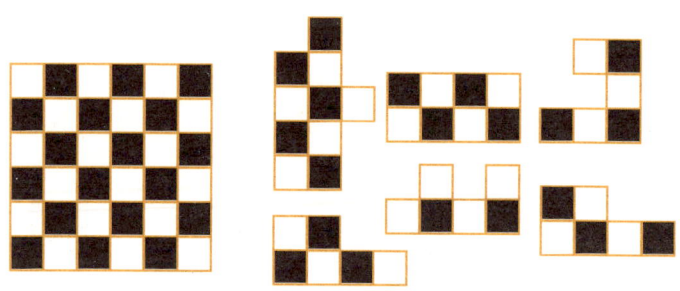

提示：有两个黑色方块和四个白色方块的板是多余的。

82 神秘的打伞人

有个人每天早上8点从位于12层的公寓下楼去上班；下午6点回到大楼，乘电梯到6楼，再走6层楼梯回到自己的家。只要不下雨，他每天都重复这种奇怪的习惯。如果下雨，他就直接乘电梯回到自己位于12层的家。猜一猜，他这种奇怪的习惯是什么原因造成的？

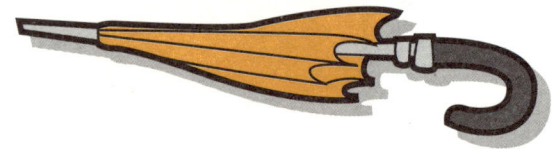

提示：重点不是下雨，而是如果下雨他会带伞。

83 三位朋友，三种职业，三个爱好

阿玛雅、赧特和米克尔三个人分别是教师、心理学家和统计学家。其中，一个人喜欢打网球，一个人喜欢踢足球，另一个人喜欢打排球。根据以下提示，填写下面的表格：

（1）阿玛雅不喜欢踢足球。（2）米克尔不是心理学家。
（3）统计学家喜欢打网球。（4）赧特是教师。

名 字	职 业	喜欢的运动
阿玛雅		
赧特		
米克尔		

提示：从（2）和（4）可以知道米克尔是统计学家；从（3）可以得出米克尔喜欢网球。

84 等于650

下图中，三个字母分别代表1~5之间的三个不同数字，它们的和等于650。你能算出来每个字母代表几吗？

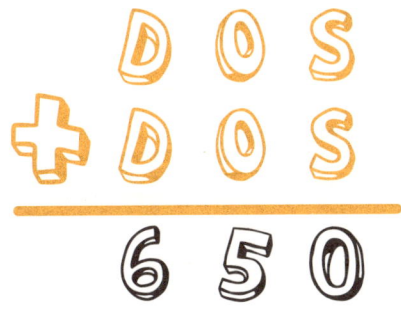

提示：两个S加起来是0，到底是什么数字呢？知道S代表什么数字后，再想一想O代表什么数字。

85 你觉得呢（4）

请看下图，是角落位置有一个立方体还是一个立方体缺了一角呢？

提示：想一想是否两种情况都有可能。

86 笔和笔帽

如果一支笔和一个笔帽的价格总共为2.1欧元，笔比笔帽贵2欧元，那么笔帽多少钱？

提示：小心，问题有欺骗性。

87 数字迷阵（2）

图中圆圈里有一些数字，它们是按照一定的规律排列的，问号处应该填什么数字呢？

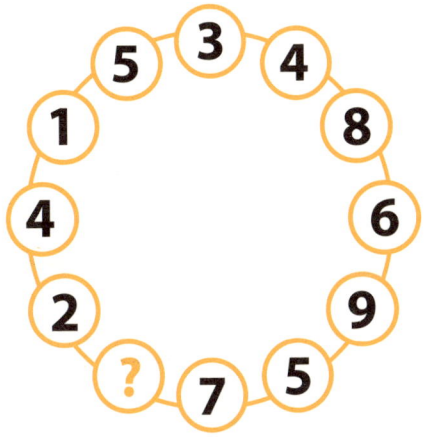

提示：试试将一个数字与圆圈上的另一个数字组对。

88 铺瓷砖

请仔细观察下面两幅图，它们是两个房间的地面，上面铺了瓷砖。如果房间变得更大，每边需要铺10块瓷砖，按照这个规律，总共需要多少块灰色瓷砖和多少块白色瓷砖？

提示：在第一种情况下，需要2×2=4块灰色瓷砖；在第二种情况下，需要3×3=9块灰色瓷砖，以此类推。

89 越过网格

仔细观察下面这些图。每个图中都画有一条黑色的路线，每条路线都是从正方形的左下角到右上角的，且都没有沿着正方形的对角线直直地画过去，也都没有越过对角线。在一个3×3的网格中，按照这个规律，你能画出来多少条路线呢？

提示：以下是其中几种方法，请找出其他的画法。

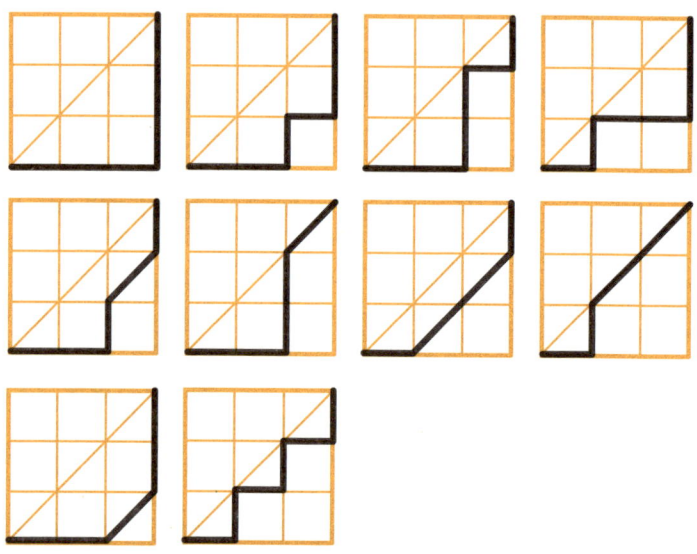

90 两个瓶子（2）

假如你有两个瓶子，一个瓶子能装7升水，另一个能装11升水。那么，要怎样做才能量出6升水呢？

提示：如果觉得这个问题比较难，可以从下面的步骤开始。

11升瓶子中的水	7升瓶子中的水	步骤
0	7	先将7升的瓶子装满
7	0	把7升瓶子里的水倒入11升的瓶子中
7	7	再装满7升的瓶子
11	3	用7升瓶子中的水填满11升的瓶子
0	3	把11升瓶子中的水倒掉

91 德摩卡的年龄

德摩卡的一生中有四分之一的时间是个孩子，五分之一的时间是个年轻人，三分之一的时间是个成年人。你知道德摩卡活了多少岁吗？

提示：这个数必须能被3，4和5整除。

92 三顶帽子

有三顶帽子，颜色各不相同。将三顶帽子放在桌子上排成一排，三顶帽子下面放着三件不同的东西：
（1）红色帽子的左边是绿色帽子。
（2）骰子的左边是硬币。
（3）戒指的右边是蓝色帽子。
（4）骰子位于蓝色帽子的右侧。
你知道硬币在什么颜色的帽子下面吗？

提示：只需要线索（2）和（4）就能解决这个问题了。

93 寻找三角形（2）

数一数，图中有几个三角形，将它们都画出来。

提示：总共有8个三角形。

94　神秘的箱子（2）

下面三个箱子中分别装有黄金、白银和青铜，但不知道每个箱子里到底装了什么。每个箱子外都贴有一条信息，其中只有一条信息是真的。你能找到装青铜的箱子吗？

提示：假设青铜装在第一个箱子中，然后思考会不会出现矛盾信息。然后再假设青铜在第二个箱子、第三个箱子……

95　平均分（2）

想想看，怎么切割才能将下面的图平均分成四个完全相同的部分呢？

提示：切割出的图形与原始图形形状相同。

96 移火柴（1）

只移动两根火柴，使房子朝向另一边。

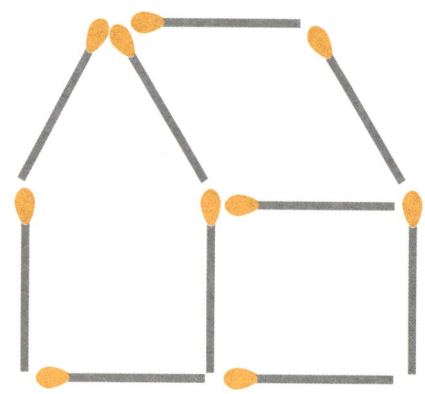

提示：调整屋顶的火柴。

97 猎人和鸟

树上有20只鸟，猎人用猎枪杀死了3只，还剩下多少只鸟？

提示：小心问题中的陷阱。

98 失事飞机之谜

一名守夜人负责看管公司的设备。有一天，他找到老板，告诉老板他做了个梦，梦见老板计划乘坐的飞机从天上掉了下来。老板因此决定不乘坐这架飞机。第二天，新闻果然报道这架飞机发生了事故。老板非常震惊，他很感激守夜人救了他的命，给了他丰厚的奖励，却又把他开除了。你知道这是为什么吗？

提示：想一想，守夜人的工作职责是什么？

99 寻找正方形（2）

下图是一些圆点，以这些圆点为顶点画正方形，总共能画出多少个正方形呢？

提示：超过20个，但不超过25个。

100 公牛农场

一家农场养了许多公牛,牛腿比牛尾巴多45。你知道农场有多少头公牛吗?

提示:每头公牛有4条腿,只有1条尾巴。

101 糖果袋

一个糖果袋里有49颗糖果。其中,薄荷糖比草莓糖多4颗,柠檬糖比薄荷糖多5颗。你知道每种糖各有几颗吗?

提示:试着将49颗糖果尽可能平均分成3份,然后重新分配一下。

102 黑白游戏（2）

左下侧的大板被分成了右下侧的4块小板。你能将它们重新拼起来吗？

提示：可以把正方形的小板安排在角落。

103 多余的数字（1）

每行（列）删掉两个数字，使每行和每列中剩下的三个数字相加的结果等于10。

1	2	4	1	5
5	7	3	2	1
6	0	5	1	4
3	4	5	2	1
6	3	1	6	4

提示：第一行删掉的两个数字是1和2，第二行是3和5。

不完整的砖块

仔细观察前两堆砖块上的数字，找出规律。按照这个规律，第三堆砖块上的问号处应该填什么数字呢？

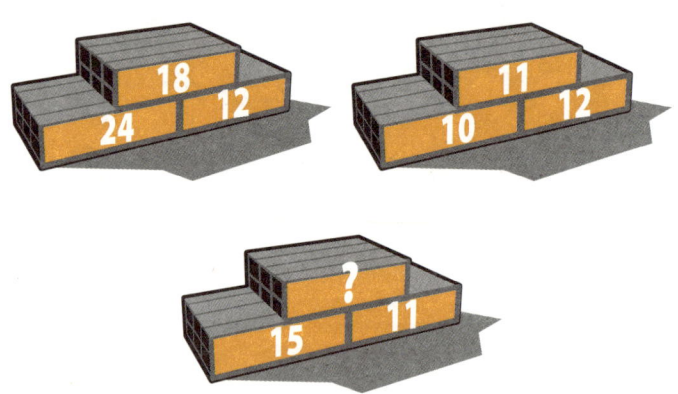

提示：每一堆砖块中，上面的砖块上的数字是由下面两块砖块上的数字决定的。如果你能找出这个关系，就能计算出第三堆砖块上的问号处应该填什么数字了。

 骰子（1）

普通的骰子有6个面，各个面的点数分别为1~6，并且相对的两个面的点数之和为7。我们新设计了一个骰子，调整了6个面的位置。其中一组相对的面上的点数之和为10，另一组为8。

你知道最后一组两个相对面上的点数之和是多少吗？

提示：想一想，1~6的所有数字相加等于多少。

106 我的狗

我的狗的体重比它的一半多4千克。你知道我的狗多重吗?

提示：不超过10千克。

107 七巧板（4）

你能使用左下侧图中的七巧板，拼出右下侧的图案吗?

提示：图的顶部和底部都是由两个大三角形组成的。

108 神奇的星星（1）

找出星星上数字的排列规律，填上缺少的数字。

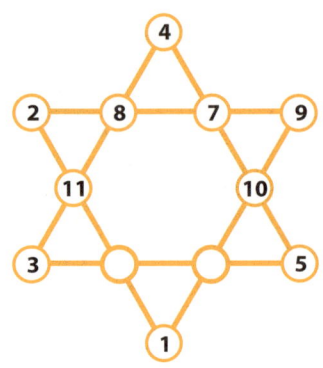

提示：将每条直线上的4个数字相加。

109 加减乘除（2）

在下面的空格中填上"+" "-" "×" "÷"四个运算符号中的任意一个，使等式成立。

3	3	3	3	=	9
3	3	3	3	=	6
3	3	3	3	=	2
3	3	3	3	=	0
3	3	3	3	=	8

提示：这道题有很多解法，下面为你提供一种思路：第一个等式没有除法；第二个等式只有加法和减法；第三个等式没有乘法；第四个等式有加法和减法；最后一个等式没有加法。

110 分割马蹄铁

只使用三条直线，将下面的马蹄铁分成七个部分，使每个部分都有一个洞。

提示：马蹄铁中间已经是分开的了。

111 1~9

在下图的圆圈中填上数字1~9，使每条直线上（水平线、垂直线和对角线）的三个数字之和都等于15。

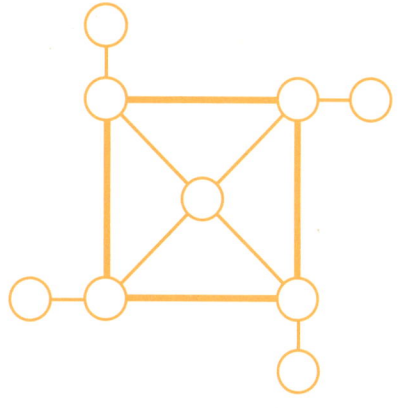

提示：1，3，7，9分别位于图上最外侧的位置。

112 连一连（1）

用线将相同编号的三角形连接起来，这些线不能交叉，也不能跑到矩形外面。

提示：连线需要绕圈。

113 郊游

一家人外出郊游。父亲体重90千克，母亲体重80千克，儿子体重60千克，女儿体重40千克。另外，他们还带了一个帐篷和一些装备，总共重20千克。他们需要用一艘只能承载100千克重量的船过河。

请问他们应该如何过河？

提示：需要往返4次。首先，让两个孩子先过河，再让儿子将船划回来……

114 迷你数独（3）

迷你数独的玩法很简单：在每个小格中填上数字1~4的任意一个，使每一行、每一列以及每个大格（用粗线表示）中都有1~4这四个数字。

看懂了规则，我们就进入下方这个迷你数独吧。

4		2	
	3		
		3	
	2		1

提示：从第一行开始填写。

115 消失的火柴

从下图中移除3根火柴，使图中只剩下3个正方形。

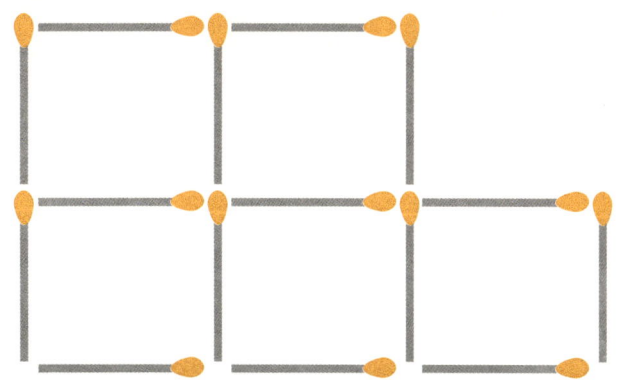

提示：其中一根需要移除的火柴位于左上角。

116 八面体（1）

8个相同的等边三角形可以组成一个正八面体。请将1~8分别填入各个三角形，使它拼成的八面体上，偶数都在一侧，奇数都在另一侧。

提示：如果难以想象，可以照着上面给出的展开图画一个并剪下来，试着组装一下。

117 神奇的星星（2）

找出星星上数字的排列规律，填上缺少的数字，使每条直线上的4个数字之和相等。

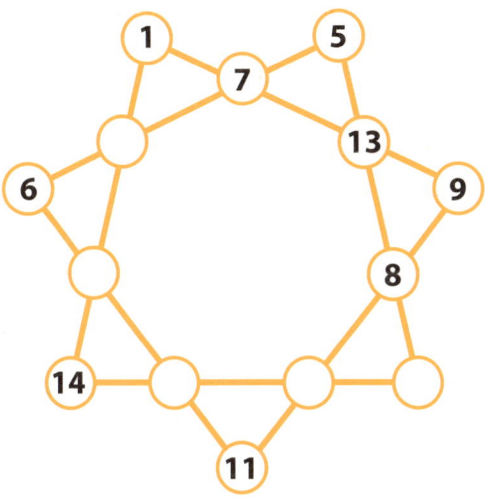

提示：已经有一行的数字是完整的了，计算出它们的和，就很容易算出缺少的数字了。

118 飞镖游戏（1）

4支飞镖应该分别打中哪个位置，才能使得分之和正好为15？

提示：有两支飞镖需要打中同一个区域。

119 喂猪

如果240千克的食物够12头猪吃5天,那么360千克的食物够10头猪吃多少天?

提示:先计算出每头猪每天吃多少千克的食物。

120 立方体涂色

左下侧的图案可以拼成一个立方体。在这个图案的小方格上涂上三种不同的颜色,使组成的立方体每一组相对面的颜色相同。

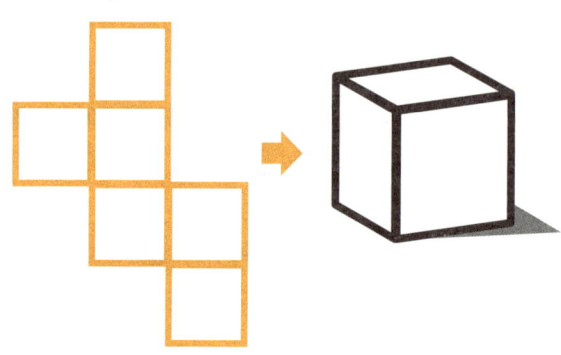

提示:如果你不知道这样的图案如何组成一个立方体,可以将它描下来后剪下来,试着折出一个立方体。

121 停车（2）

橙色车停在了下图所示的停车场中，没办法直接开出来。要将车开出来，需要其他车辆的配合。所有车都没有足够的空间转弯，只能前进或后退。其他车辆该如何移动，才能把橙色车开出去呢？

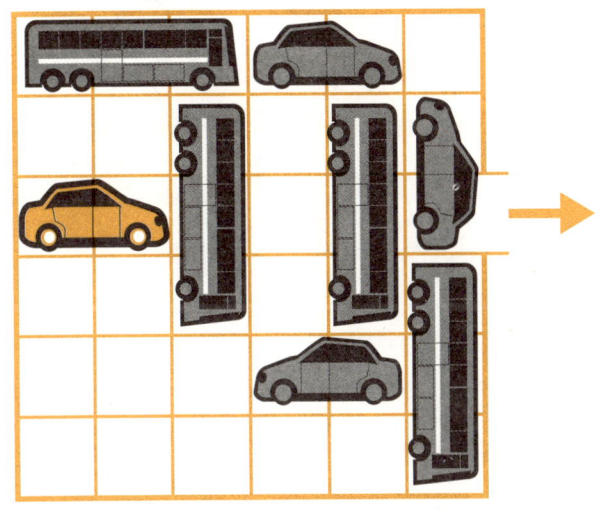

提示：两辆垂直停放的公交车需要往下挪一挪。

122 一对数字

有一对数字，它们的和为18，差为6。你知道这对数字是什么吗？

提示：这两个数字都是正整数。

123 两个瓶子（3）

假如你只有两个瓶子，一个瓶子能装18升水，另一个能装8升水。要怎么做才能量出12升的水呢？

提示：先将18升的瓶子装满水。

124 三个5

以下等式中只用了三个5，通过使用括号和运算符号使等式成立。你还能找到另一种办法得到0吗？你能用三个5得到2或者5吗？

$$(5-5) \div 5 = 0$$

提示：使用括号和加减乘除有多种办法可以让三个5得到0、2或者5，多想一想吧。

125 单行隧道之谜

有一条隧道，里面只有一条铁轨，两列火车从隧道的相对方向驶来，却没有相撞。你知道这是怎么回事吗？

提示：小心问题中的陷阱。

126 立方体中的立方体

下面的大立方体是由多少个小立方体组成的？

如果要将这个大立方体补充完整，还需要多少个小立方体？

提示：仔细观察，先计算出大立方体每一层有几个小立方体，然后就可以算出大立方体总共由几个小立方体组成了。

127 等于24

使用括号和运算符号使以下等式都等于24。第一个等式已经填写完整。

6×5 − 2×3 = 24　　7　6　2　2 = 24
2　3　5　1 = 24　　3　3　3　2 = 24
5　2　8　1 = 24　　6　2　3　24 = 24

提示：请记住，如果在同一个算式中同时出现了加法、减法、乘法或除法，必须先考虑乘法和除法，然后再进行加法和减法的运算。

这道题有很多解法，其中一种解法的思路是让所有等式都用上括号，但都不用除号。

128 一笔画（3）

你能将下面的图案一笔画出来吗？中途不能提起笔，也不能重复通过同一条线段。

提示：先从上下两个顶点入手试试，也可以试试从其他点开始。

129 猜谜语（1）

你能猜出下面的谜语吗？

我们有很多小兄弟，住在同一座房子里。
如果你摩擦我们的头，我们马上就会死去。

提示：与火有关。

130 你觉得呢（5）

下图是一个等边三角形，三角形里面画着一个太阳。这个太阳是更靠近三角形的顶点还是底边呢？

提示：不要急于回答，请仔细观察。

131 九宫格（3）

在下图的方格中填上1~3，使每一行、每一列和每一对角线上的3个方格中的数字之和都为6。

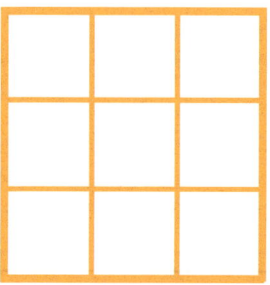

提示：有多种方法，其中一种的第一行前两个数字是1和3。

132 玛丽亚、胡安和玛塔的年龄

玛丽亚的年龄是胡安的3倍，是玛塔的一半。如果三人的年龄之和是80，请问他们各多少岁？

提示：你可以将胡安的年龄作为基础，这样玛丽亚的年龄是3个胡安，而玛塔是6个胡安。三人的年龄相加有10个胡安。

133 倾斜屋顶之谜

有一座房子的屋顶两面的倾斜角度不同，东面倾角为70°，而西面只有60°。如果一只公鸡在屋顶中央下了一枚蛋，鸡蛋会从哪一侧滚落？

提示：小心，问题有欺骗性。

134 盒子和苹果

有一些苹果和几个空盒子。如果在每个盒子里放7个苹果，会剩下10个苹果；如果在每个盒子里放9个苹果，则剩下两个空盒子。一共有几个盒子和几个苹果呢？

提示：盒子数量比10多，比15少。

135 数字序列（1）

找出下面数字的规律，写出后面的数字。

1, 2, 4, 7, 11, 16……

提示：试试用后一个数字减去前一个。

136 巴塞罗那和马德里之间的火车

一列火车在13：23从巴塞罗那出发前往马德里，另一列火车在2：48从马德里出发去巴塞罗那，当两列火车相遇时，哪列车更接近巴塞罗那？

提示：仔细看题，不要被迷惑。

137 玛塔的糖果

玛塔有一袋糖果要与她的朋友分享。当她只有1颗糖果时，那只能将这颗糖果分给1个朋友。当她有2颗糖果时，可以把2颗糖果都给1个朋友，或者2个朋友1人1颗糖果。当她有3颗糖果时，有3种可能……当她有5颗糖果时，有多少种分法？请将这些方法全部写出来。

提示：有7种分法。

138 花生和榛子

3袋花生和4袋榛子共重725克，4袋花生和3袋榛子共重675克。请问一袋榛子多重？一袋花生又有多重呢？

提示：将两种情况放在一起考虑，你会发现7袋花生和7袋榛子共重725+675=1400克。因此，1袋花生和1袋榛子共重200克。

139 加减乘除（3）

我们可以使用加号和减号用8个8算出0。你能用8个8算出1，2，3，4和5吗？可以用四种运算符号和括号。

8-8+8-8+8-8+8-8=0
8 8 8 8 8 8 8 8=1
8 8 8 8 8 8 8 8=2
8 8 8 8 8 8 8 8=3
8 8 8 8 8 8 8 8=4
8 8 8 8 8 8 8 8=5

提示：最难得到的是5。为了算出5，需要将两个数字放在一起，即88。

140 飞镖游戏（2）

想得到11分，4支飞镖应该分别打中哪个位置？

提示：有两种方法，其中一种有3支飞镖需要打中同一个区域。

141 樱桃蛋糕（2）

直直地切3刀，将蛋糕分成7块，使每块蛋糕上都有一颗樱桃。你能做到吗？

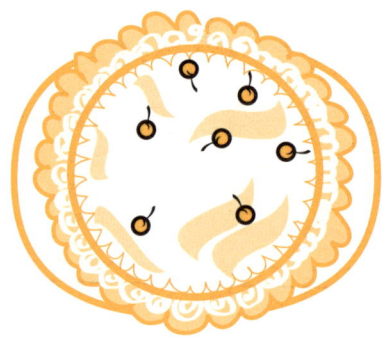

提示：已经帮你切好了一刀了。

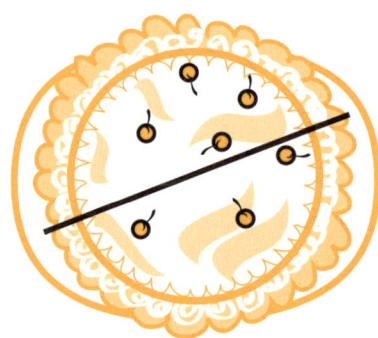

142 镇上的农场

镇上的农场里有兔子和鸡，它们共有35个头和116条腿。农场里养了多少只兔子和多少只鸡呢？

提示：如果所有动物都是鸡，只有70条腿。

143 让天平平衡（2）

算一算，第三台天平空着的托盘里，应该放多少颗草莓才能让天平达到平衡。

提示：从第二台天平可以看出，1块西瓜的重量等于2个苹果和1颗草莓的重量。

144 寻找三角形（3）

数一数，图中有几个三角形，将它们都画出来。

提示：先数最小的三角形，然后数中等大小的……

145 排列盒子

下图的每个盒子上都有一个数字。请按照以下要求将这些盒子重新排列：编号为1的两个盒子之间有一个盒子，编号为2的两个盒子之间有两个盒子，编号为3的两个盒子之间有三个盒子，编号为4的两个盒子之间有四个盒子。你能做到吗？

提示：如果没有思路，可以把2，3，4号盒子放在最前面。

146 向左看的牛

下图是由几根筷子组成的牛的图案，牛是向左看的。你能不能只移动两根筷子，让牛向右看呢？

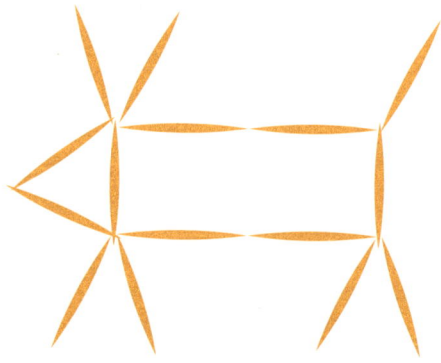

提示：开动脑筋，突破思维定式。

147 照片之谜

一个人指着一张照片说:"我没有兄弟姐妹,但这个男人的父亲是我父亲的儿子。"

这个人与照片中的人是什么关系?

提示:两人的血缘关系非常亲密。

148 电线杆和树

一根电线杆比一棵树矮4米,树的高度是电线杆的两倍,那么电线杆多高?

提示:电线杆的高度不超过10米。

149 七巧板（5）

下图中，你能使用上面的七巧板，拼出下面的图案吗？

提示：屋顶和房屋的底部由两个大三角形组成。

150 不准时的时钟

有这样一个问题：一个时钟每天慢1分钟，另一个时钟不走，你认为哪个时钟好呢？有人说不走的时钟好，因为它每天都会有两次时间是准确的。那么每天慢1分钟的时钟多长时间会准确一次呢？只考虑一圈有12个小时的时钟就可以了。

提示：时钟需延迟12小时才会再次准确。

151 青蛙跳棋（2）

在这个游戏里，一只青蛙可以跃过另一只青蛙跳到空格里，但被跃过的青蛙会消失。你要按照这个规则，使图中只剩下一只青蛙，并指出最后这只青蛙会留在哪个格子里。

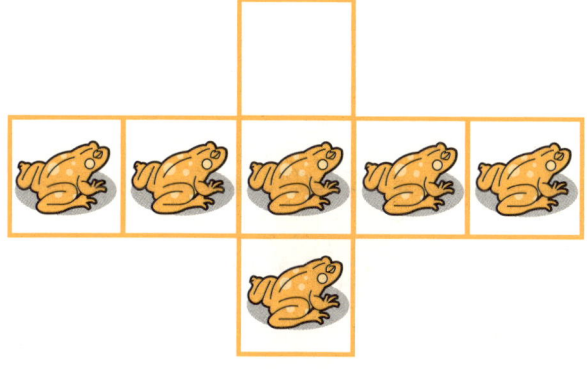

提示：第一步只有一种选择。

152 猜谜语（2）

你能猜出下面的谜语吗？

如果你撕掉我的皮肤，我不会抗议，但你会为我哭泣。

提示：不是动物。

153 胡安的糖果

胡安有一袋糖果。薄荷糖、柠檬糖、草莓糖的数量都比袋子里所有糖果的数量少2颗，你知道袋子里总共有几颗糖果吗？每种糖果有几颗？

提示：你相信吗，糖果总共不到5颗。

154 胡安的药

医生给了胡安3粒药，让他每隔半小时服1粒。按照医生所说，服用这3粒药需要多长时间？

提示：小心问题中的陷阱。

155 切割立方体

用一把刀直直地切割一个立方体,可以得到一个正方形截面(如下图)。你知道怎么切割立方体可以得到一个矩形截面吗?那等边三角形呢?六边形呢?

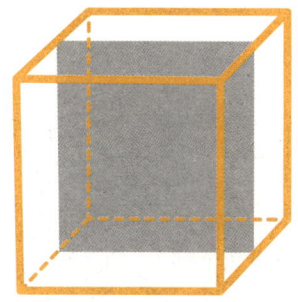

提示:要得到一个矩形,可以沿一个面的对角线切割;要得到一个等边三角形,需找到三个对应的顶点;要得到一个六边形,则需要找到六条边的中点。

156 迷你数独(4)

迷你数独的玩法很简单:在每个小格中填上数字1~4的任意一个,使每一行、每一列以及每个大格(用粗线表示)中都有1~4这4个数字。

看懂了规则,我们就进入下方这个迷你数独吧。

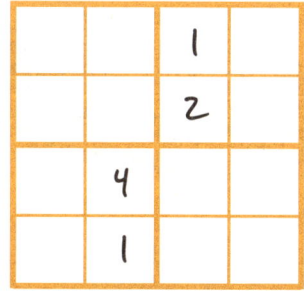

提示:第二行第二个空格只有一种可能性。

157 找出假硬币

一个人不小心将1枚假硬币和8枚真硬币混在了一起。这枚假硬币与真硬币看起来一模一样，只是重量轻。他想把这枚假硬币找出来，但手里只有一台天平，没有砝码。如果只能称重两次，你能帮他把这枚假硬币找出来吗？

提示：将硬币分成3堆。

158 电话号码

给你30秒的时间回答这个问题。准备好后，请开始阅读：将手机键盘上的所有数字相乘，乘积是多少？

提示：不要着急计算，仔细想一想。

159 父亲、儿子和孙子

两位父亲、两个儿子和一个孙子来到一家冰激凌店，买了三份冰激凌。有趣的是，他们不需要彼此分享这三份冰激凌，他们每个人都有一份冰激凌。你知道这是怎么回事吗？

提示：仔细想一想他们之间的亲属关系。

160 猜谜语（3）

你能猜出下面的谜语吗？

有一种动物早上四条腿走路，中午两条腿走路，晚上三条腿走路。

提示：不要想得太远。

161 三角形的边

有一个三角形，它的三条边的长度是三个连续的数字，加起来的和为54。你知道这三条边各多长吗？

提示：用54除以3。

162 数字序列（2）

找出下面数字的规律，写出后面的数字。

1, 2, 4, 5, 7, 8, 10……

提示：想一想，从一个数字到下一个数字可以做什么运算。

163 吃蛋糕

你空腹可以吃几口蛋糕?

提示:仔细想想再回答。

164 加减乘除(4)

在下面的空格中填上"+""-""×""÷"四个运算符号中的任意一个,使等式成立。

4	4	4	4	=	0
4	4	4	4	=	1
4	4	4	4	=	2
4	4	4	4	=	7
4	4	4	4	=	8

提示:请记住,如果在同一个运算中同时出现了加法、减法、乘法或除法,则必须先考虑乘法和除法,然后再进行加法和减法运算。

这道题有很多种解法,下面是其中一种思路:

全都不需要用到乘法,第二行、第三行和第四行需要用到除法。

165 迷你数独（5）

迷你数独的玩法很简单：在每个小格中填上数字1~4的任意一个，使每一行、每一列以及每个大格（用粗线表示）中都有1~4这4个数字。

看懂了规则，我们就进入下方这个迷你数独吧。

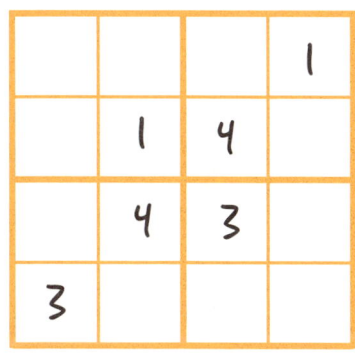

提示：先填第一行的第三个格子。

166 一笔画（4）

你能将下面的图案一笔画出来吗？中途不能提起笔，也不能重复通过同一条线段。

167 九宫格（4）

在下面的每个方格中填上数字，使每一行、每一列和每一条对角线上的方格内的数字的乘积都相等。

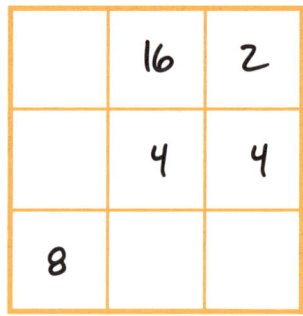

提示：已经有一条对角线上的数字是完整的了，将它们相乘可以得到64。

168 汽车之谜

一个人坐在汽车里，汽车的速度是固定不变的。他的右侧没有东西，左侧有一匹马，前面是一辆警车，后面是一头大象。它们的速度与他乘坐的汽车的速度一样，因此一直这样围着他。这个人想要摆脱这种情况，你知道他应该怎么做吗？

提示：你喜欢去游乐园玩吗？

169 你觉得呢（6）

下图中的两条线在哪里距离最大？

提示：如果不确定，请使用绘图工具量一量。

170 寻找正方形（3）

在下图中，你能找到几个正方形？将它们画出来吧。

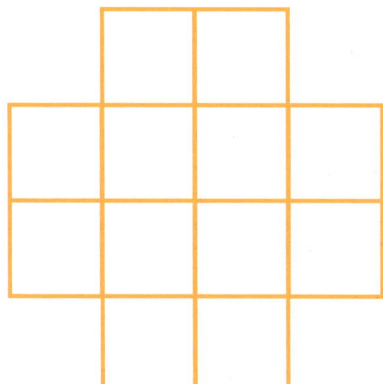

提示：共17个正方形。

171 罗马广场

右下图中有三种小精灵，每种小精灵都有三种颜色。请将它们放在左下图的方格内，使每一行、每一列都有三种小精灵，并且是不同颜色的。

提示：下面已经帮你放好了两个小精灵。

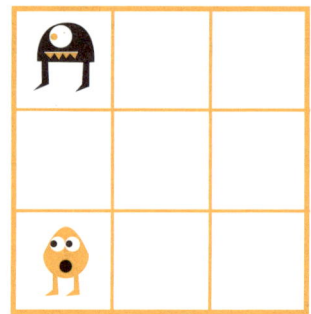

172 右手之谜

你可以用右手玩却不能用左手玩的东西是什么？

提示：它也是你身体的一部分。

173 相同的笔

下图中的笔，除了一种笔出现了两次，其他每种笔都出现了三次。你能找出这种只出现了两次的笔吗？

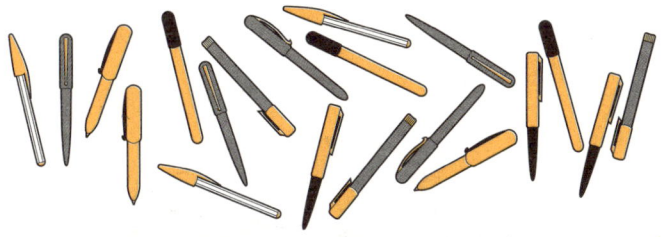

提示：可以使用字母或数字标记出你看到的每种类型的笔。

174 窗户

下图中的窗户宽2米、高2米。但这个窗户太大，早上光线太强，客户又不想装窗帘。你能帮客户重新设计下这个窗户，让它是一片正方形窗户，但透过的光只有原先的一半吗？

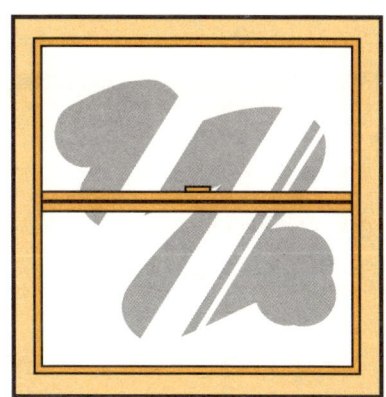

提示：新窗户要在原有的窗框上找到支撑点才可以实现改造哦。

175 彩色立方体

如图所示，我们将下面这个彩色立方体切割成了许多小的立方体。切割完成后，有一些小立方体没有颜色，一些只有一面有颜色，一些两面有颜色，还有一些三面有颜色。你知道没有颜色、只有一面有颜色、两面有颜色、三面都有颜色的小立方体各有多少个吗？

提示：三面都有颜色的小立方体在大立方体的角上；两面有颜色的小立方体位于大立方体的边上；只有一面有颜色的小立方体位于大立方体的面上；没有颜色的小立方体都在大立方体里面。

176 等于40

填写相应的运算符号，使等式成立。如果需要，可以将两个数字组合在一起形成两位数。

$$1\ 2\ 3\ 4\ 5\ 6\ 7 = 40$$

提示：需要用到12或34。

177 消失的筷子（2）

从下图中拿走5根筷子，使图中只剩下3个小正方形。

提示：两端有两根筷子需要拿走。

178 水果运算（1）

请仔细观察，以下每种水果都代表了一个数字。每一行、每一列的水果的和等于右边和底部写出来的数字。你能算出每种水果各代表什么数字吗？

提示：从第三列可以算出苹果代表什么数字。

179 八面体（2）

一个八面体由8个等边三角形组成。以下几个图案中，只有一个图案不能折叠成八面体，你知道是哪一个吗？

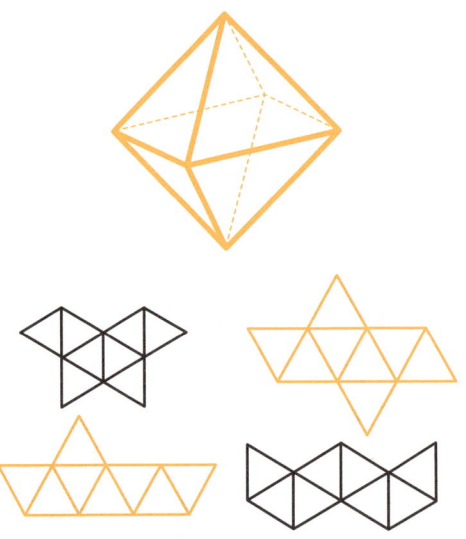

提示：如果想象不出来，可以把图案描出并剪下来，然后试试能不能折成一个八面体。

180 数字序列（3）

找出下面数字的规律，写出后面的数字。

提示：每个数字都与它的前一个数字有关。

181 七巧板（6）

你能使用左下侧图中的七巧板，拼出右下侧的图案吗？

提示：底部是一个大三角形，顶部是一个小三角形。

182 平均分（3）

想想看，怎么切割才能将下面的图平均分成4个完全相同的部分呢？

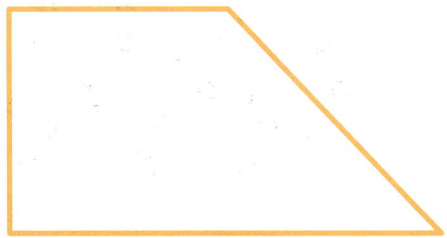

提示：底部由两个小图案组成。

183 神奇的星星（3）

找出星星上数字的排列规律，填上缺少的数字，使每条直线上的4个数字之和相等。

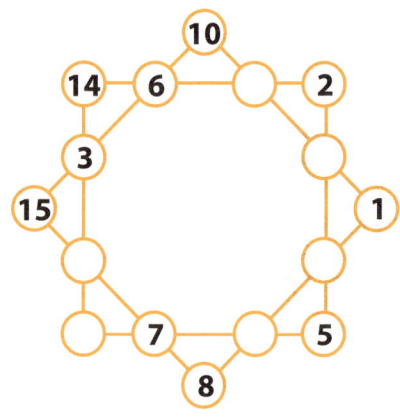

提示：有一条直线已经有4个数字，先算出它们的和。

184 樱桃蛋糕（3）

直直地切两刀，将蛋糕分成3块，使每块蛋糕上的樱桃数量相等。你能做到吗？

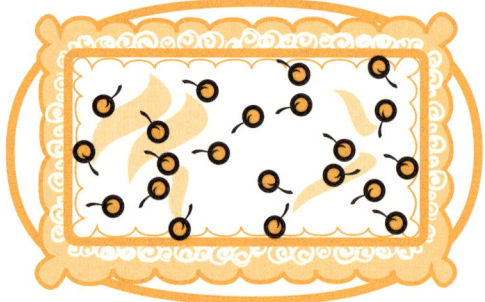

提示：先计算总共有几颗樱桃，然后除以3。

185　一笔画（5）

你能将下面的图案一笔画出来吗？中途不能提起笔，也不能重复通过同一条线段。

提示：从哪里开始都可以，试试看吧！

186　寻找正方形（4）

在下图中，你能找到几个正方形？将它们画出来吧。

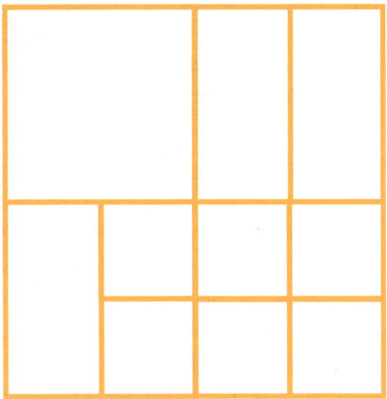

提示：总共有3种不同大小的正方形。

187 分比萨（1）

只切三刀，你能将比萨分成7份吗？

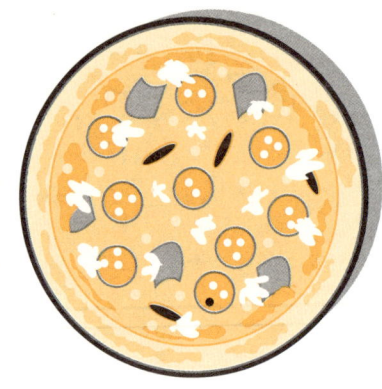

提示：不一定要平均分哟。

188 你觉得呢（7）

图A和图B的中心各有一个圆，哪一个更大一些？

提示：如果不相信自己的判断，可以用纸和笔将其中一个圆描出来，再与另一个比一比。

189 六格数独（1）

六格数独的玩法很简单，在每个小格中填上数字1~6的任意一个，使每一行、每一列以及每个大格（用粗线表示）中都有1~6这6个数字。

看懂了规则，就开始吧。

		4			
4			5		3
6	2	3			
			4		
		6	3	2	5
3	5				

提示：下面已经帮你填上了一些数字。

		4			
4		2	5		3
6	2	3	1		
2			4		
		6	3	2	5
3	5		2		

190 五个好朋友

胡安、佩德罗、露西娅、罗莎和路易斯是五个好朋友。胡安22岁，佩德罗15岁，露西娅的年龄是胡安的一半，但比罗莎小3岁。罗莎的年龄只有路易斯的三分之一。路易斯几岁？

提示：一步一步计算，并不复杂。

191 连一连（2）

下图有三对小精灵，将相同的两个小精灵用线连接起来。连线不得交叉，也不能碰到正方形的边。

提示：不一定要用直线哦。

192 网球比赛

两个人参加同一场网球比赛，五局三胜制。比赛结束时，两个人每人赢了3局，怎么会这样呢？

提示：网球比赛的类型有很多种。

193 加减乘除（5）

在下面的空格中填上"+""-""×""÷"四个运算符号中的任意一个，使等式成立。

数字之间可以不填写任何运算符号，使其变成一个两位数或三位数。例如：33÷33=1。

3 3 3 3 = 2   3 3 3 3 = 3   3 3 3 3 = 4

3 3 3 3 = 5   3 3 3 3 = 6   3 3 3 3 = 7

3 3 3 3 = 8   3 3 3 3 = 9   3 3 3 3 = 10

提示：请记住，如果在一个运算中同时出现了加法、减法、乘法或除法，必须先考虑乘法和除法，然后再进行加法和减法运算。

这道题有很多种算法，下面是其中一种的思路：

要算出2，需要使用加法和除法；要算出3，需要用到括号；要算出4，需要用到加法、乘法、除法和括号；要算出5，需要用到加法、乘法和括号；要算出6，需要加法和减法；要算出7，需要加法和除法；要算出8，需要用到两位数；要算出9，需要用到加法、减法和乘法；要算出10，需要用到加法、乘法和除法。

194 星期日

连续的60天里，最多有几个星期日？

提示：先用60除以7，然后再认真思考。

195 骰子（2）

一枚普通的正方体骰子相对两面的点数之和都是7，即6和1相对，5和2相对，4和3相对。那么，你知道如何给下面的骰子展开图标号吗？

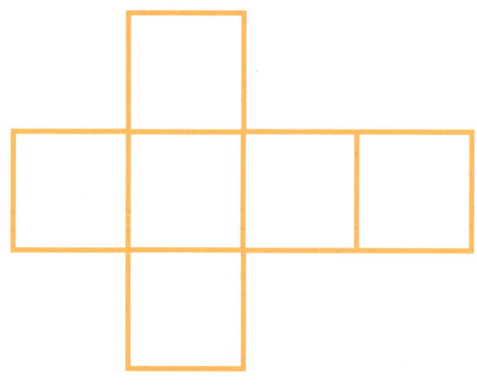

提示：答案不止一种，展开你的空间想象力吧。

196 几点钟（2）

下图是镜子中照出的钟表，你知道钟表显示的时间吗？

提示：可以尝试从背面看时间。

197 捆盒子

我们用一条彩带捆绑下图的盒子,并留出20厘米用来打结,你知道需要多长的彩带吗?

提示:数数盒子上有多少段10厘米、12厘米和30厘米的彩带就可以了。

198 等分三角形

你知道如何把下面的等边三角形二等分、三等分、四等分吗?

提示:要三等分,需要寻找三角形的中心;四等分需要连接三条边的中点。

199 七巧板（7）

你能使用左下侧图中的七巧板，拼出右下侧的图案吗？

提示：图案的尾部和底部都由大三角形拼成，头部由一个小三角形拼成。

200 双金字塔

观察上下两个金字塔是如何形成的，并在两个空白的格子里补上数字。

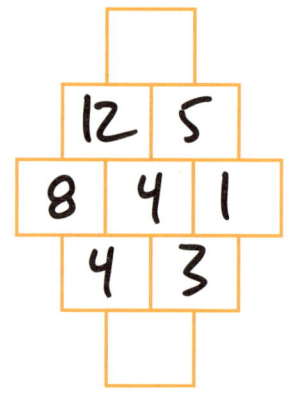

提示：每个格子中的数字由其上方或下方的格子中的数字决定。

201 加减乘除（6）

在下面的空格中填上"+""-""×""÷"四个运算符号中的任意一个，使等式成立。

6	6	6	6	=	24
6	6	6	6	=	36
6	6	6	6	=	12
6	6	6	6	=	1
6	6	6	6	=	13

提示：请记住，如果在同一个算式中同时出现了加法、减法、乘法或除法，则必须先考虑乘法和除法，然后再进行加法和减法运算。

这道题的解法有很多，以下是其中一种的思路：
第一行，只用一种运算符号等式就能成立。
第二行，不使用除法运算。
第三行，使用加减法运算。
第四行和第五行，将用到除法运算。

202 猜谜语（4）

你能猜出这个词是什么吗？

如果你说出我的名字，我就消失了。你知道我是谁吗？

提示：如果你什么都不说，会发生什么？

让天平平衡（3）

算一算，在第三台天平空着的托盘上要放多少个苹果，才能让天平达到平衡。

提示：由第一台天平可以知道1块西瓜的重量等于2个苹果和1颗草莓的重量。

 蚂蚁爬行

一个正方体的棱长为10厘米，一只蚂蚁沿着图中的路线从A点爬到B点，你知道蚂蚁爬了多远吗？

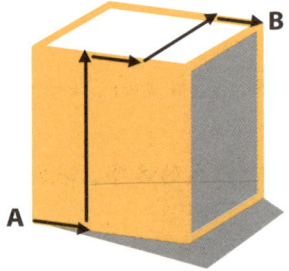

提示：只需计算出蚂蚁爬过了多少条边。

205 数字网格（1）

完成以下数字网格，使所有的运算都正确。

10	−	**2**		−		=	**5**

（图中数字网格）

提示：先完成只有一个空格的行和列。

206 粉刷立方体（1）

粉刷左下侧立方体花费了180欧元，你知道右下侧的结构会花费多少钱吗？

提示：仔细观察，比较两个图形的表面积。

207 奇特的年龄

今年，佩雷斯夫妇的年龄有点儿奇怪。如果你把佩雷斯夫人的年龄的数字倒过来看，就得到佩雷斯先生年龄的数字。他们都已经年满18周岁。你知道他们具体多少岁吗？

提示：想一想，有哪些数字倒过来看仍然是数字。

208 数字序列（4）

你知道后面的数字是什么吗？

1, 1, 2, 3, 5, 8, 13……

提示：序列中出现的每个数字都与前两个数字有关。

209 五个奇数

你能找出五个奇数，使其总和为20吗？

提示：315是一个有三个奇数的数字。

210 三角形和正方形

一组三角形和正方形的顶点数相加为18，你知道有多少个三角形和正方形吗？

提示：先假设正方形数最多，即有4个正方形。4个正方形有16个顶点，只剩下2个顶点，不够分配一个三角形，所以这个假设是不成立的。继续假设有3个正方形……

211 神秘旅馆

一天，一家只有15间客房的小旅馆客满了。半夜，一个游客来找住处，服务生把新来的住客暂时安排在1号房间里，所以1号房间里有两个人。他又把3号房间的住客转到2号房间，然后把4号房间的住客转到3号房间。以此类推，直到15号房间的住客转到14号房间。这样，15号房间就没有住客了。新来的游客离开了共用的1号房间，去了15号房间。至此，每个住客都有了自己的房间。但是，酒店最初是客满的，这怎么可能实现呢？

提示：冷静地阅读并分析你读到的信息。

212 十六宫格（2）

完成下面的十六宫格，使每一行、每一列和两条对角线上的数字总和都相等。

3	13		0
8	6		
		9	7
15			12

提示：图中一条对角线上的4个数字已知，可以直接算出来数字之和。

213 寻找正方形(5)

在下图中,你能找到几个正方形?将它们画出来吧。

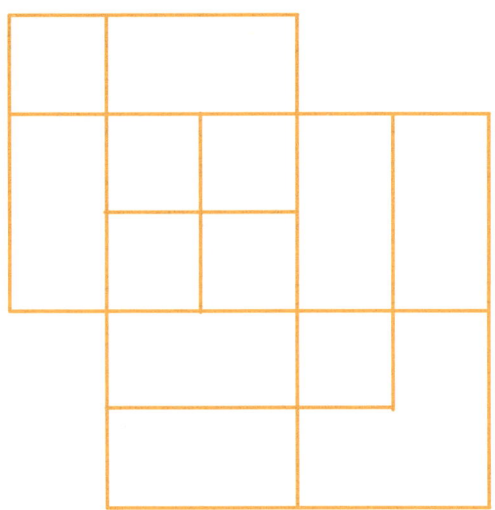

提示:共有4种不同大小的正方形。

214 你觉得呢(8)

下面两条线段中的哪一条比较长,1还是2?

提示:用尺子量一下吧。

215 怪兽迷宫

按照箭头的方向,找出迷宫行走的规律,然后走出迷宫。

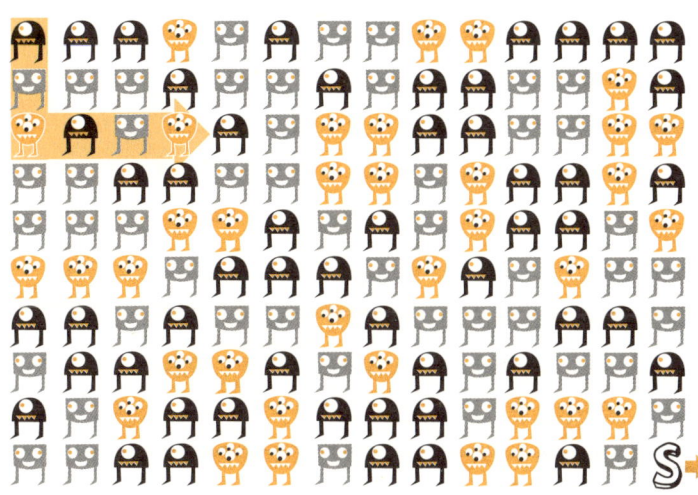

提示:观察每个图案出现的顺序。我们又帮你走了一段路。

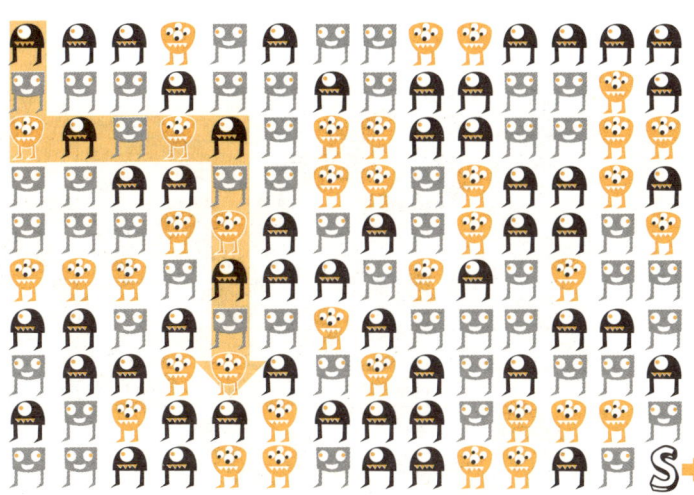

216 一笔画（6）

你能将下面的图案一笔画出来吗？中途不能提起笔，也不能重复通过同一条线段。

提示：从任何一个顶点出发都可以。

217 连一连（3）

将下图中形状和尺寸相同的动物或物品连起来。

提示：图中已经为你找好了两对，你还能找到其他的配对吗？

218 潜伏者（1）

下面有很多字母A，它们或颜色、形状、大小不同，或大小写不同，但是有一个样子的A出现了两次，你能找到它吗？

提示：一个一个地排除，把没有重复的字母划掉，直到找到你要找的那个。

219 你觉得呢（9）

下图有什么特别之处，你能说出来吗？你认为它能被建造出来吗？

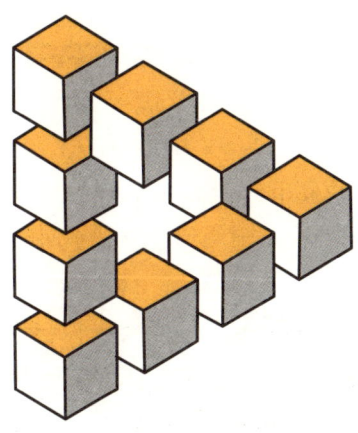

提示：可以摆一摆试试。

加减乘除（7）

在下面的空格中填上"+""-""×""÷"四个运算符号中的任意一个，使等式成立。

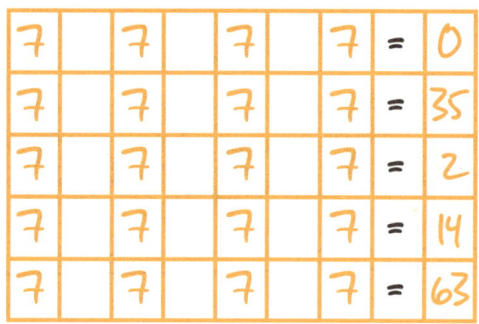

提示：请记住，如果在同一个运算中同时出现了加法、减法、乘法或除法，则必须先考虑乘法和除法，然后再进行加法和减法运算。

这道题有很多种解法，下面提供其中一种解题思路：

第一行只需加法和减法就足够了；第二行会用到减法和乘法；第三行会用加法和除法；第四行会用到加法和减法；最后一行可以用加法和乘法。

 五枚硬币

有5枚硬币，面值分别为1欧元、2欧元、5欧元、10欧元和20欧元，它们能组成多少种不同的金额？请将这些金额都写出来。

提示：共有32种不同的金额。

222 照亮黑暗

在一间黑暗的房间里,有蜡烛、油灯和篝火三种照明工具。假如只有一根火柴,你打算先点哪一种?

提示:仔细想想哟。

223 瓶子分类

将下面的瓶子按照所装液体的比例由少到多排序。

1号瓶:半瓶

2号瓶:2/3 空瓶

3号瓶:1/4 空瓶

4号瓶:1/3 空瓶

5号瓶:3/4 空瓶

提示:先写出每一个瓶子所装液体的量再排序。

224 四个朋友，四项运动

安娜、布拉斯、卡洛斯和大卫是四个好朋友，他们喜欢四种不同的运动：足球、网球、篮球和羽毛球。我们已知安娜和大卫喜欢的运动需要两个人完成，布拉斯和安娜喜欢的是圆的球，卡洛斯喜欢的是最重的球。你能说出四个朋友都喜欢玩什么球吗？

提示：有了前两条线索，就可以知道安娜和大卫喜欢什么了；通过最后一条线索，可以推断出卡洛斯喜欢什么。

225 买苹果

买1.5千克的苹果需要15欧元，你能算出买7.5千克的苹果需要多少钱吗？

提示：这个问题比看起来容易得多，仔细想一想。

226 三兄弟

有三个兄弟，玛尔塔比米格尔小三岁，阿玛亚比米格尔大两岁，米格尔的年龄是玛尔塔的两倍。你能告诉我这三个兄弟分别多大了吗？

提示：米格尔不超过10岁，找找小于10且满足题目的数字吧。

227 数字藤蔓（1）

找出每片树叶处应放置的数字，使树叶之间的运算成立，获得最后的结果。

提示：倒着思考，想想中间那片树叶上的数字应该是多少，它除以3等于最后一片树叶上的数字12。得到这个数字后，再往前推算。

228 神奇的星星（4）

完成下面的数字星，使每一条直线上的5个数字相加结果都相同。

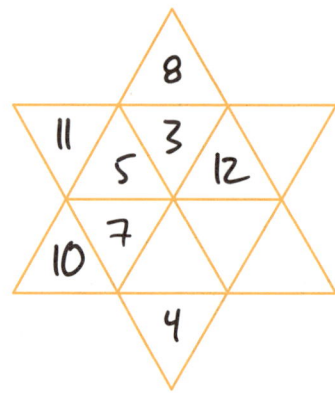

提示：从完整的那一行可以获得每行5个数字的总和。

229 分割三角形

下面的这个大三角形可以划分成多少个阴影部分那样的小三角形？

提示：可以参考大三角形右下角这部分的分割规律。

230 赛跑

五个朋友赛跑,到达顺序如下:
(1)米格尔不是第二个到达的。
(2)玛尔塔不是第一个到达的。
(3)阿玛亚既不是第一个也不是最后一个到达的。
(4)迈特刚好在玛尔塔之后到达。
(5)佩德罗于米格尔之后两名到达。
你知道这五个朋友的到达顺序吗?

提示:把(1)和(5)合起来,可以推断出米格尔只能是第一个或第三个到达的。

231 "MATES"连写

如果我们继续在图中写下"MATES"这个单词,在第2012个格子里,将会出现哪个字母呢?

提示:"MATES"有5个字母,你可以试着算一算会写多少遍这个单词,会剩下多少字母。

232 多米诺骨牌

交换两张多米诺骨牌的位置,使三列骨牌黑色点的点数之和相同。

提示:首先,我们应该知道每列的点数总和是多少。数一数,你会发现一共有36个黑点。

233 寻找三角形(4)

数一数,图中有几个三角形,将它们都画出来。

提示:共有10个三角形。

234 缺失的图案（2）

以下图片中应该有四个图案，可最后一个找不到了，你能根据前面三个图案，找出变化规律并画出第四个吗？

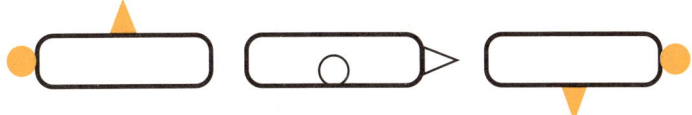

提示：分别观察矩形和圆球移动的方向、位置和颜色。

235 数字迷宫

左下侧的图形有16个方格，总共填写了16个数字，并按照1到16的顺序将所有数字连接了起来，如图所示。右下侧的图形中有25个方格，但数字还没有填写完整，你能将它填写完整，使所有数字可以按照1到25的顺序依次连接起来吗？

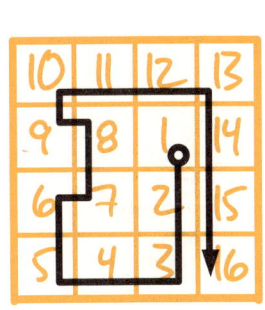 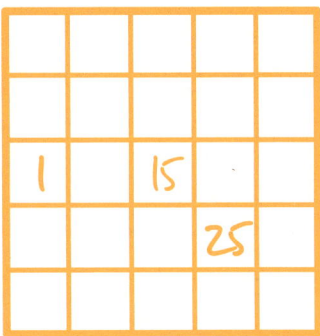

提示：先从下往上走。

236 移火柴（2）

只移动两根火柴，使图中出现6个正方形。

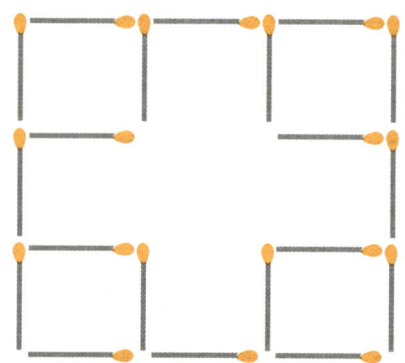

提示：这道题有很多种解法，仔细想一想。

237 弹跳的球

有一个非常特殊的球，每次它碰到地面时，会反弹到上一次离地最大高度的一半。例如，如果它从离地面4米的地方被抛出，会反弹2米。现在我们把它从一幢10米高的建筑物的屋顶抛下，建筑物离地1米处有一扇窗户，在从窗户里看不见球之前，球会在地面上弹起几次？

提示：如果我们把它从离地10米的屋顶抛出去，在第一次弹起后，它将反弹5米。以此类推……

238 骰子（3）

如果我们把下面的展开面拼成一个正方体骰子，数字2和哪个数字相对？

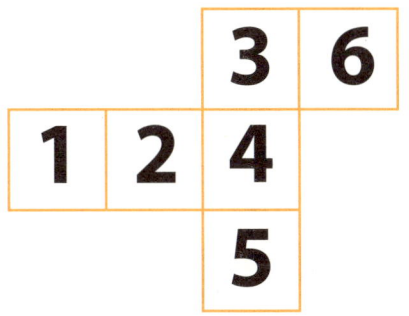

提示：如果不能在脑海中拼装好这个骰子，就把它描出并剪下来，然后折叠起来看看。

239 神秘的箱子（3）

下面三个箱子中分别装有黄金、白银和青铜，但不知道每个箱子里到底装了什么。每个箱子外面都贴有一条信息，其中只有一条信息是假的。你能找到装有白银的箱子吗？

提示：先假设白银装在第一个箱子中，思考会怎么样。然后假设白银在第二个箱子中，再假设在第三个箱子中。

240 组成四面体

将下面的这个四面体的展开图拼装起来，会得到A，B，C中的哪一个？

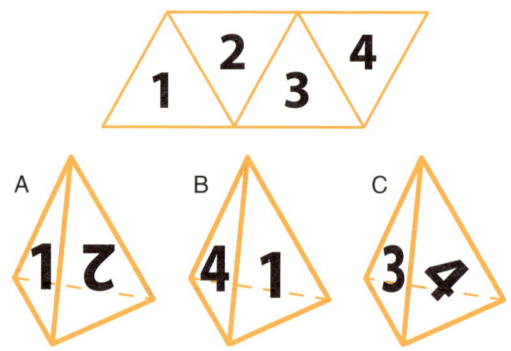

提示：如果很难想象，可以描出并剪下来，然后拼装起来。

241 连一连（4）

把每对相同的图形用线连接起来，连线不能超出方框区域，也不能相交。

提示：已经帮你连好了一对了。

242 换卡片

孩子们经常在小镇市场上交换球员卡片。2张巴萨卡可以换3张马德里卡,2张马德里卡可以换3张西班牙卡。一天,一个孩子带着几张巴萨卡换了18张西班牙卡。你知道这个孩子带了多少张巴萨卡吗?

提示:如果他带回家18张西班牙卡,就意味着他可以换18÷3×2=12张马德里卡。

243 加减乘除(8)

在下面的空格中填上"+""-""×""÷"四个运算符号中的任意一个,使等式成立。

8	8	8	8	=	16
8	8	8	8	=	0
8	8	8	8	=	48
8	8	8	8	=	2
8	8	8	8	=	15

提示:请记住,如果在同一个算式中同时出现了加法、减法、乘法或除法,则必须先考虑乘法和除法,然后再进行加法和减法运算。

这道题有很多种方法,下面是其中的一种解题思路:

第一行和第二行只使用加法和减法就行,第三行需要使用乘法,剩余两行需要使用除法。

244 猫、狗和老鼠

观察下面三台秤,分别计算一只猫、一条狗和一只老鼠的重量。

提示:由前两台秤可以计算出狗的重量,之后可以通过最后一台秤计算出老鼠的重量。

245 数学成绩

玛尔塔和阿玛亚的数学成绩比米格尔好,迈特的数学成绩比玛尔塔好,但比阿玛亚差。你知道这4个人数学成绩的排名吗?

提示:先排除成绩不是最好也不是最差的人。

246 数字网格（2）

完成以下数字网格，使所有的运算都正确。

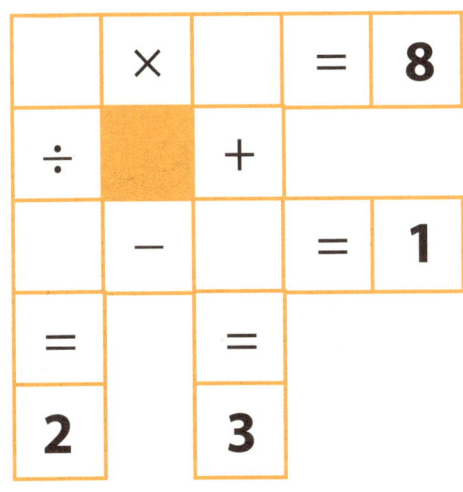

提示：先找到相乘结果为8的几对数字，再逐个排除。

247 拍手游戏

胡安和玛利亚与他们的母亲一起玩游戏。在游戏中，母亲会大声数数：1，2，3……每当母亲说出3的倍数时，胡安就要拍手，每当母亲说出4的倍数时，玛利亚就要拍手。当母亲数到100时，游戏结束。你知道胡安和玛利亚分别会拍多少次手吗？其中有多少次，他们会同时拍手？

提示：要算出两兄弟同时拍手的次数，必须先知道哪些数字是3和4的公倍数。

248 酒店员工

酒店员工在更换所有房间的门牌号码时，需要给房间从1号到100号编号。首先，他得购买所有门牌号码中使用到的数字1，每个1需花费1欧元，你知道把这些数字1全部买下来需要花多少钱吗？

提示：要算出1～100之间有多少个数字1。

249 神奇的星星（5）

完成下面的星星，使它的任何一条边上的4个数字之和都相等。

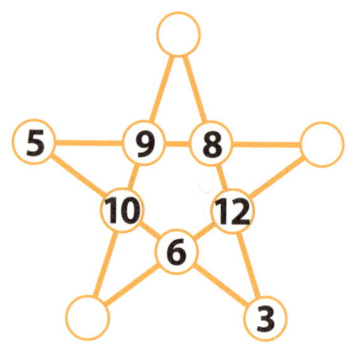

提示：星星中有一边的数字是完整的，这样就可以算出4个数字之和。

250 分离连续数字

将1~7填入左下图的方格中，两个连续的数字不能相邻。

相邻的意思是，如果两个正方形有共同的顶点或边，它们就是相邻的。例如，右下图的填写方式就是错误的，因为数字2和3在相邻的框中；数字3和4有共同的顶点，所以它们也是相邻的；同样，6和7的位置也是相邻的。

这道题有多种答案，你能找到几种？

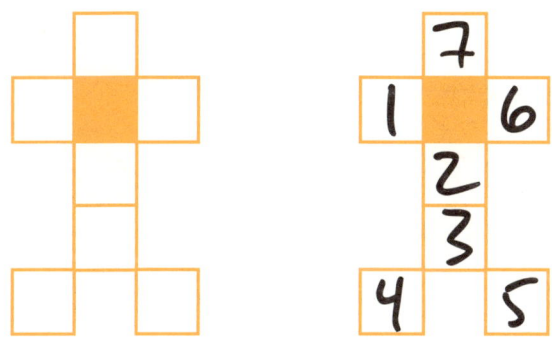

提示：一种方法是将7填在最上面的框中，4在最下面的框中。

251 水果运算（2）

下面有5种水果，每种都代表0~4之间的不同数字，你知道它们分别代表数字几吗？

提示：通过 🍊+🍓=🍓 可以知道 🍊 的数值；通过 🍓+🍓=🍎，可以知道 🍓=1或2。

252 青蛙跳棋（3）

在这个游戏里，一只青蛙可以跃过另一只青蛙跳到空格里，但被跃过的青蛙会消失。你要按照这个规则，使图中只剩下一只青蛙，并指出最后这只青蛙会留在哪个格子里。

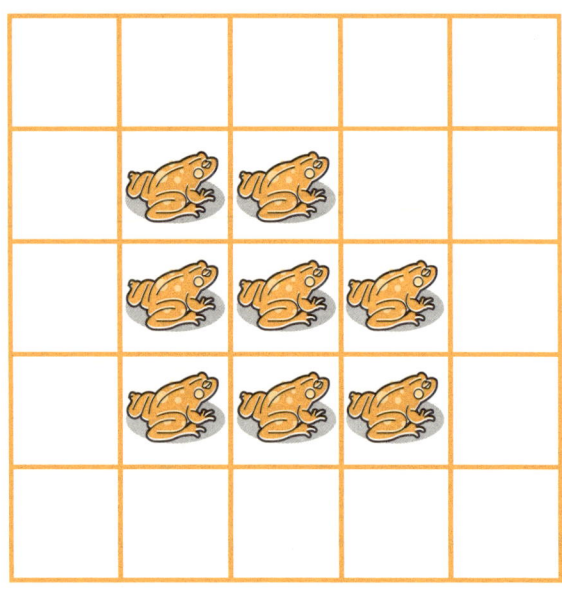

提示：答案不止一种，请你多多思考，找出更多答案。这里告诉你其中一种方法的前三步。

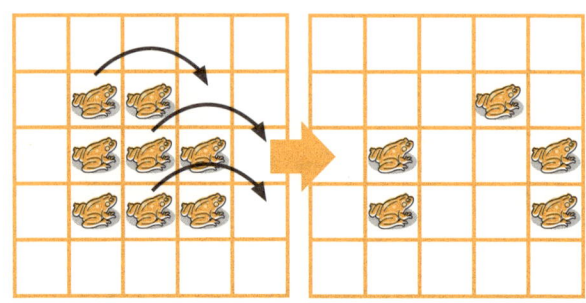

253 数字网格（3）

将1~9这9个数字填入下面的网格中，不能重复使用，并满足以下所有要求：

（1）1，3，8在第一行。
（2）2，4，9在最后一行。
（3）2，3，6，7，8和9不在第一列。
（4）1，2，3，4，5和7不在最后一列。

提示：由（1），我们知道3在第一行，结合（3）（4），我们知道3既不在第一列，也不在最后一列。因此，3应填在第一行中间的格上。继续推理，你会得到每个数字相应的位置。

254 失物之谜

胡安运气不好，他总是在最后一个地方找到他要找的东西。一天，他把自己的坏运气告诉了一个朋友，朋友回答："别担心，这很正常。"

你知道为什么这是正常的吗？

提示：你找到东西后还会再找吗？

255 长凳排座

胡安、佩德罗、路易斯和玛利亚坐在长凳上，胡安坐在佩德罗旁边，但不在路易斯旁边。如果路易斯不在玛利亚旁边，你知道这4个人的座位顺序吗？

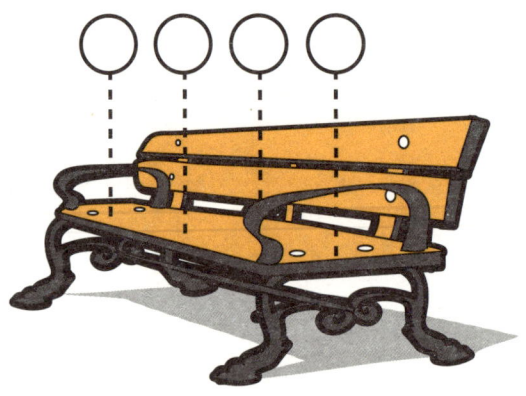

提示：根据条件知道，胡安和佩德罗挨在一起。

256 我的挂钟

我的老式挂钟敲6下需要用6秒，那么敲12下需要多少秒？

提示：当钟敲第1下时，才开始计时。

257 数字藤蔓（2）

找出每片树叶上应放置的数字，使树叶之间的运算成立，获得最后的结果。

提示：倒着推理，想想中间那片树叶上的数字应该是多少，它乘以4等于最后一片树叶上的20。得到这个数字后，再往前推算。

258 潜伏者（2）

在下图中，你可以看到多种多样的数字8。每一种数字8都只有一个伙伴（完全相同的8），只有一种数字8出现了3次，你能找到它们吗？

提示：排除成对出现的数字8。

259 粉刷立方体（2）

如果将左下图的大立方体全部粉刷需要花费54欧元，请问，粉刷右下图的几何体会花费多少钱？

提示：左侧立方体共有9×6＝54个小正方形面。因此，粉刷每个小正方形面需要54÷54=1欧元。现在试着数一数右侧图中有多少个小正方形面吧。

260 你觉得呢（10）

观察图片，你认为黑色的边是直的吗？

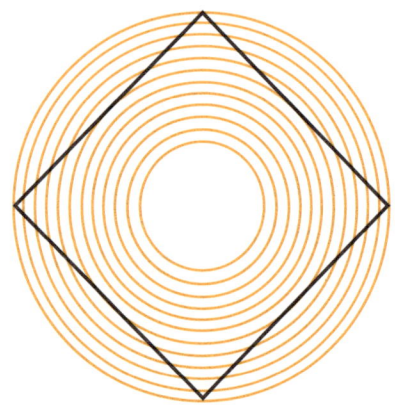

提示：如有必要，可以用尺子量一下。

261 水果运算（3）

下图中的两种水果代表0~9之间的两个不同的数字，它们满足下面的等式。你能找出这两种水果对应的数字吗？

在第二个等式中，结果是一个两位数，由两种水果所代表的数字组成。

提示：根据第一个等式，这两个数字有以下几种可能：1和5，2和4，5和1，4和2。

262 九宫格（5）

完成下面的九宫格，使每行、每列和两条对角线上的数字相乘均得到相同的结果。

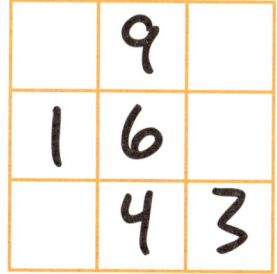

提示：根据中间一列，可以得到相乘的结果是216。

263 鞋柜

在一个大的鞋柜中有10双黑色的鞋子和10双棕色的鞋子。一天夜晚，房间的灯坏了，但要拿出需要的鞋子。那么，要拿出多少只鞋子才能确保有两只同色的鞋子呢？要拿出多少只鞋子才能确保有一双可以穿的同色鞋子呢？

提示：考虑最坏的情况。要回答第二个问题，你必须注意，鞋子分左脚和右脚。

264 六格数独（2）

六格数独的玩法很简单，在每个小格中填上数字1~6的任意一个，使每一行、每一列以及每个大格（用粗线表示）中都有1~6这6个数字。

看懂了规则，就开始吧。

		4		1	2
4			5		
6	2	3			4
			4	3	1
		6	3		
	5				

提示：我们多添了一些数字。

		4		1	2
4			5	6	
6	2	3		5	4
2			4	3	1
1		6	3		
	5	1	2		

265 泳池见

胡安娜每周一和每周五去泳池,她的表妹玛利亚则每三天去一次。如果今天是6月5日,星期一,两人在泳池碰到了,那么什么时候她们能再次在泳池碰面?

2012年6月

周日	周一	周二	周三	周四	周五	周六
				1	2	3
4	5	6	7	8	9	10
11	12	13	14	15	16	17
18	19	20	21	22	23	24
25	26	27	28	29	30	

提示:可以在日历上标记出来她们去泳池的日期。

266 最后一位数

观察下面的乘法算式,你知道得数的最后一位数是多少吗?

$1×2×3×4×5×6×7×8×9×10×11×12×13×14×15×16×17×18×19×20=?$

提示:其中一个乘数是10。

267 数字网格（4）

填充下面的网格，使每行、每列和两条对角线上的四个数都是1~4，且不重复。

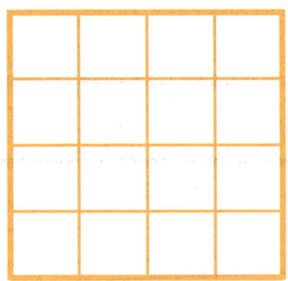

提示：这个问题有很多可能的答案。下面给出了一种答案的开头。

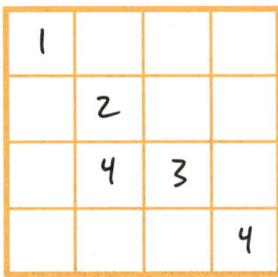

268 移火柴（3）

只移动下图中的两根火柴，使5个小正方形变成4个。

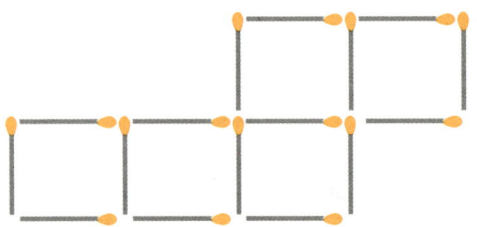

提示：其中一根是最下面中间的那根火柴。

269 为什么不抓他

有一个人,他没有没带驾驶证,经过交叉路口时,也没有停下来,还沿着禁止行驶方向走了30分钟。警察看到了他,却只跟他打招呼而没有抓他,你知道这是为什么吗?

提示:注意看题,突破思维定式。

270 十棵树

在下面的地上种十棵树,使每行、每列和每条对角线上的树的数量都为偶数。

提示:有很多种方法,其中一种方法是:前三行每行有两棵树,最后一行有四棵树。

271 神奇的星星（6）

在五角星上的圆圈里填上数字1~6，使每一行上的4个数字之和都等于24。每个数字只能用一次。

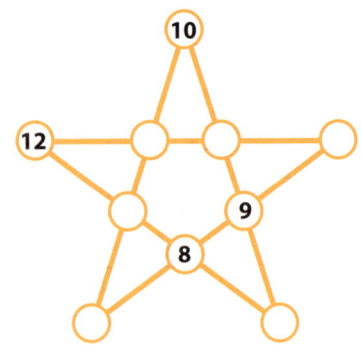

提示：试着多想几种答案吧。

272 迷你数独（6）

迷你数独的玩法很简单：在每个小格中填上数字1~4的任意一个，使每一行、每一列以及每个大格（用粗线表示）中都有1~4这4个数字。

看懂了规则，我们就进入下方这个迷你数独吧。

	2		
		2	4
3	4		
		4	

提示：第三行的第三个空格只有一种可能。

273 一笔画（7）

你能将下面的图案一笔画出来吗？中途不能提起笔，也不能重复通过同一条线段。

提示：多试几次，方法有很多哦。

274 七巧板（8）

你能使用左下侧图中的七巧板，拼出右下侧的图案吗？

提示：两个鞋子由两个小三角形拼成，小人的头部是正方形。

275 分比萨（2）

用刀直直地切4刀，将比萨切成11个部分。你能做到吗？

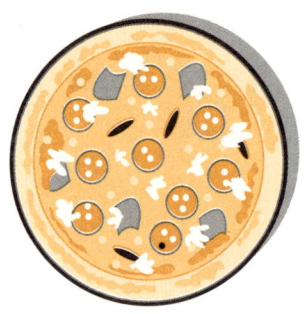

提示：切出的比萨块可以不一样大小哦。

276 停车（3）

橙色车停在了下图所示的停车场中，但没办法直接开出来。要将车开出来，需要其他车辆的配合。所有车都没有足够的空间转弯，只能前进或后退。其他车辆该如何移动，橙色车才能开出去呢？

提示：要移开挡住出租车的巴士。

277 等于100

用5个相同的数字以及运算符号和括号算出100，你知道怎么做吗？

如果需要的话，可以将几个数字构成两位数或者三位数，如11或333。

$$5\ 5\ 5\ 5\ 5 = 100 \qquad 1\ 1\ 1\ 1\ 1 = 100$$
$$3\ 3\ 3\ 3\ 3 = 100$$

提示：先给出一个例子，但是答案不是唯一的，请你多多思考，找出更多答案：

$$5 \times 5 \times (5 - 5 \div 5) = 100$$

用5个5运算得到100的另一种方法是将前四个5相加，所得的和再乘以5。

用5个1运算得到100，可以将多个1放在一起构成三位数或两位数。

用5个3运算得到100，可以将多个3放在一起构成多位数。

278 多余的数字（2）

划掉下面一组数字中的4个，使剩下的4位数组成一个尽可能小的数字。

$$45312754$$

提示：最小数字的起始数字为1。

279 数字网格（5）

填写以下数字网格，使每行、每列和两条对角线上都有 1~5。

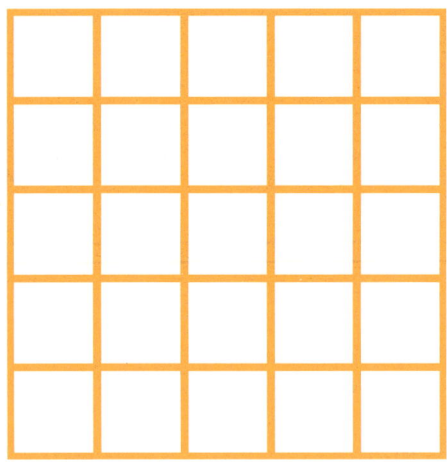

提示：答案有很多种，请多多思考，找出更多答案。下面就是其中一种答案的部分内容。

答案

① 你觉得呢（1）

它们是平行的，如果你不相信，可以用直角尺来检查一下。

这几条横线看起来不平行，是其他的线条和色块造成的视觉误差，眼睛有时候也会欺骗我们哦。

② 寻找三角形（1）

③ 迷你数独（1）

2	1	3	4
3	4	2	1
1	3	4	2
4	2	1	3

④ 半个洞

不需要花费时间，因为半个洞是不存在的，只存在挖洞或者不挖洞。

⑤ 隐藏的信息

想象力比知识更重要。

⑥ 七巧板（1）

或

⑦ 不一样的图案（1）

图B不一样。图A,C,D可以通过旋转书的方向相互得到，但不管怎么转动书，图B都不会与其他图案相同。

8 樱桃蛋糕（1）

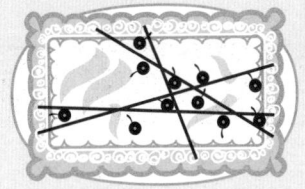

9 青蛙跳棋（1）

下面是根据提示里的方法做的所有步骤，最后只剩下一只青蛙在最下面一行中间的格子里。

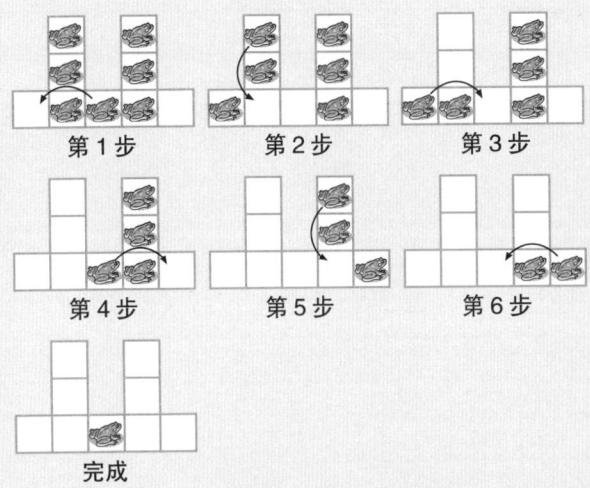

除了上面这种解法，你想到其他的解法了吗？先将最下面一行中间的青蛙往右边跳试试吧。

10 网格（1）

以按行思考为例：

我们可以把第一行的4个方块中的任何一个涂成橙色。一旦第一行的一个方块被上色，那下一行就只剩下3个方块可供选择。以此类推，第三行只剩下两个方块可供选择。到最后一行，只剩下一个方块可供选择。因此，我们有4×3×2×1=24种方法画出与题目要求相符的网格。

11 两个瓶子（1）

7升瓶子 里的水	5升瓶子 里的水	步骤
7	0	装满7升的瓶子
2	5	将7升瓶子中的水倒入5升瓶子
2	0	将5升瓶子中的水倒掉
0	2	将7升瓶子中剩余的2升水倒入5升瓶子中
7	2	再将7升瓶子装满
4	5	将7升瓶子中的水倒入5升瓶子中，直到5升瓶子装满，7升瓶中剩下的水为4升

12 拼图

C。

13 加减乘除（1）

这道题有很多种答案，请多多思考，尽量找出更多的答案吧。下面是根据提示的思路得出的答案。

2	+ 2	+ 2	+ 2	=	8
2	+ 2	- 2	- 2	=	0
2	× 2	× 2	+ 2	=	10
2	÷ 2	+ 2	× 2	=	5
2	× 2	× 2	- 2	=	6

14 正方形里的正方形

如图切割大正方形，可以看出，大正方形能装下8个小正方形。注意：图中的两个三角形可以组成一个小正方形哦。

15 需要多少筷子（1）

摆出新图形时，我们都要在上次图形增加的筷子数量的基础上再多增加4根。所以，我们需要4+8+12+16+20+24+28+32+36+40=220根筷子来组成第十幅图。

16 神秘的箱子（1）

黄金只可能在中间的箱子里。

我们假设第一个箱子上的信息是假的，那么黄金不在第一个箱子里，白银在第三个箱子里，所以黄金在第二个箱子里，青铜在第一个箱子里，这样是合理的。

我们再假设第二个箱子上的信息是假的，那么白银同时在第二个和第三个箱子里，矛盾。同样，我们假设第三个箱子上的信息是假的，那么第一个箱子同时有白银和黄金，矛盾。

17 九宫格（1）

6	1	8
7	5	3
2	9	4

18 一笔画（1）

从任何一个点出发，都可以完成这个一笔画题目，多试试吧。下面给出了其中一种方法，你可以从1开始，按照标号画完整个图形。

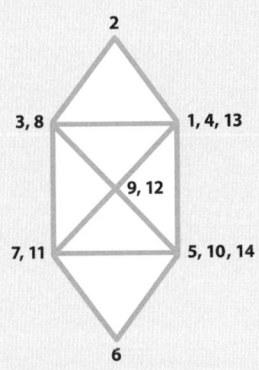

19 切割正方形

这道题有无数种答案,你知道这是为什么吗?

因为切割线的位置只要有一点不同,就会产生不同面积的小正方形。下面是其中的一种情况:

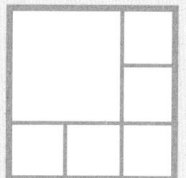

20 数字三角形

答案不止一种,请多多思考,继续寻找其他答案吧!

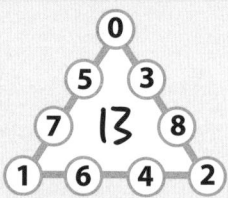

21 桑切斯的家

桑切斯家中有3个男孩和2个女孩。

根据"男孩是女孩的三倍"这条信息,我们知道男孩至少有三名。根据"每个男孩的姐妹数等于兄弟数",可以算出有两名女孩,那么就会符合题目中给出的所有信息。

22 切蛋糕

23 平均分(1)

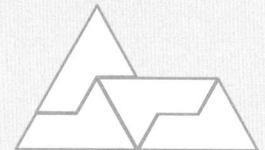 或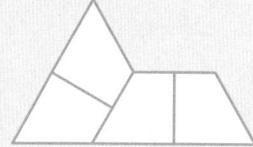

24 父亲的遗产

25 汤里有苍蝇

顾客往汤里洒了大量的作料，如果服务员端回的是同一碗汤，顾客尝后会发现汤的味道不对，意识到还是原来的那碗汤。

26 比大小（1）

一样大。利用一条对角线，你就可以看出涂色部分的面积正好是整个正方形面积的一半。

27 你觉得呢（2）

尽管看起来好像不同，但它们其实是一样大的。如果你不相信，可以按照提示的方法进行比较。有时候，眼睛也会欺骗我们。

28 胡安和佩德罗的硬币

佩德罗有12枚硬币，胡安有8枚。根据胡安说的话，我们可以知道佩德罗的硬币比胡安多4枚；根据佩德罗说的话，我们可以知道胡安至少有5枚硬币，那么佩德罗就有9枚硬币，以此递增，可能的组合有（5，9）（6，10）（7，11）（8，12）……然后我们可以将数字一一代入，看看哪一对数字符合题目。

29 说谎话的学生和说实话的学生

胡安和佩德罗是一种类型的学生,他们都很认真,或者都很调皮。

我们假设这两人说的都是实话或者都是谎话,他们的话就都成立了。

但我们假设胡安是说实话的学生,佩德罗说谎话,那么,他们两人说的话就矛盾了。

再反过来假设胡安说谎话,佩德罗说实话,那么他们的话还是矛盾的。

30 让天平平衡(1)

放3个苹果或2块西瓜或6颗草莓。

除了提示中的信息,根据第二台天平我们又能知道,2个苹果的重量等于3块西瓜的重量。

31 女孩多大了

一年有52周,每周都有一个周六和一个周日,所以一年有104天是周六或周日。因此,10年有1040天为周六或周日。1040天是2年零310天,大约是2年10个月。因此,女孩的年纪大约为7岁2个月。

32 寻找正方形(1)

可以画11个不同的正方形:

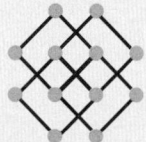 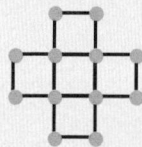 

33 字母序列

下一个字母是I。字母的顺序和我们在键盘上看到的一样。

34 停车(1)

根据提示,继续移动车辆,直到把车开出来:

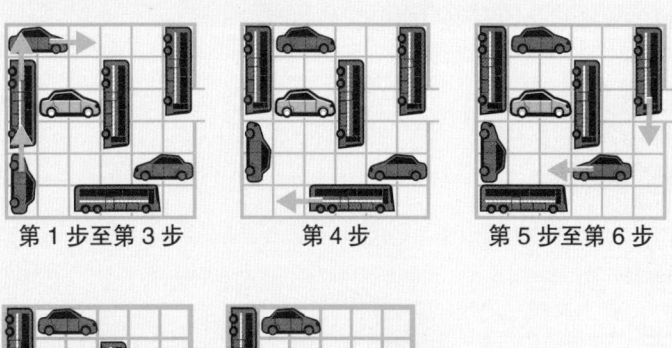

第1步至第3步　　　第4步　　　第5步至第6步

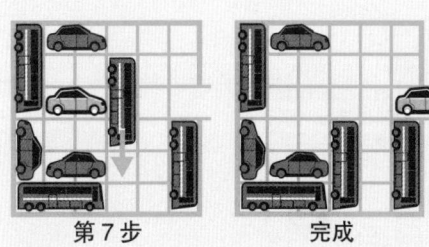

第7步　　　完成

35 刚好12分钟

我们同时使用两个沙漏计时。当时间过去9分钟,一个沙漏全部漏完时,另一个15分钟的沙漏内剩余的沙子漏完还需要6分钟。这时我们把9分钟的沙漏倒转,并从这一刻开火。当15分钟的沙漏漏完时,时间过去了6分钟,而9分钟的沙漏内也漏过了6分钟的沙子。这时再把9分钟的沙漏倒转,当它漏完时,时间又过了6分钟。至此我们完成了12分钟的计时。

36 鸡蛋七巧板

37 牧羊人和羊

因为羊的数量必须能同时被2,3和5整除,所以至少有 $2 \times 3 \times 5 = 30$ 只羊。

38 比大小（2）

如下图所示，将大正方形分成16个小正方形后，我们可以看到，灰色部分的面积与白色部分的面积相同。

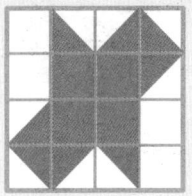

39 移树

有两种方法可以实现：

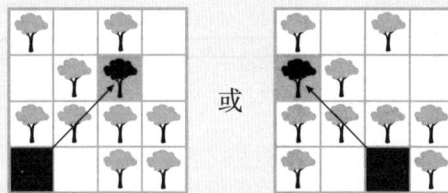

40 这合法吗

比法律更重要的是：这是不可能的！"遗孀"说明这位妻子的丈夫已经先于她去世了。

41 一笔画（2）

这道题有很多种答案，从任何一个点出发，都可以完成一笔画，快去试试吧。下面是其中一种正确答案，你可以按照数字标号画下去，直到画完。

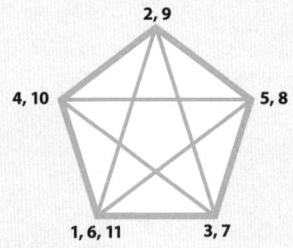

42 分蛋糕

让一个人把蛋糕分成两块，另一个人则可以优先选择一块给自己。

43 七巧板（2）

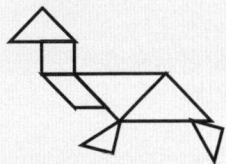

44 多少个橙子

农民一开始有15个橙子。

45 需要多少筷子（2）

需要 12 + 99 × 8 = 804 根筷子。我们可以发现，组建好第一个正方体后，每增加一个立方体，就要增加8根筷子，所以100个立方体要增加99 × 8根筷子，最后再加上第一个立方体用的12根筷子就可以了。

46 划分小怪兽

47 消失的筷子（1）

这道题有很多解法，下面是其中一种方法。你能想出更多方法吗？

48 两位理发师

最好去第一家理发师的理发店，因为理发师无法给自己理发，而镇上只有两位理发师，说明第二家店的理发师的发型是第一家店的理发师剪的，因此，第一家店的理发师技术应该更好。

49 佩雷斯的家

有6个孩子，3个男孩和3个女孩。

要注意的是，每个男孩的姐妹同时也是家里其他男孩的姐妹，所以一共只有3个女孩。

50 商人和链条

要花9天的时间，因为第9天割出2米的短链条后，原来的长链条还剩两米，正好是一条短链条，就不需要再割一次了。

51 六枚鸡蛋

最后一个人不需要再把鸡蛋从篮子里拿出来，因为只剩他的鸡蛋在篮子里了。

52 三角形中的三角形

仔细看，你可以将最大的三角形分成64个最小的三角形。在这64个小三角形中，有21个上了色。因此，大三角形之中有21÷64的面积上了色，即阴影部分大约为总面积的三分之一。

53 没有开灯的汽车

这个故事发生在白天。

54 真的假的

这个句子既不是真的，也不是假的。如果它是真的，那么它应该是假的，如果它是假的，那么它就应该是真的。

55 不一样的图案（2）

C。

56 不是双胞胎

这位母亲生了多胞胎，不止有两个孩子。

57 组成立方体

C。

58 50减2

我们只能做一次50减2的运算。因为第二次做减法时，我们所做的运算会变为48减2。

59 多少钱

5欧元。如果胡安把1欧元给安东尼奥,那么他们俩之间的金额差将是2欧元(胡安少拿1欧元,安东尼奥多拿1欧元)。如果胡安给2欧元,差额将是4欧元(胡安少拿2欧元,安东尼奥多拿2欧元)。以此类推。所以,要达到10欧元的差额,胡安必须给安东尼奥5欧元,这样胡安少拿5欧元,安东尼奥多拿5欧元。

60 几点钟(1)

晚上6点。这时一天已过去18个小时,还剩下6个小时,剩下的时间刚好是已过去的时间的三分之一。

61 母鸡下蛋

一只母鸡每两天产3枚蛋,则四只母鸡每两天产12枚蛋。因此,产24枚蛋需要4天。

62 天平和糖

首先,我们把糖都放在天平的两个托盘里,直到平衡。这时,每个盘子里有120克糖。然后我们再通过天平将其中一盘120克的糖分成两盘重量相等的糖,均为60克。第三步,再将其中一盘60克的糖分成两盘重量相等的糖,均为30克。最后,我们把分好的60克糖和30克糖合在一起,就能得到做蛋糕所需的90克糖。

63 你觉得呢(3)

由于旁边线的干扰,我们的眼睛产生了错觉,这两个人其实是一样高的。如果不相信,可以用尺子量一下。

64 七巧板(3)

这道题有两种拼法。

 或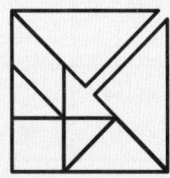

65 猫有九条命

猫只是从一楼的窗户上掉了下来。

66 箱子中的箱子

共有36个箱子。其中大箱子4个,中箱子8个,小箱子24个。

67 十六宫格(1)

15	2	5	12
3	14	9	8
10	7	4	13
6	11	16	1

68 士兵、男孩和船

我们分别用S1,S2,S3指代三名士兵,用N1,N2指代两个男孩,用B指代船。

出发的河岸	河对岸	行动
S1, S2, S3, N1, N2, B		开始,大家都在一边
S1, S2, S3, N2, B	N1	两个男孩一起划船渡到河对岸,然后其中一人划船返回
S2, S3, N2, N1, B	S1	一名士兵划船渡河,然后河对岸的男孩划船返回
S2, S3, N2, B	S1, N1	两个男孩再一起划船渡到河对岸,然后其中一个划船返回
S3, N2, N1, B	S1, S2	一名士兵划船渡河,之后留在河对岸的男孩再划船返回
S3, N2, B	S1, S2, N1	两个男孩再一次一起划船渡到河对岸,然后其中一个划船返回
N1, N2, B	S1, S2, S3	最后一名士兵划船渡河,之后留在河对岸的男孩划船返回

69 苍蝇和蜘蛛的决斗

假设所有的动物都是苍蝇,那将只有168条腿,而现在有176条腿,也就是说多了8条腿。我们每去掉一只苍蝇,会减少6条腿和1个头,而加上一只蜘蛛,会多出8条腿和1个头。这样逐次减少一只苍蝇,增加一只蜘蛛,依次试下去,就会知道共有24只苍蝇与4只蜘蛛。

70 缺失的图案(1)

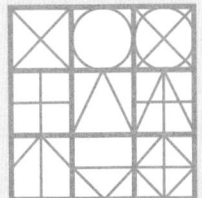

71 我的年龄

我现在10岁。5年后,我的年龄将达到15岁,而5年前我只有5岁。

72 移硬币

下面是提示中提到的方法,你还能想出更多吗?

73 九宫格(2)

这道题有很多答案,请开动脑筋,多想想其他答案吧。以下是两种可行的填写方案:

1	6	7
8	5	2
3	4	9

或

7	3	8
6	4	5
1	9	2

74 超过第二名

如果你超过了第二名,你就会成为新的第二名。

75 湖上的鸭子

有27只鸭子。

假设湖中有25只鸭子，其他猜测结果的误差就是2只、3只和6只，与题目矛盾。

再假设湖中有27只鸭子，那么这一结果和朋友们猜测的数量之间的差是2只、1只和4只，与题目相符。

最后假设湖中有28只和31只鸭子，误差分别是3只、1只、3只和6只、4只、3只，与题目都不一致。

76 数字迷阵（1）

第一行有一个1，我们可以记为11；第二行有两个1，记为21；第三行有一个1和一个2，记为1112；第四行有三个1和一个2，记为3112……用同样的方式推理，你将算出第十行有四个1，一个2，两个3和一个4，记为41122314。因此，这一序列后续的数字是41122314，接下来则是31221324。

77 迷你数独（2）

4	2	1	3
1	3	4	2
3	1	2	4
2	4	3	1

78 体育运动

我们先假设班上有20名学生会踢足球，剩下的10名学生会打篮球，那么我们还有7个会打篮球的名额需要分配。因此，班上至少有7名学生会这两种运动。

79 网格（2）

每个方格只有涂色或不涂色两种可能性，因此我们有2×2×2×2 = 16种不同的涂色方法：

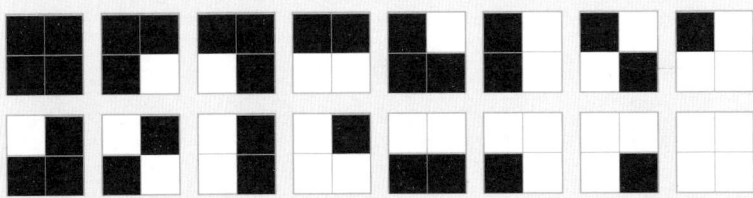

80 楼梯在下沉

船一直漂浮在水面上，无论水位上升还是下降，梯子一直有12级台阶在水面之上。

81 黑白游戏（1）

大板由36个方块组成，有18个黑色方块和18个白色方块。每一块小板都有相同数量的黑白方块，唯一没有保持这个比例的板是右下图的这块，因此，这块板是必须去掉的。在左下图中，你还可以看到小板是如何拼装成大板的。

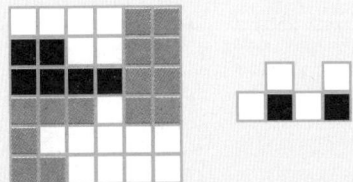

82 神秘的打伞人

这个人个子很矮，只能够到6楼的电梯按钮。在雨天，雨伞可以帮助这个人够到12楼的电梯按钮。

83 三位朋友，三种职业，三个爱好

从（1）我们得知阿玛雅喜欢排球，从（4）我们知道阿玛雅是心理学家。

名 字	职 业	喜欢的运动
阿玛雅	心理学家	排球
赧特	教师	足球
米克尔	统计学家	网球

84 等于650

因为两个S相加为0,所以字母S的值是5,这样,两个5相加需要往十位进1。因为O + O的结果需等于5,但我们已经因个位相加进了1,所以O + O = 4,字母O是2。最后,可知字母D的值为3。完整的加法算式为:325 + 325 = 650。

85 你觉得呢(4)

这是一种光学效应,根据我们看图形的角度和方式的不同,我们将看到不同的情况。

86 笔和笔帽

笔价值2.05欧元,笔帽价值0.05欧元。要注意,一支笔已经包含一个笔帽了。

87 数字迷阵(2)

如果把每一对相对的数字相加,会发现它们的和都等于10。因此,与4相对的数字应该是6。

88 铺瓷砖

需要8 × 8 = 64块灰色瓷砖和8 × 4 + 4 = 36块白色瓷砖。

89 越过网格

这道题的画法非常多,你画出了多少条路线呢?

下面是其中的22种画法。

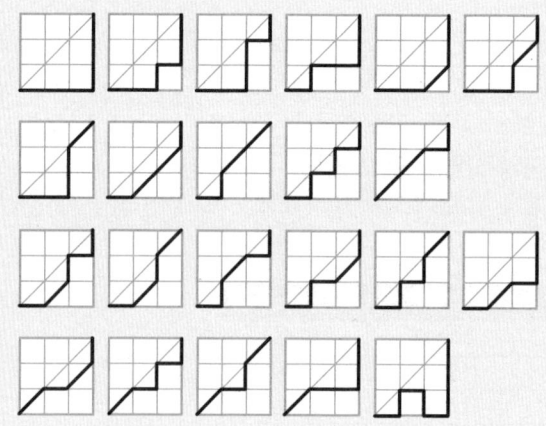

90 两个瓶子（2）

11升瓶子中的水	7升瓶子中的水	步骤
0	7	先将7升的瓶子装满
7	0	把7升瓶子里的水倒入11升的瓶中
7	7	再装满7升的瓶子
11	3	用7升瓶子中的水填满11升的瓶子，这样7升瓶子里还剩3升水
0	3	把11升瓶子中的水倒掉
3	0	把7升瓶子中剩下的3升水倒入11升的瓶子
3	7	重新装满7升的瓶子
10	0	再把7升瓶子里的水倒入11升的瓶子
10	7	再重新装满7升的瓶子
11	6	用7升瓶子的水填满11升的瓶子，7升瓶子里还剩6升水

91 德摩卡的年龄

能被3，4和5整除的符合年龄的数字是60。因此，他活了60岁。

92 三顶帽子

硬币在蓝帽子下面。

93 寻找三角形（2）

94 神秘的箱子（2）

青铜装在第三个箱子里。第一个箱子和第二个箱子上的话有一句是真的，其他是假的。

95 平均分（2）

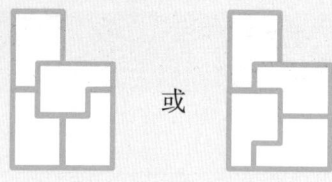

或

96 移火柴（1）

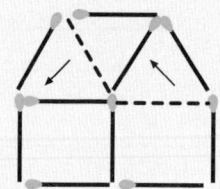

97 猎人和鸟

只有被杀死的3只鸟，其他的都飞走了。

98 失事飞机之谜

老板不能相信一个在晚上会睡觉做梦的守夜人，因为他的职责应该是醒着看守公司。

99 寻找正方形（2）

总共可以画出21个正方形。

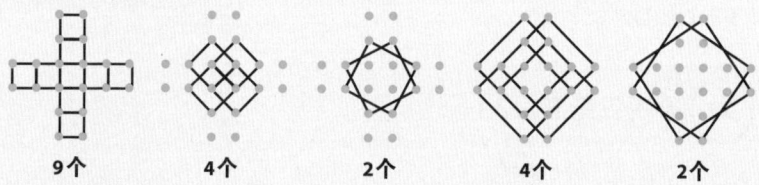

9个　　4个　　2个　　4个　　2个

100 公牛农场

每头公牛有4条腿和1条尾巴，腿和尾巴的数量差为3。因此，农场里有45÷3=15头公牛。

101 糖果袋

有12颗草莓糖，16颗薄荷糖和21颗柠檬糖。

102 黑白游戏（2）

103 多余的数字（1）

1		4		5
	7		2	1
6	0			4
3		5	2	
	3	1	6	

104 不完整的砖块

堆在上面的一块砖上出现的数字等于下面的两块砖上的数字相加的一半。所以问号处应该填的数字为（15+11）÷ 2 = 13。

105 骰子（1）

骰子6个面的点数分别为1~6，无论这些面如何放置，所有面的点数总和始终为1 + 2 + 3 + 4 + 5 + 6 = 21。题中告诉我们两组相对面点数相加分别等于10和8，因此，其余两个面相加的和为21 – 8 – 10 = 3。也就是说，这两个面分别为1和2。

106 我的狗

重8千克。

107 七巧板（4）

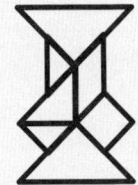 或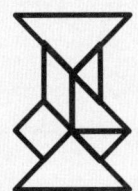

108 神奇的星星（1）

每条直线上的数字相加之和均为26。因此，左边空白圆圈应填的数字为12，右边应填的数字为6。

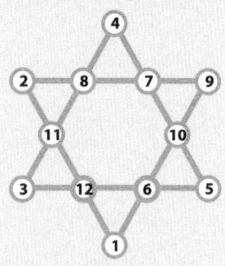

109 加减乘除（2）

这道题的解法有很多，下面只是其中的一种，请开动脑筋，找出更多的答案吧。

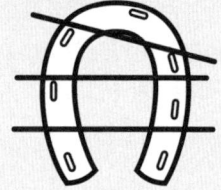

110 分割马蹄铁

111 1~9

只要直线上的数字之和都为15，答案就是对的。

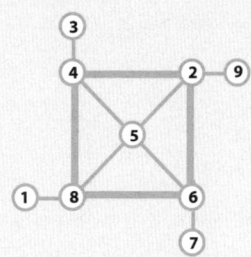

112 连一连（1）

不一定非要这样连，符合题意的答案都正确。

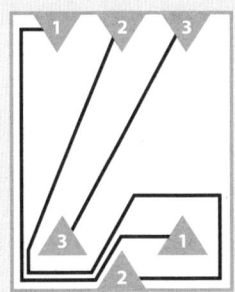

113 郊游

我们用P代表父亲，M代表母亲，H代表儿子，G代表女儿，T代表帐篷和装备，B代表船。

未过河	已过河	步骤
P, M, H, G, T, B		过河前，每个人都在岸的一侧
P, M, H, T, B	G	儿子和女儿过河，然后儿子撑船返回
M, H, T, G, B	P	父亲过河，女儿返回
M, T, G, B	P, H	儿子和女儿过河，女儿返回
G, H, B	P, M, T	母亲带着帐篷和装备过河，儿子返回
	P, M, H, G, T, B	儿子和女儿过河

114 迷你数独（3）

4	1	2	3
2	3	1	4
1	4	3	2
3	2	4	1

115 消失的火柴

虚线表示的是要去掉的3根火柴。

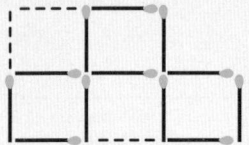

116 八面体（1）

下面是一个可行的数字填写方案，但不是唯一的，多动动脑筋，想出更多的方案来吧。

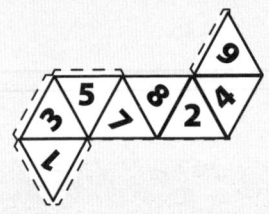

117 神奇的星星（2）

根据包含数字1，7，13和9的这一行，我们可计算出每条线上的数字相加之和应为30。

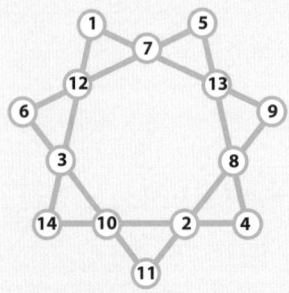

118 飞镖游戏（1）

这不是唯一方案，多动动脑筋吧，想出更多的方案来。

119 喂猪

每头猪每天吃240÷12÷5＝4千克的食物。因此，360千克的食物可以供10头猪吃360÷4÷10＝9天。

120 立方体涂色

121 停车（2）

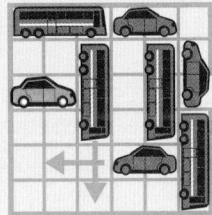

第1步至第2步

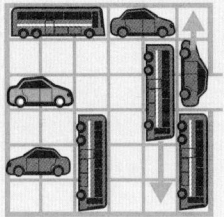

第3步至第4步

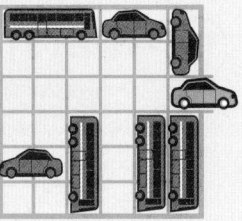

完成

122 一对数字

6和12。

123 两个瓶子（3）

18升瓶子中的水	8升瓶子中的水	步骤
18	0	将18升的瓶子装满
10	8	将18升的瓶子中的水倒入8升的瓶子中
10	0	将8升的瓶子中的水倒光
2	8	再将18升的瓶子中的水倒入8升的瓶子中
0	2	将18升瓶子中剩余的2升水倒入8升的瓶子中
18	2	将18升的瓶子灌满
12	8	再用18升的瓶子中的水灌满8升的瓶子，剩下的水为12升

124 三个5

方法不止下面的一种。

(5 − 5) × 5 = 0   (5+5) ÷ 5 = 2   5+(5 − 5) = 5

125 单行隧道之谜

这两列火车在不同时间经过隧道。

126 立方体中的立方体

共有44个小立方体。因为组成大立方体共需要5 × 5 × 5 = 125个小立方体，所以需要125 − 44 = 81个小立方体来补充大立方体。

127 等于24

请多想想，找出更多答案吧。

(7 + 6) × 2 − 2 = 24   (2 + 3) × 5 − 1 = 24   (3 × 3 + 3) × 2 = 24
(5 − 2) × 8 × 1 = 24   (6 − 2 − 3) × 24 = 24

128 一笔画（3）

这道题有很多种方法，下面只给出了其中的一种，从数字1的位置开始，按照数字依次完成一笔画。你还能找到更多答案吗？

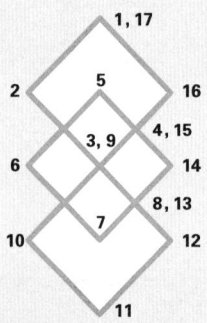

129 猜谜语（1）

火柴。

130 你觉得呢（5）

我们在下面图案的中心画一条直线，就可以检查太阳的位置是在中间的。

131 九宫格（3）

下面是一种可行的数字填写方法。你还能想出更多的填写方案吗？

1	3	2
3	2	1
2	1	3

132 玛丽亚、胡安和玛塔的年龄

胡安8岁，玛丽亚24岁，玛塔48岁。

133 倾斜屋顶之谜

这是不可能的，因为公鸡不下蛋。

134 盒子和苹果

有14个盒子和108个苹果。

135 数字序列（1）

后一个数字在前一个数字的基础上依次加了1，2，3，4……所以这个序列中的下一个数字是16 + 6 = 22，再下一个是22 + 7 = 29，依此类推。

136 巴塞罗那和马德里之间的火车

相会的那一刻，两列火车位于同一个地方，因此它们距离巴塞罗那的距离也是一样的。

137 玛塔的糖果

（1）5颗全部给1个朋友。
（2）2个朋友，1人得2颗，1人得3颗；或1人得4颗，1人得1颗。
（3）3个朋友，2人各得1颗，1人得3颗；或2人各得2颗，1人得1颗。
（4）4个朋友，3人各得1颗，1人得2颗。
（5）5个朋友，每1人得1颗。

138 花生和榛子

按照提示的方法继续计算，我们用3袋花生和4袋榛子的重量减去3袋花生和3袋榛子的重量，得到1袋榛子重725 - 600 = 125克。用同样的方法，我们可以得出1袋花生重75克。

139 加减乘除（3）

这道题有很多种答案，下面只是其中的一种，请开动脑筋想出更多的答案吧。

$(8 \div 8) + (8 - 8) + (8 - 8) + (8 - 8) = 1$

$(8 \div 8) + (8 \div 8) + (8 - 8) + (8 - 8) = 2$

$(8 \div 8) + (8 \div 8) + (8 \div 8) + (8 - 8) = 3$

$(8 \div 8) + (8 \div 8) + (8 \div 8) + (8 \div 8) = 4$

$(88 \div 8 - 8 \div 8) \div (8 + 8) \times 8 = 5$

140 飞镖游戏（2）

你能想出另一种方法吗？

141 樱桃蛋糕（2）

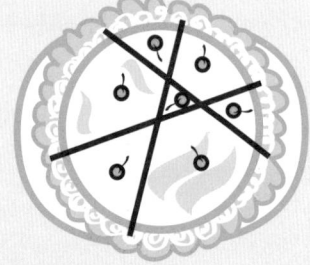

142 镇上的农场

有12只鸡和23只兔子。

143 让天平平衡（2）

放11颗草莓。根据提示得出的结论，再结合第一台天平可以知道，3颗草莓的重量等于1个苹果的重量。

144 寻找三角形（3）

共有27个三角形。除了16个小三角形，还有以下几个：

145 排列盒子

这道题目有多个答案，下面是其中的一种，你还能想出更多答案吗？

146 向左看的牛

147 照片之谜

父子关系。

148 电线杆和树

电线杆高4米。

149 七巧板（5）

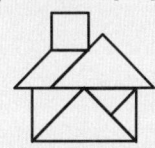 或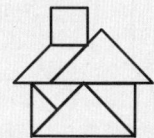

150 不准时的时钟

时钟慢12小时后,即720分钟后,时间会再次准确。所以,每天慢1分钟的时钟,将在720天后再次显示正确的时间。

151 青蛙跳棋(2)

有两种方法,最后只剩下一只青蛙在最顶端的格子里。下面是其中一种的步骤。

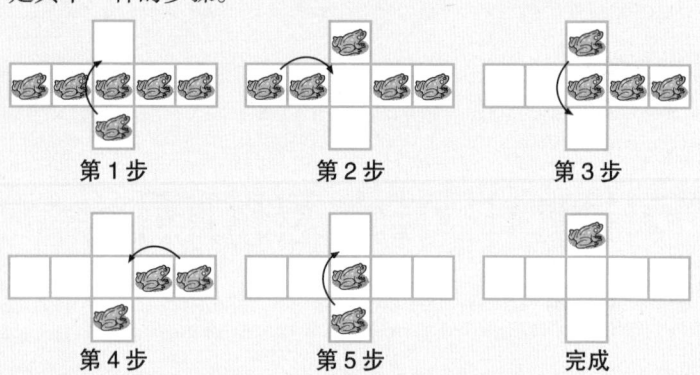

152 猜谜语(2)

洋葱。

153 胡安的糖果

只有三颗糖果:一颗是草莓糖,一颗是柠檬糖,一颗是薄荷糖。

154 胡安的药

只需要1小时。吃了第1粒药丸,半小时后胡安就得吃第2粒,1小时后胡安就可以吃完所有3粒药丸。

155 切割立方体

按照下面几幅图的方式进行切割,可以分别得到矩形、等边三角形和六边形。

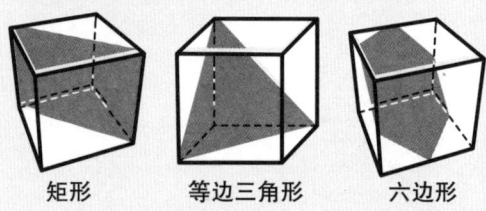

156 迷你数独（4）

4	2	1	3
1	3	2	4
2	4	3	1
3	1	4	2

157 找出假硬币

我们把9枚硬币分成3堆，每堆3枚。取两堆硬币，分别放在天平的两个托盘里，我们可以发现两种不同的情况：

（1）天平平衡。在这种情况下，剩余一堆没称重的硬币里一定有假硬币。我们再从中任意取出两枚，分别放在天平的两个托盘里，如果天平平衡，说明没称过的那枚硬币是假硬币。如果天平不平衡，轻的那枚就是假硬币。

（2）有一盘比另一盘轻。在这种情况下，我们会知道假硬币在轻的一边。取出这3枚硬币中的任意两枚进行称重，如果天平平衡，我们就知道没称的硬币是假的。如果天平不平衡，我们就知道轻的那枚是假硬币。

158 电话号码

因为其中一个乘数是0，所以结果肯定是0。

159 父亲、儿子和孙子

他们是祖父、儿子和孙子的关系。因此，有两位父亲（祖父，以及孙子的父亲），两个儿子和一个孙子。

160 猜谜语（3）

人。因为人出生后刚开始只会爬，看起来像四条腿走路；长大及成人后两条腿走路；老了的时候拄着拐杖，看起来像三条腿走路。

161 三角形的边

如果三条边相等，则每条边应为54÷3=18。由题意可知，三条边不相等，且必须是连续的数字，所以让一条边长度为18，另外两条边分别减1和加1，就构成了三条边。因此，各边的长度为17，18和19。

这里要注意，构成三角形三边的长度有一个规律，就是任意两边之和大于第三边。

162 数字序列（2）

后面的数字是前面的数字交替加1和加2的结果，比如：1到2增加了1，2到4增加了2，4到5增加了1……从8到10，增加了2，所以下一个数字必须加1，即10 + 1 = 11。

163 吃蛋糕

空腹的时候只能吃一口蛋糕。因为当你吃了一口蛋糕后，就不是空腹了。

164 加减乘除（4）

你还能想出其他的方法吗？

4	−	4	+	4	−	4	=	0
4	÷	4	+	4	−	4	=	1
4	÷	4	+	4	÷	4	=	2
4	+	4	−	4	÷	4	=	7
4	+	4	+	4	−	4	=	8

165 迷你数独（5）

4	3	2	1
2	1	4	3
1	4	3	2
3	2	1	4

166 一笔画（4）

这道题的答案有很多种，下面是其中的一种，你还能想出更多的方法来吗？从1开始画，按照顺序画完。

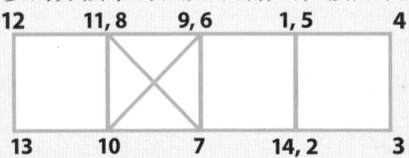

167 九宫格（4）

2	16	2
4	4	4
8	1	8

168 汽车之谜

离开旋转木马。

169 你觉得呢（6）

这两条线是平行的。如果你不相信，可以拿尺子测量一下。有时候，眼睛看到的并非是准确的。

170 寻找正方形（3）

除了12个小正方形，其他的正方形如下：

171 罗马广场

172 右手之谜
可以用右手但不能用左手玩的,其中之一是左胳膊肘。

173 相同的笔

174 窗户
符合题意的答案都是对的。

175 彩色立方体
有8个小立方体三面都有颜色;有2×12=24个小立方体只有两面有颜色;有6×4=24个小立方体只有一面有颜色;有2×2×2=8个小立方体所有面都没有颜色。

176 等于40
这是一种答案:12+34−5+6−7=40。如果你喜欢思考,还可以想出其他答案来。

177 消失的筷子(2)
虚线表式移走的筷子。

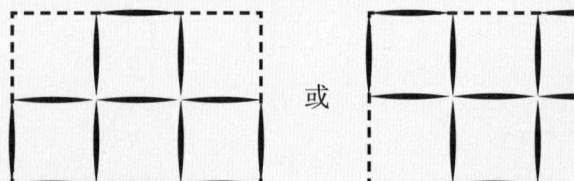

178 水果运算(1)
苹果代表4。由第三行我们知道橘子代表5;由第二列我们知道西瓜代表1;最后可以算出草莓代表3。

179 八面体（2）

180 数字序列（3）

每个数字都是1加上前一个数字的两倍之和：$7 = 3 \times 2 + 1$；$15 = 7 \times 2 + 1$；$31 = 15 \times 2 + 1$。因此，最后一个数应该是$31 \times 2 + 1 = 63$。

181 七巧板（6）

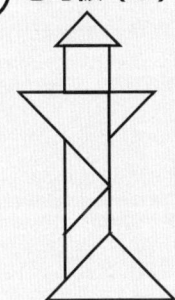

182 平均分（3）

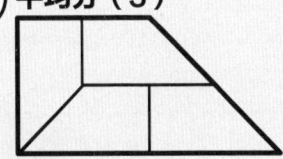

183 神奇的星星（3）

4个数字之和为34。

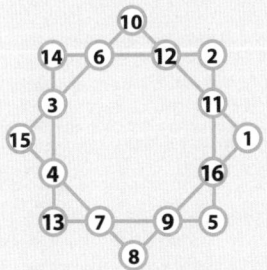

184 樱桃蛋糕（3）

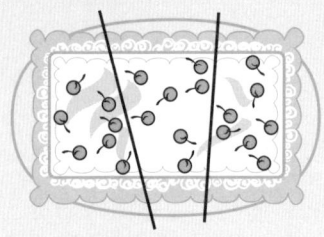

185 一笔画（5）

无论从哪个点出发，都可以完成一笔画，下面只是其中一种方法。

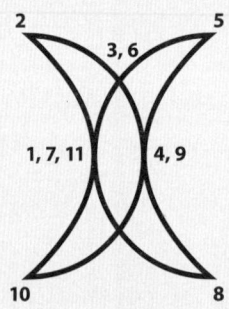

186 寻找正方形（4）

共有12个正方形，除了6个小正方形，还有以下6个：

187 分比萨（1）

188 你觉得呢（7）

这两个圆是同样大的，不要被眼睛迷惑了。

189 六格数独（1）

5	3	4	6	1	2
4	1	2	5	6	3
6	2	3	1	5	4
2	6	5	4	3	1
1	4	6	3	2	5
3	5	1	2	4	6

190 五个好朋友

露西娅11岁；露西娅比罗莎小3岁，所以罗莎14岁；路易斯的年龄是罗莎的3倍，所以路易斯应该是42岁。

191 连一连（2）

只要符合题意都是对的。

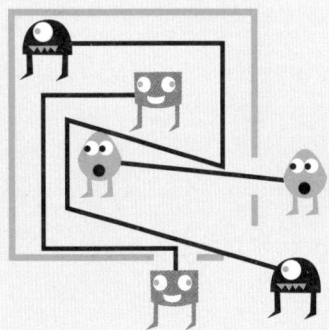

192 网球比赛

这两个人参加的是双打比赛，他们是获胜的一方，因此每一个人都赢了3局。

193 加减乘除(5)

下面是一种答案,你还能想出更多吗?

3÷3+3÷3=2 (3+3+3)÷3=3 (3×3+3)÷3=4 3+(3+3)÷3=5 3+3+3-3=6 3+3+3÷3=7 33÷3-3=8 (3×3)+3-3=9 3×3+3÷3=10

194 星期日

用60除以7,会发现60天内有8个完整的星期,还剩下4天。因此,如果4天中有一天恰好是星期日,则连续60天内最多可以有9个星期日。

195 骰子(2)

下面是这道题的一种答案,你还能想出更多吗?

```
      ┌───┐
      │ 2 │
  ┌───┼───┼───┬───┐
  │ 4 │ 6 │ 3 │ 1 │
  └───┼───┼───┴───┘
      │ 5 │
      └───┘
```

196 几点钟(2)

7点10分。

197 捆盒子

盒子上绕了4段30厘米、8段10厘米和4段12厘米的彩带,所以,总共需要4×30+8×10+4×12+20=268厘米的彩带。

198 等分三角形

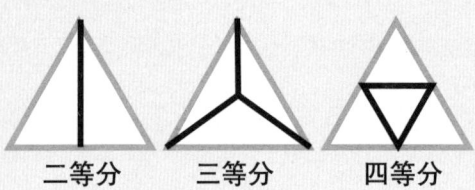

二等分　　三等分　　四等分

199 七巧板（7）

200 双金字塔

在上金字塔中，每个格子中的数字都是下方两个格子内数字相加的结果：12 = 8 + 4；5 = 4 + 1。因此，上方的空白格子应填17。

在下金字塔中，每个格子中的数字都是上方两个格子内数字相减的结果：8 – 4 = 4；4 – 1 = 3。因此，下方的空白格子应填1。

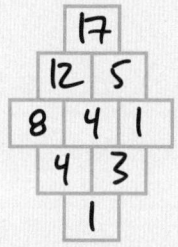

201 加减乘除（6）

这道题有很多种解法，这只是其中的一种，你还能想出更多方案来吗？

6	+	6	+	6	+	6	=	24
6	×	6	–	6	+	6	=	36
6	–	6	+	6	+	6	=	12
6	÷	6	+	6	–	6	=	1
6	+	6	÷	6	+	6	=	13

202 猜谜语（4）

答案是"沉默"。当你说到"沉默"这个词时，就把"沉默"打破了。

203 让天平平衡（3）

根据提示的结论，再结合第二台天平，可以知道1个苹果的重量等于2颗草莓的重量。所以第三台天平的空盘里应放4个苹果。

204 蚂蚁爬行

蚂蚁正好爬过了三条边。因此，在蚂蚁总共爬行了 $10 \times 3 = 30$ 厘米。

205 数字网格（1）

10	−	2	−	3	=	5
+		×		×		
2	+	6	−	1	=	7
−				×		
4	×	8	+	2	=	34
=		=		=		
8		20		6		

206 粉刷立方体（1）

两个几何体的表面积是相同的，所以粉刷价格是一样的，都是180欧元。

207 奇特的年龄

只有1，6，8和9倒过来后仍是数字。因此，利用这几个数字，按照题中要求，可以推测佩雷斯夫人68岁，佩雷斯先生86岁。

208 数字序列（4）

从第三个数字开始，每个数字都是前两个数字相加的结果，例如：$5 = 2 + 3$。因此，13后面的数字是13和8相加的结果，即21。

209 五个奇数

$1 + 1 + 5 + 13 = 20$。你可能会认为这里需要的是5个奇数，实际上，只要总共有5个奇数数字就可以了。

210 三角形和正方形

有3个正方形（12个顶点）是可能的，剩下6个顶点正好组成2个三角形。有2个正方形（8个顶点）是不可能的，剩下的10个点不能只用三角形来实现。也不能只有1个正方形，剩下的14个顶点也不能只用三角形获得。

211 神秘旅馆

题目中的推理有一个严重的错误：2号房间里有两个住客留了下来，并不是每个人都有一个独立的房间。

212 十六宫格（2）

3	13	14	0
8	6	5	11
4	10	9	7
15	1	2	12

213 寻找正方形（5）

共有17个正方形，除了6个小正方形，还有11个不同大小的正方形：

214 你觉得呢（8）

两段线段的长度相等。

215 怪兽迷宫

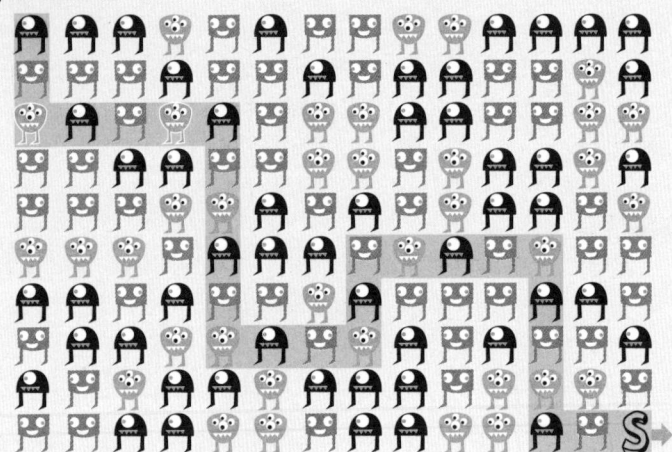

216 一笔画（6）

从1开始，按照标号可以完成一笔画。画完后再换一个起点试试。

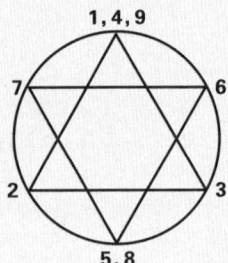

217 连一连（3）

只要连得对就可以。

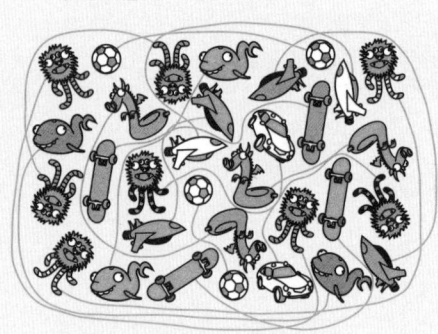

218 潜伏者（1）

219 你觉得呢（9）

这个图形非常特殊，是不可能真实存在的。它不能被建造出来，这就是我们常说的"不可能图形"。

不可能图形：也称二维图形，它们是在现实世界中不可能客观存在的事物，只在二维世界中存在。它们是由人类的视觉系统形成的光学错觉，在三维空间中不可能存在。

220 加减乘除（7）

以下只是一种解题方法，还有更多方法等待你去发现。

7	+	7	−	7	−	7	=	0
7	×	7	−	7	−	7	=	35
7	÷	7	+	7	÷	7	=	2
7	+	7	+	7	−	7	=	14
7	+	7	+	7	×	7	=	63

221 五枚硬币

一共可以组成32种不同的金额，分别是：0, 1, 2, 3, 5, 6, 7, 8, 10, 11, 12, 13, 15, 16, 17, 18, 20, 21, 22, 23, 25, 26, 27, 28, 30, 31, 32, 33, 35, 36, 37, 38。

222 照亮黑暗

先点火柴。

223 瓶子分类

首先,我们要将瓶子内液体的量写出来。

编号	描述	液体占比
1	半瓶	1/2
2	2/3空瓶	1/3
3	1/4空瓶	3/4
4	1/3空瓶	2/3
5	3/4空瓶	1/4

再从含量较少的瓶子开始排序:5号瓶→2号瓶→1号瓶→4号瓶→3号瓶。

224 四个朋友,四项运动

安娜和大卫喜欢的运动需要两个人,那么只能是网球和羽毛球。安娜喜欢的是圆球,因此她喜欢网球。由此知道大卫喜欢羽毛球。对于布拉斯和卡洛斯来说,只剩下篮球和足球了。考虑到篮球比足球重,可以得出卡洛斯喜欢篮球,布拉斯喜欢足球。

225 买苹果

7.5千克是1.5千克的5倍,所以价格也应该是5倍,即15×5=75欧元。

226 三兄弟

米格尔6岁,玛尔塔3岁,阿玛亚8岁。

227 数字藤蔓(1)

第二个框中应该填36,这样36÷3=12。第一个框减去5后,得到36,所以第一个框应该是41。

228 神奇的星星（4）

由8，3，5，7和10，可以得出每一行的数字和为8 + 3 + 5 + 7 + 10 = 33。

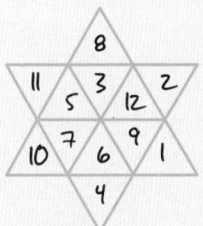

229 分割三角形

16个。

230 赛跑

假设米格尔是第三名：根据（4）和（5），我们只能把迈特和玛尔塔放在第一名和第二名，但这是不可能的，因为这与（2）矛盾。

因此，米格尔只能是第一名，佩德罗只能是第三名。

玛尔塔是第四名，迈特是第五名，剩下的第二名是阿玛亚。这样，到达顺序如下：

名次	1	2	3	4	5
人名	米格尔	阿玛亚	佩德罗	玛尔塔	迈特

231 "MATES" 连写

"MATES"有5个字母，用2012除以5，商为402，余数为2。因此，我们可以写402遍"MATES"和2个字母。所以我们写的最后一个字母是A。

232 多米诺骨牌

一共有36个黑点，因此，每列必须出现36÷3 = 12个黑点。第二列正好有12个黑点，而第一列只有8个，第三列有16个。因此，我们将第3列的8点和第1列的4点交换即可满足要求。

233 寻找三角形（4）

234 缺失的图案（2）

圆球沿着逆时针方向旋转，颜色为橙色和白色交替，位置在长方形内部和外部交替。三角形沿着顺时针方向旋转，都在矩形外侧，颜色交替。因此，第四张图中，三角形应该是白色的、在矩形左侧外部，圆形是白色的、在矩形内侧顶部。

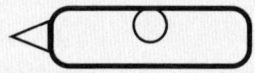

235 数字迷宫

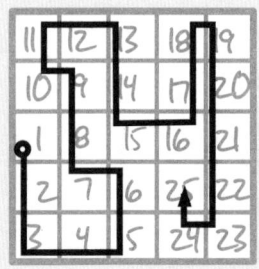

236 移火柴（2）

下面是一种方案。你还能想出更多答案吗?

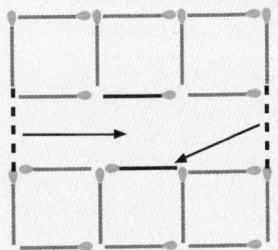

237 弹跳的球

第二次弹起后球将达到2.5米的高度，第三次将弹起1.25米，第四次只有0.625米，低于1米。因此，球弹起的前3次可以从窗户看到它。

238 骰子（3）

2和6相对。

239 神秘的箱子（3）

白银只可能在第三个箱子里。第一句或第二句是假的，第三句话是真的。

240 组成四面体

C。

241 连一连（4）

只要连线符合题意，都是正确的。

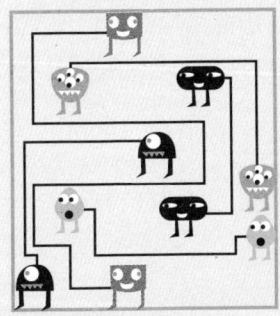

242 换卡片

根据提示，18张西班牙卡可以换12张马德里卡，也就意味着这个孩子有12÷3×2 = 8张巴萨卡。

243 加减乘除（8）

除了下面这个答案，你还能想到更多答案吗？

8	+	8	+	8	−	8	=	16
8	−	8	+	8	−	8	=	0
8	×	8	−	8	−	8	=	48
8	÷	8	+	8	÷	8	=	2
8	+	8	−	8	÷	8	=	15

244 猫、狗和老鼠

第一台秤和第二台秤的唯一区别是多了一条狗，因此，狗重10千克。最后一台秤上有一条狗和两只老鼠，因此，每只老鼠重1千克。再通过第二台秤，我们可以算出一只猫重6千克。

245 数学成绩

米格尔是数学成绩最差的人，因为他的分数比玛尔塔和阿玛亚都差，而迈特的成绩介于玛尔塔和阿玛亚之间，所以比米格尔好。阿玛亚是数学成绩最好的人，因为迈特的成绩比玛尔塔好，但比阿玛亚差。

所以这四个人的数学成绩由低到高的排名是：米格尔、玛尔塔、迈特、阿玛亚。

246 数字网格（2）

相乘结果为8的自然数对有：1和8，2和4，4和2，8和1。由于第二列中的两个数字相加等于3，因此第二列的两个数字不能比3大，可以排除数对1和8，2和4。再将剩下两个数对分别代入等式，就可以得出正确答案了。

4	×	2	=	8
÷		+		
2	−	1	=	1
=		=		
2		3		

(247) 拍手游戏

用100除以3,得到的商为33,余数为1。因此,胡安会拍手33次。用100除以4,得到25。因此,玛丽会拍手25次。要找到两人同时拍手的次数,必须先算出3和4的公倍数,也就是3×4=12。用100除以12,得到的商为8,余数为4。因此,两人同时拍手的次数是8。

(248) 酒店员工

对1~10号的房间进行编号,必须购买2个数字1。对11~20号的房间进行编号,必须购买10个数字1(11号房间需要2个数字1,12号到20号房间需要8个数字1)。21~30号房间需要1个数字1。31~99号房间还需要7个数字1。最后,100号房间,须购买1个数字1。因此,总共要购买2+10+8+1=21个数字1,将花费21欧元。

(249) 神奇的星星(5)

每条边的数字之和应该是5+10+6+3=24。

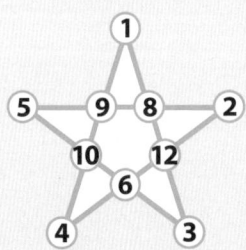

(250) 分离连续数字

这道题有很多种答案,下面只告诉了你一种,你还能找到其他答案吗?

251 水果运算（2）

如果草莓=2，苹果应该=4，这样西瓜将超过最大值。因此，草莓=1，苹果=2，西瓜=4，所以樱桃=3。结果如下：

252 青蛙跳棋（3）

这道题有很多种方法，下面只告诉了你一种，你还能找到其他方法吗？

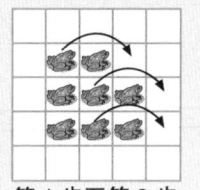 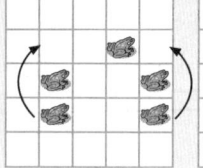 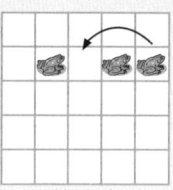

第1步至第3步　　第4步至第5步　　第6步

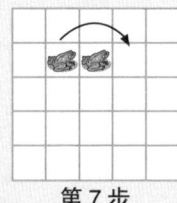 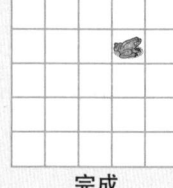

第7步　　　　　　完成

253 数字网格（3）

由（3）知，8不能出现在第一列，所以第一行是1，3，8。以此类推，我们会知道：最后一行是由数字4，2和9组成，中间一行由数字5，7和6组成。

1	3	8
5	7	6
4	2	9

254 失物之谜

因为我们找到要找的东西后，就不会再继续寻找了，所以这个找到东西的地方永远是最后一个地方。

255 长凳排座

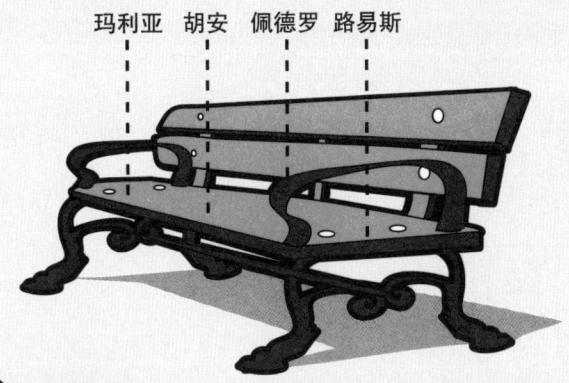

256 我的挂钟

第1下钟声和第6下钟声之间只有5次间隔,因此,两次钟声之间的间隔为6÷5 = 1.2秒。钟敲12下,中间有11个间隔,总共需要11 × 1.2 = 13.2秒。

257 数字藤蔓(2)

中间的叶子上的数字是20÷4 = 5,前一片叶子是5 – 3 = 2。因此,完整的数字藤蔓的算式是:

2 + 3 = 5 × 4 = 20

258 潜伏者(2)

259 粉刷立方体(2)

右侧的几何体共有46个小正方形面。因此,将花费46 × 1 = 46欧元。

260 你觉得呢(10)

同心圆之间出现的图形是一个正方形,边是直的。不要被眼睛欺骗,用尺子量一下吧。

261 水果运算（3）

将提示中的几种可能分别代入第二个等式，发现只有（2，4）这一对数字才能完成第二组运算。因此，西瓜是2，草莓是4。

262 九宫格（5）

12	9	2
1	6	36
18	4	3

263 鞋柜

为了得到两只颜色相同的鞋子，我们最多只需要拿出3只鞋子，因为总会有两只鞋子是颜色一致的。

为了得到一双颜色相同并配对的鞋子，在最坏的情况下，我们要先拿出所有的同一颜色鞋子的左脚或右脚，一共是10只，然后拿出所有另一种颜色鞋子的左脚或右脚，也是10只。因此，在最坏的情况下，第21只鞋一定能与前面拿出来的20只鞋子中的一只配对。这样，要得到一双颜色相同并配对的鞋子，最多需要拿出21只鞋。最少拿两只就可以了。

264 六格数独（2）

5	3	4	6	1	2
4	1	2	5	6	3
6	2	3	1	5	4
2	6	5	4	3	1
1	4	6	3	2	5
3	5	1	2	4	6

265 泳池见

在下面的日历中，可以看到6月份两个人去游泳池的日期，所以她们下一次见面是在6月23日。

266 最后一位数

任何自然数乘以10得数的最后一位数都是0，因此，最后一位数是0。

267 数字网格（4）

1	3	4	2
4	2	1	3
2	4	3	1
3	1	2	4

268 移火柴（3）

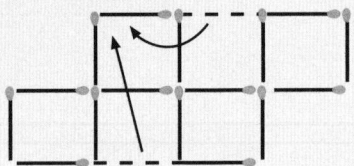

269 为什么不抓他

那个人只是行人，他没有开车。

270 十棵树

下面是提示给出的一种方法，你还能想出更多方法吗？

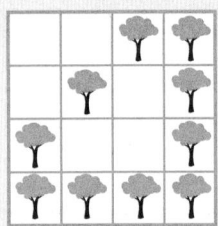

271 神奇的星星（6）

这道题有很多种答案，下面只是其中的一种，你还能想出更多答案吗？

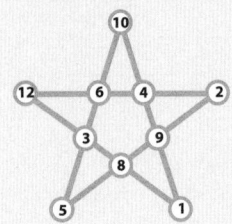

272 迷你数独（6）

4	2	3	1
1	3	2	4
3	4	1	2
2	1	4	3

273 一笔画（7）

从1开始，按照顺序，直到完成画图。这只是一种方法，你还能想出更多方法吗？

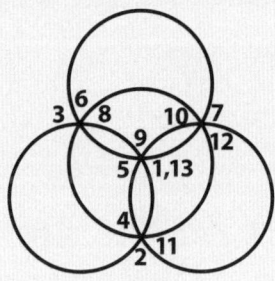

274 七巧板（8）

275 分比萨（2）

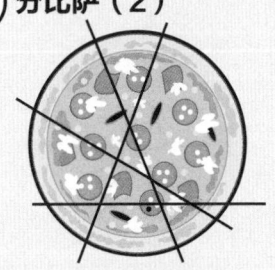

276 停车（3）

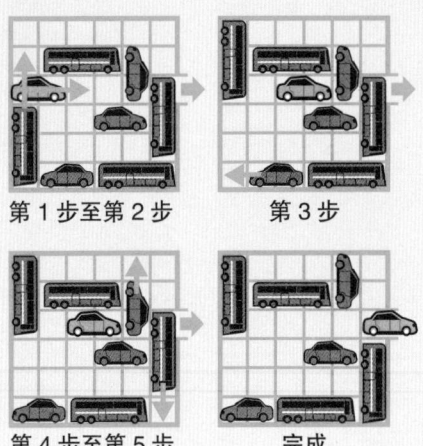

第1步至第2步　　　第3步

第4步至第5步　　　完成

277 等于100

你还能想出更多答案吗？

(5 + 5 + 5 + 5) × 5 = 100　　111 − 11 = 100　　33 × 3 + (3 ÷ 3) = 100

278 多余的数字（2）

279 数字网格（5）

这道题有很多种答案，下面只告诉了你一种，你还能找到其他方法吗？

1	3	2	4	5
4	5	3	2	1
5	2	4	1	3
2	1	5	3	4
3	4	1	5	2

8~15岁
第1辑
②

——疯狂大脑训练——

[西] 米葵尔·卡博◎著　赵树向◎译

青岛出版集团　青岛出版社

图书在版编目（CIP）数据

燃烧吧!大脑.8-15岁.第1辑.2,疯狂大脑训练 /
(西)米葵尔·卡博著；赵树向译. -- 青岛：青岛出版社，2019.4
ISBN 978-7-5552-8062-0

Ⅰ.①燃… Ⅱ.①米… ②赵… Ⅲ.①智力游戏－少
年读物 Ⅳ.①G898.2

中国版本图书馆CIP数据核字(2019)第041425号

150 enigmas y juegos de lógica para volverse loco
© 2017, Miquel Capó Dolz
© 2017, illustrations by Intercastilla
© 2017, Penguin Random House Grupo Editorial, S.A.U.
Travessera de Gràcia, 47-49. 08021 Barcelona
The simplified Chinese translation rights arranged through Rightol Media
（本书中文简体版权经由锐拓传媒旗下小锐取得 Email:copyright@rightol.com）

山东省版权局著作权合同登记号 图字：15-2019-110

书　　名	燃 烧 吧 ！大 脑（8~15岁）第 1 辑 RANSHAO BA DANAO（8~15 SUI） DI-1 JI	
分 册 名	疯 狂 大 脑 训 练 FENGKUANG DANAO XUNLIAN	
著　　者	[西]米葵尔·卡博	
译　　者	赵树向	
出版发行	青岛出版社	
社　　址	青岛市海尔路182号（266061）	
本社网址	http://www.qdpub.com	
邮购电话	0532-68068091	
策划编辑	刘海波　周鸿媛	
责任编辑	曲　静　刘百玉	
封面设计	胡椒書衣	
照　　排	青岛乐道视觉创意设计有限公司	
印　　刷	青岛北琪精密制造有限公司	
出版日期	2019年4月第1版　2023年1月第7次印刷	
开　　本	32开（890mm×1240mm）	
印　　张	27.5	
字　　数	700千	
书　　号	ISBN 978-7-5552-8062-0	
定　　价	168.00元（全5册）	

编校质量、盗版监督服务电话 4006532017　0532-68068050

注意： 接下来，你要进入的是一段互联网世界里的脑力探险之旅。三位热爱科学和信息技术的伙伴为你准备了许多精彩的智力题和逻辑游戏。这些游戏有点儿"烧脑"，但是也能让你的大脑运动起来，变得更聪明。

准备好接受挑战了吗？

开始行动吧……

阿玛伊娅

　　大家好！我是阿玛伊娅，对社交网站很痴迷。我期待自己快快长大，这样就可以不必再用我表姐的古董手机，买部无须挂两次才能挂断的新手机，而现在我只能将就用着。尽管如此，我还是用它做了很多事，已经有了自己的脸书、照片墙、推特*……我哥哥有一部不错的手机，但他成天只想着和朋友踢足球。等我的手机不能用了，我就用他的。我的科学知识很丰富，伙伴们说我是个"科学迷"，还说老师也对我非常满意（尽管我并不这么认为）。

　　我喜欢与大家分享我的爱好，因此，在这本书中，我要出几道与社交网站有关的题。

★：脸书、照片墙、推特均为国外知名社交网站。

米格

我叫米格尔·安琪儿，朋友们都叫我米格，有时，他们想逗我生气，会叫我"火花"。这是因为我是个小不点儿，喜欢摆弄电子设备，总想弄明白这些东西的原理。我爸妈只允许我拆坏了的电子设备，但我偶尔也会把没坏的拆开（当然不会让他们知道）。我爸妈非常担心我会"搞破坏"，但如果他们能冷静下来想想，就会明白其实我已经给他们节省了一大笔请电工修理电器的费用。我简直是一个全能修理工！最近，我开始学习编程。我喜欢编写属于自己的应用程序，并痴迷于数字语言的谜团之中。好吧，自我介绍到此结束，马上进入主题，那就是——乱七八糟的电线、零件和电子设备，以及我用这些东西出的题。

玛伊特

终于轮到我了。我是玛伊特,我们这个小团体里的"极客"(电脑高手)。妈妈说我整天沉迷于电脑,她有点儿夸张了。实际上,我只是喜欢在搜索引擎上浏览和查找信息。我姐姐桑德拉也有同样的爱好。这样很好,我们会经常给彼此推荐感兴趣的程序和网页。我上网时最喜欢做的一件事就是找数学挑战题和逻辑题,在这本书中,我选了几道最有趣的题目和你分享。

Contents 目录

1. 点灯游戏（1） / 1
2. 激光枪（1） / 2
3. 二维码（1） / 3
4. 讨厌的病毒 / 4
5. 一个字节 / 5
6. 魔术网页（1） / 6
7. 证明你不是机器人（1） / 7
8. 玩转表情符号（1） / 8
9. 你能解锁我的手机吗（1） / 9
10. 用户名与密码 / 10
11. 脑筋急转弯（1） / 11
12. 扫雷游戏（1） / 12
13. 五个网名 / 13
14. 破解密码（1） / 13
15. 电影名猜猜看（1） / 14
16. 谁的粉丝多（1） / 15
17. 新电脑的速度 / 16

18. 四块拼图（1） / 17
19. 电影名猜猜看（2） / 18
20. 藏在电路里的秘密（1） /19
21. 图形密码 / 20
22. 彩色的窗 / 21
23. 朋友的朋友 / 21
24. 证明你不是机器人（2） / 22
25. 数字时钟 / 23
26. 电影名猜猜看（3） / 24
27. 脑力挑战（1） / 25
28. 老师的开机密码 / 26
29. 二维码（2） / 27
30. 你能解锁我的手机吗（2） /28
31. 谚语猜猜看（1） / 29
32. 会"长大"的巧克力 / 30
33. 谷歌的由来 / 31
34. 新手机的排名 / 32

35. 破解密码（2） / 33

36. 脑力挑战（2） / 33

37. 玩转表情符号（2） / 34

38. 奇怪的密码 / 35

39. 口袋妖怪 / 35

40. 四块拼图（2） / 36

41. 复制U盘 / 37

42. 四色定理（1） / 38

43. 点灯游戏（2） / 39

44. "爱"和"喜欢" / 40

45. 脑力挑战（3） / 41

46. "脸书"上的朋友 / 41

47. 填单词（1） / 42

48. 证明你不是机器人（3） / 43

49. 藏在电路里的秘密（2） / 44

50. 激光枪（2） / 45

51. 魔术网页（2） / 46

52. 100个二进制方格 / 47

53. 破解密码（3） / 47

54. 三条短信 / 48

55. 扑克牌迷盘（1） / 49

56. 玩转表情符号（3） / 50

57. 看不见的点数 / 51

58. 谚语猜猜看（2） / 52

59. 脑力挑战（4） / 53

60. 吃豆人迷宫（1） / 54

61. 二维码（3） / 55

62. 脑力挑战（5） / 56

63. 正确的总数 / 57

64. 破解密码（4） / 57

65. 破解密码（5） / 58

66. 证明你不是机器人（4） /59

67. 玩转表情符号（4） / 60

68. 脑筋急转弯（2） / 61

69. 扫雷游戏（2） / 62

70. 谁的粉丝多（2） / 63

71. 点灯游戏（3） / 64

72. 你能解锁我的手机吗（3） /65

73. 证明你不是机器人（5） /66

74. 填单词（2） / 67

75. 脑力挑战（6） / 68

76. 主管的考验 / 69

77. 谚语猜猜看（3） / 70

78. 证明你不是机器人（6） /71

79. 扑克牌迷盘（2） / 72

80. 四封邮件 / 73

81. 脑力挑战（7） / 74

82. 四块拼图（3） / 75

83. 花瓶大变身 / 76

84. 多余的表情 / 77

85. 激光枪（3） / 78

86. 魔术网页（3） / 79

87. 变队形 / 80

88. 数不清的邮件 / 81

89. 表情互换 / 82

90. 藏在电路里的秘密（3）/ 83

91. 玩转表情符号（5） / 84

92. 脑力挑战（8） / 85

93. 没套上去的环 / 86

94. 吃豆人迷宫（2） / 87

95. 证明你不是机器人（7）/ 88

96. 填单词（3） / 89

97. 不一样的手 / 90

98. 四色定理（2） / 91

99. 点灯游戏（4） / 92

100. 天价墨水 / 93

101. 同时着地的左脚 / 94

102. 脑筋急转弯（3） / 94

103. 变色的U盘 / 95

104. 扫雷游戏（3） / 96

105. 复杂的关系网 / 97

106. 说谎的机器人 / 98

107. 破解密码（6） / 99

108. 脑力挑战（9） / 100

109. 证明你不是机器人（8）/ 101

110. 我找不到PIN码了 / 102

答案 / 104

好了,一起来玩吧!

点灯游戏(1)

我最喜欢学的科目就是科学,因为这门课可以发挥我的"特长"——拆东西。一天,老师出了一道编程题:做一个灯箱,每行和每列前面有一个开关,按一下按钮,对应的行或列里所有灯泡的状态必须改变(灯亮或灯灭)。

给你看看我做的。我先让所有灯泡亮着,然后按下第二行的开关,再按下第二列的开关,这时,灯箱就会变成下面第三幅图的样子:

根据上面的说明,你知道怎样的操作可以将下面左侧的初始状态变为右侧的最终状态吗?

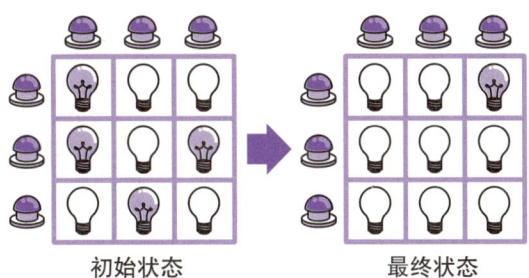

初始状态　　　　　最终状态

为了看得更清楚一些,你可以画一个九宫格,用9枚硬币代替灯泡(一面表示亮,另一面表示灭)。

提示:如果不知道如何开始,先按下第二行的开关试试。

激光枪（1）

我姐姐桑德拉在国外留学。有个周日，她无聊的时候发给我一个网页游戏，游戏非常简单却让人上瘾。先看看下面的示例，注意观察激光枪发出的光束是如何反射的。示例中的光束穿过了三个精灵，分别是5分、3分和2分的精灵，总分是10分。游戏规则是，摆上必需的镜子（必须摆在每个方格的对角线上），在激光枪发出的光束经过的路线上总共得到10分。你知道应该如何摆放镜子吗？

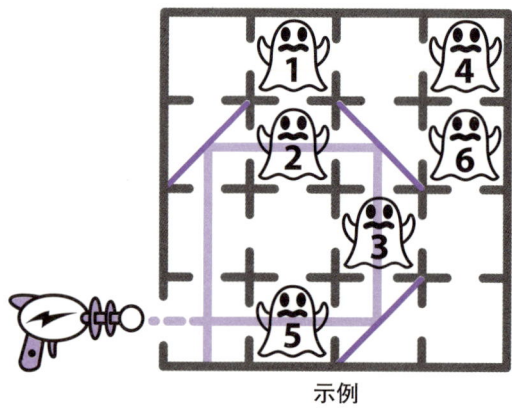

示例

提示：必须摆上三面镜子。

二维码（1）

一天，我要扫描一个二维码，但扫描仪不是很灵敏。我试了四次，只有一次成功。你能找出与原始二维码相同的二维码吗？

原始二维码

A　　　　B

C　　　　D

提示：找出目标二维码的一个好方法是将四个码放在一起进行比较，而不是将四个码分别与原始码比较。

讨厌的病毒

我打开了一个网页,结果被病毒攻击了,我的杀毒软件居然没有发现它!病毒破坏了一幅图,那可是我做计算机作业要用的。你知道如何将这四块碎片拼回去吗?它们会构成什么样的图形呢?

提示:目标图形与电子邮件有关。

一个字节

计算机老师向我们解释：一个字节是一组8位的数码，每一位可以是两个不同的值，通常是0和1。然后，他给出了以下三个字节作为例子：

| 1 | 0 | 0 | 1 | 1 | 1 | 0 | 1 |

| 0 | 1 | 1 | 1 | 0 | 0 | 0 | 1 |

| 1 | 1 | 0 | 0 | 0 | 1 | 0 | 1 |

确认我们理解了字节的含义之后，他问我们：用8个字节位可以写出多少个不同的字节。你能算出来吗？

提示：记住，第一个位置的值只有两种可能，第二个位置的值也只有两种可能。

魔术网页（1）

我看过的最令我惊讶的网页之一是一个虚拟魔术网站。其中一个魔术是这样的：页面上排列着12个表情，它请进入网站的人按以下步骤来做（你也可以跟着做）：

（1）指着其中一个笑脸。
（2）向左或向右移动到最近的悲伤脸。
（3）从当前的悲伤脸位置上向上或向下移动到最近的笑脸。
（4）从当前的笑脸位置上沿对角移动到最近的悲伤脸。
（5）从当前的悲伤脸位置上向左或向右移动到最近的笑脸。

完成以上所有步骤后，网站便能猜出你最终指向哪张脸。

猜对了吗？这是怎样做到的呢？

提示：从不同的笑脸位置重复游戏，看看会发生什么。

证明你不是机器人（1）

你一定不止一次遇到过这样的情况：想进入某个网站，但必须通过测试，证明你是人而不是机器人。有一个测试是这样的：找出能补全以下图标的碎片。

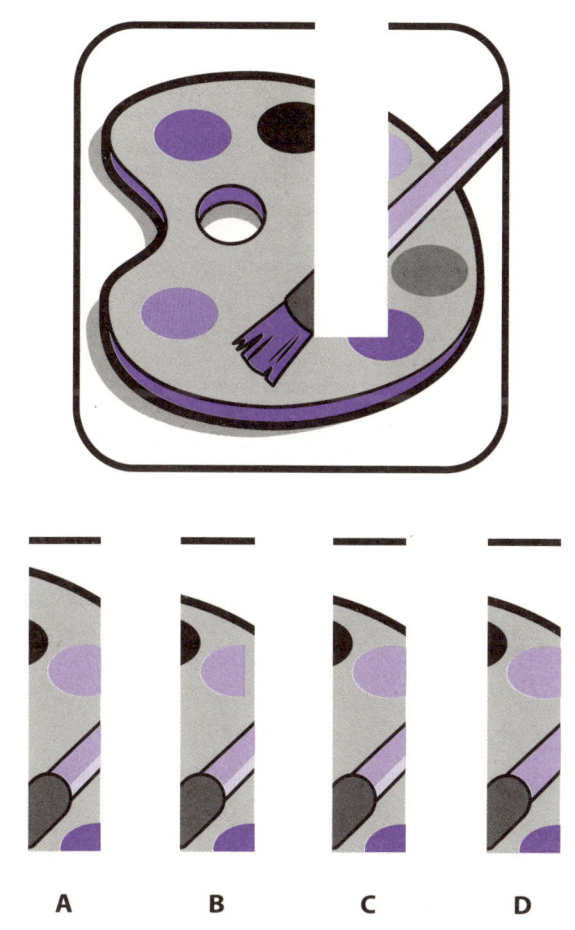

提示：如果乍一看不太确定，你可以一片一片地尝试，将其放到上面的图标上比较。

玩转表情符号（1）

我和表妹有时会将两人的爱好——社交网络和数学结合在一起，用下面的小游戏自我挑战。你也试试吧。找出每个表情符号代表的值，使所有等式成立。

⚽ + ☀ + 💜 = 12

😙 + 😙 + 😙 + ⚽ = 15

💜 + 😙 + ⚽ = 14

😙 + 💜 + ☀ + ⚽ = 15

😙 = ?   💜 = ?   ☀ = ?   ⚽ = ?

提示：先算出飞吻表情的值，然后就可以得出其他表情所代表的值。

你能解锁我的手机吗（1）

手机放在一边时，别人总想看我手机里的信息，很烦人。为避免这种事情发生，我想方设法地把手机设置得很难解锁。只有手指一次性划过图片中连接各点的线条才能解锁。你能解开吗？

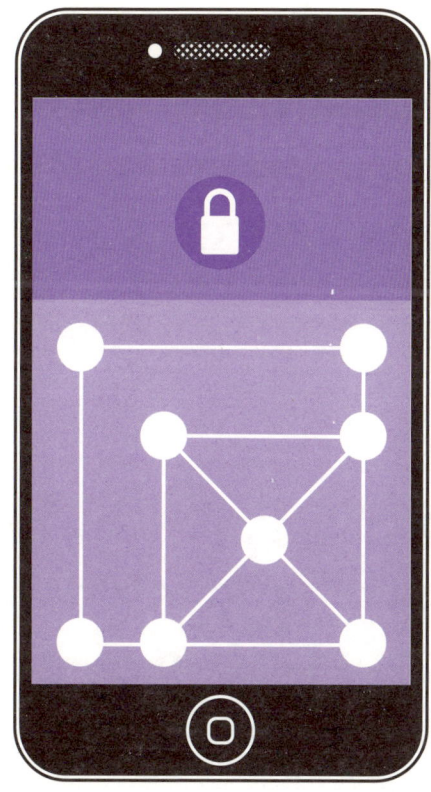

提示：有多种方法可以解锁，一种方法是从右下角的点开始，在小正方形的左上角结束。

用户名与密码

下面是我的四位同学的用户名和密码，密码与用户名密切相关。你知道哪一个密码对应哪一个用户名吗？

用户名：

DANIELA15
ADRIANA 21
JULIETA42
BARBARA32

密码：

2 - 1 - 18 - 2 - 1 - 18 - 1 - CB
4 - 1 - 14 - 9 - 5 - 12 - 1 - AE
10 - 21 - 12 - 9 - 5 - 20 - 1 - DB
1 - 4 - 18 - 9 - 1 - 14 - 1 - BA

提示：找出字母与数字之间的关系。

脑筋急转弯（1）

我和朋友们无聊时，经常会在微信群里发一些脑筋急转弯。尽管都是些很流行的题，但总有些人没听过，最后大家都会很开心。其中一道题我们都没想明白：

宠物店老板一再保证那只鹦鹉听到什么就会说什么，于是胡安就买下了它。一星期后，胡安把鹦鹉退回了宠物店，因为鹦鹉无法重复胡安已经教了它很多次的话。尽管鹦鹉确实一个字也没说，老板却反复强调：他没有骗人。你能解释原因吗？

提示：鹦鹉有重大生理缺陷。

扫雷游戏（1）

我的电脑已经坏了一星期了，在等待电脑修好的这段时间里，老爸把他的电脑借给我用，那是一台老古董了。实际上，这台电脑上，我唯一喜欢的就是一款叫"扫雷"的游戏。游戏规则是：根据方格中的线索找出地雷的位置。方格中的数字表示方格周围（边上或四角上）地雷的数量。看看下面的示例。你能根据第二幅图中的数字，找出其中埋的四颗地雷的位置吗？提醒一下，每一行和每一列只有一颗地雷。

1	💣	2	1
2	2	2	💣
💣	2	2	2
1	2	💣	1

示例

1	2	1	1
2	3	2	1
1	2	3	2
1	1	2	1

提示：其中一颗地雷在第一行的第一个方格里。下面，轮到你找出其他三颗地雷了。

五个网名

我们都知道,上网时很多人都会用网名来替代真名。你能弄清楚下面五个人的真名对应的网名吗?它们之间有什么关系?

真名:

CESAR   AMANDA   ANGELA

ANDREA   ANTONELA

网名:

ALEGAN   NADARE   NEONATAL

MANADA   ARCES

提示:注意力不要放在单词上,要放在字母上。

破解密码(1)

为计算机设定密码时,我们通常喜欢用一组相互之间存在一定关系的数字或字母,即使这种关系不太明显。你能写出以下三个密码中缺少的部分吗?

(1) **2A4B6C_ _**

(2) **1B2D3F_ _**

(3) **2C4E6G_ _**

提示:把数字和字母分别列出来。

电影名猜猜看（1）

我们在微信群里玩得很成功的另一种游戏是根据几个表情符号猜电影名。看看你能不能猜出这些电影的名字吧！

(1)  🎈🎈🏠⬆️

(2)  💀💀💀🌴

(3)  🚗🚗🚗🚗🚗

提示：第一部和第三部电影是动画片。

谁的粉丝多（1）

尽管挺没意思的，我的表妹们有时还是喜欢比一比社交网站上谁的粉丝多。在一款图片社交软件上，安娜的粉丝比卡特琳娜和布兰卡的多，大卫的粉丝比卡特琳娜的少，欧内斯托的粉丝比卡特琳娜和大卫的少，而大卫的粉丝又比布兰卡的少。如果卡特琳娜的粉丝比布兰卡的多一个，你能按粉丝数多少对我的表妹们进行排序吗？

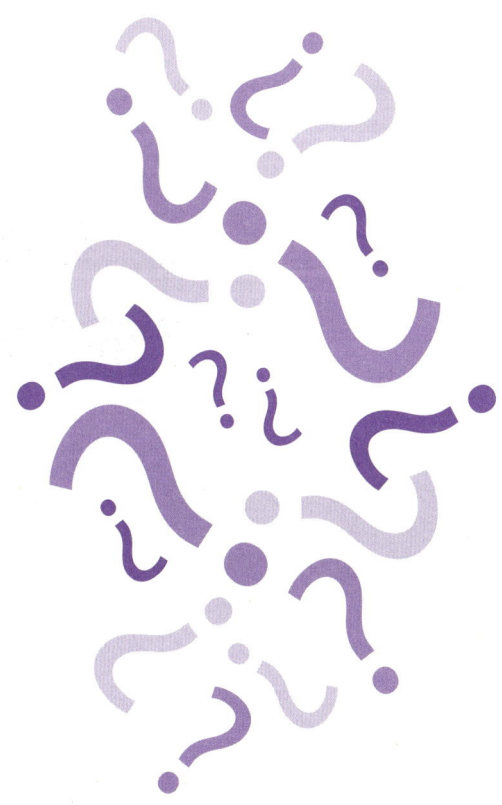

提示：问题并不难，边看题目边列出名字，按粉丝数量排序即可。

新电脑的速度

到今天为止我用过三台电脑。现在这台电脑的运行速度是上一台的两倍,但上一台电脑的速度只是第一台电脑(当时很值钱)的四分之一。我已请求爸妈给我买一台运行速度是现在这台电脑的四倍的电脑。出于好奇,我想将我的新电脑与第一台电脑的运行速度进行比较,看看新电脑的运行速度有多快。你能帮帮我吗?

提示:假设第一台电脑的运行速度是1,根据描述以第一台电脑的速度为基准计算出每台电脑的运行速度。

四块拼图（1）

　　我最喜欢的另外一类网页游戏是专门"拆分"知名图标的，用鼠标拖动、旋转每一块拼图就能将它们重新组合。你能复原下面的拼图，找出隐藏的图标吗？

提示：试着把白色部分拼在一起。

电影名猜猜看（2）

你能猜出以下三部电影的名字吗？如果不理解这个挑战，请查看第14页的游戏"电影名猜猜看（1）"。

(1)

(2)

(3)

提示：（1）男孩表情对应一个男孩的名字。
　　　（2）排在第二位的鱼有自己的名字。
　　　（3）跑步表情的数量很重要。

藏在电路里的秘密（1）

我有一个有点儿古怪的习惯，会在我制作的电路中署上当天的日期。你能找出以下电路中隐藏的日期吗？

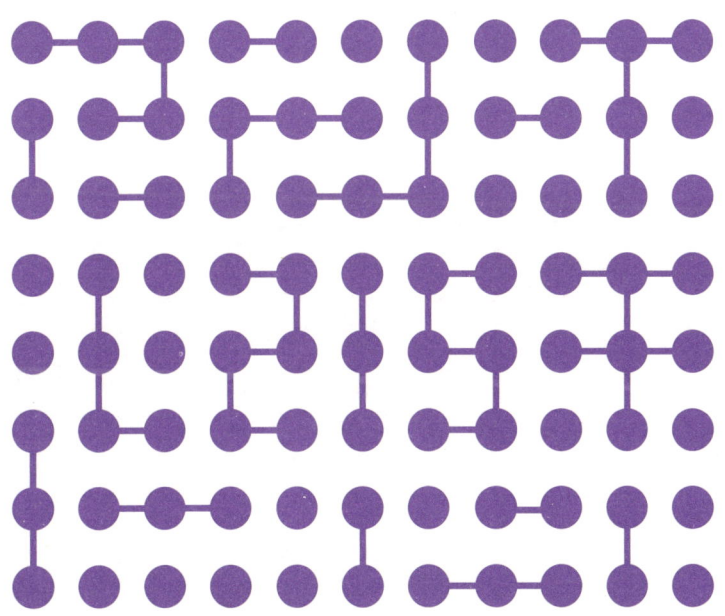

提示：盯着中间部分看就可以找到。

图形密码

下面这幅图是一个图形密码,如果要解锁电脑,必须将图中能组成阿拉伯数字4的所有部分高亮标出。你能从这么多线条中找到数字4吗?

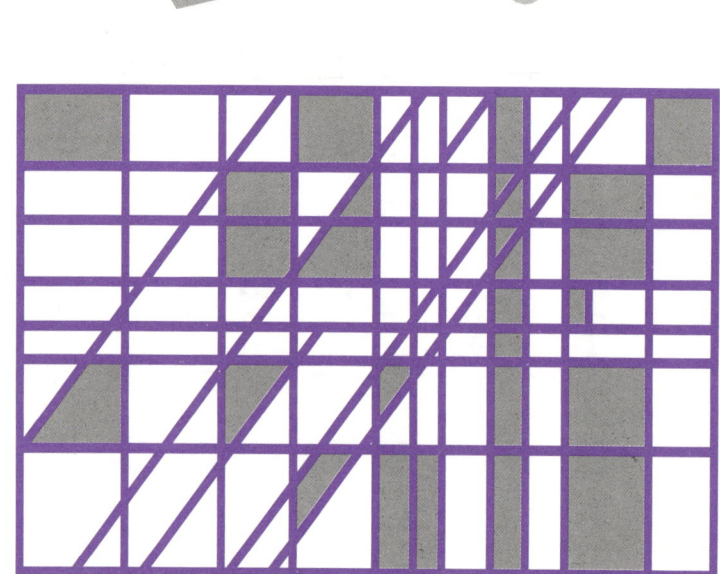

提示:不是很难,在右侧。

彩色的窗

22　一款知名操作系统的标志是一个彩色的窗格,由红、绿、蓝、黄4种颜色的方块构成。如果用色不能重复,你能用这4种颜色画出多少种不同组合的窗呢?

提示:先计算出能给第一个格子涂几种颜色,想想涂好第一个后,第二个格子还能涂几种颜色。

朋友的朋友

23　在当今的社交网站上,我们可以知道谁是谁的朋友。我的朋友路易斯与玛利亚是朋友,安娜与胡安是朋友,佩德罗、米克尔和玛利亚是朋友,胡安与荷西是朋友,米克尔与桑德拉是朋友。一天,安娜想给桑德拉发张照片,但她们俩之间没有直接联系。你认为安娜能通过她们的共同朋友把照片间接传到桑德拉手中吗?

提示:写下所有名字,找出人物之间的关系,你将轻松解决这一问题。

证明你不是机器人（2）

找出哪部分能补全图标，证明你不是机器人吧。如果不理解这个挑战，请查看第7页的游戏"证明你不是机器人（1）"。

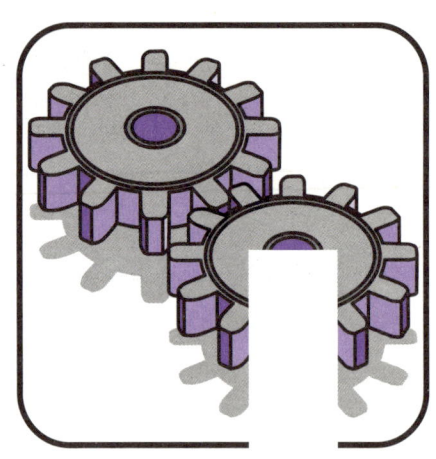

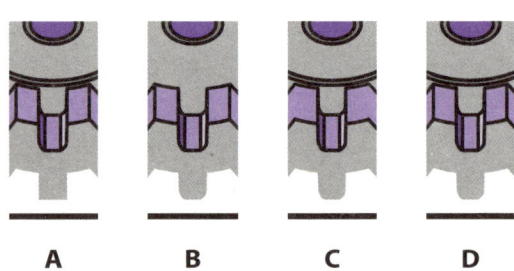

提示：如果肉眼看不出来，可以一片一片地尝试，找出与上图最匹配的那一片。

数字时钟

给数字时钟重新编程时，我必须将9个数字分别转换成一组由1和0构成的编码。你能发现我是如何编码的吗？数字9该如何编码？

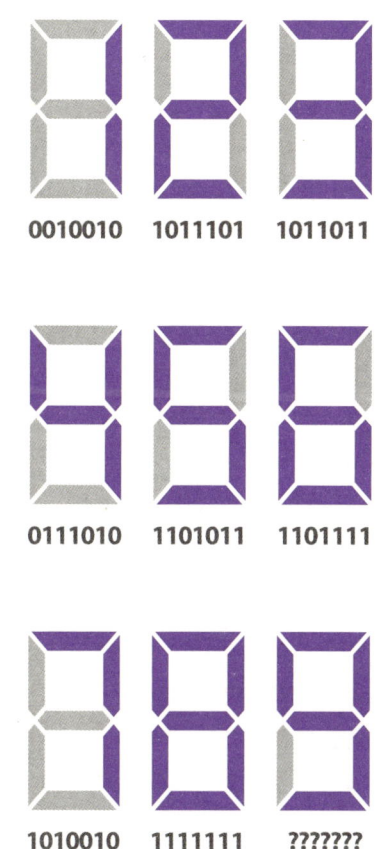

提示：每组数字的第一位对应大字的第一行。第一行有效时为1，无效时为0。按此规律找出其他数字与构成该大字的其他线条的关系。

电影名猜猜看（3）

你能猜出以下表情符号表示的三部电影的名字吗？如果不理解这个挑战，请查看第14页的游戏"电影名猜猜看（1）"。

(1)

(2)

(3)

提示：（1）女孩头像代表两位公主。
（2）钻石代表一种非常神奇的石头。
（3）最后一个表情代表美食。

脑力挑战（1）

我和姐姐的另一嗜好是互相发网上的脑力挑战题目。看看你能不能解决下面这个问题。我要提醒你的是，这道题有点儿难……

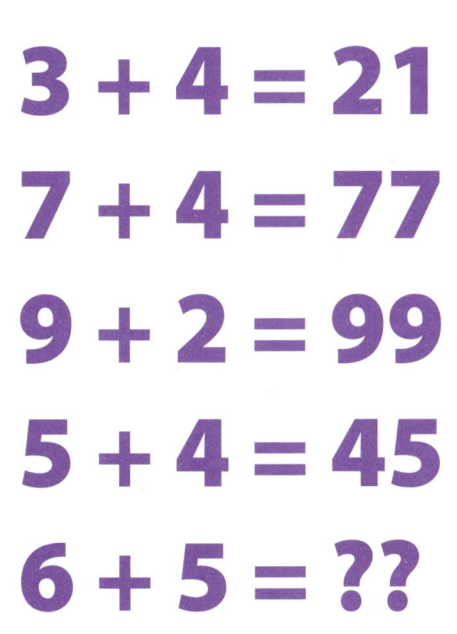

$$3 + 4 = 21$$
$$7 + 4 = 77$$
$$9 + 2 = 99$$
$$5 + 4 = 45$$
$$6 + 5 = ??$$

提示：算一算等式左边两个数字的和，看看它和等式的结果有什么关系。

老师的开机密码

计算机课上,老师要我们猜一猜他的电脑的开机密码。开机后,电脑上显示了一组奇怪的正方形,有些部分有颜色。想要进入系统,必须根据屏幕显示的序列,从下面的四个选项(A,B,C,D)中选出下一个正方形的样子,而且只有一次机会。

你能找出正确的符号吗?要小心,千万别选错了。

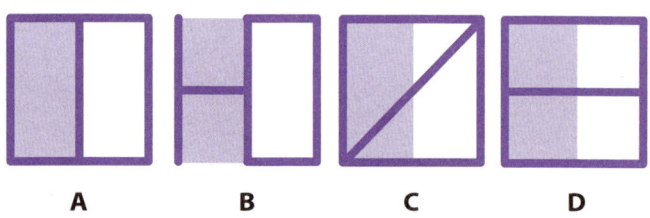

A　　B　　C　　D

提示:只需要看阴影部分。

二维码（2）

找出与原始二维码相同的二维码。

如果不理解这个挑战，请查看第3页的游戏"二维码（1）"。

原始二维码

提示：找出目标二维码的一个方法是将四个码放在一起比较，而不必将四个码分别与原始码比较。

你能解锁我的手机吗（2）

朋友已经找到解锁我手机的方法，并且可以看到我手机里的内容，我只好再试试更有难度的图形。我想知道下面的图形合适不合适。你试试看，告诉我这次的图形够不够复杂。

如果不理解这个挑战，请查看第9页的游戏"你能解锁我的手机吗（1）"。

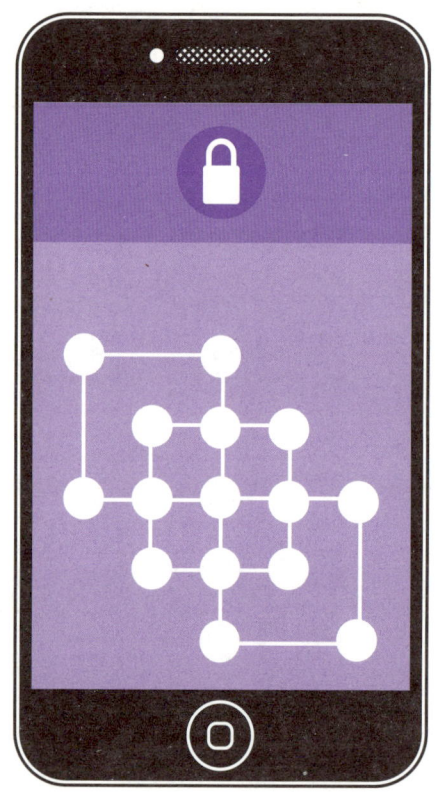

提示：一种方法是先画出左上方的方框。

谚语猜猜看（1）

下面的三组表情符号里隐藏了三条谚语，你能找出来吗？如果不理解这个挑战，请查看第14页的游戏"电影名猜猜看（1）"。

(1)

(2)

(3)

提示：第三条谚语跟时间有关。

会"长大"的巧克力

最近,我在视频网站上看到一段非常有趣的视频,一个人像图中(左图)这样切开了一块巧克力,将碎片重新排列后,巧克力比原来多出来一块(右图)。我反复分析,还是没有发现奥秘在哪。你能帮我找出来吗?

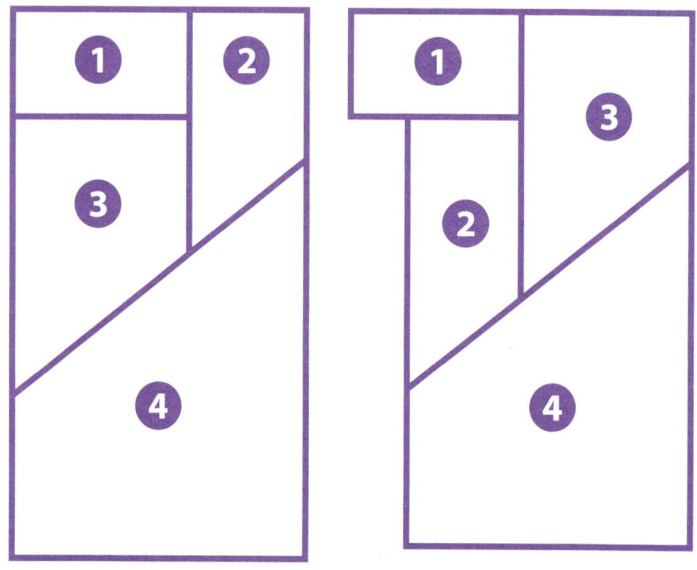

提示:观察左右图的巧克力,要特别注意尺寸而不是形状。如有必要,可以拿起纸和剪刀试验一下。也可以用尺子量一量。

谷歌的由来

浏览网页时,我偶然发现了Google(谷歌)这一奇怪名字的由来。1938年,数学家埃德加·卡斯纳叫侄子给一个巨大的数字——10的100次方,也就是1后面接100个0——起个名字。侄子回答说这是天文数字(googol)。后来,谷歌的创始人想用Googol来命名他们的搜索引擎,代表互联网上的海量信息。可是,投资人不小心将Googol写成了Google,于是这个著名的搜索引擎便有了Google这个名字。

Googol = 10000000000000000000000000000000000000000000000000000000000000000000000000000000000000000000000000000

看到如此巨大的数字,我忽然想知道,如果按千米计算从地球到太阳的距离,这个数字与我从出生到现在的心跳次数相比哪个更大。你能算出哪个数更大吗?

为了帮你比较,我先告诉你其中一个数字:从地球到太阳的距离是149 600 000千米。

提示:比较之前,要先数一数你每分钟的心跳次数,再计算一下从你出生到现在大约过了多少分钟。

新手机的排名

我朋友佩德罗有点儿粗心大意,他已经把他爸妈儿童节时买给他的手机用坏了。他爸妈受不了他总是不爱惜自己的东西,就告诉他要给他买手机店里排名第十的手机。在他抗议时,爸妈告诉他:从后往前算,这款手机排在第十五位,有什么好抱怨的。你知道手机店有多少种型号的手机吗?

提示:问题并不难,如果不知道如何解决,就列出手机型号清单。

破解密码（2）

你能为下面的密码再加两位数吗？如果不理解这个挑战，请查看第13页的游戏"破解密码（1）"。

（1）**1335557777＿＿**

（2）**1235813＿＿**

（3）**101113162025＿＿**

提示：第一个相当简单。第二个密码中，每个数都与前面的某些数字相关，把它们分开来写就是：1, 2, 3, 5, 8, 13……要完成第三题，我们要把数字两两一组排列：10, 11, 13, 16, 20, 25……

脑力挑战（2）

下面是另一个流行的脑力挑战。算出下列各个图标的值，使等式成立。

@ + @ = 8

@ × ▦ + @ = 24

@ × ▦ − ☺ × @ = @ + @

提示：先算出@的值，再从第二个等式开始解。

玩转表情符号（2）

找出以下表情符号的值，使所有算式都正确。如果不理解这个挑战，请查看第8页的游戏"玩转表情符号（1）"。

😛 × 😛 = 😛

🎁 + 🐮 + 😛 = 11

👄 + 👄 + 👄 + 🐮 = 10

🐮 × 😉 + 🐮 = 8

注意： 每种表情表示一个不同的数字且都不等于0。

提示： 从第一个等式能轻松得出鬼脸表情的值。知道鬼脸表情的值之后，再去解最后一个等式。

奇怪的密码

我朋友胡安生病了，要我帮忙从学校的电脑上下载一份文件。他告诉我，在他的储物柜里有一张纸，上面写着电脑的登录密码（就是下面图片上的那个）。输入密码时，问题发生了，电脑只接受数字，我无法输入纸上写的密码。我反复试了几次，最后总算明白了。你呢？你能解决这个问题吗？

提示：把书转一转试试。

口袋妖怪

我的朋友们迷上了"口袋妖怪"游戏，他们花了许多时间抓口袋妖怪。马科斯抓的比皮拉尔少，但比米克尔和安娜多。皮拉尔抓的比玛伊特少，但比安娜多。安娜抓的比胡安少。玛伊特抓的比皮拉尔多，但比约翰少。胡安抓的比马科斯多。你知道谁抓的口袋妖怪最多，谁抓的最少吗？

提示：按朋友们抓口袋妖怪数量的多少列个清单。

四块拼图（2）

将以下四块拼图按正确的方式拼在一起，看看里面藏了什么图形。如果不理解这个挑战，请查看第17页的游戏"四块拼图（1）"。

提示：拼好的图形是一种大家都知道的动物。

复制U盘

课堂上,老师要给我们布置课后练习,他要给每人发一个U盘,还要把需要的文件复制上去。老师有两台电脑:

一台电脑5分钟可以复制20个U盘,另一台2分钟可以复制6个U盘。如果两台电脑同时工作,你能算出复制35个U盘至少需要多少时间吗?

提示:先计算出每台电脑复制一个U盘需要的时间,记住,两台电脑能同时工作。

四色定理（1）

知道我们喜欢计算机，数学老师给我们讲了一个故事：1976年，数学家凯尼斯·阿佩尔和沃夫冈·哈肯指出，任何一张地图都可以用四种颜色绘制，相邻两个区域不会是相同的颜色。这是首次采用计算机来证明的数学结果。其实，除了地图，很多图形都可以根据"四色定理"来涂色。

你能只用四种颜色给以下图形涂色，使相邻区域的颜色各不相同吗？

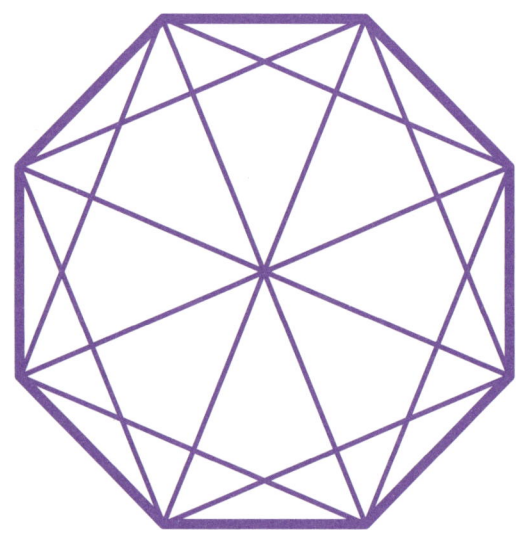

提示：从中间开始依次用四种颜色涂色。

点灯游戏（2）

你能找出正确的开关顺序，使下面的灯箱从初始状态转变成最终状态吗？如果不理解这个挑战，请查看第1页的"点灯游戏（1）"。

初始状态

最终状态

提示：挑战并不难，可以从任何一列开始。

"爱"和"喜欢"

我的一位偶像有许多粉丝，他发的一个帖子一共有4502位粉丝"喜欢"（LIKE）和"爱"（LOVE）。如果你能解决下面的问题，就可以知道每类粉丝有多少位。

每个字母表示1至6之间的不同数字，同一个字母表示的数字相同。找出每个字母的值，使算式成立吧。

```
  LIKE
+ LOVE
------
  4502
```

注意： 有4组不同的答案（尽管它们很相似）。

提示：从字母E入手能轻松得出答案。

脑力挑战（3）

试着找出每个图形代表的数字，使两个等式成立。

$$@ + \text{▦} = 9$$

$$9 \times \text{▦} = @\text{▦}$$

提示：如果不知道如何解决，先找几对相加等于9的数字。

"脸书"上的朋友

一些年纪比我大的朋友总喜欢比谁在"脸书"上的朋友多。我真搞不懂他们，和一堆网友比起来，我更想拥有几个实实在在的好朋友。这也许是成年人的想法……

桑德拉的朋友不少，比乔安娜的多。玛伊特的朋友比胡迪特和埃斯特的多。乔安娜的朋友比玛伊特的多。朱迪思的朋友不多也不少，超过埃斯特。

你能按网友的数量从少到多将我的朋友们排序吗？

提示：根据描述按顺序排列朋友的名字就能轻松得到答案。

填单词（1）

在网上发现的各种小游戏里，我最喜欢的就是下面这个：将所有单词填在格子里恰当的位置上。

我花了点儿时间，但最后还是完成了挑战。你能完成吗？需要多长时间？

BLOG
RED
TRIM
CURSOR
GOOGLE
DESCRIPTION
TROYANO
ALIGN
VIRUS

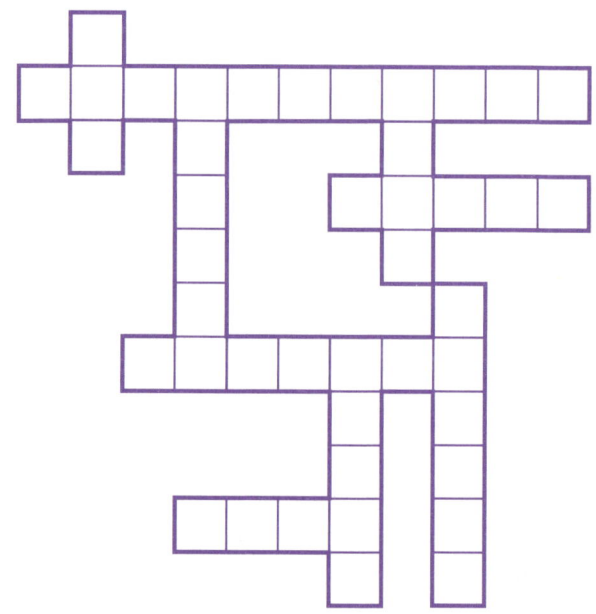

提示：开始之前，先按单词的字母数将单词分类。

证明你不是机器人（3）

找出能补全魔方图标的那一片，证明你不是机器人。如果不理解这个挑战，请查看第7页的游戏"证明你不是机器人（1）"。

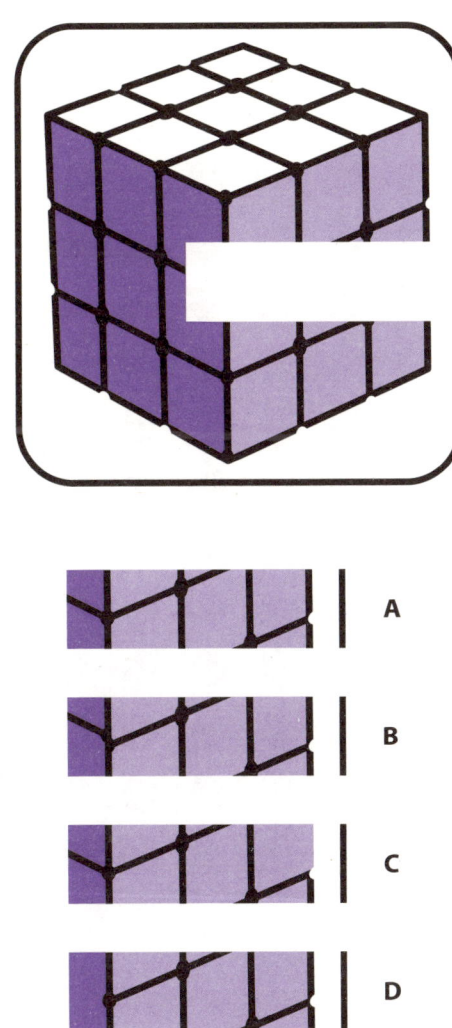

提示：注意构成大立方体的每个小立方体的边缘。

藏在电路里的秘密（2）

我在下面的电路图里藏了一个特殊的日子，你能找出来吗？如果不理解这个挑战，请查看第19页的游戏"藏在电路里的秘密（1）"。

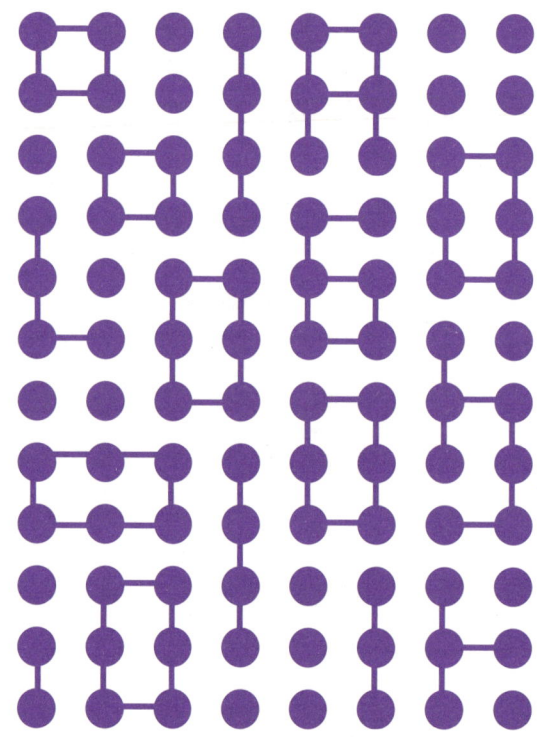

提示：在垂直方向上找。

激光枪（2）

摆上必需的镜子，使光束穿过的精灵分数之和正好等于10分。

如果不理解这个挑战，请查看第2页的游戏"激光枪（1）"。

提示：必须摆上三面镜子。

魔术网页（2）

每个月，我在游戏"魔术网页"中提到的魔术网站都会上线一款新魔术。6月的新魔术如下：

一开始，网页上给出了下面的表格。

12	13	14	15
16	17	18	19
20	21	22	23
24	25	26	27

然后，网页要求用户从每行各选一个不同列的数字（你也试试看）。最后，把4个数字相加，再点击下面的按钮：

点击后页面上就会显示4个数字的和：78。

你知道网页是如何"猜到"正确答案的吗？

提示：多玩几次试试。

100个二进制方格

玩二进制数时,我发明了一种奇怪的方格带。用紫色方格代表1,白色方格代表0,我把序列1010010001000001……画成了下面的样子。

如果按规律继续画到100个格,你能算出有多少个方格是白色的,多少个方格是紫色的吗?

提示:找出白色方格的变化规律,记得给每组白色方格加上一个紫色方格。

破解密码(3)

试着补全下面的密码。为了让你更轻松,我给出了几个选项。你知道如何选择吗?

E31F28M31A30＿＿＿

A. M29　B. M32　C. M31　D. G31　E. G30

提示:找出日历看看。

三条短信

尽管现在大家几乎不发短信（SMS）了，我还是想挑战一下，算出构成SMS的两个字母——S和M所代表的数字，使下面的等式成立。你能做出来吗？

$$\begin{array}{r} SMS \\ SMS \\ + SMS \\ \hline 2694 \end{array}$$

提示：先算算字母S的值，想想什么数字加三次，结果里有4。

扑克牌迷盘（1）

在我经常访问的推理网站上，我发现了下面这个挑战：在格子中摆上9张扑克牌，使每行3张扑克牌的和等于右边的数，每列3张扑克牌的和等于下边的数。此外，梅花和方块必须交替出现。我花了一些时间才在网页上摆好扑克牌。你能摆好这些扑克牌吗？

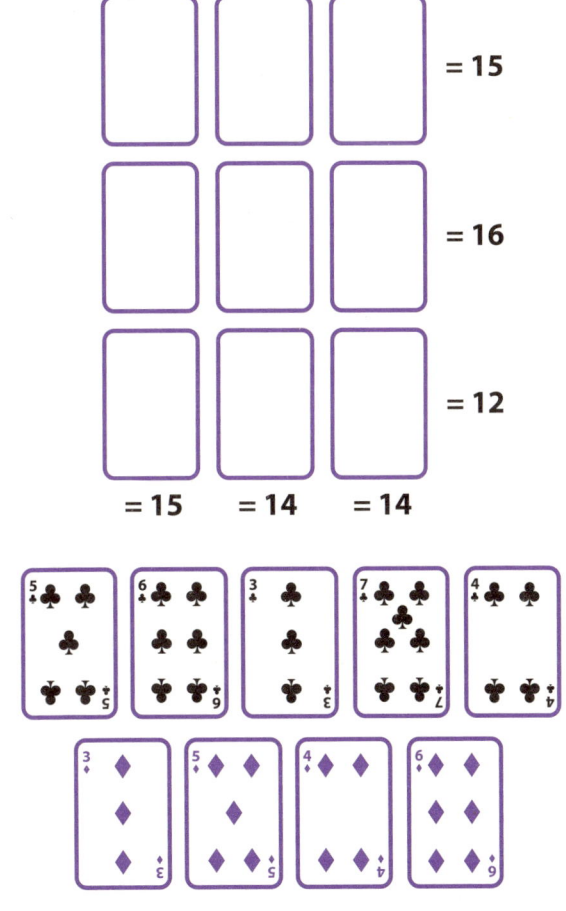

提示：有5张梅花、4张方块，显然，梅花要摆在四个角和中间位置。

玩转表情符号（3）

找出以下表情符号代表的数值，使所有等式成立。

如果不理解这个挑战，请查看第8页的游戏"玩转表情符号（1）"。

🐸 − 👍 = 1

🐸 + 🐸 + 👍 = 14

👣 + 👣 + 🐸 = 7

🐸 + 👣 + 👍 + 🚀 = 19

注意： 不同的表情符号代表不同的数字，而且都不是0。

提示： 从第一个等式可以知道青蛙的值比"点赞"大1，将第一个等式和第二个等式相加，可以得到"点赞"和青蛙的值。接下来就可以陆续得出其他表情符号的值。

看不见的点数

无聊时,除了玩点儿脑力游戏,我还喜欢在视频网站上看视频。有一个视频是这样的:主播请朋友将三个骰子按下图的方式摆成一个塔,这样,他就只能看见塔顶面的点数。接着,主播可以马上算出骰子塔其他五个水平面的点数之和。

你知道主播为什么能这么快算出结果吗?你能够算出以下骰子塔中看不见的五个水平面的总点数吗?

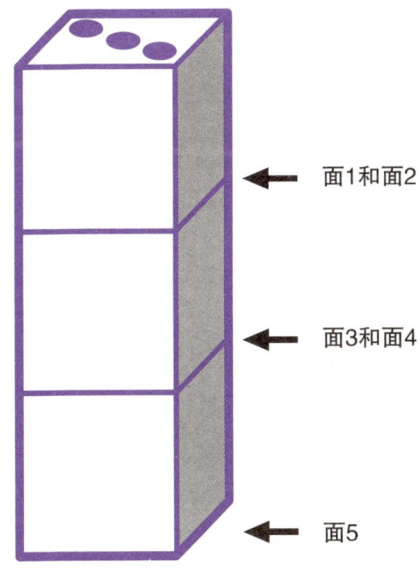

← 面1和面2

← 面3和面4

← 面5

提示:找一颗骰子,看看两个相对面的点数之和是多少。

谚语猜猜看（2）

　　实话告诉你们，我不费吹灰之力就猜出了下面的三句谚语。下面就看看你能找出来几个吧。如果不理解这个挑战，请查看第14页的游戏"电影名猜猜看（1）"。

(1)

(2)

(3)

提示：（1）第一条的第三个表情符号表示很多水。
　　　（2）第二条的数字表示书的数量。
　　　（3）第三条的第一个表情符号表示路途遥远。

脑力挑战（4）

我姐姐桑德拉主修英语，但她也喜欢数学。她在家时，我喜欢给她出一些摆火柴的题目。下面轮到你玩这个游戏了：只移动一根火柴使等式成立。

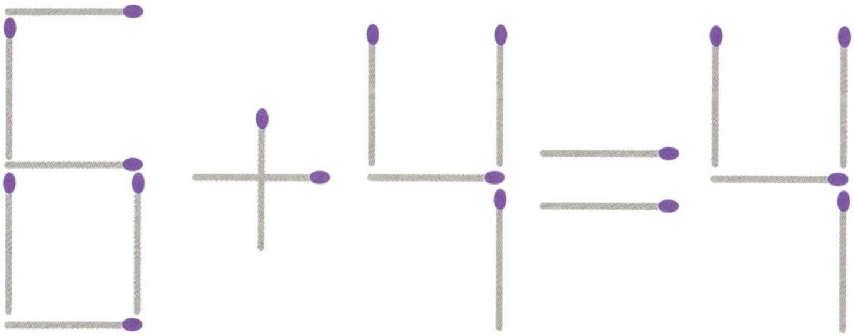

提示：答案不止一个。一种方法是从数字6下手，然后改变运算符号。

吃豆人迷宫（1）

在一个专门收集父母最爱的过时游戏的网页上，我发现了一款我喜欢的游戏。那是一个吃豆人迷宫，在走迷宫的过程中必须正好吃掉8个精灵。

我当时玩得很起劲，你会玩吗？

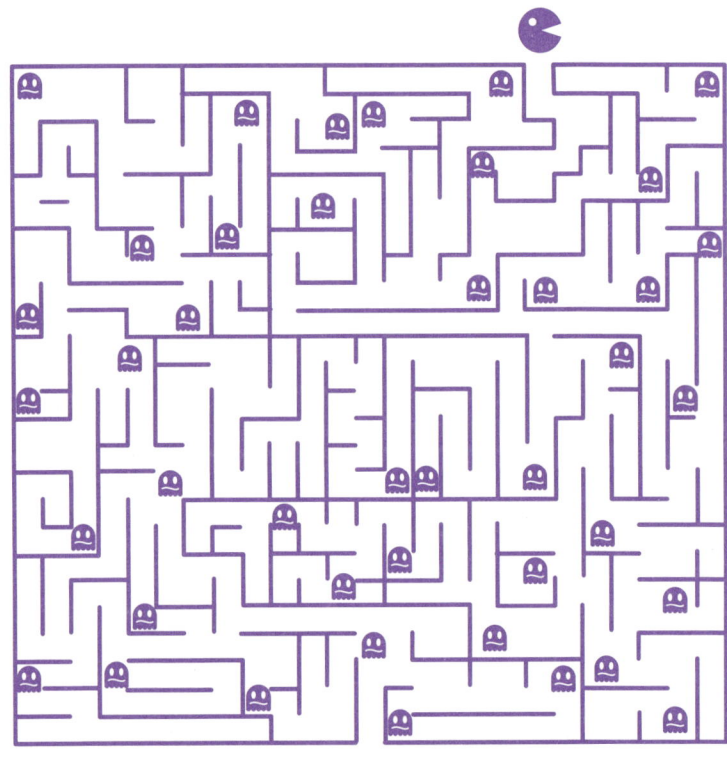

提示：游戏并不复杂，先找到一条路，然后试着吃掉要求数量的精灵。

二维码（3）

四个选项的二维码中只有一个与原始二维码不一样，把它找出来吧！如果不理解这个挑战，请查看第3页的游戏"二维码（1）"。

原始二维码

A B

C D

提示：解决此问题的一种方法是将四个二维码进行比较。

脑力挑战（5）

我本来打算自己玩这个游戏的，但是桑德拉看到了我和一位朋友聊天，就总是来打听我那位朋友的事。为了给她找点儿事情做，我搬出了这道题，让她找出问号位置是什么数字。我还给了个提示：菱形内的数字与相邻的两个三角里的数字有关，没想到几分钟后她就得出了答案，接着又开始问东问西。那么你呢，多长时间能做出来？

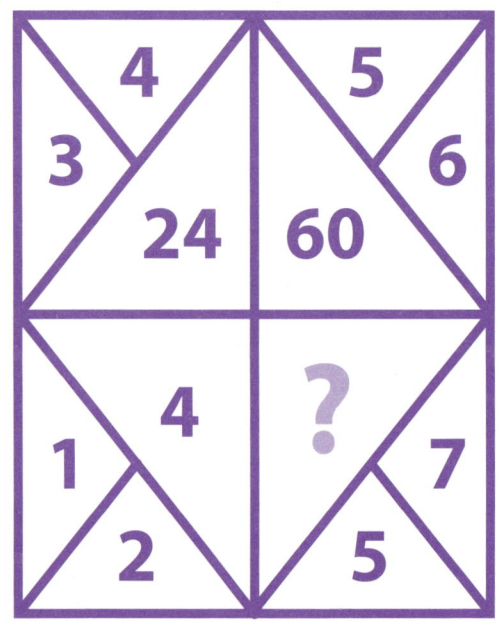

提示：数字24与数字3和4相关。同样，数字60与5和6相关，数字4也与1和2相关。如果你发现了它们的关系，你就能找出问号位置的数字。

正确的总数

除编程外,我还喜欢数字游戏(比如数独、聪明方格等等)。下面我来出道题。现有数字1,2,3,4,5,7,每个数只用一次,可以得到以下等式:

$$12 + 35 = 47$$

你能找到得数正确的其他组合方式吗?提醒一句,还有三种方式,有一种非常简单。

提示:从示例中可以找到那种非常简单的组合方式。

破解密码(4)

为了好记,桑德拉常用一些存在关联的单词做密码(这样,需要修改密码时,很容易编出一个新的密码)。以下是她最近在使用的四个密码。你能帮我找出第五个吗?她只告诉我是下面五个选项中的一个……请帮我找一找,这样她就会对我刮目相看了!

TWITTER   ERROR   ORDENADOR   ORBITA

A. NOCHE   B. MANANA   C. DIA   D. TABLE   E. MEDIODIA

提示:注意每个单词的开头和结尾。

破解密码（5）

你能给以下密码增加两位吗？如果不理解这个挑战，请查看第13页的"破解密码（1）"。

（1）**1A4B9C16D25＿＿**

（2）**1O2T3T4F＿＿**

（3）**13571113＿＿**

提示：（1）字母的规律很明显。要找出数字的规律，可以想一下自然数的平方是多少。

（2）各字母与左边的数字相关。试试大声读出每个数字的英文，找出它们的关系。

（3）分开来看，构成密码的数字是1, 3, 5, 7, 11, 13……

证明你不是机器人（4）

我发现有个网页，要证明我不是机器人，就要找出下面五幅图中与其他图片没有关系的那张。你能指出是哪张图片吗？

提示：想想它们都是什么做成的。

玩转表情符号（4）

我们在微信上发起的这个挑战，群里只有一个人完成了。还是老规矩，找出以下每种表情符号所代表的值，使等式成立。

鼠 × 蝶 + 蝶 = 蝶

鼠 + 鼠 + 鼠 + 蝶 = 12

车 − 鼠 − 鼠 = 2

注意： 各表情符号为0到10之间的不同数字。

如果不理解这个挑战，请查看第8页的"玩转表情符号（1）"。

提示： 根据第一和第二个等式，你可以得出蝴蝶结的值。

脑筋急转弯（2）

下面这个问题把我的表兄妹的微信群搅得乌烟瘴气的。他们不知道怎么解决，有人给出解决方案时，其他人也不知道答案正确不正确。看看你能不能发现消失的1欧元去了哪里。问题如下：

三个朋友一起去饭店吃饭。一共花了25欧元。每人付了10欧元的纸币，服务员找回了5欧元硬币。每人分得1欧元，剩下的2欧元当作小费给了服务员。最后，每人付了9欧元；也就是说，他们一共付了27欧元（9 × 3 = 27），加上给服务员的2欧元小费一共是29欧元：27 + 2 = 29。还有1欧元到哪儿去了？

提示：不要上当，好好算算。

扫雷游戏（2）

你能找出藏在方格中的四颗地雷吗？如果不理解这个挑战，请查看第12页的"扫雷游戏（1）"。

1	2	1	1
1	2	2	2
2	2	2	1
1	1	2	1

提示：第一排第三个方格中藏了一颗雷。下面，轮到你找出剩下的三颗雷了。

谁的粉丝多（2）

谁的粉丝多这种可笑的攀比还在继续。我的几位朋友比较了一番后得出以下结论：

在推特上，佩德罗和安娜的粉丝比路易斯多。阿劳的粉丝比乔安娜少，而乔安娜的粉丝比朱莉娅多。路易斯的粉丝比乔安娜多，安娜的粉丝是佩德罗的两倍。

你能找出谁的粉丝最多，谁的粉丝最少吗？

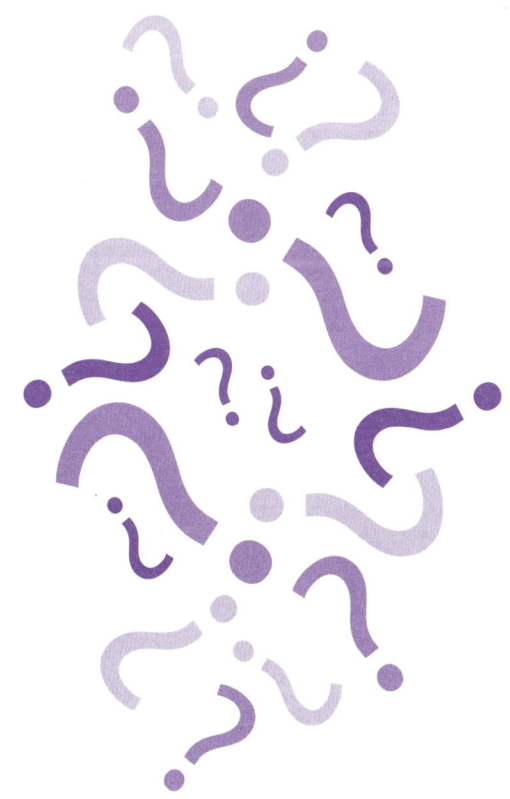

提示：拿起纸和笔，按名字出现的顺序把它们写下来，再根据条件排序。其中有个问题答案不明确。

点灯游戏（3）

你能找出正确的开关组合，帮我把灯箱从下面的初始状态转变成最终状态吗？如果不理解这个挑战，请查看第1页的"点灯游戏（1）"。

初始状态

最终状态

提示：从三列中的一列开始。

你能解锁我的手机吗(3)

你能再次解锁我的手机吗?如果不理解这个挑战,请查看第9页的游戏"你能解锁我的手机吗(1)"。

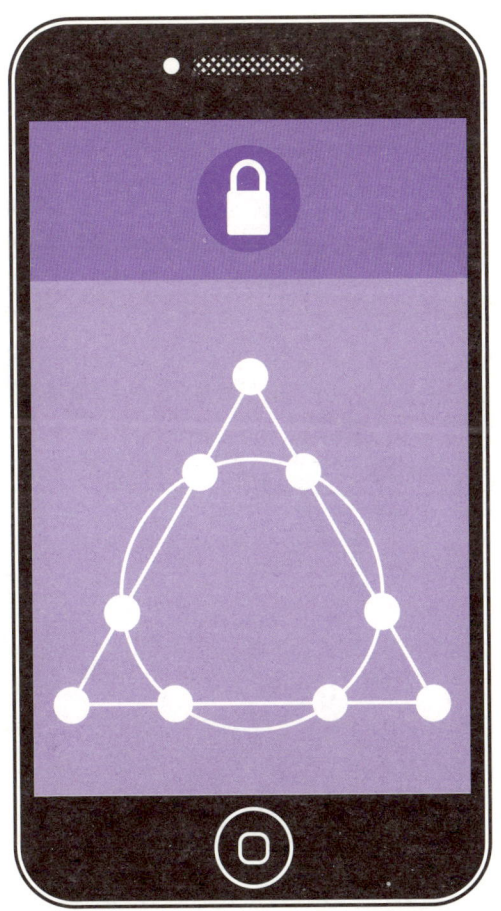

提示:可以从三角形开始。

证明你不是机器人（5）

要再次向电脑证明进入网页的不是机器人，用户必须找出与其他图片不相关的那张图片。你能找出来吗？如果不理解这个挑战，请查看第7页的游戏"证明你不是机器人"。

提示：从小动物开始思考。

填单词（2）

我和桑德拉很快就将这些单词填在了下面的格子里。你需要多长时间呢?

**CIRCUIT
SELFIE
DATA
INFORMATICS
POSIT
APP
REBUIT
LOGIN**

提示：按字母数量整理单词就能很快完成。

脑力挑战（6）

这一次，我对自己的表现很满意，尽管桑德拉数学学得比我好，但这道题是我先做出来的。希望你也能搞定它。

找出下面三种图形代表的数字，使等式成立，并计算出问号的值。

@ × @ × @ = 8

▦ × ▦ × ▦ × @ = 54

▦ × @ × 🚀 × 🚀 = 150

▦ + @ + 🚀 = ???

提示：从第一行开始，一个一个地算出每个图形的数值。例如，根据第一个等式可以轻松找出@的值。

主管的考验

最近，有一家公司聘请桑德拉的好朋友马内尔开展找回密码的专业技术业务。为了考察马内尔的能力，主管告诉他进入公司的电脑系统时要小心，因为每天的密码都是不同的。马内尔打算登录系统时，想起来自己不知道密码，但他又不敢问主管，怕主管会认为他不能胜任这份工作。桑德拉有点儿担心她的朋友，把情况跟我说了，要我帮忙想想电脑的密码是什么。你能想出来吗？

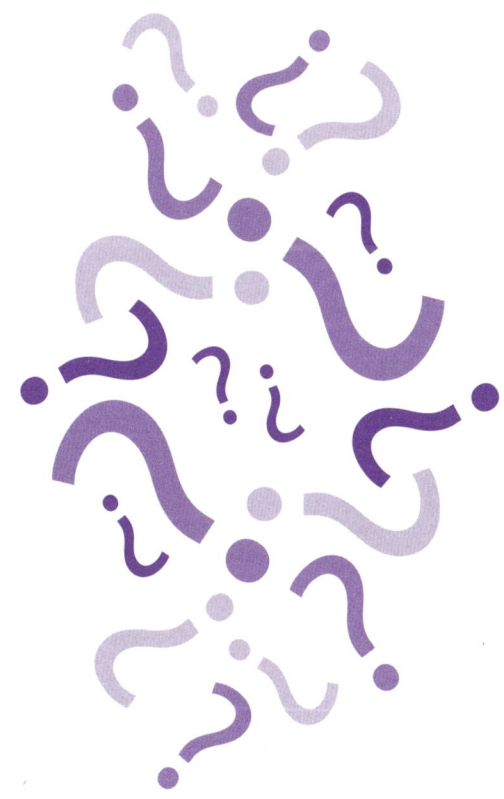

提示：你可以根据问题中的描述找出我姐姐的朋友必须输入的密码，这并不是废话。

谚语猜猜看（3）

你能猜出以下三条谚语是什么吗？我的表姐妹们只有一个人把三条全部找出来了，看看你是不是比她们更幸运。

如果不理解这个挑战，请查看第14页的游戏"电影名猜猜看（1）"。

(1)

(2)

(3)

提示：第一条的数字表示人要走的路的距离，单位是里。如果猜不出来，可以找爸爸妈妈帮忙，他们肯定知道很多谚语。

证明你不是机器人（6）

我很喜欢用这种方式证明进入网站的不是机器人，因为在这个项目上，桑德拉和我的水平差不多。虽然不太愿意承认，但是这次是她赢了。我希望你也会做。

找出五幅图片中与其他图片毫无联系的那幅。如果不理解这个挑战，请查看第7页的游戏"证明你不是机器人（1）"。

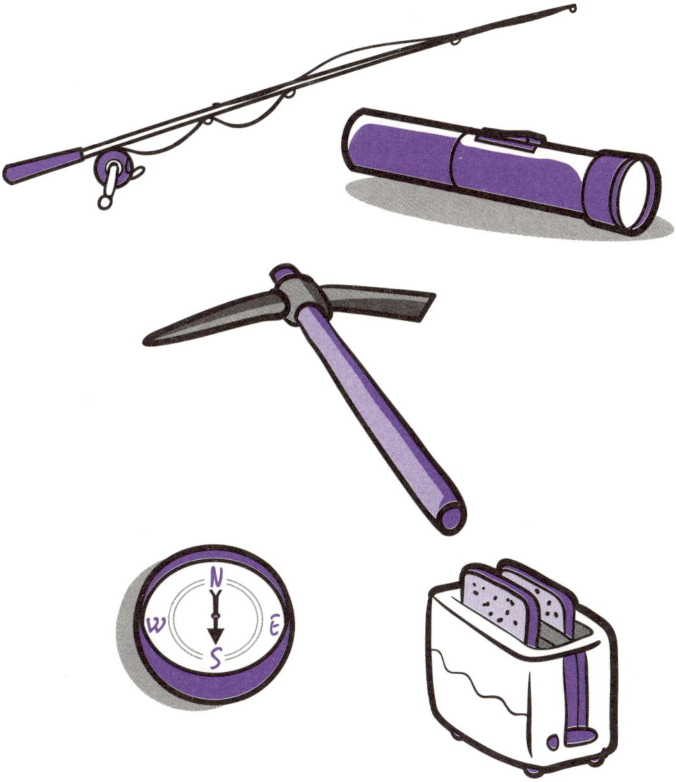

提示：想想它们都是怎么工作的。

扑克牌迷盘（2）

我很喜欢之前的扑克牌迷盘游戏，一直想再找一个类似的，还真被我找到一个。你能在格子里摆上9张扑克牌，得出每行每列的数吗？还要记住，红桃与黑桃要交替摆放。如果不理解这个挑战，请查看第49页的"扑克牌迷盘（1）"。

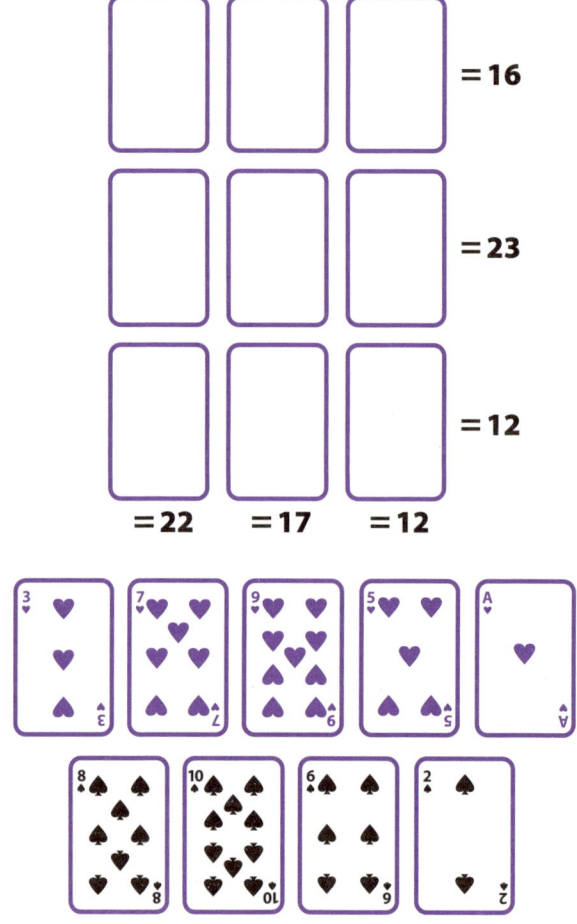

提示：既然红桃比黑桃多一张，而且它们要交替出现，那么就很容易发现红桃和黑桃的位置。

四封邮件

虽然我喜欢用微信,但有时还是会发邮件。一天,我发了四封邮件,结果当天就发现了下面的游戏,真是无巧不成书。你能找出每个字母代表的数字,使竖式成立吗?

$$\begin{array}{r} \text{MAIL} \\ \times \quad 4 \\ \hline 9432 \end{array}$$

提示:先想想字母L代表什么数字,什么数乘以4得数的尾数为2。

脑力挑战（7）

这个挑战在网上很有名，我们讨论了很久。我的表姐妹们分成了两个阵营：一队坚持认为这道题没有答案，而另一队则很快找到了答案，还笑话第一队的人，说答案很明显。你要站哪一队？你觉得公交车在往哪个方向开呢？向右还是向左？

提示：想象你要上车。

四块拼图（3）

请你把以下四块拼图拼在一起，找出隐藏的图标。如果不理解这个挑战，请查看第17页的游戏"四块拼图（1）"。

提示：它们能构成一个几何图形。

花瓶大变身

玩编程玩累了,我就开始研究线条,投入纸板拼图的怀抱。下面这个拼图是我最喜欢的拼图之一,它非常简单又好玩。游戏的要求是重新组合三部分,把花瓶图案变成一个正方形。你能做到吗?要用多长时间?

提示:正方形有一个角很明显,从这个角开始拼吧。

多余的表情

　　有人说孩子觉得无聊不是坏事，因为打败无聊是提升创造力的最好方法。这话很有道理，我和表姐妹们无聊时经常会想出非常有趣的游戏，尽管这些游戏还是离不开手机。我非常喜欢下面这个找多余表情符号的游戏。你能找出哪个表情符号是多余的吗？

提示：答案与图形的几何特点有关，不能只看表情符号的含义。

激光枪（3）

你能正确摆好镜子，使光束穿过的精灵的分数之和正好是10分吗？如果不理解这个挑战，请查看第2页的游戏"激光枪（1）"。

提示：必须摆上三面镜子。

魔术网页（3）

我在前面的游戏"魔术网页"中提到的那个网站，每个月都会推出新的魔术游戏。7月的魔术游戏是一个数字魔术。

一开始，网页给出了下面一组魔术数字：

36　　**234**　　**108**

1107　　**126**　　**54**

1908　　**4509**　　**225**

5418　　**8145**

接下来，网页请用户在计算器上输入一个三位数，乘以以上任意魔术数字，再将所得的结果的每一位数字相加，如果结果还是多位数，用户（在这个例子里是我）要再次将各位数相加。最后，网页会预测最终的得数。令人不解的是，它猜对了，答案是9。

你能解释网页是如何做到的吗？

提示：如果不知道从哪里下手，可以用不同的三位数和魔术数字多玩几次。

变队形

上网时我们发现了下面这个游戏,我很喜欢,因为这个游戏能考验人的智慧,还有我喜欢的笑脸表情。游戏要求只移动9个表情符号中的2个,将原始图形变为正方形。你知道如何移动吗?

提示:把书转一下试试。

数不清的邮件

这几天我一直在忙,没时间查看邮箱,邮箱里面堆满了邮件。看看下面的图,以字母E为中心,有很多种方式可以读出单词EMAIL(邮件)。你能算出一共有多少种不同方式可以读出单词EMAIL吗?

```
            L
           L I L
          L I A I L
         L I A M A I L
        L I A M E M A I L
         L I A M A I L
          L I A I L
           L I L
            L
```

提示:中心的E可以连接4个方向的字母M。每个M周围有3个不同方向的字母A。字母A又有两种情况。按此推理,就可以找出答案。

表情互换

下面这个游戏很有意思,还是与表情符号有关的。游戏要求用5步交换以下4个表情符号的位置,把它们变成最终状态的样子。每步只能将一个表情符号移动到一个相邻的空格(旁边或对角)中。你能在5步以内完成游戏吗?

初始状态

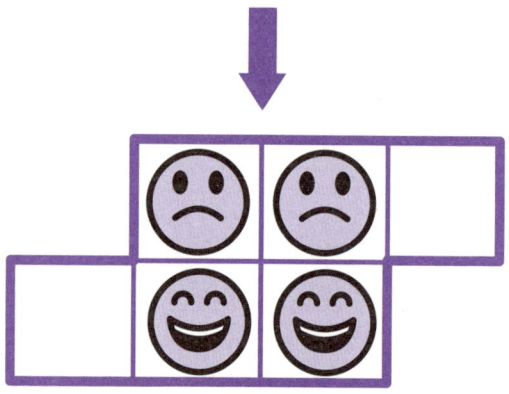

最终状态

提示:第一步要把第一张笑脸移到第二行的第一个空格中。

藏在电路里的秘密（3）

这一次，我在电路图里藏了一个特殊的日子。你能找出来吗？

如果不理解这个挑战，请查看第19页的游戏"藏在电路里的秘密（1）"。

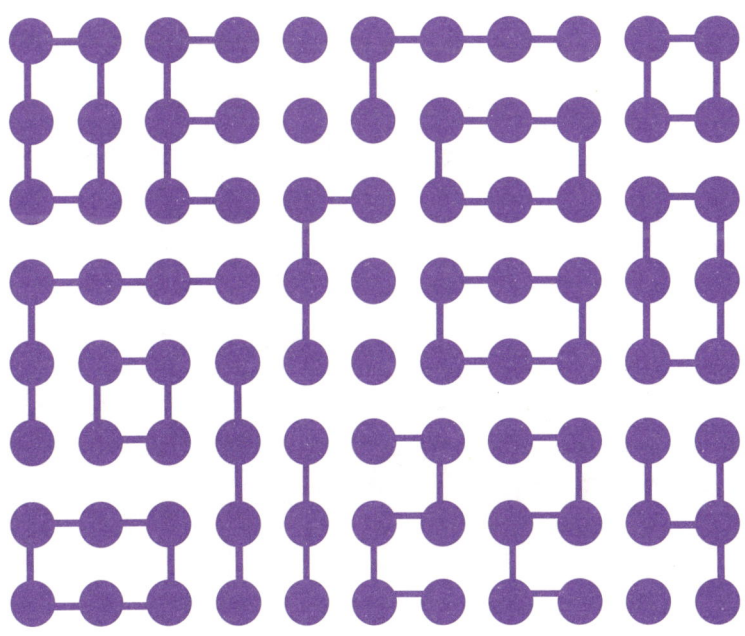

提示：在右下角找找看。

玩转表情符号（5）

下面这个游戏跟我们前面玩过的同类游戏一样，每个表情符号都代表一个数字。你能找出这些符号代表的数字，使等式成立吗？

✂ + ✂ + ✂ + 🐙 = 14

😍 + 😍 + 👕 = 15

✂ + ✂ + 🐙 = 11

😍 + 👕 = 8

注意： 不同的表情符号代表不同的数字。

提示： 比较第一个和第三个等式后你会得出剪刀和章鱼的值。比较第二个和第四个等式后你会得出全部答案。

脑力挑战（8）

下面这个火柴游戏还是在桑德拉缠着我问东问西时，我拿来对付她的。这次效果不错，她想了许久也没想出答案，我可以好好清净一阵了。游戏规则是，只移动一根火柴使等式成立。看看你做出来要多长时间吧！

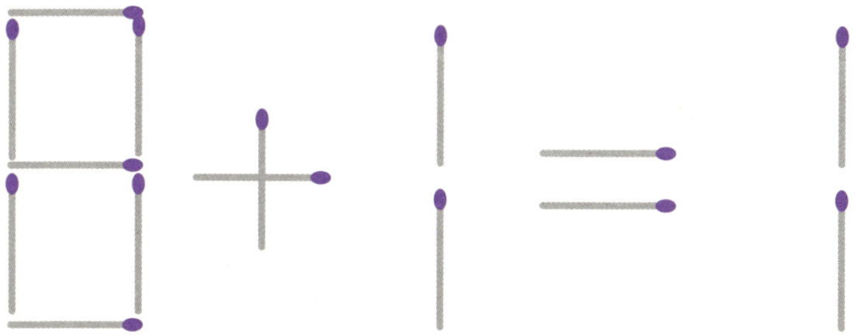

提示：中间的1可以不动。

没套上去的环

我在网页上发现了下面这个游戏,它能够提高大脑的专注力和敏捷性。游戏的要求是在1分钟之内找出没有和其他环套在一起的环。

你能在1分钟之内找出来吗?

提示:如果你一眼没看出来,最好的方法是单独观察每一个环。

吃豆人迷宫（2）

我用这个迷宫赢了所有朋友。你能走出迷宫，路上正好吃掉8个精灵吗？

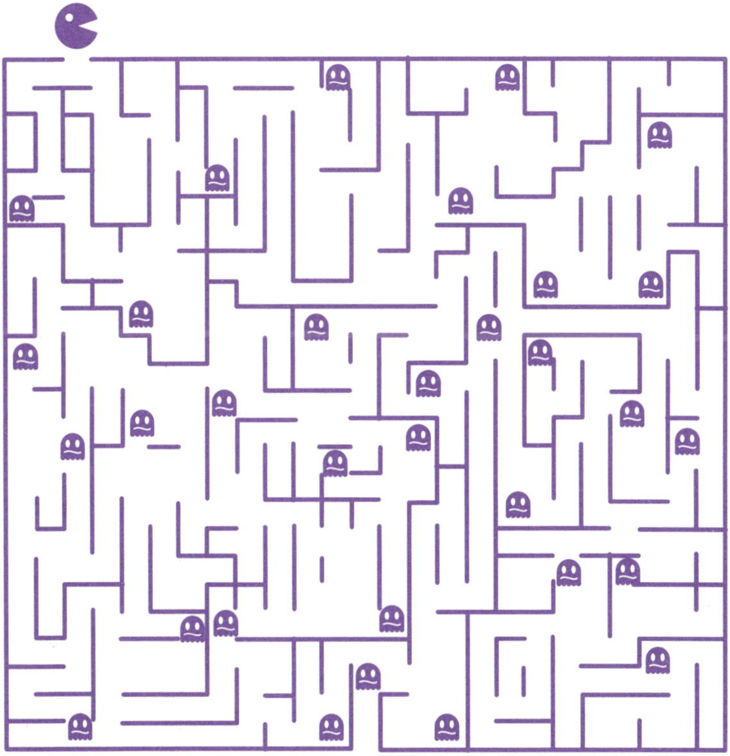

提示：先试着找出一条路，然后看看是不是正好能吃掉8个精灵。

证明你不是机器人（7）

网站这次更有创意了，为了证明我不是机器人，我要找出与其他符号没有关联的符号。尽管我全神贯注，找起来还是有点儿难度，真的要成为机器人才能找出来啦！

如果不理解这个挑战，请查看第7页的游戏"证明你不是机器人（1）"。

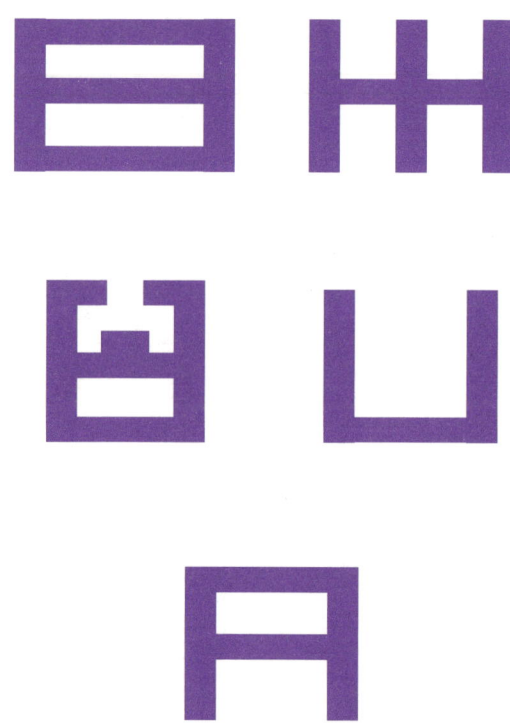

提示：只需要看每个符号的一半。

填单词（3）

一个周日的午后，外面下着雨，我姐姐无事可做，就拿下面这个游戏自娱自乐。你需要多长时间才能将所有单词正确地填在方格里呢？

MOUSE
LINUX
COMMUNICATE
VIRTUAL
PRINTER
EMOTICON
PROGRAM

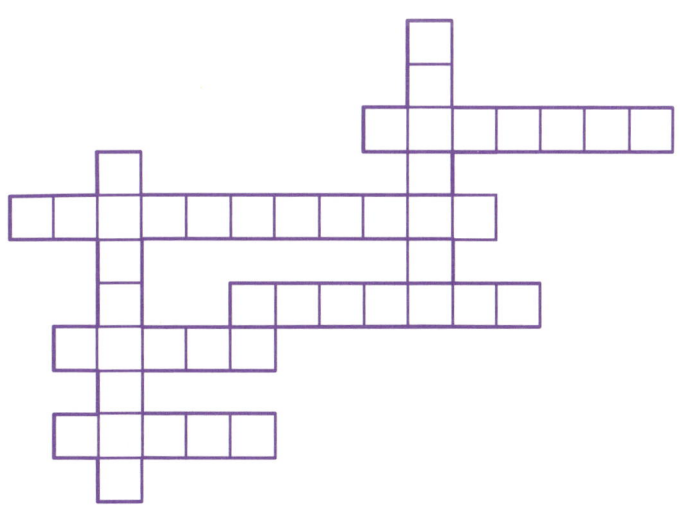

提示：开始填之前，先按字母数量整理单词。

不一样的手

为了打发无聊的时间,我又发明了下面这个游戏。我给朋友们发了下面的6个手势表情,让他们找出哪个与其他的没有联系。你能找出来吗?尽管看起来好像是没有竖起手指的那个,但答案真的不是它……

提示:试着用手模仿这些手势。

四色定理(2)

你能再次用四种颜色给下面这幅图涂色,使相邻区域(不包括仅顶点相连的情况)的颜色不同吗?如果不理解这个挑战,请查看第38页的游戏"四色定理(1)"。

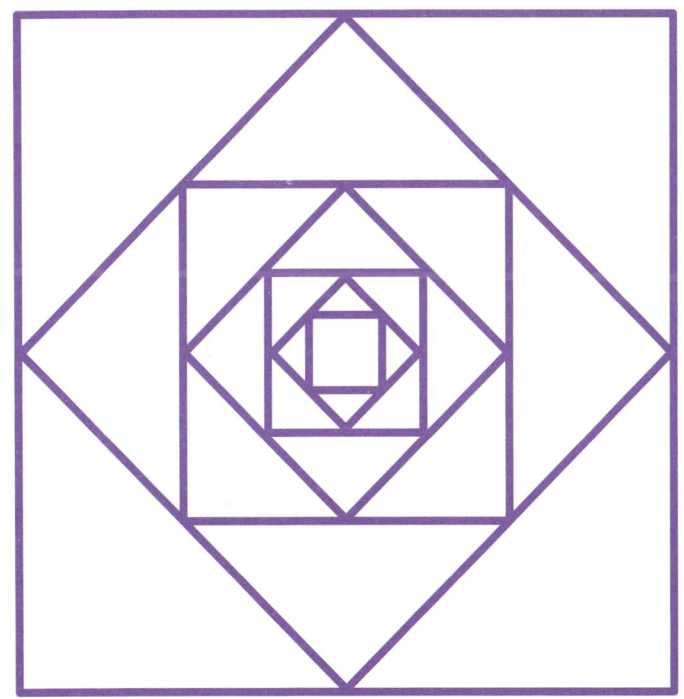

提示:可以从边上向中心涂。

点灯游戏（4）

这一次，看看你需要多长时间才能找出正确的开关组合，使灯箱从初始状态变为最终状态。如果不理解这个挑战，请查看第1页的"点灯游戏（1）"。

初始状态

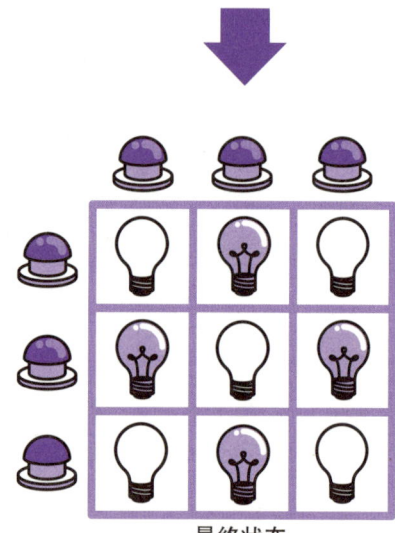

最终状态

提示：先从第一列开始。

天价墨水

我向爸爸要钱买一瓶打印机的墨水,他被价格吓了一跳。他告诉我,按这个价格算,1升墨水要2000欧元以上了。我觉得有点儿夸张,请你帮我算算他说得对还是夸大了。墨盒上标注的墨水量是8毫升,价格是18欧元。

提示:先计算出1毫升墨水要多少钱。

同时着地的左脚

看电脑看累了或程序不听使唤时,我会和朋友去跑步。我每跑2步,我朋友能跑3步。如果我们两人起跑时都是右脚着地,要跑多少步后我们的左脚才能同时着地?

提示:画个图看看,要小心,题目中有陷阱。

脑筋急转弯(3)

下面是一道生活中的脑筋急转弯,这道题我们的微信群里做出的人很少。你能解决它吗?

有个人独自生活,每天日落后亮起灯。有一天他病倒了,那天就不能亮灯了。不幸的是,有90个人因此而丧命。你知道发生了什么吗?

提示:点灯是他工作的一部分。

变色的U盘

下图中有不同长度的两种颜色的U盘。数一数每种颜色的U盘各有多少只,接下来,交换A与B两部分,想一想每种颜色的U盘会有什么变化。

你能解释发生了什么吗?

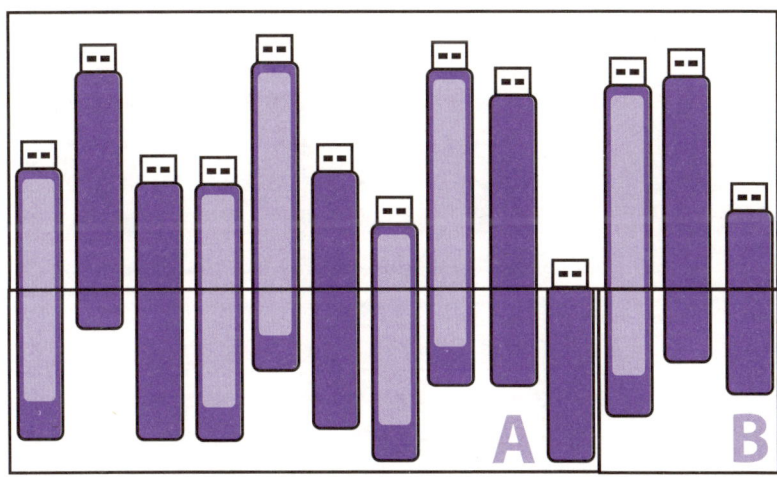

提示:注意每种颜色的U盘交换前后的长度。

扫雷游戏（3）

在等爸妈来接我们去看望奶奶的时间里，我和桑德拉解决了下面的扫雷游戏。你能找到埋在下面格子里的地雷吗？如果不理解这个挑战，请查看第12页的"扫雷游戏（1）"。

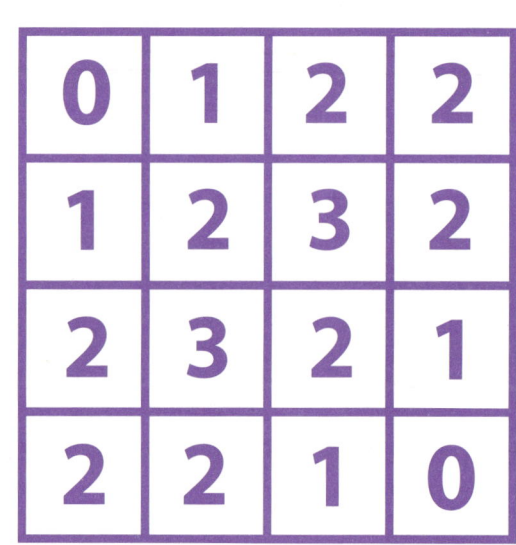

提示：第一行最后一个格子里有一颗雷。下面，轮到你找出其他三颗雷了。

复杂的关系网

下面这张图表示的是我的表姐妹们与朋友之间的关系网络。每个圆点表示一个人,线段表示两个人之间有联系。我的问题是,从这个图中你能找出多少个正方形?

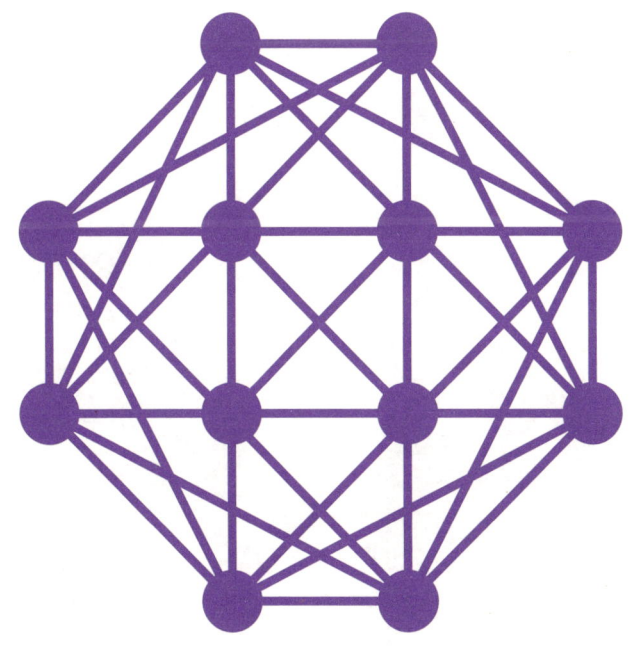

提示:可以按大小数,有4种大小不同的正方形。

说谎的机器人

在一次编程竞赛中，根据要求，我必须设计出一对机器人：艾伦和图灵。艾伦要在星期一、星期二和星期三说谎话，其他日子要说真话。图灵要在星期四、星期五和星期六说谎话，其他日子要说真话。

今天我测试了他们，他们告诉我下面的内容。

艾伦：我星期三说谎。

图灵：我明天要说谎。

艾伦：我星期日不说谎。

你能推理出今天是星期几吗？

提示：从艾伦的话开始分析。

破解密码（6）

我已经厌倦了用数字当密码了，于是找了三个只用到字母的密码。你能找出每个密码中缺少的两个字母吗？

如果不理解这个挑战，请查看第13页的游戏"破解密码（1）"。

(1) **MTWTF _ _**

(2) **JFMAMJJA _ _**

(3) **OTTFF _ _**

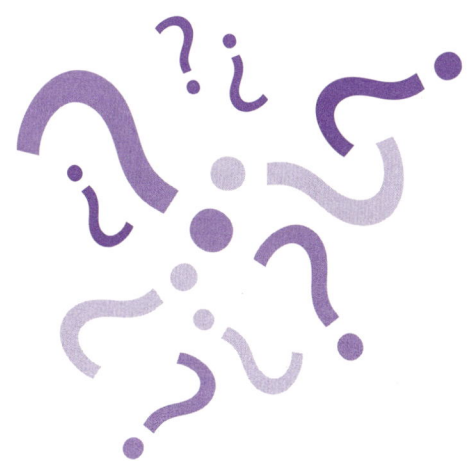

提示：第一个和第二个密码与日历有关，第三个密码与数字有关。

脑力挑战（9）

破解了上一道火柴的题目后，姐姐也给我出了下面这道题，以证明我并不像自己想的那么聪明。事实是她摆火柴的时候太匆忙，把火柴给摆错了。

你能只移动一根火柴使等式成立吗？

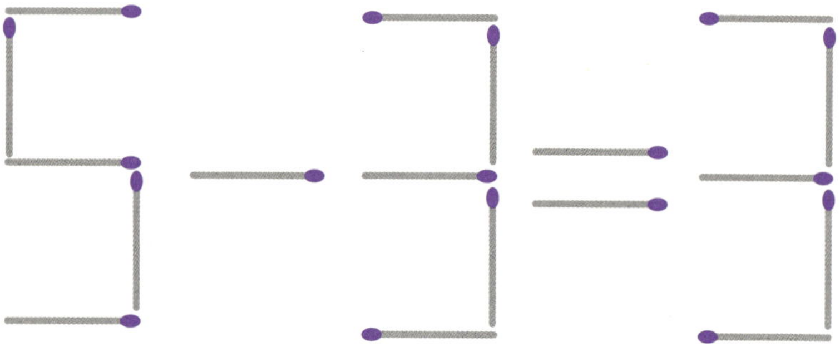

$$5-3=3$$

提示：可以将5保持原样。

证明你不是机器人（8）

要证明你不是机器人，就把缺少的那块找出来，补全下面的图标吧。如果不理解这个挑战，请查看第7页的游戏"证明你不是机器人（1）"。

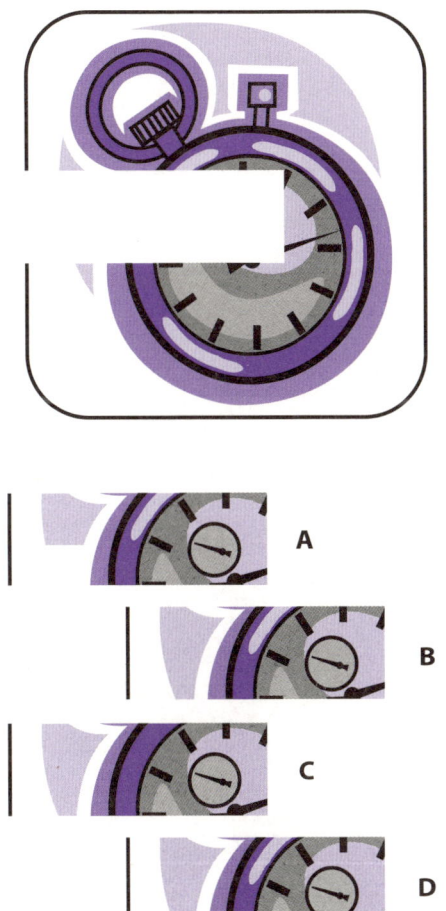

提示：这类游戏很难给你提示，要仔细看细节，如果找不出来，就把给出的选项互相比较。

我找不到PIN码了

在本书完结之前,请一定帮我找到我的PIN码。我知道它就掉在下面的字母表里,但现在找不出来了。你能帮帮我吗?

P	N	I	P	I	P	N	I	I	P	I
I	P	I	N	N	P	I	P	N	I	N
I	N	I	N	P	I	I	P	N	I	I	P	P	P
P	N	P	I	I	N	N	I	I	N	P	N
I	N	P	N	I	N	P	N	I	N	N	I	N	P
P	P	P	N	P	P	I	P	I	I	N	P	I	I
I	P	N	I	N	N	P	I	I	N	N	I	I	P

注意:你一定看出来了,这道题就是要在字母堆中找出单词PIN。三个字母可以横、纵、斜,但不可拐弯。我向你保证,单词PIN是能找到的,但需要花点儿时间……

提示:问题很明确,也很容易解决,只是需要点儿耐心。

好啦，接下来我们该各忙各的了。

但是，请不要忘记：一分耕耘一分收获，没有付出就没有回报。

答案

1 点灯游戏（1）

正确的开关组合是：第二行的开关 + 第二列的开关 + 第一行的开关，先后顺序不限。

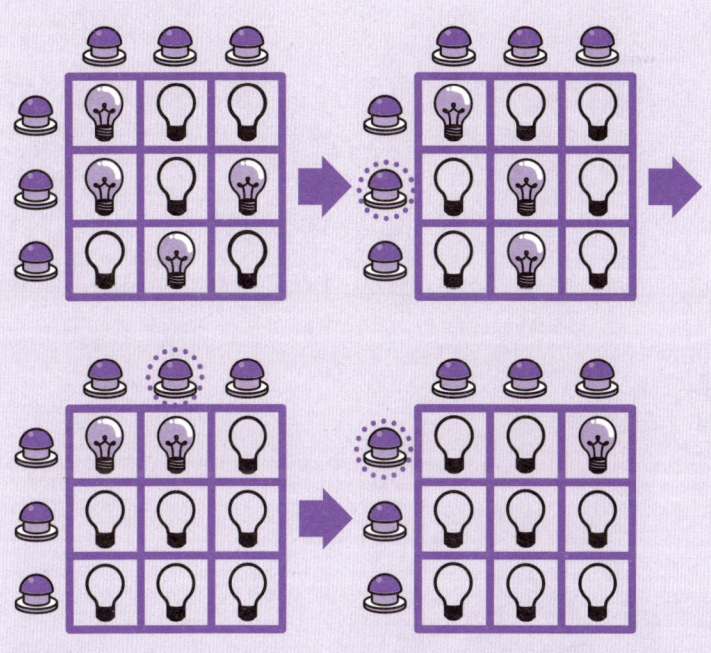

2 激光枪（1）

3 二维码（1）

扫描成功的二维码是C。

码A右上角的大正方形下面少了一点。码B的右下角多了一个紫色的小方块。码D的中间位置多了两个紫色的小方块。

4 讨厌的病毒

拼好的图形是一个@符号。

5 一个字节

一个字节有8位，每个字节位只有两个可能的值：0或1。因此，一共可以写出$2×2×2×2×2×2×2×2=2^8=256$个不同字节。

6 魔术网页（1）

从不同的起点开始，游戏总是在同一个位置结束：第二行的最后一个表情。

7 证明你不是机器人（1）

A的色板边太高，B中少了一条油漆，D的刷子上缺少该有的阴影。因此，只有C能补全图像。

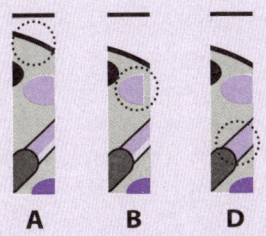

8 玩转表情符号（1）

最后一个等式有四个表情符号，比第一个等式多了一个飞吻的表情。第一个等式与四个等式得数的差是3，这就是飞吻的值。然后，从第二个等式可以得出球等于6。从第三个等式可以得出爱心等于5，最后可以得出太阳为1。

😘 = 3   ♥ = 5   ☀ = 1   ⚽ = 6

9 你能解锁我的手机吗（1）

此题有多种解法，下面列出一种作为参考。从编号1的点开始，顺着编号一直画到10。

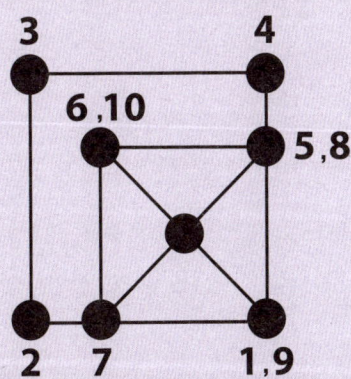

10 用户名与密码

把每个字母与它们在字母表中的顺序相关联（A = 1、B = 2、C = 3……），你就能找出与每个名字相对应的密码了。

DANIELA15 = 4-1-14-9-5-12-1-AE

JULIETA42 = 10-21-12-9-5-20-1-DB

ADRIANA21 = 1-4-18-9-1-14-1-BA

BARBARA32 = 2-1-18-2-1-18-1-CB

11 脑筋急转弯（1）

可怜的鹦鹉是聋的！宠物店老板说的是实话，但鹦鹉不能重复它听到的话，因为它什么都听不见。

12 扫雷游戏（1）

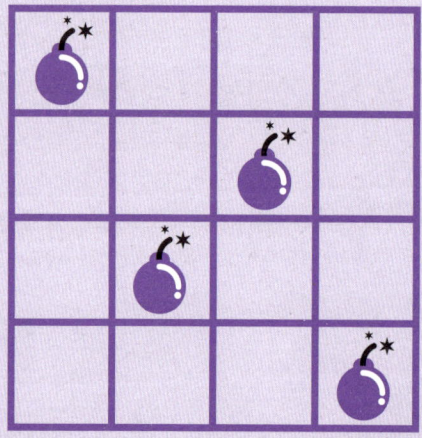

13 五个网名

每个人的网名和真名都是由相同的字母组成的。也就是说，ARCES的网名是CESAR，MANADA的网名是AMANDA，ALEGAN的网名是ANGELA，NADARE的网名是ANDREA，NEONATAL的网名是ANTONELA。

14 破解密码（1）

（1）数字是从2开始每次增加2，字母是按顺序排列的。因此，完整的密码是：2A4B6C8D。

（2）数字按顺序出现，第二个位置是字母表的第二个字母，第四个位置对应第四个字母，以此类推。因此，完整的密码是：1B2D3F4H。

（3）奇数位置是偶数2，4，6……第二个位置对应字母表第三个字母，第四个位置对应第五个字母。因此，第八个位置应当是第九个字母。所以，完整的密码是：2C4E6G8I。

15 电影名猜猜看（1）

（1）《飞屋环游记》；（2）《加勒比海盗》；（3）《汽车总动员》

16 谁的粉丝多（1）

按表妹们在社交网站的粉丝数量由高到低排序是：安娜→卡特琳娜→布兰卡→大卫→欧内斯托。

17 新电脑的速度

新电脑的运行速度是第一台的两倍。

18 四块拼图（1）

以下是四张图片拼成的图形。

19 电影名猜猜看（2）

（1）《查理和巧克力工厂》
（2）《海底总动员》
（3）《白雪公主和七个小矮人》

20 藏在电路里的秘密（1）

在电路的中间，你可以轻松地找到当天的日期：2月15日（215）。

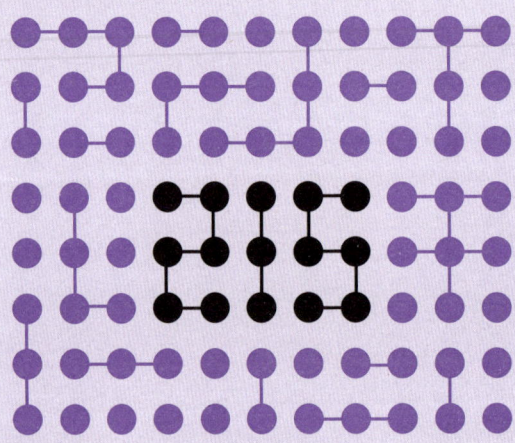

21 图形密码

22 彩色的窗

第一块可以用4种颜色涂。涂完第一块后,第二块剩下3种颜色可选。这样,第三块只剩下2种颜色可选,最后一块只剩下1种颜色能用。因此,一共有 4 × 3 × 2 × 1 = 24 种组合。

23 朋友的朋友

下面是大家的关系网示意图。从中可以看出,安娜不能把照片传给桑德拉,因为即使是间接她们也无法联系上。

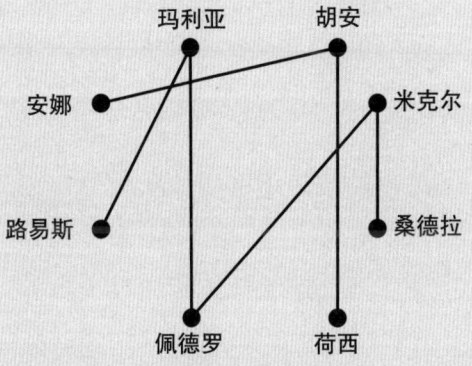

24 证明你不是机器人(2)

A的阴影部分是正方形,B中缺少各齿轮顶部的圆形部分,C中缺少齿两侧的竖线。因此,只有D能够补全图片。

25 数字时钟

每个数字下面是7位的编码(只有1和0),每一位控制一条构成数字的笔画(1表示有效,0表示无效)。第一位数对应上水平线,第二位对应左上侧垂直线,第三位对应右上侧垂直线,第四位对应中心水平线,第五位对应左下侧垂直线,第六位对应右下侧垂直线,第七位对应底部水平线。因为9的无效部分是左下侧的垂直线,因此编码是:1111011。

26 电影名猜猜看（3）

（1）《冰雪奇缘》
（2）《哈利·波特与魔法石》
（3）《料理鼠王》

27 脑力挑战（1）

等式的结果是两个数之和乘以第一个数。例如：3+4=7，7×3=21。按此方式，第二个等式的解法是：7+4=11，11×7=77。这样，最后一个等式可以拆解成，（6+5）×6=11×6=66。因此，问号的值是66。

28 老师的开机密码

仔细观察会发现，前7幅图中隐藏了前7个大写英文字母（A, B, C, D, E, F, G）：下一个图形应该有字母H，因此，应该选B。

29 二维码（2）

与原始二维码相同的是A。
码B左下角紫色方框的上方少了一个紫色正方形。
码C底部中间少了一个紫色正方形。
码D顶部中间少了两个紫色正方形。

B　　　　C　　　　D

30 你能解锁我的手机吗（2）

从编号1的点开始，顺着编号的顺序一直画到21。其他正确的解法亦可。

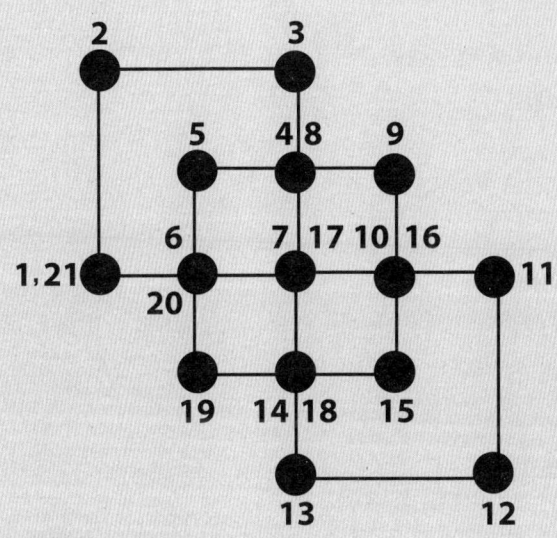

31 谚语猜猜看（1）

（1）初生牛犊不怕虎

（2）山中无老虎，猴子称大王

（3）一寸光阴一寸金，寸金难买寸光阴

32 会"长大"的巧克力

右图的巧克力比左图的要短，因此，巧克力没有变多，它只是被重新排列了。

㉝ 谷歌的由来

假设9岁小孩平均每分钟的心跳次数为80，接下来，我们需要用80乘以60分钟（1小时有60分钟）再乘以24小时（1天有24小时），再乘以365天（一年有365天），再乘以9年（小孩的年龄是9岁）。

9岁小孩从出生到现在的心跳次数是：$80 \times 60 \times 24 \times 365 \times 9 = 378\ 432\ 000$。

当然，如果你不止9岁，那么你的心跳次数要比按千米计算的地球到太阳的距离大得更多！

㉞ 新手机的排名

排在佩德罗的手机前面的手机型号有9种，排在后面的有14种。因此，手机店一共有 $9 + 1 + 14 = 24$ 种手机型号。

㉟ 破解密码（2）

（1）三个5和四个7之后，应该是五个9，完整的密码是：133555777799。

（2）从数字3开始，每一个数字都等于前两个数字之和。因此，接下来的数字是 $8 + 13 = 21$。完整的密码是：123581321。

（3）将数字两两分开，得到：10，11，13，16，20，25。10与11相差1，11与13相差2，13与16相差3，20与25相差5，我们要找出与25相差6的数。因此，下一个数字是31。完整的密码是：10111316202531。

㊱ 脑力挑战（2）

两个@加起来等于8，那一个@就是4。24减去一个@得到20，所以@与二维码符号的乘积是20。再根据@等于4，可以得出二维码符号等于5。最后一个等式中，@和二维码符号的乘积为20，两个@之和是8，因此，笑脸与@的乘积是12，由此可以得出笑脸等于3。

37 玩转表情符号（2）

如果一个数字乘以自己的乘积还是自己，且不等于0，那么这个数字就是1。因此，根据第一个等式，可以得到鬼脸等于1。

接下来，从最后一个等式可以得出牛头等于4，从第二个等式可以得出礼物盒等于6。最后，从第三个等式得出嘴唇是2。

因此，答案是：

38 奇怪的密码

问题在于我是从上往下看的，转动180°就会发现需要的数字密码：

39 口袋妖怪

抓的最多的是约翰。米克尔或安娜抓的最少（也可能他们两个都是最少的）。

40 四块拼图（2）

41 复制U盘

第一台电脑每分钟可以复制4个U盘，第二台电脑每分钟可以复制3个U盘。两台电脑同时工作5分钟，第一台可以复制$5 \times 4 = 20$个，第二台可以复制$5 \times 3 = 15$个，也就是说，5分钟可以复制完35个U盘。

42 四色定理（1）

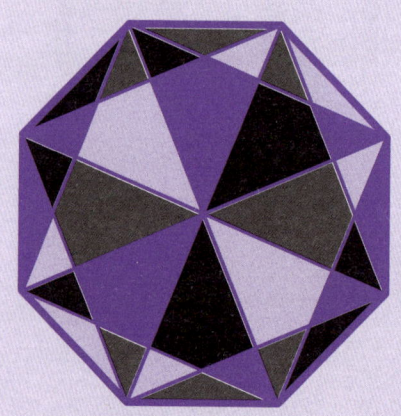

43 点灯游戏（2）

正确的开关组合是：第二列的开关 + 第二行的开关 + 第三行的开关，先后顺序不限。

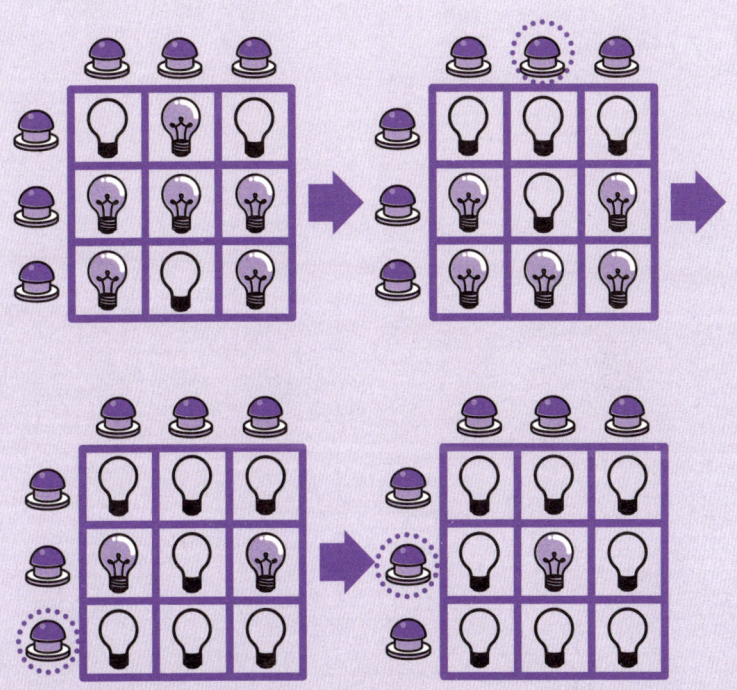

44 "爱"和"喜欢"

题目中说过，有4组不同的答案，分别是：

2356 + 2146 = 4502；2346 + 2156 = 4502；2146 + 2356 = 4502；2156 + 2346 = 4502

45 脑力挑战（3）

4 + 5 = 9；9 × 5 = 45。因此，@等于4，二维码等于5。

46 "脸书"上的朋友

按网友从少到多排序：埃斯特→胡迪特→玛伊特→乔安娜→桑德拉。

47 填单词（1）

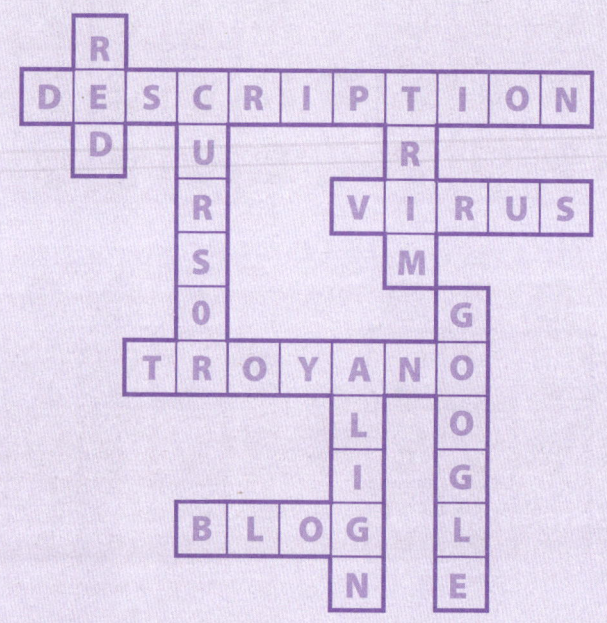

48 证明你不是机器人（3）

能补全魔方图片的是A。B左侧的立方体太高。C少了右侧的一条边。D的左侧少了一条线。

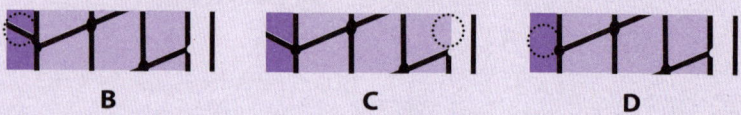

49 藏在电路里的秘密（2）

这个电路图里藏的日期是6月1日儿童节（601）。

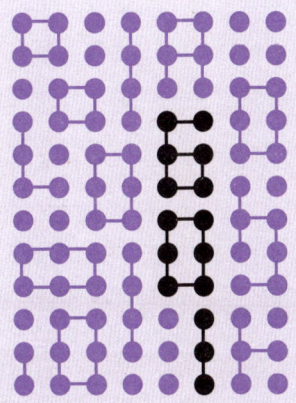

50 激光枪（2）

51 魔术网页（2）

无论所选的数字是多少，结果都是78，因此，这个魔术没什么难度，轻轻松松就能成功。

52 100个二进制方格

白色方格每组依次增加1个。到第90个格正好画完了12组,这一段共有12个紫格和78个白格;从91到100这一段有1个紫格和9个白格,所以总共有13个紫格和87个白格。

53 破解密码(3)

字母代表月份英文的第一个字母,数字代表每个月有多少天。一月(January)有30天,二月(February)有28天或29天,三月(March)有31天,四月(April)有30天。五月(May)有31天。因此,完整的密码是:E30F28M31A30M31,应该选C。

54 三条短信

你可以按提示来做,也可以直接把2694除以3,这样就能直接得到三个加数的值:898。因此,S = 8,M = 9。

55 扑克牌迷盘(1)

56 玩转表情符号（3）

根据第一个等式可以知道青蛙的值比"点赞"大1。这样，第二个等式相当于3个"点赞"加2等于14，可以得出"点赞"的值是4，所以，青蛙是5。从第三个等式可以得出脚印是1，最后可以得出火箭是9。

🐸 = 5　👍 = 4　👣 = 1　🚀 = 9

57 看不见的点数

所有普通六面骰子的两个相对的面点数之和都是7。因此：面2 + 面3 = 7点；面4 + 面5 = 7点。如果顶面是3点，那面1就是4点。因此，看不见的五个水平面的点数之和是：7 + 7 + 4 = 18。

58 谚语猜猜看（2）

（1）滴水之恩，涌泉相报
（2）读书破万卷，下笔如有神
（3）路遥知马力

59 脑力挑战（4）

本题有多个答案，分别是：

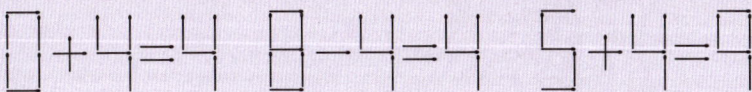

60 吃豆人迷宫（1）

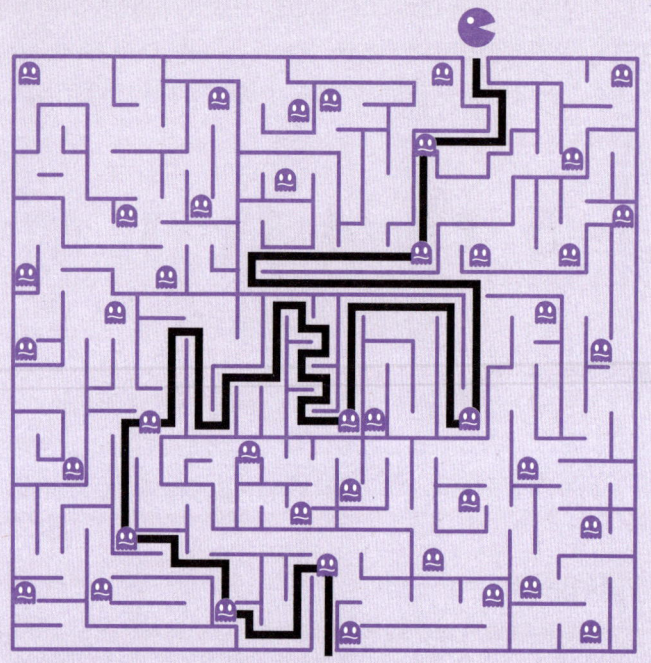

61 二维码（3）

　　唯一与原始二维码不同的是C，因为它中间的白色部分过多。

C

62 脑力挑战（5）

菱形内的三个数是4，24和60，是其相邻两个三角形内数字乘积的两倍。也就是说，菱形内的24 = 3×4×2，另一个数字60 = 5×6×2，底部的4 = 2×1×2。以此类推，问号位置应当是70，即5×7×2。

63 正确的总数

示例是12 + 35 = 47，另一种非常简单的组合方式是15 + 32 = 47。其他两种稍有不同的组合是21 + 53 = 74和23 + 51 = 74。

64 破解密码（4）

每个单词都以上一个单词的最后两个字母开头。因此，符合规律的单词应该以TA开头。唯一满足上述要求的选项是：D.TABLE。

65 破解密码（5）

（1）25后面的字母为E。数字都是自然数的平方：1 = 1×1；4 = 2×2；9 = 3×3；16 = 4×4；25 = 5×5。因此，字母E之后的数是6×6 = 36，由于只缺2个字，因此答案是：1A4B9C16D25E3。

（2）每个字母是其左侧的数字英文单词的第一个字母。因此，接下来是数字5和字母F，完整的密码是：1O2T3T4F5F。

（3）按提示的方式将数字分开，得到：1，3，5，7，11，13，我们可以看出这是一个质数数列。下一个质数是17，因此完整的密码是：1357111317。

66 证明你不是机器人（4）

胶水是不一样的。除了胶水，其他的物体都是金属的。

67 玩转表情符号（4）

结合第一个和第二个等式，可以得出蝴蝶结是0。从第二个等式又可以得出仓鼠是4，最后可以得出火车是10。

$$🐭 = 4 \quad 🎀 = 0 \quad 🚂 = 10$$

68 脑筋急转弯（2）

问题出在计算方法上，题目在故意误导我们。三位朋友一共付了27欧元，包括25欧元餐费和给服务员的2欧元小费，再加上找回的3欧元，一共30欧元。因此，没有少1欧元，账目完全吻合。

69 扫雷游戏（2）

70 谁的粉丝多（2）

粉丝最多的是安娜；但不能确定谁的粉丝最少，可能是阿劳，也可能是朱莉娅。

71 点灯游戏（3）

正确的开关组合是：第一列的开关 + 第三行的开关 + 第二列的开关，先后顺序不限。

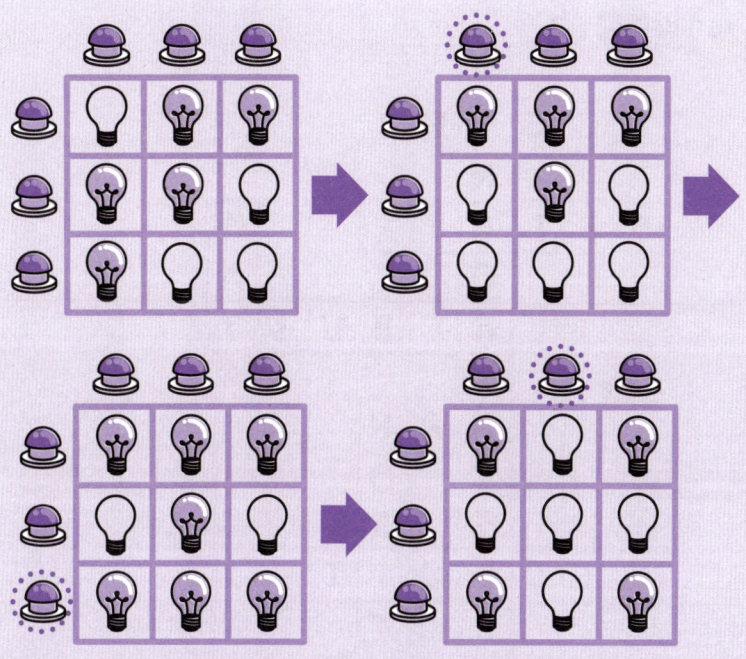

72 你能解锁我的手机吗（3）

可以先画三角形，也可以先画圆。下面给出一种参考方案：从点1开始，顺着编号一直画到12。

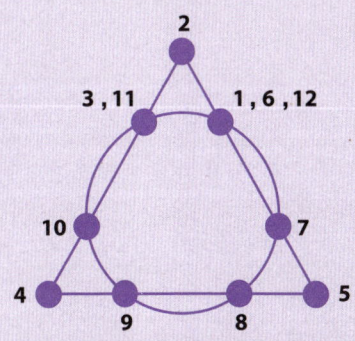

73 证明你不是机器人（5）

头盔是不同的。只有头盔没有"腿"。

74 填单词（2）

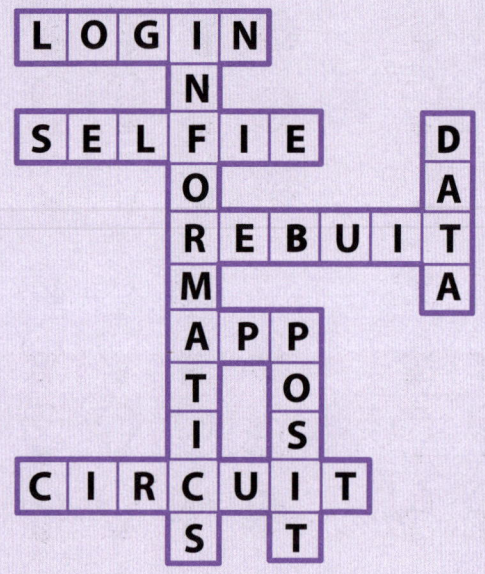

75 脑力挑战（6）

从第一个等式得到@的值为2。根据@的值，从第二个等式可以算出二维码是3。最后，从第三个等式算出火箭是5。因此，问号是3 + 2 + 5 = 10。

76 主管的考验

这项测试很好，但电脑的密码不是世界上最好的。他的主管说得很清楚："每天的密码都是'不同的'。"因此，马内尔必须输入"不同的"进入电脑系统，然后，建议他们定期修改密码，因为每天都用相同的密码不太安全。

77 谚语猜猜看（3）

（1）千里之行，始于足下
（2）和气生财
（3）拳不离手，曲不离口

78 证明你不是机器人（6）

只有面包机需要接电源才能使用。

79 扑克牌迷盘（2）

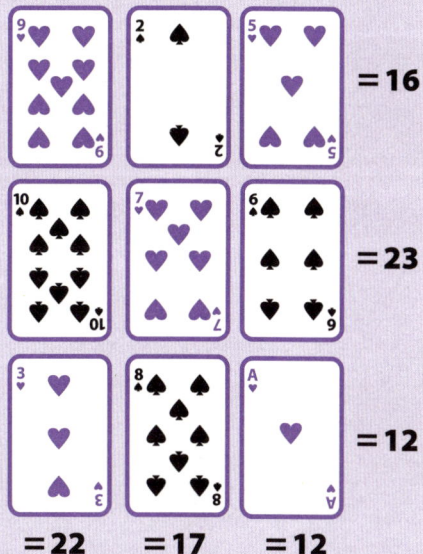

80 四封邮件

可以按提示的方法做，也可以直接将9432除以4得到答案。9432÷4 = 2358。因此，M = 2, A = 3, I = 5, L = 8。

81 脑力挑战（7）

公交车在向左开，因为上下车的车门在另一侧。

82 四块拼图（3）

这是一个摄像机的图标。

83 花瓶大变身

84 多余的表情

除橄榄球外，其他表情符号都关于垂直轴对称，因此橄榄球是多余的。

85 激光枪（3）

86 魔术网页（3）

仔细观察就能发现所有魔术数字都是9的倍数。任何数乘以9的倍数，其各位数相加后结果都是9。因此，无论用户选择的第一个数是多少，结果都能得到9。

87 变队形

88 数不清的邮件

可以用60种不同方式读出单词EMAIL。

从中间的E开始，有4个方向的M。从每个M开始，有3个方向的A。因此，有4×3种不同方式写出EMA。A有两种位置，一种是和E在同一水平线或垂直线上，另一种是在E的对角线上。第一种位置的A有3种不同方式接上字母I，第二种位置的A有2种方式接上字母I。这样，可以算出一共有：4×3×2 + 4×3×3 = 24 + 36 = 60种方式。

89 表情互换

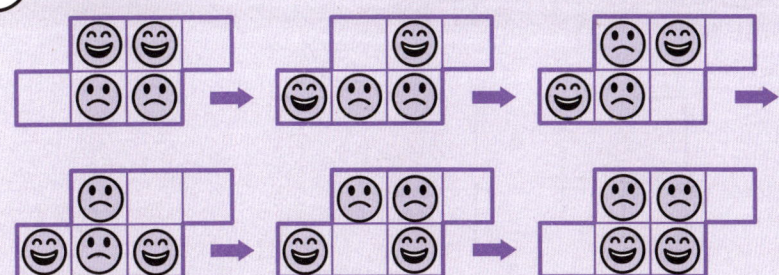

90 藏在电路里的秘密（3）

电路的最后一行隐藏了一个日子：12月24日（1224）。

91 玩转表情符号（5）

第一个等式与第三个等式的得数之差是3，所以剪刀是3。知道剪刀是3后，可以得出章鱼是5。用第二个等式减第四个等式，可以得出脸是7，然后可知衬衫是1。因此，答案是：

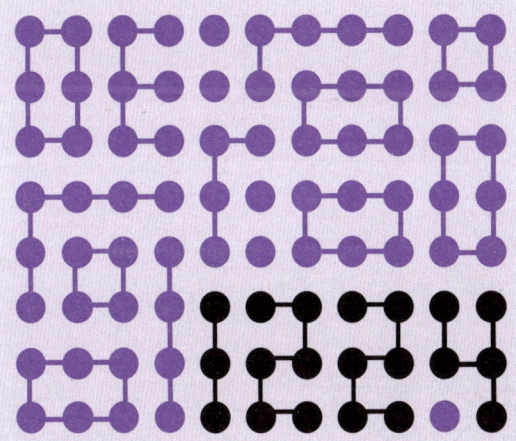

92 脑力挑战（8）

本题有多个答案，分别是：

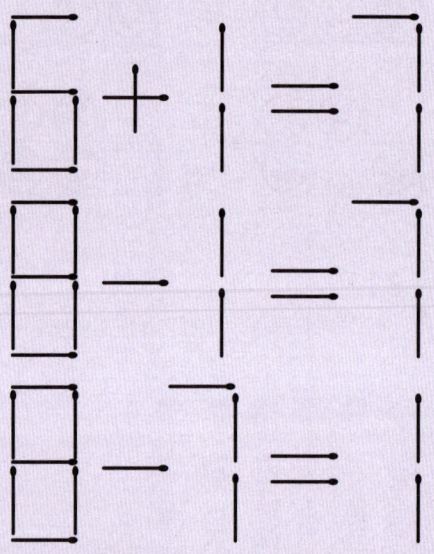

93 没套上去的环

图中用紫色标记的环没有和其他环套在一起。

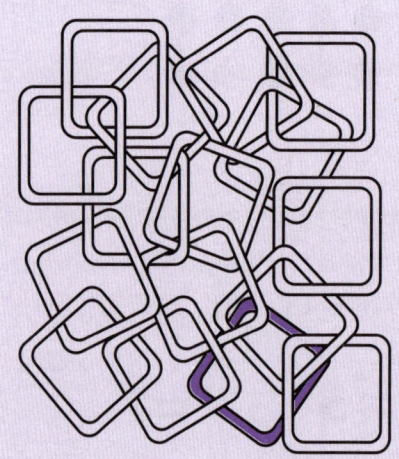

94 吃豆人迷宫（2）

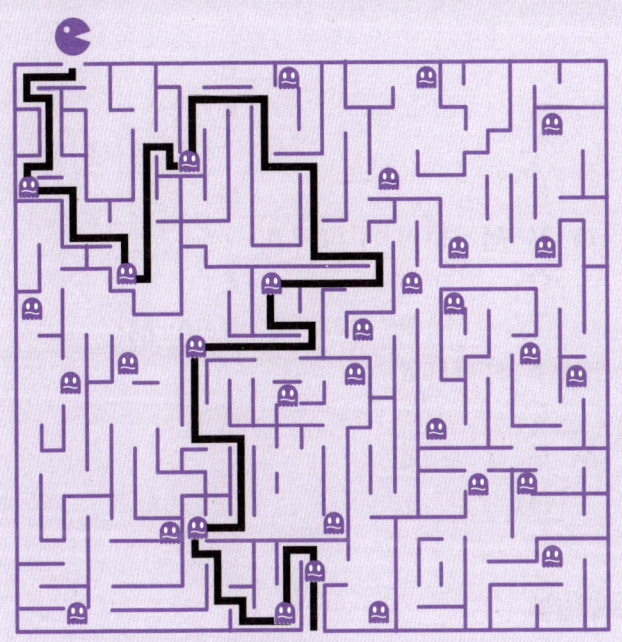

95 证明你不是机器人（7）

除了第三幅图，每幅图的左半部分都是一个英文字母：

96 填单词（3）

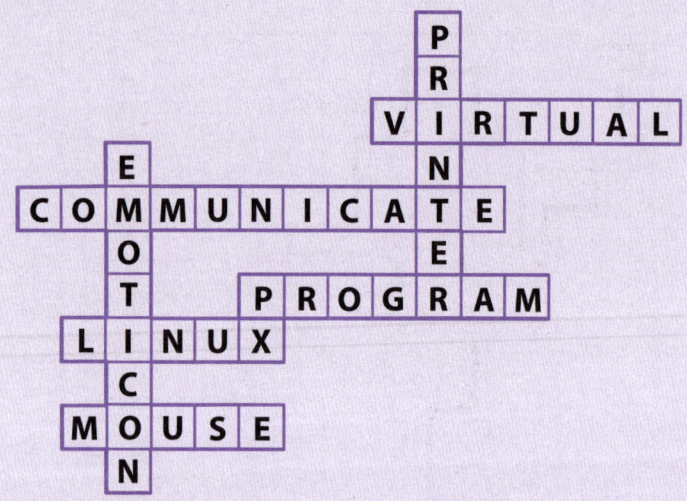

97 不一样的手

答案是第一行第二个表情符号，因为除了它之外，其他表情符号都是用右手做的。

98 四色定理（2）

99 点灯游戏（4）

正确的开关组合是：第一列的开关 + 第二列的开关 + 第三行的开关，先后顺序不限。

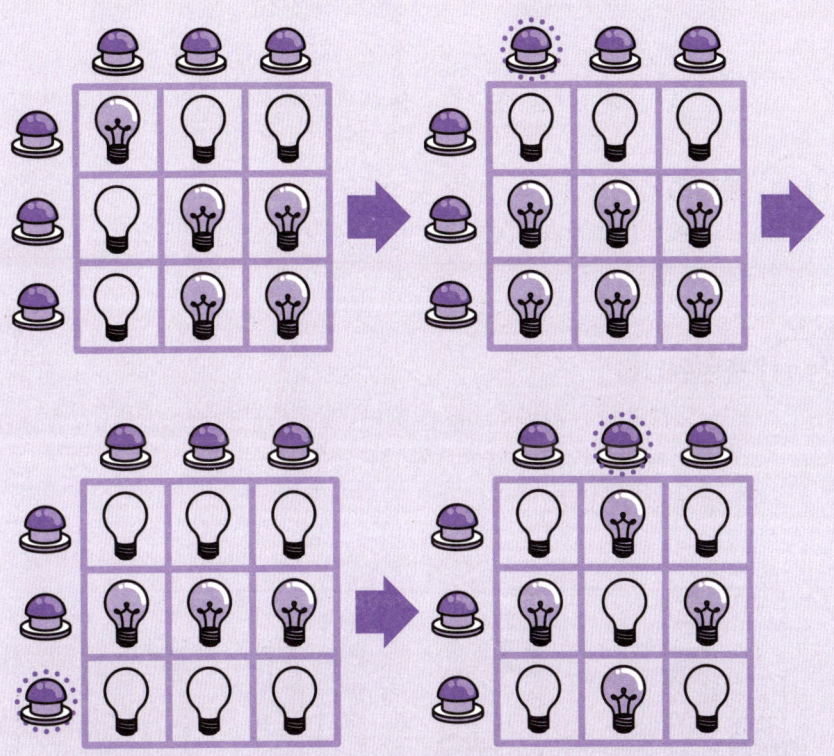

100 天价墨水

如果8毫升墨水要18欧元，那么1毫升墨水的价格是：18 ÷ 8 = 2.25欧元。1升 = 1000毫升，因此1升墨水的价格是：2.25 × 1000 = 2250欧元！

101 同时着地的左脚

两人的左脚不可能同时着地。朋友每跑6步,我们的右脚会同时着地,然后开始下一个循环。6步内的情况如下:

我的脚步:　右　　　左　　　右　　　左　　　右
朋友脚步:　右　左　右　左　右　左　右

102 脑筋急转弯(3)

那个人是灯塔的看守人,因为他没能点亮灯塔的灯,一艘载有90人的船沉了。

103 变色的U盘

交换之后,多出了一个浅紫色U盘,而其他的浅紫色U盘都变短了。我们可以说,每个浅紫色U盘拿出一小截,共同形成了一个新的浅紫色U盘。

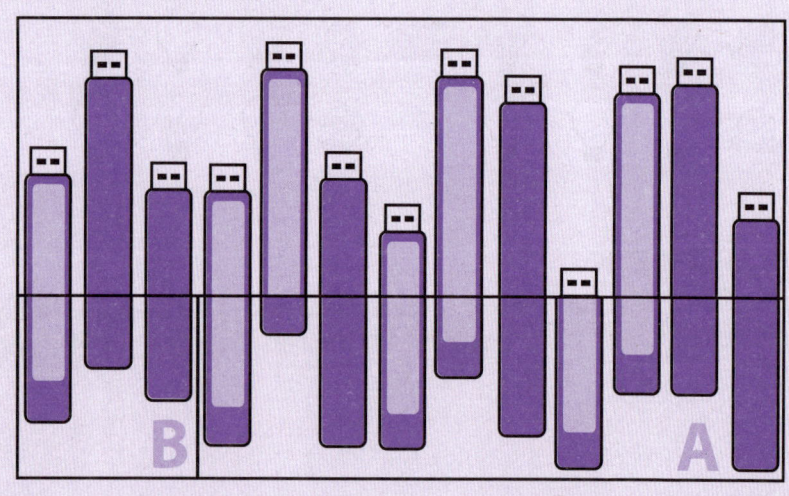

104 扫雷游戏（3）

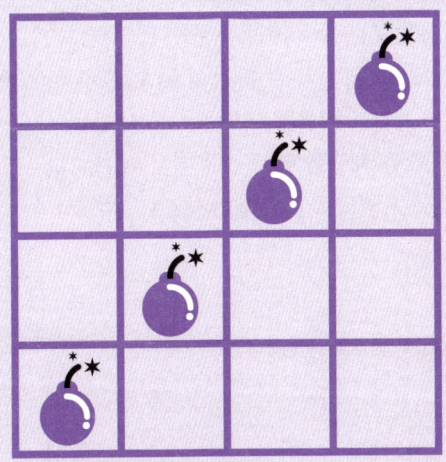

105 复杂的关系网

有4种不同大小的正方形，共16个。

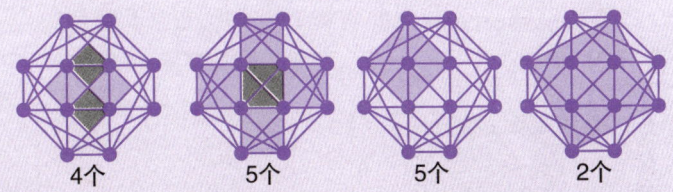

4个　　5个　　5个　　2个

106 说谎的机器人

因为艾伦星期三说谎，所以，第一句为真，同样，最后一句也是真的。因此，测试的日期只能是星期四、星期五、星期六或星期日。根据图灵的话可以知道这一天不可能是星期四或星期五，因为星期五和星期六图灵都说谎话，如果这一天是星期四或星期五的话，图灵就会在该说谎的日子说真话。这一天也不可能是星期日，否则图灵就会在该说真话的日子（星期一）说谎话。因此，这一天只能是星期六，图灵说的是谎话，艾伦说的是真话。

107 破解密码（6）

（1）给出的字母分别是星期一到星期五的英文单词的第一个字母，还缺少星期六和星期天。因此，密码是：MTWTFSS。

（2）给出的字母分别是一月到八月的英文单词的第一个字母，接下来是九月和十月。因此，密码是：JFMAMJJASO。

（3）给出的字母分别是数字1至7的英文单词的第一个字母，接下来是9和10。因此，密码是：OTTFFSSEN。

108 脑力挑战（9）

本题有两个答案：

109 证明你不是机器人（8）

A选项缺少了左侧的阴影，C选项缺少了闹钟边缘上的阴影，D选项缺少了一个刻度。因此，能补全图标的是B。

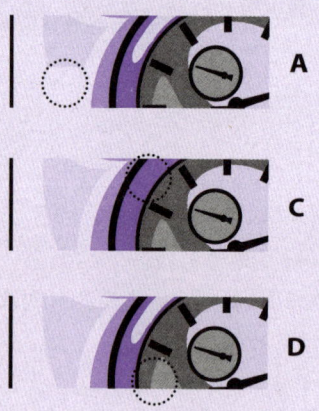

110 我找不到PIN码了

我找到了！希望不会再弄丢了……

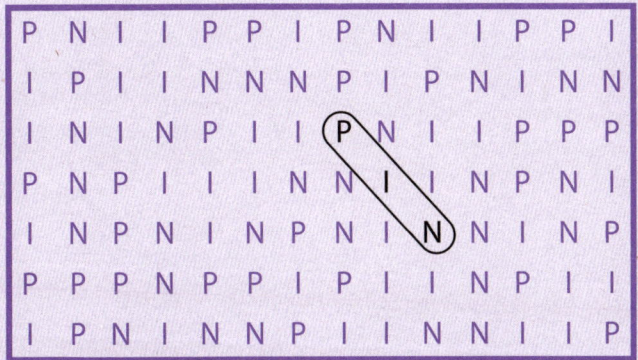

突破思维定式

[西] 米葵尔·卡博 ◎著   赵树向 ◎译

青岛出版集团 | 青岛出版社

图书在版编目（CIP）数据

燃烧吧!大脑.8-15岁.第1辑.3,突破思维定式/
(西)米葵尔·卡博著；赵树向译.-- 青岛：青岛出版社，2019.4
ISBN 978-7-5552-8062-0

Ⅰ.①燃… Ⅱ.①米…②赵… Ⅲ.①智力游戏-少年读物 Ⅳ.①G898.2

中国版本图书馆CIP数据核字(2019)第041424号

365 juegos de lógica que te romperán la cabeza
© 2016, Miquel Capó Dolz
© 2016, illustrations by Intercastilla
© 2016, Penguin Random House Grupo Editorial, S.A.U.
Travessera de Gràcia, 47-49. 08021 Barcelona
The simplified Chinese translation rights arranged through Rightol Media
（本书中文简体版权经由锐拓传媒旗下小锐取得Email:copyright@rightol.com）

山东省版权局著作权合同登记号 图字：15-2019-107

书　　名	燃 烧 吧 ！大 脑（8 ~ 15岁）第 1 辑
	RANSHAO BA DANAO（8~15 SUI） DI-1 JI
分册名	突 破 思 维 定 式
	TUPO SIWEI DINGSHI

著　　者	[西]米葵尔·卡博
译　　者	赵树向
出版发行	青岛出版社
社　　址	青岛市海尔路182号（266061）
本社网址	http://www.qdpub.com
邮购电话	0532-68068091
策划编辑	刘海波　周鸿媛
责任编辑	王　宁　曲　静　石坚荣
封面设计	胡椒書衣
照　　排	青岛乐道视觉创意设计有限公司
印　　刷	青岛北琪精密制造有限公司
出版日期	2019年4月第1版　2023年1月第7次印刷
开　　本	32开（890mm×1240mm）
印　　张	27.5
字　　数	700千
书　　号	ISBN 978-7-5552-8062-0
定　　价	168.00元（全5册）

编校质量、盗版监督服务电话 4006532017　0532-68068050

前言

在本书中，有三位聪明又机灵的学生和你一起展开训练。他们会先做一番自我介绍，再引导你来解开数字、逻辑或空间谜题。希望你喜欢他们，也喜欢他们的提议。

本书中出现的所有人物和情景纯属虚构，如有雷同，实属巧合。

我们将给出不同类型的问题，向你发起挑战。你可以在本书的最后找到正确的答案。如果看到问题时毫无头绪，我们还会给出一个提示，但请记住：你必须独自完成每一个挑战，并最终找到答案。

最后，当你读完本书后，请告诉我你是否喜欢它，如果你不喜欢，请告知我具体原因。任何建议或批评都会促使本书以后有所提高。在此致以诚挚的谢意！

一起来挑战吧！

阿里

你好。我叫阿里阿德娜,大家都叫我"阿里"。也许你会觉得有些奇怪,但我还是喜欢上学。别以为我是个怪胎,其实我更喜欢待在家里或和朋友们出去玩,但我别无选择,只能去上学,所以我会尽量享受在学校的时光。我很喜欢科学,特别是与数字有关的问题都是我的强项。有两个小伙伴经常挑战我,他们是我最好的朋友,我们在学校里玩得很开心。相信你也和我们一样喜欢思考。欢迎加入我们的小俱乐部!

布鲁诺

阿里刚才提到了我,现在该我出场了。我是布鲁诺,正如阿里介绍的,我们和查理共同组建了一个团体,共同探索独创性游戏。我长大后想当一名建筑师,与几何有关的问题是我的强项。我喜欢看到阿里和查理答不出与几何图形有关的谜题时的表情。我希望你比他们更棒。别告诉他们,他们面对几何问题时的反应没有我快!你得帮他们一下!

查理

最后轮到我了,我是卡洛斯。学校里几乎每个人都有一个绰号,他们叫我"查理"。你也看到了,他们并不是多么有创意的人。我小时候生过重病,从那时起,我就要靠轮椅生活。但别认为这会妨碍我,事实恰恰相反:布鲁诺和阿里用腿,我用轮椅,我们踏遍很多几乎无人敢去的地方。我喜欢计算机,长大后我想成为一名计算机科学家。我总是被一些电子设备包围着(母亲是这样定义我的)。逻辑问题是我的强项,我喜欢看到朋友们无力应对的样子。在任何时候,我都能推翻他们看似合乎逻辑的推理。希望在本书里,你不要被愚弄了。

目录 Contents

扫一扫，看本书配套资源包

1. 数字密码（1） / 1
2. 三姐妹 / 1
3. 九个皇后 / 2
4. 半杯可乐 / 2
5. 坏掉的计算器（1） / 3
6. 世界上最好的老师 / 3
7. 四种运算符号 / 4
8. 有多少个立方体？ / 4
9. 数字密码（2） / 5
10. 数字密码（3） / 5
11. 背向目标的运动 / 5
12. 五个"1"的挑战 / 6
13. 从 1 到 100 / 6
14. 上学的路线 / 7
15. 鲁比克魔方 / 7
16. 换轮子 / 8
17. 一个三角形 / 8

18. 哪一块是错的？（1） / 9
19. 数字序列（1） / 10
20. 缺少的数字 / 10
21. 电梯 / 10
22. 楼梯 / 11
23. 奇怪的画（1） / 11
24. 数字密码（4） / 12
25. 窗户和窗帘 / 12
26. 嵌入游戏（1） / 13
27. 奇怪的画（2） / 14
28. 藤蔓 / 14
29. 两难的选择 / 15
30. 储物柜（1） / 15
31. 酒店男子之谜 / 15
32. 天平的平衡（1） / 16
33. 12 点 15 分 / 17
34. 奶牛和草地 / 17

01

35. 找不同（1） / 18

36. 找共同点 / 19

37. 数字密码（5） / 19

38. 五顶帽子 / 20

39. 水果加减法 / 21

40. 形形色色的国旗 / 21

41. 妈妈不能坐的地方 / 21

42. 被骗的富商 / 22

43. 找不同（2） / 22

44. 飞镖游戏 / 23

45. 梨和苹果 / 23

46. 六个搭档 / 24

47. 几何图形中的数字 / 24

48. 水里的冰 / 25

49. 数字序列（2） / 25

50. 100 张纸 / 25

51. 哪一块是错的？（2） / 26

52. 苍蝇和蚊子的相遇 / 27

53. 米奇和米妮的"奇偶大战" / 27

54. 不准的体重秤 / 28

55. 校车司机之谜 / 28

56. 交换球队卡 / 29

57. 五本书 / 29

58. 猜数字 / 30

59. 水果游戏 / 30

60. 三块手表 / 31

61. 四个"5"的挑战 / 31

62. 移动筷子（1） / 32

63. 五格拼板（1） / 33

64. 毛毛虫和蜥蜴 / 33

65. 加号和减号 / 34

66. 门卫的家人 / 34

67. 1 升牛奶 / 35

68. 三兄弟 / 35

69. 青蛙跳棋（1） / 36

70. 一笔画信封 / 37

71. 刻在树上的约定 / 37

72. 聪明方格（1） / 38

73. 四块车牌（1） / 38

74. 找不同（3） / 39

75. 出故障的烤面包机 / 39

76. 谁打碎了玻璃？ / 40

77. 钢笔和记号笔 / 41

78. 哪一块是错的？（3） / 42

79. 自大的阿里 / 42

80. 扎气球 / 43

81. 七处不同 / 43

82. 四个阴影 / 44

83. 堆砖块 / 44

84. 乔安娜·福尔摩斯 / 45

85. 我们都爱星期五 / 45

86. 寻找三角形 / 46

87. 父亲的难题 / 46

88. 猜谜语（1）/ 47

89. 嵌入游戏（2）/ 47

90. 特殊的日期（1）/ 48

91. 负片（1）/ 48

92. 圆圈中的数字（1）/ 49

93. 数字金字塔（1）/ 49

94. 亲爱的爷爷奶奶 / 50

95. 一个加号和两个减号 / 50

96. 青蛙跳棋（2）/ 51

97. 有个性的礼物（1）/ 51

98. 著名的迷宫（1）/ 52

99. 天平的平衡（2）/ 52

100. 聪明方格（2）/ 53

101. 分割正方形（1）/ 53

102. 坏掉的计算器（2）/ 54

103. 脑筋急转弯大赛（1）/ 54

104. 五格拼板（2）/ 55

105. 数字和字母 / 55

106. 四个字母 T / 56

107. 十字变三角 / 56

108. 找不同（4）/ 57

109. 反反复复的生意 / 57

110. 自行车、三轮车和汽车 / 58

111. 特别的僧人 / 58

112. 两个信封 / 59

113. 过河挑战 / 59

114. 数字方阵（1）/ 60

115. 数字序列（3）/ 61

116. 说谎的人 / 61

117. 补全图片（1）/ 61

118. 天平的平衡（3）/ 62

119. 掉落的字母卡片（1）/ 62

120. 骰子点数之和 / 63

121. 有创意的生日（1）/ 63

122. 晚宴的座位 / 64

123. 四块车牌（2） / 65

124. 移动木棍（1） / 65

125. 搞笑谜题 / 66

126. 猜谜语（2） / 66

127. 正面还是反面 / 66

128. 完全数 / 67

129. 特殊的时刻 / 67

130. 回文数 / 68

131. 数学魔术（1） / 68

132. 黑白相间 / 69

133. 储物柜（2） / 69

134. 布鲁诺的生日 / 70

135. 建造金字塔 / 70

136. 奇怪的生日 / 71

137. 如何得到24？ / 71

138. 加西亚的哥哥 / 71

139. 我的侄子 / 72

140. 绝望的卡车司机 / 72

141. 画展 / 72

142. 院子里的雪 / 73

143. 超级被除数 / 73

144. 熊的颜色 / 73

145. 聪明方格（3） / 74

146. 找不同（5） / 74

147. 补全图片（2） / 75

148. 周末糖果 / 75

149. 统计学 / 76

150. 两支蜡烛 / 76

151. 数字序列（4） / 76

152. 特殊的日期（2） / 77

153. 负片（2） / 77

154. 圆圈中的数字（2） / 78

155. 天平的平衡（4） / 78

156. 切三明治 / 79

157. 青蛙跳棋（3） / 79

158. 拔河比赛 / 80

159. 猜谜语（3） / 80

160. 缺失的多米诺骨牌 / 81

161. 字母盒子 / 81

162. 多米诺骨牌方阵 / 82

163. 特别的日子 / 82

164. 数字表格 / 83

165. 分割正方形（2） / 83

166. 有个性的礼物（2） / 84

167. 著名的迷宫（2） / 84

168. 足球的接缝 / 85

169. 很晚了 / 85

170. 捉弄老师（1） / 86

171. 装水的玻璃杯 / 86

172. 闰年 / 87

173. 买彩票 / 87

174. 给堂妹的包裹 / 88

175. 隐蔽的陷阱 / 88

176. 我的小表弟 / 89

177. 堂妹和叔叔 / 89

178. 三杯面粉 / 89

179. 古怪的交易 / 90

180. 数字金字塔（2） / 90

181. 特殊的日期（3） / 91

182. 数字方阵（2） / 91

183. 负片（3） / 92

184. 阿里的朋友 / 92

185. 吃豆人 / 93

186. 八个皇后 / 94

187. 分割正方形（3） / 94

188. 坏掉的计算器（3） / 95

189. 脑筋急转弯大赛（2） / 95

190. 圣诞快乐（1） / 96

191. 圣诞快乐（2） / 96

192. 天平的平衡（5） / 97

193. 聪明方格（4） / 97

194. 称不出的重量 / 98

195. 有个性的礼物（3） / 98

196. 补全图片（3） / 99

197. 分割六边形（1） / 100

198. 神秘的表情符号（1）/ 100

199. 滚动吧，查理！ / 101

200. 五格拼板（3） / 102

201. 神秘的表情符号（2）/ 102

202. 头脑和肌肉 / 103

203. 迷你三角形和迷你正方形 / 103

204. 负片（4） / 104

205. 沙漠之鸟 / 104

206. 嵌入游戏（3） / 105

207. 利用9到1得到100 / 106

208. 脑筋急转弯大赛（3） /106

209. 秘密司令部 / 107

210. 移动筷子（2） / 107

211. 杨辉三角 / 108

212. 调整椅子的方向 / 108

213. 破碎的字母T / 109

214. 数字方阵（3） / 109

215. 猜谜语（4） / 110

216. 猜谜语（5） / 110

217. 《虎胆龙威3》 / 110

218. 找伙伴 / 111

219. 移动木棍（2） / 111

220. 与众不同的骨牌 / 112

221. 门卫"几何学家" / 112

222. 长凳排座 / 113

223. 阿里的课外活动 / 113

224. 不完美的镜子 / 114

225. 四张卡片 / 115

226. 复杂的关系 / 115

227. 数学魔术（2） / 116

228. 掉落的字母卡片（2） /117

229. 夏天到了 / 117

230. 阿里出品 / 118

231. 乒乓球与哈利·波特 / 119

232. 升级版找图形 / 119

233. 自由降落的石头 / 120

234. 班级日历 / 120

235. 储物柜的新号码牌 / 121

236. 诱人的冰激凌 / 121

237. 捉弄老师（2） / 122

238. 移动木棍（3） / 122

239. 数正方形（1） / 123

240. 数正方形（2） / 123

241. 吃豆人游戏 / 124

242. 著名的迷宫（3） / 124

243. 分割六边形（2） / 125

244. 五格拼板（4） / 125

245. 有创意的生日（2） / 126

246. 聪明方格（5） / 126

247. 棒棒糖 / 127

248. 抽奖券 / 127

249. 再见，朋友们！ / 128

答案 / 129

数字密码（1）

伙伴们非常喜欢我，因为我往往在规定的时间内第一个完成课堂练习。然后，我要等一段时间，伙伴们才能完成练习。在这段时间里，我会用数字自娱自乐。我发明了一些游戏，其中我最喜欢的一款数字游戏是：

$$C + O + L + E = 10$$

在组成单词COLE的4个字母里，每一个字母代表1到9中的不同数字，4个数字相加之和为10。例如$C = 2$，$O = 4$，$L = 1$和$E = 3$。

你能找出全部可能的答案吗？

提示：字母C只可能是1，2，3或4，想想为什么？再根据C的值找出其他三个字母可能代表的数字。

三姐妹

我们的小伙伴罗莎很聪明，但她也有点儿让人讨厌（她总以为自己是最聪明的）。前几天，她没有直接告诉我们她的两个姐妹多大了，而是告诉我们她们三姐妹的年龄的乘积是36，总和是13。另外，她还骄傲地补充了一句，她是三个孩子中年龄最大的（好像这会帮到我们一样……）。

帮我们算算她那两个妹妹的年龄，好吗？这样，下次我们见到她的时候，她就不会那么嚣张了。

提示：只有八种三个数字的组合在相乘时结果为36。根据这个思路，继续往下推理吧。

九个皇后

3

我们学校有个小男孩总是喜欢招惹其他同学。前几天,我们策划了一项"复仇计划",决定给他点儿厉害瞧瞧。课间休息时,他四处炫耀他在国际象棋比赛中赢了比自己大的同学(当然是瞎编的)。于是,我们向他发出挑战:在棋盘上同时摆上九个皇后,使任何一个皇后都无法直接吃掉其他皇后。他爽快地保证五分钟内就可以解决问题,却不知道这其实是不可能完成的任务。你能解释一下这是为什么吗?

提示:先找到一个格子放置第一个皇后,然后思考还有多少个地方能够放置第二个皇后,以此类推。要按行思考。

半杯可乐

4

在开学派对上,饮料桌上摆了几个鸡尾酒杯(但明显都是塑料的,里面装的全是饮料)。我看到数学老师给自己倒了一杯可乐,于是请他给我倒半杯。他思考了一会儿,然后往我的杯子里倒了一些。一开始我没反应过来,过了一会儿才明白过来他确实是完全按我的意思倒的。

你知道哪杯是数学老师帮我倒的那杯吗?也就是说,哪一个杯子里装了一半可乐?

提示:注意,数学老师准确地计算出了液体的高度。

坏掉的计算器（1）

我奶奶说：我们现在拥有的太多了，对自己的东西都不够爱惜。（我认为她说的有道理，但并不全对。）也的确是，我的很多小伙伴的计算器都很脏。佩德罗的计算器更惨，一些按键已经失灵了。看到他那可怜的计算器，我想出了一个数字游戏：用不超过三个数字按键计算出 1 至 25 之间的所有数字。

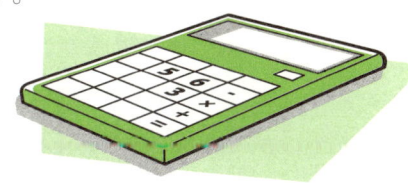

例如：要得到数字 1，我们可以使用数字按键 6 和 5：$6-5=1$。让我们看看你能不能用佩德罗的计算器得到 1 至 25 之间的所有数字。

提示：这些数字都不难获得。如果无法得到某个数字，先跳过它，回头再来思考，我相信你一定能得到它。

世界上最好的老师

一个无聊的下午，看完我们的朋友输掉市里的足球决赛后，阿里给我们讲了这样一个故事："一天，一位教研员去听课，据说这位讲课老师是世界上最好的老师。讲课过程中，只要讲课老师提出问题，在座的所有同学都举手，脸上还挂着大大的微笑。讲课老师每次挑选的学生都答对了问题。这样的过程持续了半个多小时，最后，教研员心满意足地离开了，确信这个老师教会了所有的学生。"

讲完故事后，阿里让我们猜猜这位讲课老师是如何做到让学生都答对问题的。

提示：一些学生举右手，而另一些学生举左手。

四种运算符号

我喜欢数学,但不是每个人都能轻松学会,老师经常要在课堂上把同样的问题反复解释很多次。有一天,当他第三次解释同一个问题时,我无聊地开始在格子中画数学符号(如下图所示),一直画满了100个方格。你知道最后一个方格(也就是第100个方格)里画的是哪个符号吗?

1 +	5 ÷	9 +	13 ÷	17 +	…
2 -	6 ×	10 -	14 ×	18	…
3 ×	7 -	11 ×	15 -	19	…
4 ÷	8 +	12 ÷	16 +	20	…

提示:首先想想第100个方格的位置,再找找前面的符号出现的规律。

有多少个立方体?

一天,美术老师路易斯跟我们强调,拿到驾照(尽管我们还用不上……)之后,良好的空间感可以帮助我们在驾驶时更好地掌控方向。

他把下面的结构放在桌子上,让我们照着画出来。画完之后,我开始数这个结构中的立方体的数量,但我有点儿数不清。你能帮帮我吗?

提示:按层数会容易很多。

数字密码（2）

我的另一个爱好是破解密码，小伙伴们大都不是我的对手。

密码是一个词或一条加密信息，其中每个字母都代表不同的值。你能找出下面这组密码代表的数字吗？

提示：首先找出字母C代表的值。这个问题不难解决，答案是唯一的。

数字密码（3）

这还是一道密码题。有时我们喜欢将数学老师给出的算式"藏"起来。你能找出每一个字母的值，使算式成立吗？

注意：答案是唯一的。
提示：4位数乘4的结果依然是4位数。

背向目标的运动

每两周，体育老师埃格都会带我们去游泳池一次。在游泳时，我们想到一个问题：仰泳是少数背部朝向目标到达终点的运动项目之一。

你还能找出另一种参赛者背朝目标到达目的地的运动项目吗？

提示：继续想想其他的水上运动项目。

五个"1"的挑战

教导主任对我们有点儿严厉。九月份制定课程表的时候,他给了我们一个小惩罚:将我们的数学课排到了周五很晚的时候。那个时候,我们的心早就飞回家了!所以,为了提起点儿兴致来,上周五我们发明了一个重复数字的游戏:

使用1,2,3……中同一个数字做运算,得到不同的结果。例如,使用五个"1"和四个基本算术符号(+,-,×,÷),我能得到0到6的数字。你能战胜我吗?

你能做出来吗?好吧,好吧,我先帮你把0算出来。

$$(1+1+1)\times(1-1)=0$$

1 1 1 1 1 = 1   1 1 1 1 1 = 2   1 1 1 1 1 = 3
1 1 1 1 1 = 4   1 1 1 1 1 = 5   1 1 1 1 1 = 6

提示:有多种解法。有的数字必须用括号运算才能得到。

从1到100

上个星期天,做完作业后,我发明了一个新的挑战:我把前9个自然数(1,2,3……)按顺序写下来,没有移动它们,只使用基本的算术符号,就成功得到了100。注意看我是怎么做到的。

我发明的挑战:1 2 3 4 5 6 7 8 9 = 100
我想到的解法:1 + 2 × 3 + 4 × 5 − 6 + 7 + 8 × 9 = 100

现在我要向你提出的挑战是:使用相同的数字,用另外一种组合方式运算得到100。如果你没有思路,我提示几个数字,例如:1和2组成数字12;或1,2,3组成数字123。

你知道怎么做吗?

提示:有很多种解决方案,有些有点儿复杂。其中有一种只需要将几个数字相乘,再加上其他的数字就够了。

上学的路线

每天早上,我和阿里在查理家碰面,然后我们一起步行上学。如图所示,查理家住在离学校几条街的地方。有一天,我们思考了一番走哪条路能最快到达学校,得出的结论是:有很多种不同的路线可以到达学校(图中就有三条)。我想你对我们已经有点儿了解了,我们都是很有创造力的孩子,所以决定每天走不同的路线去上学。你知道多少天之后,我们将不得不重复之前走过的路线吗?

提示:找到一种策略,有序地寻找下去,这样就不会落下任何路线。

鲁比克魔方

我的一大爱好是玩魔方。还原魔方的世界纪录在5秒以内,而我通常要花1分钟。在拆解魔方时,我突然想到:鲁比克魔方通常有8个小立方体三个面都有颜色,12个小立方体两个面有颜色,6个小立方体一个面有颜色。然后,我找出了一个5阶大魔方(就是图中右边那个)。你能帮我数一数它有多少个小立方体是三个面有颜色的,多少个小立方体是两个面有颜色的,还有多少个小立方体是一个面有颜色的吗?

提示:三个面都有颜色的小立方体在大立方体的顶点处,两个面有颜色的小立方体在边上,一个面有颜色的小立方体在面上。

换轮子

16

一天下午,我的朋友阿里和布鲁诺帮我换轮椅上的一个大轮子。轮椅有两个大轮子,两个小轮子,每个轮子都由四个相同的螺丝固定(尽管轮子大小不同,但所有螺丝都是相同的)。他俩一不小心,把拆下的四个螺丝掉进了下水道里。多亏平时的智力题锻炼了我们的脑子,我们很快想到了一个临时固定轮子的办法,坚持到了商店,重新买了四个螺丝。你知道我们是怎么摆脱困境的吗?

提示:不要只关注我们换下的轮子。

一个三角形

17

研究平面图形的面积和周长的计算公式时,我突然想向阿里和查理挑战。我只给他们1分钟的时间,让他们计算边长分别是3厘米、4厘米和8厘米的三角形的面积。他俩都没能在规定的时间内解答出来。你知道怎么做吗?

提示:我给了他们这么少的时间,是因为这个问题有诈。

哪一块是错的？（1）

18

美术老师很酷，我们都很喜欢他。不过，他生气的时候，也是很可怕的。有一次，他很生气，因为我们没有注意到细节。但是，这一次他没有骂我们，而是给我们看了四幅画。每幅画都有一块被移出，其中有一块是错的，全班只有两个人（班上最聪明的人和我）找到了。你是不是也和我们一样聪明呢？

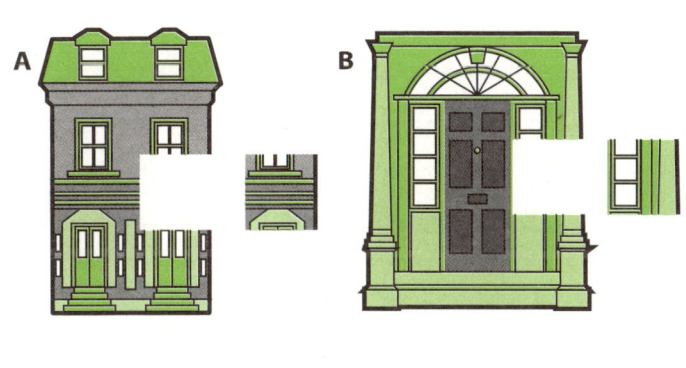

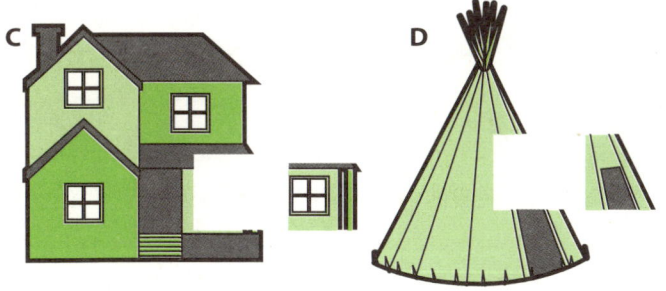

提示：其中一幅画上少了点儿什么，想办法找到它吧。

数字序列（1）

我对数字序列的喜爱被大家说得太夸张了，查理和布鲁诺有时会说我是数学疯子。先不管他们说得对不对，你知道下面的数字序列接下来该填什么吗？

1 10 3 9 5 8 7 7 9 6 ?

提示：试着把这个数字序列分成两组，每组都遵循不同的规律。

缺少的数字

阿里非常擅长数字序列游戏。她经常嘲笑我，因为我经常做不出来。真是受够她了！我也给她出了道难题，请她在下面数列的空白处填上缺失的数字。你知道怎么做吗？

16 06 68 88 ? 98

提示：转一转书，马上就可以找到答案。

电梯

我家的电梯只能承重 250 千克。父亲和我的体重之和是 120 千克，父亲和妹妹的体重之和是 150 千克，妹妹和母亲的体重之和是 130 千克，我和宠物狗的体重之和是 50 千克，母亲和宠物狗的体重之和是 70 千克。我们能同时进入电梯吗？

提示：在给出的线索中，每个家庭成员的体重都出现了两次。因此，这个问题并不算复杂。

楼梯

我们学校里有一处与下面这幅图类似的楼梯。一天,我们在吃早饭的时候想到一个问题,铺一段 100 级台阶的楼梯需要用到多少块方形瓷砖。你知道答案吗?不要直接相加。

提示:一种快速计算瓷砖数量的方法是,构建一个由两段相同的 100 级台阶拼在一起组成的矩形,根据矩形的方格数目计算楼梯所需的瓷砖数。

奇怪的画(1)

除了与几何有关的问题外,我还喜欢研究光学效应和几何悖论问题。有一天,我把这幅画传给我的两个伙伴看,让他们找出画中的不合理之处。虽然他们看得有点儿头晕,但还是找到了答案。你能发现这幅画有什么问题吗?

提示:把注意力放在小狗蹲坐的台阶上。

数字密码（4）

以下是我发明的另一种密码。这让我引以为豪。这个算式中的每个字母分别代表一个不同的数字，你能把它们都找出来吗？

注意：有四种不同的数字组合均可以满足上述算式。
提示：有一个字母只能是数字2。

窗户和窗帘

在美术教室中，有一扇有12格窗格的窗户。这扇窗户非常特别（只有美术教室中才有），窗户上的玻璃一些是不透明的，另一些则是透明的。有一天，美术老师让我们设计一面窗帘，用来遮住窗户中透进来的光线。下面的图表示的就是教室的窗户，以及我和另外四位同学设计的窗帘。不是我吹牛，只有我设计的窗帘才能完全遮住窗户中透进来的光线。你知道哪一面窗帘是我设计的吗？

注意：可以将窗帘旋转放平，但不要翻转。

提示：试着在脑海中解决这个问题。如果你实在做不到，可以按照图上的样式画出这几面窗帘，并把它们分别叠放在窗户上，看看哪个能把透光的玻璃完全遮住。

嵌入游戏（1）

我们的美术教室里有一些带磁性的立方体，老师会用它们来搭建各种几何体，然后让我们绘制出三维透视图。完成任务后，老师会让我们用这些小立方体玩点儿小游戏。有一次，我想用两个不规则几何体拼出一个长宽高为 3×3×2 的长方体（小立方体的棱长为 1）。第一个几何体是下图左侧那个，第二个则由查理和阿里来找。在下课之前，他们每个人都从下图中找到了组成长方体的另一个几何体，并且他们选择的还不是同一个。你能找到这两个几何体吗？

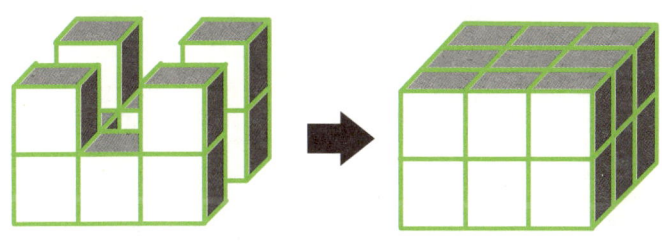

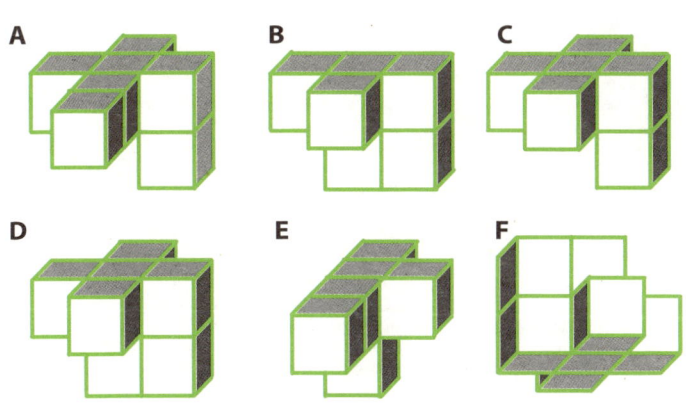

提示：计算第一个几何体中缺少的小立方体的数量，根据这条线索继续思考。

奇怪的画（2）

我之前说过，我喜欢奇妙或奇怪的图像，比如下面这幅图。你觉得哪只小老鼠能到达终点，赢得比赛呢？

提示：别管两只小老鼠的起点是什么，先分析赛道。

藤蔓

学校露台的墙壁上爬了一棵藤蔓，每天都在疯狂生长。4月1日，园丁种下了它，每天它的叶子所覆盖的墙面面积都会变成前一天的两倍。到了4月20日，我们发现藤蔓已经盖满了整面墙。你能告诉我们藤蔓在哪一天覆盖了一半的墙面吗？

提示：小心点儿，问题有欺骗性。

两难的选择

课间休息的时候,我给阿里和布鲁诺出了一道题,让他们陷入了两难境地。你知道该怎么解决吗?问题是这样的:想象一下,一个风雨交加的夜晚,你开着一辆双座汽车经过一个车站,站上有三个人,一位是你的爱人,一位是对你有救命之恩的朋友,还有一位是病重的老太太。你的车上只剩一个座位,你应该怎么做?

提示:你不必每件事都亲力亲为。

储物柜(1)

出门前,我和阿里一起去存她的书。为了把书塞进柜子里,我把数学、语文、自然、地理和英语书摞在了一起。你知道的,我们特别喜欢智力题。在放书的时候,我俩突发奇想,一起给布鲁诺出了一道题。我们问他,阿里放在柜子里的书有多少种不同的叠放顺序?你知道怎么计算吗?

提示:想一想,第一层能放哪几本书;然后再想想,在第一层放了某一本书后,第二层还能放哪几本书。

酒店男子之谜

课间休息时,同学们时常会围过来,让我给他们出点儿智力题。我被这突如其来的名气搞得有点儿不耐烦了,就出了一道很古怪的题,成功地让他们安静了几天。我们来看看,你要花几天时间才能想出答案呢?这道题是这样的:在酒店的房间里,一位女士听到敲门声,打开门后,她看到门外站着一位男士。这位男士道歉说,他很抱歉打扰了她,因为他本以为这是他的房间。当这位女士关上门时,她立刻意识到门外的男士欺骗了她。你知道她为什么这么快就知道了吗?

提示:有些情况不合逻辑。

天平的平衡（1）

在数学课上，老师告诉我们数学方程就像天平。也就是说，如果我们在"天平"两边的托盘中放入相同的数字，那么"天平"（等式）就能保持平衡。然后我就想出了一道题。我画了三个天平，前两个天平托盘上已经放好了水果，让天平保持平衡，而第三个天平，需要你在右侧的托盘里摆放水果，使它保持平衡。你知道应该在第三个天平右边的托盘里放多少根香蕉才能保持平衡吗？

提示：如果把前两个天平左边的水果合在一起放在左侧托盘中，再把右边的水果合在一起放在右侧托盘中，天平仍可以保持平衡。合并后，你就能发现梨和香蕉之间的关系，也就可以很容易地推算出放多少香蕉能让最后一个天平保持平衡了。

12点15分

我们教室的黑板上方有一个大大的带指针的时钟。当时钟指向 12 点 15 分时,我突然想到一个问题,并拿这个问题去问阿里和查理。我的问题是:请计算 12 点 15 分时,时针和分针之间的夹角。他们当即嘲笑了我,认为我不该出这么简单的问题,同时给出答案:当然是 90°。不过,我告诉他们正确答案不是 90°,他们"聪明"地给出了一个错误答案。那一刻,两人脸上惊讶的表情实在是太有趣了。

这个"坑了"阿里和查理的问题,你知道答案吗?

提示:如果你和他们想的一样,不妨找块手表来看看。

奶牛和草地

在数学课上,老师提出了下面的问题,我觉得很容易。看看你能不能解决吧!

30 头奶牛能在 40 天内吃光一块草地上所有的草,如果我们再多买 10 头奶牛,这块地上的草够吃多少天?

提示:可以先计算出这些草让1头奶牛吃,能吃多少天。

找不同（1）

我说过，我们的美术老师路易斯想象力很丰富，总是找各种理由让我们画画。考试结束后的一堂课上，他让我们放松一下，放松方法就是画出下面的五幅图，然后找一找哪幅图和其他的不一样。你能找出与众不同的那幅画吗？

提示：除了一幅画外，其他每幅画上都有某样东西。

找共同点

英语老师为了调动我们上课的积极性，经常会带我们玩单词游戏，让我们找找几个单词的共同点。我很喜欢这个游戏，就发明了一个类似的。

你知道下面的大写字母有什么共同点吗？

A T W H M U I O V

提示：我的爱好是几何，根据这个线索来思考吧。

数字密码（5）

下面这个字母密码连老师都做不出来，让我看看你能不能做出来吧！

每个字母都代表 0 到 9 中一个不同的数字，找出每个字母的值，使等式成立。

$$\begin{array}{r} ABC \\ - CBA \\ \hline CAB \end{array}$$

注意：答案是唯一的。
提示：如果两个相同的字母相减，结果不是零，想想是什么情况？

五顶帽子

每年临近圣诞节假期,数学老师都会给我们上一节智力游戏课。上节课,他让布鲁诺、阿里和我闭上眼睛(我们三个都很聪明)。他告诉我们,桌子上有五顶帽子,两顶白色的,三顶黑色的。他给我们三个人各戴了一顶帽子,把我们排成一列,并将剩下的两顶帽子藏起来。然后,他让我们睁开眼睛,猜一猜自己戴的帽子的颜色。

阿里排在队伍的第一个,她看不到三个人的帽子。布鲁诺排在第二个,只能看到阿里帽子的颜色。我排在最后一个,可以看到阿里和布鲁诺帽子的颜色。

老师先问我是否知道我的帽子是什么颜色的,我回答不知道。然后,老师问布鲁诺同样的问题,布鲁诺和我一样,也不知道他的帽子是什么颜色的。不可思议的是,当他问到阿里时,她说知道自己的帽子是什么颜色的。她看不到三顶帽子中的任何一顶,居然知道自己帽子的颜色。

你知道阿里是如何猜出自己帽子的颜色的吗?

提示:查理不知道他戴的帽子是什么颜色,因为他至少看到了一顶黑色的帽子。顺着这个思路,继续思考吧。

水果加减法

前几天，我们的一个朋友拿一道网上流行的题来考我们：算出下图中两个问号代表的数字。真没想到大家都栽在这道题上了。我们大多数人都认为答案是16，其实不是的。你知道正确答案是多少吗？

$$🍎 + 🍎 + 🍎 = 30$$
$$🍎 + 🍌 + 🍌 = 18$$
$$🍌 - 🥥 = 2$$
$$🥥 + 🍎 + 🍌 = ??$$

提示：注意水果的数量。

形形色色的国旗

上了几节专门记国旗的课之后，地理老师曼内尔让我们找一找下列国旗之间有什么共同之处。

阿里、查理和我都没有想出答案。你能想出来吗？

提示：这个问题与图形特点有关。

妈妈不能坐的地方

小时候，我会坐在一个我妈妈永远不能坐的地方。你知道那个地方是哪里吗？

提示：这个位置和妈妈有关。

被骗的富商

42

一天下午，我和阿里、查理都被禁足了。为了打发无聊的时间，我给他们俩出了道题，结果他们都没能解决。你知道答案吗？

一个有钱人花20万欧元从网上买了一大片土地来耕种。可是，看到这块土地的规划后，他意识到自己被骗了。你能解释一下为什么吗？

320米　　212米
532米

提示：注意分析三角形的边长。

找不同（2）

43

美术老师经常让我们从很多图形中找出与众不同的一个，我很喜欢这个游戏。你也知道，我的强项是数字。于是，我把这个游戏和数字结合起来，发明了数字版的找不同：找出与其他项不同的数字。事实证明，我有点儿用力过猛，因为全班（包括老师在内）只有布鲁诺找到了。你能找到这个数字吗？

153　612　132　243　342　711

提示：注意观察每个数字的个位、十位和百位。

飞镖游戏

某个周末,我、布鲁诺、阿里和乔安娜(我们的一位好朋友)约在一起玩飞镖。乔安娜在高中时获得过很多荣誉,她是一名优秀的游泳运动员(在公海游泳比赛中赢过很多次),但她玩飞镖就没那么好啦。你看,我们的成绩相差很大:

乔安娜5投3中。

布鲁诺6投2中。

阿里7投4中。

我8投5中。

我们四个人中,谁玩得最好呢?

提示:试着计算每个人的命中率。例如,乔安娜的命中率是 (3÷5) × 100% = 0.6 × 100% = 60%。

梨和苹果

数学课上,我们解决了一个有点儿复杂的问题。问题是这样的:

胡安去商店买了4个梨和3个苹果,花了2欧元50欧分。后来,他母亲又去买了3个梨和4个苹果,花了2欧元40欧分。你能告诉我1个梨和1个苹果要多少钱吗?

我是第一个算出来的,但过了一会儿,全班同学都算出来了。你知道答案是多少吗?

提示:把所有的梨和所有的苹果加在一起试试。

六个搭档

体育老师埃格对我们很严厉,完全不讲情面,我们在他面前都不敢乱来。不过,在看到我们被一大堆作业和考试搞得疲惫不堪的时候,他也会大发慈悲,让我们玩最喜欢的游戏。在某个这样的"幸运日"里,阿里、布鲁诺、特蕾莎、玛丽亚、泽维尔和我两个一组参加运动。一共有足球、篮球和网球三个项目,我们每一组都选了不同的项目。

记住,阿里不喜欢足球,布鲁诺不喜欢篮球,他俩是一组;特蕾莎喜欢篮球,她的罚球命中率高达86%;玛丽亚不喜欢篮球,跟泽维尔不在一组。你能说出我们都参加了什么运动吗?把大家的名字填在表格里吧:

运动项目	选手1	选手2
足球		
篮球		
网球		

提示:阿里和布鲁诺参加的项目很好判断,然后继续思考吧。

几何图形中的数字

美术课上,我在画几何图形的时候想出了一个奇怪的题目。我画了一些几何图形,然后在里面写了一个与图形相关的数字。最后一个图形我没有标数字,而是让阿里和查理去完成。其实,这道题很容易,他们俩很快就做出来了。那么你呢?你知道该填什么数字吗?

提示:数一数每个几何图形有几条边。

水里的冰

我们都很喜欢自然老师奥里奥尔。每周五,他都会用科学脱口秀的风格,先做个实验,再用当天要学的知识去解释实验现象。其中一个实验是这样的:将一个立方体冰块放入装满水的玻璃杯中,冰块漂浮在水中,水位刚好到玻璃杯边缘,看看冰块融化后水位会发生什么变化。他给了我们三个可能的答案:

A. 水会从玻璃杯里溢出来。
B. 水位没有发生变化。
C. 玻璃杯内水位下降,低于杯子边缘。

提示:只在脑子里想很难回答这个问题,建议你做做实验,看看会发生什么。

数字序列(2)

好吧,我承认,我有点儿痴迷数字序列。你知道后面的数字是什么吗?

1 2 3 4 5 8 7 16 9 ……

提示:试着把数字序列分成两组,每组都遵循不同的逻辑顺序。

100张纸

快下课的时候,我们常常会偷偷地开始收拾东西,这一点让所有老师都很生气。有一天,在距离下课只剩2分钟的时候,数学老师告诉我们,谁能在2分钟内回答出他的问题,就可以离开教室。问题是这样的:买1000张纸需要花10000分,那么买100张纸需要多少元呢?

提示:先将10000分换算成元。

哪一块是错的？（2）

这个游戏前面已经介绍过了，我们都很喜欢玩。有一天，老师心情还不错，我们就请他再给我们出一道题。这次，你能发现哪幅画移出的一部分是不对的吗？

如果你不理解这个游戏，可以查阅游戏18"哪一块是错的？（1）"。

提示：其中一个动物的身体缺少了一部分。

苍蝇和蚊子的相遇

我们的伙伴巴勃罗有些笨,每次老师提问他时,他只会说"啊?",我们就开始笑他。前几天,我看到巴勃罗在非常认真地观察苍蝇,就给他出了一道简单的题:一只苍蝇以 1.5 米/秒的速度飞行,一只蚊子以 0.8 米/秒的速度与它相向飞行,计算它们在碰撞前一秒钟的距离。你知道怎么计算吗?

提示:这个问题比看上去的要容易得多。注意,只剩下一秒……

米奇和米妮的"奇偶大战"

体育课上集体项目比赛的时候,我们经常会猜拳决定进攻方向。一般,我们会采用"偶数和奇数"的方式猜拳。具体方法是,两个队长先选择"偶数"或是"奇数",然后两人同时伸出 0 到 5 根手指。如果两个队长伸出的手指数之和是偶数,则选择"偶数"的队长获胜。如果两个队长伸出的手指数之和是奇数,则选择"奇数"的队长获胜。这种方式很公平,因为有 18 种手指数之和为偶数的组合:0 — 0(两个队长都没有伸出手指),0 — 2,0 — 4;1 — 1,1 — 3,1 — 5;2 — 0,2 — 2,2 — 4;3 — 1,3 — 3,3 — 5;4 — 0,4 — 2,4 — 4;5 — 1,5 — 3,5 — 5。同样,也有 18 种手指数之和为奇数的组合。

在等待两个队长猜拳的时候,我注意到有一个同学穿着米奇和米妮的T恤,突然想到米奇和米妮有四根手指。我琢磨,让米奇和米妮猜拳是不是会简单一些。你觉得呢?

提示:试着列出米奇和米妮的手指数之和为偶数和奇数的组合,类似于上文中所述的方式。然后分析偶数和奇数组合的数量是否相同。

不准的体重秤

体育课上,老师给每个学生称体重,并记录数据。问题是学校的体重秤很旧,而且不准(称出的体重与实际体重有偏差)。

我称体重的时候,体重秤显示43千克;布鲁诺称的时候,显示48千克;我们一起称的时候,显示88千克。我们告诉查理后,他很快就计算出体重秤偏差的重量,也算出了我们真正的体重。你知道怎么做吗?

提示:记住体重秤偏差的重量是一样的,不管是一个人称还是两个人一起称。要找到解决答案,你必须从总体重入手,然后继续思考……

校车司机之谜

我们的许多同学都乘校车来上学。司机阿隆索很机灵,与所有的男孩女孩都相处得不错。一天,他告诉我们,虽然他很有责任心,但有一次他接连经过1千米路上的三个停车标志都没有停下。警察看见了却什么也没做,还允许他继续上路。你知道为什么吗?

提示:仔细阅读文字,不要被文字中的条件迷惑。

交换球队卡

在足球联赛期间，常会看到球迷们交换不同球队的球员卡（我真不理解球员的照片有什么好看的，但他们都有一群忠实粉丝）。下面是交换规则：

1 张瓦伦西亚卡 + 1 张巴萨卡 = 1 张皇家马德里卡

1 张巴萨卡 = 2 张瓦伦西亚卡

2 张皇家马德里卡 = 3 张马德里竞技卡

一位同学手里有 12 张瓦伦西亚卡，他想把它们换成马德里竞技卡。你知道他能换多少张吗？

提示：先计算出12张瓦伦西亚卡可以换多少张皇家马德里卡。

五本书

我们学校所有学生最喜欢的地方就是储物室。在储物室里，我们每个人都有一个带锁的柜子，只有自己能打开，这很酷。现在，我的柜子里有五本从上到下排放整齐的课本。数学课本介于语文课本和地理课本之间，自然课本不在第一个，地理课本不在最后一个，科技课本和地理课本之间有两本书。你知道我是如何放置这五本书的吗？

提示：画出五条横线，然后标记课本相应的位置。先标记科技课本和地理课本。

猜数字

下面的问题有点儿难,布鲁诺和查理都没能解开。你知道问号表示什么数字吗?

$$3 \rightarrow 18 \qquad 6 \rightarrow 54$$
$$4 \rightarrow 28 \qquad 7 \rightarrow 70$$
$$5 \rightarrow 40 \qquad 8 \rightarrow ?$$

提示:想想从3怎样得到18?其他的呢?

水果游戏

上午在学校的最后一个小时是最难熬的,因为我们都在想着中午吃什么。到了出教室的时间,我想到了我要吃的水果。这就是我发明下面游戏的灵感来源。试着找出图中问号所代表的数字。

提示:每种水果代表的数值都不同。

三块手表

我母亲的爱好之一是收集手表,不管它们是否好用。我有点儿不理解,如果你一直带着手机,还要那么多手表做什么?更不用说那些手表还是彻底坏了的或者不准了的!在我母亲收集的手表中,她最喜欢的有三块:一块慢一个半小时,一块快40分钟,还有一块是彻底坏了的!有一次,我把它们三个都摆在桌子上,它们显示的时间如下图所示。你知道当时正确的时间是几点几分吗?

提示:先假设三块手表都快40分钟,然后根据条件一一推理。

四个"5"的挑战

正如我在游戏12"五个'1'的挑战"中所说的,厌倦了数学课本的时候,我们建议老师带大家玩重复数字的游戏。这种方式不仅有趣,还能帮助我们掌握理论。一起来看看下面这个挑战吧,它可把一些同学难住了。他们花了好几节课的时间才找出答案。你能使用基本的算术运算(+,-,×,÷)使等式成立吗?

$$5\ 5\ 5\ 5 = 16$$

提示:必须用到数字55。

移动筷子（1）

前几天的数学课上，老师给了我们一些筷子，我们用这些筷子摆出了下面的对称图形。

然后，我随意取下了几根筷子，得到了不同的图形。接着，我向阿里和查理发起以下挑战：

（1）取下4根筷子，留下6个小三角形。
（2）取下6根筷子，留下4个小三角形。
（3）取下4根筷子，留下2个小三角形和2个梯形。
（4）取下4根筷子，留下4个同样大小的菱形。

你知道如何实现上面的4种情况吗？

提示：6个三角形很容易获得；4个三角形一个接着一个由上向下排列；两个梯形是等腰梯形；4个菱形垂直出现。

五格拼板（1）

在数学课上，老师解释说，五格拼板是一种由 5 个正方形构成的平面几何图形，5 个正方形通过边互相连在一起。像往常一样，我们开始发明小游戏。第一个是，将下面三个五格拼板拼成一个大矩形。这个挑战只能算是热身，因为它很容易，我们班最快的同学只花了 35 秒就完成了！你需要多长时间呢？

提示：保持一个图形的位置不变，再把另外两个拼上去。

毛毛虫和蜥蜴

前几天，研究《爱丽丝梦游仙境》的作者刘易斯·卡罗尔的生活时，我们发现了一道他出的很有意思的题。题目是这样的：

"毛毛虫认为它和蜥蜴都疯了。如果正常的动物认定的事情都是真的，而发了疯的动物认定的事情都是假的，请问，它们哪一个是正常的，哪一个是发了疯的？"

你知道该怎么回答吗？

提示：可以做两个假设：第一，毛毛虫是神志正常的；第二，它是发疯了的。如果任何一个假设与原条件矛盾，那么假设就不成立。

加号和减号

课程结束时,数学老师出了一道题,答对者可以获得加分。

他拿出了两张相同的纸,在一张纸上画了一个"+",在另一张纸上画了一个"−"。然后,他将两张纸分别折叠起来,并在我们看不到的地方,在第一张纸上写上了"这张纸上不是减号",在第二张纸上写上了"这张纸上不是加号"。然后他告诉我们,这两句话中至少有一句是假的。他问:那么哪一张纸上是加号呢?阿里第一个答出来了,这让我很没面子。你知道加号在哪一张纸上吗?阿里是如何发现的呢?

提示:可以做三个假设:(1)第一句话是真的,第二句话是假的;(2)第一句话是假的,第二句话是真的;(3)两句话都是假的。然后,分析每种假设,看看都会得出什么结论。

门卫的家人

一天早上,学校的门卫心情很好,她告诉我们:"我已经结婚了,佩德罗的儿子是我女儿的父亲。你知道我和佩德罗是什么关系吗?"

提示:仔细考虑一下,你会发现它并不复杂。如果想不明白,也可以画一个家谱树。

1升牛奶

学校的社工取笑我们,因为我们以为牛奶是超市的奶牛产的。为了让我们知道到底是怎么回事,一天下午,他带我们去了一家农场,那里有很多奶牛。农场主人还教我们如何挤牛奶。这时,来了一位女士,她想要1升牛奶。农场只有两个容器,一个是5升的,另一个是3升的。农场主人利用这两个容器,给这位女士量出了正好1升牛奶。你知道他是如何做的吗?

提示:利用两个容器来回倒牛奶。

三兄弟

安东尼奥、布拉斯和卡洛斯是三兄弟。以下是他们的一些信息:

(1)安东尼奥不穿红色衣服,有哥哥也有弟弟。
(2)穿绿色衣服的是医生。
(3)排行老三的穿红色衣服。
(4)做计算机工作的排行老大。
(5)建筑师参加工作的时间最晚(假设参加工作的早晚只与年龄有关)。
(6)卡洛斯不穿蓝色衣服。

你能把他们的名字、职业、衣服颜色和家中排行区分出来吗?

名字	职业	衣服颜色	家中排行

提示:首先,你可以推断出安东尼奥在兄弟中的排行。

青蛙跳棋（1）

无聊的时候，我喜欢一个人待着。你知道的，有些游戏只能一个人玩，比如这个"青蛙跳棋"。游戏规则是这样的：有一群特殊的青蛙，它们不会走路，必须跳过同伴才能移动。它们可以沿水平或者垂直方向跳跃，但一次只能跳过一个同伴，落到空位上，同时，同伴会消失。在下图中，你可以看到青蛙的初始位置和跳了一步后的位置。你能让青蛙继续跳动，让棋盘上只剩下一只青蛙，且让剩下的青蛙位于棋盘的中心吗？

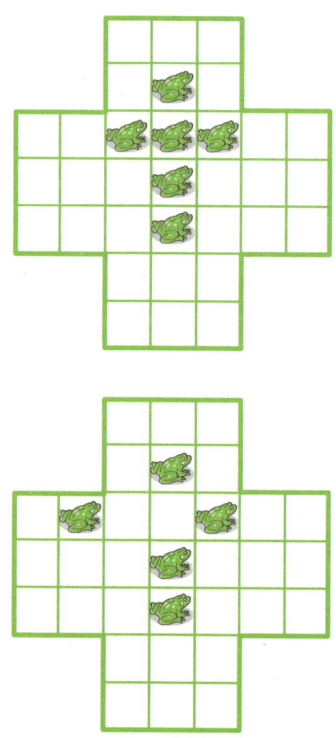

提示：游戏给出了一只青蛙跳了一步后的位置，按照这个思路继续吧。

一笔画信封

70

我的同学觉得最头疼的智力游戏就是"一笔画"。那我们就先从这个简单的开始吧!你知道如何一笔画出下面的信封,并且在同一条线上不经过两次吗?

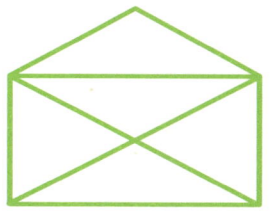

提示:答案不是唯一的,一种方法是从右下角开始,先画出"Z"。

刻在树上的约定

71

阿里喜欢一个比她大几岁的男孩。她用永久性记号笔在离地一米高的树上标记了男孩的名字(她也知道这么做是不对的)。这棵树每年长高 30 厘米。男孩告诉她,当标记的高度和他现在的身高(1.60 米)一样时,他就会邀请她去喝杯可乐。阿里立刻计算出,得等两年才能实现。她跟我说起这件事时,我笑到停不下来。我告诉她,那个男孩不喜欢她,因为他们永远不会一起喝可乐。你知道为什么吗?

提示:小心点儿,这个问题很狡猾。男孩以一种非常聪明的方式拒绝了阿里。如果你不知道如何解决这个问题,先了解一下树木是如何生长的。

聪明方格（1）

前些年，布鲁诺、查理和我都痴迷于数独游戏。好吧，所有人都喜欢数独游戏。这两年，我们玩数独游戏玩腻了，想寻找点儿新的挑战。后来，我们找到了一款能重新点燃我们斗志的游戏。这款游戏和数独游戏非常相似，名字叫"聪明方格"，游戏规则如下：

将数字1～3填入下面的九宫格中，每行和每列的数字不能重复。此外，还必须确保每个粗线围成的格子里的两个数字按右上角的算术符号运算后，结果等于右上角的数字。例如，第一列的前两个数字相加的和必须为3。你知道怎么填完这个九宫格吗？

3+		5+
	1	3x
	5+	

提示：很明显，中心的方格应该填1，接下来可以填写第三列的最后两个方格。

四块车牌（1）

数学老师、语文老师和门卫的车牌很奇怪，它们之间有着非常特殊的联系。可惜的是，地理老师车牌上的字母不再按顺序排列了。你知道他的车牌上应该写什么字母才能保持这份神奇的联系吗？

提示：字母与四个数字中的三个有关。

找不同（3）

美术老师又来给我们出题了。他在黑板上画了几幅画，我们照着画好后，他让我们找出一幅和其他画没有关系的画来。你能找到吗？

提示：除了一幅画之外，其他画里都包含一样东西。

出故障的烤面包机

我妈妈总是说我，每天起床上学都是一场战斗。她的话有点儿夸张，早上我的时间还是很充足的，之所以慌里慌张是因为害怕迟到。到现在为止，我就迟到过一次，因为那天早上我家的烤面包机出故障了。正常情况下，面包机一次能烤两片面包的两面，出故障后，一次只能烤好一面，烤好一面需要2分钟。我想出了一个方法，可以在6分钟内把三片面包的两面都烤好。虽然，这并没有实际效果，因为我最终还是迟到了……我跟阿里和布鲁诺说了，他们都不相信，认为不可能在这么短的时间内用出故障的面包机烤好三片面包。你能告诉阿里和布鲁诺我是怎么做到的吗？

提示：6分钟内如果先烤好两片面包的两面，第三片面包就只能烤好一面。所以，应该先烤好一片面包的两面……试试这样想，并往后推理，你就会知道我是如何做到的。

谁打碎了玻璃?

前几天,我们的班主任(同时也是数学老师)找到了我们三个人,因为他怀疑我们中的一个人(阿里、布鲁诺、我)用球打碎了院子里的一块玻璃。他想知道肇事者是谁,于是,直接问我们是谁打碎了玻璃。我们都有点儿紧张,下面是我们的回答:

阿里:不是我。
布鲁诺:是查理。
我:不是阿里。

另外,我们告诉他,三个人中只有一个人说的是实话(事实上,我们有点儿玩过了,尽管老师喜欢猜谜,但他还发着脾气呢)。

老师思考了片刻,就找出了罪魁祸首。你知道是谁吗?

提示:打破玻璃的不止一个人。

钢笔和记号笔

　　一个雨天的早晨，我们不能去外面玩，就在室内玩起了智力游戏。我们将钢笔和记号笔按下面第一张图的方式摆放在瓷砖上，然后，我向伙伴们发起挑战：将 16 块瓷砖分成形状和大小都相等的两个部分，每个部分必须有相同数量的记号笔和钢笔。为了帮助你理解题目，第二个图列出了一种错误的解决方案。虽然瓷砖被分成了形状和大小都相等的两部分，但各部分的记号笔和钢笔数量并不相同。我的伙伴很快就找到了解决方案。你能找到吗？

原始图形

错误的划分

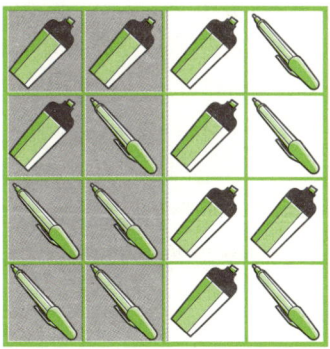

提示：先算一算每部分应该有几支钢笔、几支记号笔，再想办法划分。

哪一块是错的？（3）

这是美术老师给我们出的另一道细节观察题。这次的题可不简单呢。你能找到错误的一项吗？

如果你不理解这个游戏，可以查阅游戏18"哪一块是错的？（1）"。

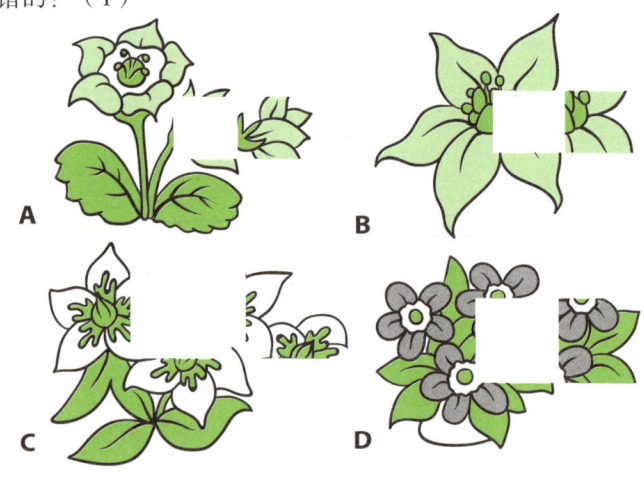

提示：其中的一朵花缺少一片花瓣。

自大的阿里

偷偷告诉你，阿里有点儿自大。你可别告诉她。课间休息时，她抱怨说自己几乎没有衣服可穿。她告诉我们，她只有5件衬衫、3条裤子、2条短裙和3双鞋。我们想让她明白这已经够多了，但阿里说，她想每天都换不一样的搭配，就算不考虑自己喜欢不喜欢，把所有组合都穿一遍，这些衣服鞋子也不够换一学期的。阿里说的对吗？如果不考虑衣服、鞋子是否搭配的问题，你知道阿里的穿衣搭配多少天后就必须重复一次吗？

提示：很明显，阿里必须穿上衬衫、下装（裤子或裙子）和鞋子。她有5件衬衫、5件下装（裤子和短裙）和3双鞋可以选择。接下来，只需要计算出所有组合的数量。

扎气球

在前面的一个游戏中,查理说我的投篮命中率很低,其实也没有他说的那么夸张啦。看看下面这道题,很明显查理的命中率也不怎么样。你能在下面的图中,找出能够刺穿气球的两支箭吗?(当然,最终只有一支箭成功扎破了气球。)

提示:最快的办法是用眼睛去发现它们。如果你看不准,可以拿尺子比一下。

七处不同

在美术课上,我向老师提议用找"七处不同"的游戏来强化我们对细节的观察力,这正好符合他对我们的一贯要求。

路易斯很喜欢这个游戏,但不让我用书中的图片,非让我在电脑上用绘图软件自己画两幅。好吧,我承认我画得有点儿烂,但这不妨碍我们玩游戏。

你来看看,能不能在五分钟内找出七处不同。

提示:两幅图里,左边的猪有两处不同,右上的猪也有两处不同,右下的猪有三处不同。

四个阴影

82

这个游戏是我发明的,我很自豪。美术老师也很喜欢它。我想你也猜到了,游戏的要求是从四个阴影(A,B,C,D)中找出与上方图形完全对应的阴影。

这个游戏不难,看看你是否能在3分钟内找到。

提示:仔细看阴影的轮廓。

堆砖块

83

在一次数学考试中,我提前答完了试卷。等着交卷的时间里,我发明了这个游戏。

这个游戏很好理解,你只需找出第三个砖塔上缺少的数字。

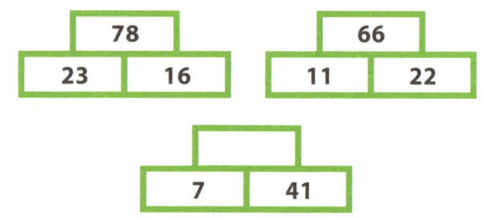

提示:要根据砖塔底部的两个数字推测顶部的数字。

乔安娜·福尔摩斯

语文老师让我们写一篇大约三页纸的故事。他知道我更喜欢科学（尽管我知道写作很重要），就告诉我可以加入一些数学谜题或智力题（不过不能与故事太不协调）。我深受鼓舞，兴奋地接下了这项任务。下面就跟你讲讲我写的故事。

一位年轻的特工乔安娜·福尔摩斯正要审讯三个犯罪嫌疑人：甲、乙、丙。这些犯罪嫌疑人可能是无辜者（总是说真话）、有罪者（总是说谎）或同谋者（有时说谎，有时说真话，不服从任何命令）。根据前期的调查，乔安娜探长知道他们中有一个无辜者、一个有罪者和一个同谋者。当然，我们都希望无辜者被释放，有罪者和同谋者被逮捕。

为此，她对这三名犯罪嫌疑人进行了严厉的审讯，并获得了以下证词：

甲：罪魁祸首是乙。
乙：我们三个人中只有一个有罪者。
丙：我们都有罪。
你知道她该释放谁，逮捕谁吗？

提示：问题比看起来容易，因为你只需要先找出无辜者。

我们都爱星期五

如果我们能在某个问题上意见一致，那肯定是星期五是一周中最好的一天。尽管有作业，但是接下来有整整两天时间不用上课，这种感觉真是太好了！一个星期五，我们突然想到，有没有哪个月是以星期五开始和结束的？你认为有可能吗？

提示：如果你不知道如何解决这个问题，找一个日历，看看什么情况下可能发生这种情况。

寻找三角形

在数学课上,我们学会了用尺子和圆规画六边形。画六边形之前,我做了一些测试,先画三角形。画了3个三角形之后,我突然想到一个问题:以六边形的6个顶点中的3个为顶点画三角形,一共能画出多少个不同的三角形呢?

你能帮我解答这个问题吗?

提示:先选择六边形的1个顶点,从该顶点开始绘制尽可能多的三角形。其他5个顶点也这样做,但不要重复画。

父亲的难题

我父母都知道,除了现代舞,我最喜欢的就是数字谜题。一天,父亲让我帮帮他。他的一个同事给全办公室的人出了一道数字题,想看看谁能第一个解出来。那天我睡得很晚,因为我的脾气有点儿倔,不解出答案绝不罢休。你能解出这道题吗?

$5 \rightarrow 3 = 28$　　$9 \rightarrow 2 = 711$

$7 \rightarrow 6 = 113$　　$15 \rightarrow 11 = 426$

$8 \rightarrow 2 = 610$　　$12 \rightarrow 8 = ?$

$10 \rightarrow 6 = 416$

提示:每个得数由两部分组成:第一个数字是一部分,第二和第三个数字是一部分。

猜谜语（1）

我从最喜欢的一部电影《美丽人生》中引用了下面这个谜语：

"如果你说出我的名字，我就会消失，你知道我是什么吗？"

只有阿里猜出来了，我认为她看过这部电影。这部电影很美，但有点儿悲伤。你知道答案吗？

提示：这件事物会因说话而消失。

嵌入游戏（2）

阿里被下面这道题难住了，但我很快就找到了解决方案。你能像我一样快吗？

这一次，只有一个几何体能与给出的几何体完美嵌合。

如果你不理解这种游戏，请查阅游戏26"嵌入游戏（1）"。

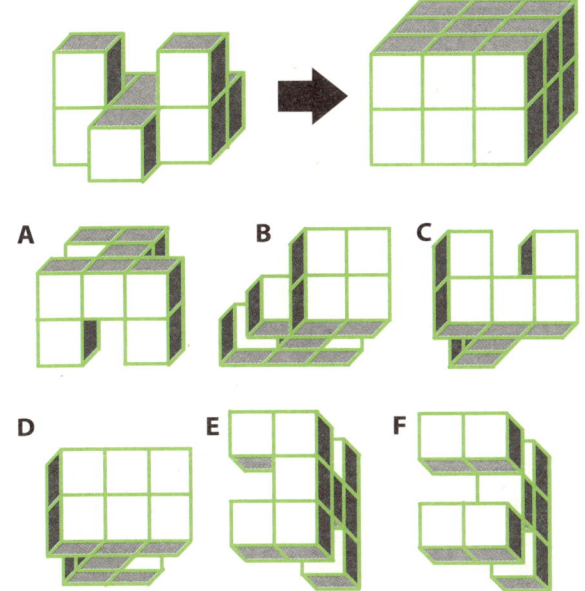

提示：数一数题目中的几何体中缺少多少个小立方体，以此为线索继续思考。

特殊的日期（1）

90

你看，我们几个伙伴的兄弟姐妹都出生在非常特殊的日子，真巧！

宝拉——阿里的姐姐，2001年2月10日出生。
茱莉亚——布鲁诺的姐姐，2002年2月20日出生。
塞尔吉奥——布鲁诺的弟弟，2010年2月1日出生。
艾特——我的弟弟，2011年2月11日出生。
你能告诉我这些日期有什么特别之处吗？

提示：按"日－月－年"的顺序把日期列出来看看。例如，第一个是10-02-2001。

负片（1）

91

美术课上最成功的一个游戏是"负片"。不，不！你可不要理解成我们表现不好，老师给我们打负分。这个游戏的玩法是在四幅图中寻找原始图像的负片（黑白颜色互换）。

下面的A，B，C，D四幅图中，哪一幅图是原始图像的负片呢？你能找到它吗？

提示：仔细查看小细节，如点、线等。

圆圈中的数字（1）

下面这个游戏我很喜欢，因为它很好理解，但是不容易完成。游戏规则是：将数字 2 到 9 填在下面的圆圈里（数字不能重复），使所有的等式都成立。你知道吗？布鲁诺有点儿被难住了。让我们看看你的表现吧！

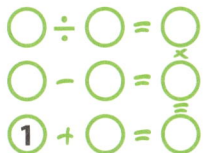

提示：第一行是除法运算，于是请先找出一个可以被另一个数字整除的数，例如，4和2，6和2，6和3，8和2……

数字金字塔（1）

学习算术的运算法则和运算顺序时，数学老师告诉我们：要先进行括号内的运算，然后是乘除运算，最后完成加减运算。为了练习这项规则，我决定完成下面的数字金字塔。在这个金字塔中，必须运用基本的运算符号使等式成立。我花了一些时间，最终还是完成了。你能完成吗？

为了帮助你理解游戏规则，我帮你完成了最长的一行。

$$2\ 1 = 2$$
$$3\ 2\ 1 = 2$$
$$4\ 3\ 2\ 1 = 2$$
$$5\ 4\ 3\ 2\ 1 = 2$$
$$6\ 5\ 4\ 3\ 2\ 1 = 2$$
$$7\ 6\ 5\ 4\ 3\ 2\ 1 = 2$$
$$8\ 7\ 6\ 5\ 4\ 3\ 2\ 1 = 2$$
$$9-8+7-6+5-4-3+2\div 1 = 2$$

提示：要完成前四行，必须交替使用加法和减法。第五行要复杂一点儿。最后两行的结构与倒数第三行的相似。

49

亲爱的爷爷奶奶

我妈妈知道我们非常喜欢智力题,她也觉得很有趣,有时会加入我们的俱乐部。前几天,我问她,我们星期几去看爷爷奶奶,她告诉我到了那天,我们可以这样说:

假如明天是昨天,今天距离星期六就和星期天距离星期六一样近。

你知道我们星期几去看爷爷奶奶吗?

提示:如果你不会做,可以将一周的每一天都看成答案,然后一一去试。

一个加号和两个减号

上次,阿里在"加号和减号"游戏中加了分,我和布鲁诺有点儿嫉妒。于是,我们要求老师出一道类似的题,阿里不能参与。老师同意了,他拿出了三张纸,一张纸上画了一个"-",一张纸上画了一个"+",一张纸上什么也没画。和上次的游戏一样,老师将它们折叠,并在每张纸上写了一句话。他告诉我们只有一句话是假的。这次,布鲁诺第一个找出画了加号的纸。你知道他是怎么发现的吗?

提示:分别做三种假设:(1)第一句是假的;(2)第二句是假的;(3)第三句是假的。分析每种情况会得出什么结论。

青蛙跳棋（2）

玩一玩下面的"青蛙跳棋"吧。这一关并不难，布鲁诺和阿里都很快完成了。在棋盘上留下一只青蛙（不一定要在棋盘中间的格子）你就胜利了。

如果你不明白这个游戏的规则，请查阅游戏69"青蛙跳棋（1）"。

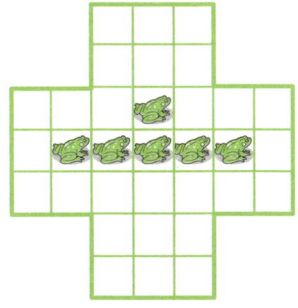

提示：游戏的第一步是让第一只青蛙跳过下面的那只青蛙，跳到第五排。

有个性的礼物（1）

这本书读到这里，你应该已经知道了，我们是一个特别的三人组（"弗里奎斯"，我们的一些同学这样称呼我们）。因此，我们中有人过生日时，另外两人都不想送俗套的礼物，必须是有个性的。我们还会在礼物中设置一些游戏，都是我们喜欢玩的智力游戏。今年，在科技老师玛丽亚的帮助下，我们将每个人名字的首字母制作成了木板拼图。最先收到生日礼物的是阿里。下面就是礼物里的拼图板。阿里很快就拼出了她名字的首字母 A，看看你能不能比她更快吧。

提示：字母A的底部是由"V"字形木块构成的。

著名的迷宫（1）

我们非常喜欢在网上寻找一些有名的（真实存在的）迷宫，并邀请同学们在图片上"走一走"，找到正确的出入路线（或者到达迷宫中心的路线）。这是我找到的一个迷宫——伦敦汉普顿法院。你要多久才能从入口走到中心？

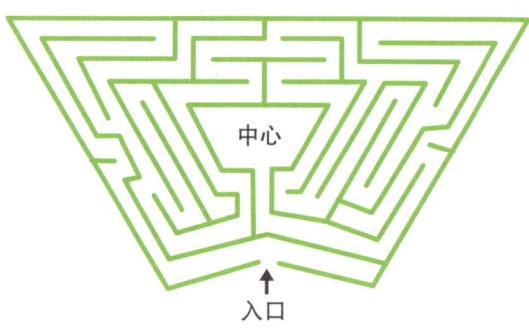

提示：进入迷宫后向左走。

天平的平衡（2）

我的第一个天平平衡游戏广受好评，于是我又给大家出了第二道天平平衡题。在下图这种情况下，你知道第三个天平能否保持平衡吗？如果不能保持平衡，天平会倾向哪一边呢？

提示：如果B大于AA，那么AB将大于AAA。按这个思路继续思考。

聪明方格（2）

上一个聪明方格对布鲁诺而言似乎非常容易，因此我又出了下面这个。其实，完成这个也不需要太长时间。你知道该怎么填吗？注意：必须用从1到4的数字填写表格，每行和每列的数字不能重复，并且要得到要求的结果。

如果你不明白这个游戏的规则，请查阅游戏72"聪明方格（1）"。

+3		+7	
×6	+6		×12
×4		+5	

提示：第一行的前两个数字只能是1和2，最后一行的前两个数字必须是1和4，你还需要思考按什么顺序摆放它们，继续努力吧！

分割正方形（1）

我说过很多次，阿里和查理擅长数字和逻辑，却不那么擅长几何。有一次，我们用一袋糖果打赌，赌下图的正方形是否可以分成七个正方形。

他们说这是不可能的，而我认为可以做到。

你觉得呢？我只能告诉你一个线索：糖果非常非常甜……

提示：你可能已经猜到了，我知道糖果很好吃是因为我赢得了赌注，也就是说，大正方形可以分成七个小正方形。但是，请注意，我从来没有说过七个正方形必须是一样大小的。

坏掉的计算器（2）

佩德罗并不是唯一弄坏计算器按键的人。看看茱莉亚的计算器吧，也没有几个键能用了。

你能用茱莉亚的计算器计算出从 1 到 20 的数字吗？是否能在按数字键不超过 3 次的情况下得到这些数字？

如果你不明白这个游戏的规则，请查阅游戏 5 "坏掉的计算器（1）"中的内容。

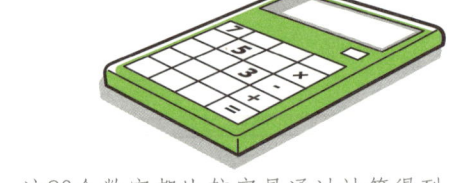

提示：这20个数字都比较容易通过计算得到。如果你有一个数算不出来，请暂时把它放到一边，稍后再试。

脑筋急转弯大赛（1）

我们最喜欢的游戏之一就是在一张纸上写出五道脑筋急转弯题，然后比赛 5 分钟内谁能答对更多的题。每次有一个人负责准备游戏，他要给大家出题，并担任裁判，防止有人作弊。

在下面这轮比赛中，阿里与布鲁诺是对手，最终比分为 3 : 4，布鲁诺以 1 分的优势获胜。你能在 5 分钟内答出多少道题呢？

（1）我不小心把球掉进喷泉里了。我是怎么把它拿出来的？

（2）桌上有一壶柠檬水和一壶牛奶。我把两把壶中的饮品倒在一个碗里，柠檬水和牛奶并没有混合在一起。你知道为什么吗？

（3）如何在气球不炸裂和不放气的情况下刺穿它？

（4）吃早餐时，我的眼镜掉进了咖啡里，但没有湿。这是怎么回事？

（5）什么是左臂能碰到但右臂碰不到的？

提示：题目中没有的内容，不要乱做假设。

五格拼板（2）

之前的五格拼板游戏太简单了，我的小伙伴都不屑一顾。于是，我又出了一个稍微复杂一点儿的。这次可把他们难住了。我们来看看这个游戏吧。将下面的四个五格拼板拼成一个长方形。

提示：拼成的长方形的长是5个格，宽是4个格。

数字和字母

这次的数字游戏，老师给出了以下数字：6，6，3，50，6。我们要选用这组数字中的数计算得到339。

请原谅我的不谦虚，这道题只有我做出来了。让我看看你是怎么解决的吧。

提示：从给出的数字中先挑出两个算出300，再继续下一步的运算。

四个字母T

106

圣诞节的时候，我们会组织一场特殊的圣诞节活动，为远方的朋友准备一份惊喜的礼物。我们有一个原则：礼物必须有创意，当然也不能太贵。朋友们都知道，我的一大爱好是几何。所以，远方的朋友给我准备了一个方形盒子，里面放着四个字母T。然而，要把这四个T放进去可不容易，它们不能折断、弯曲或重叠。你能完成这项任务吗？

提示：其中两个T是横向放的，另外两个是纵向放的。

十字变三角

107

美术课上，完成了老师布置的几何拼贴画后，我用几个剩下的几何图拼贴出了一个"十"字，我又移动了几下把它变成了别的图案。例如，我把下面的十字形图案切开，拼出了一个等腰三角形。你知道我是怎么做到的吗？

提示：不要动左边较大的那块。

找不同（4）

美术老师在黑板上画了下面五幅图，阿里提议找出不同于其他图的一幅。你知道怎么找到它吗？

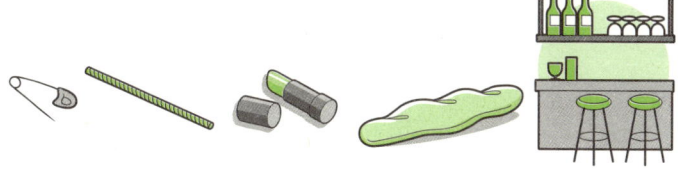

提示：其他四幅图上是一个事物，一幅图除外。

反反复复的生意

我们有一个伙伴，说话总是吞吞吐吐，做事犹豫不决。哪怕你问他名字，他都需要几秒钟的时间来回答。一天，他从另一个伙伴那里买了一本书，上面有他最喜欢的足球运动员梅西的亲笔签名。然而，过了一段时间后，他后悔花7欧元买了这本书，就以8欧元的价格转卖了出去（你看，尽管他一直犹豫是否要卖，但还挺会做生意）。一天以后，他重新考虑了一下，觉得虽然书没什么意思，但是为了梅西的签名也要把书留下，于是他又花9欧元把它买了回来（这次生意做得不太好）。最后，他又改变主意，以10欧元的价格再次卖掉了它。和阿里、布鲁诺谈起这一系列交易时，我们三个对于他是亏了还是赚了有不同的看法。你觉得他是赚了还是亏了？赚了或亏了多少钱？

提示：假设一开始的时候，我们的这位伙伴有20欧元，花7欧元买了这本书之后，他剩下13欧元和这本书……按这个方式继续往下推理。

自行车、三轮车和汽车

每学期末,老师都会带我们"短途旅行",这意味着我们可以离开学校。可这些旅行并不是很有趣,老师带我们去的不是游乐园,而是工厂、纪念碑等。但老师认为,出门走走比总待在学校里好。有一次,他带我们去参观玩具厂(这里更不好玩,真的)。经理向我们介绍说,他们的产品有自行车、三轮车和汽车(当然都是玩具)。他还说,每种玩具的数量是一样的,总共有918个轮子。事实上,经理出的这道题对我们来说一点儿挑战也没有,我们很快就算出了每种玩具的数量。你知道每种类型的玩具各有多少吗?

提示:问题很简单,先计算一组自行车、三轮车和汽车的轮子数量。

特别的僧人

我们球队来了一个新门将——塞巴斯比。他比之前的门将(这人经常嘲笑我们)更自大。他也很喜欢解谜题。每当他以为找到了一个我们没听过的智力题的时候,就会跑过来说给我们听。大多数时候,他都是垂头丧气地回去的。因为在他说完之前,我们就猜出答案了。不过,偶尔也有我们没听过的题,这倒是给了我们一些惊喜。下面就是一个不错的惊喜。看看你能不能回答出来。题目是这样的:

在一个封闭的寺院里,所有的僧人都在为下棋的方丈祈祷。对局结束后,一个僧人向方丈抱怨,有一个同伴没有像他们那样祈祷。然而,方丈并没有责怪这个同伴,你知道这是为什么吗?

提示:那个同伴和下棋的方丈有关。

两个信封

"一笔画信封"的游戏在同学中很受欢迎，我就给演变了一下，发明了一个升级版。为了跟原版区别开，我把这个游戏称为"两个信封"。游戏规则还是一样的，一笔画出图中的信封，且不能重复经过相同的线两次。尝试几次你就会发现，图1是不可能完成的。但是，如果去掉两个信封之间的线（如图2）就能完成。我的同学中，只有一半的人完成了这一挑战。你能完成吗？

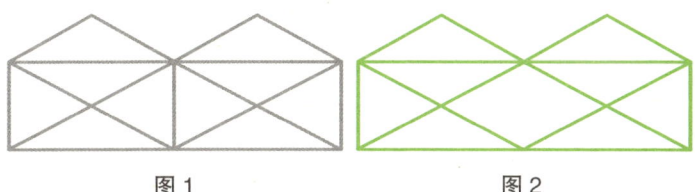

图1　　　　　　　　　图2

提示：一种方法是先画左边的信封，再画右边的信封。

过河挑战

最近，门卫卷土重来，又给我们出了一道题。这道题比我们之前见过的都要复杂，真不知道她是从哪里找到的。我们几个不得不联手解谜，终于在中午时答出来了。看看你是否能比我们快。谜题是这样的：

一天夜晚，有五个人想通过一座桥。由于年久失修，桥的承重有限，一次最多只允许两个人同时通过。他们有一把手电筒，只能亮30分钟。五个人单独过桥分别需要1分钟、3分钟、6分钟、8分钟和12分钟。他们应该采取什么方案，才能在手电筒没电之前顺利过桥？

提示：最快的两个人先过桥，还要让最慢的两个人同时过桥。

数字方阵（1）

语文是我的弱项，布鲁诺和查理总是嘲笑我。然而，我的语文只得了 8 分，我还能抱怨什么呢。一天，在语文课上，我的脑子开了小差（我知道这是不对的）。我画了一个 6×6 的方阵，并沿着连续的路线填入了 1 至 36 的数字，然后它就变成了下面的样子。

突然，我想出一个游戏。我重新设计了一个数字方阵（填数字的规则和上面的一样），并将里面的一部分数字抹去，然后把这个数字方阵递给了正打哈欠的布鲁诺，让他将抹去的数字补上。没过多久他就填完了。看看你要花多长时间完成吧。

1	2	19	20	21	22
4	3	18	25	24	23
5	16	17	26	27	28
6	15	36	35	34	29
7	14	13	12	33	30
8	9	10	11	32	31

	30			1	
				36	
				5	
	21				
				13	

提示：方阵四个角上的数字分别是2，18，11，29。

数字序列（3）

来吧，看看这个数字序列。你知道后面的数字是什么吗？

8　　18　　218　　3218　　43218

提示：看看每个数字加多少才能得到下一个数字。

说谎的人

你知道的，有时上课觉得无聊，我们会出一些谜题自娱自乐。前几天，数学老师捡到了一张写有谜题的纸条。教室里的每个人都知道阿里、布鲁诺和我爱写谜题，所以，嫌疑人锁定在我们三个身上。这一次，老师似乎很生气，他问我们是谁写的纸条时，我们中有一个人说了谎。下面是我们的回答：

阿里：不是布鲁诺。

布鲁诺：不是查理。

我：是阿里。

你知道真相到底是怎样的？

提示：应该分别分析以下三种情况：（1）阿里说谎；（2）布鲁诺说谎；（3）查理说谎。

补全图片（1）

我们已经厌倦了之前做过的考验观察力的题，就建议老师换种方式。这一次，我们要从五个小图中找出一个，补全左边的蝴蝶。你知道该怎么做吗？

提示：蝴蝶右边的每个小图都是不同的。先找出图片的不同之处，再试着找出哪一个能补全这只蝴蝶。

天平的平衡（3）

如果只能放相同的一种字母使最后一个天平平衡，那么分别需要多少个A？多少个B？多少个C？

提示：从第一个天平，我们知道1个A等于3个B，再结合第二个天平中的信息，你就能完成这个挑战。

掉落的字母卡片（1）

我们经常在操场上玩字母卡片游戏。我们对这个游戏很上瘾，玩到课间休息时间快结束了都不愿离开。有一次，上课要迟到了，我不小心把所有的字母卡片都掉在地上了，落在地上的卡片就是下图中的样子。你能找出它们的掉落顺序吗？最下面的那张字母卡片最先掉落，最上面的那张字母卡片最后掉落。

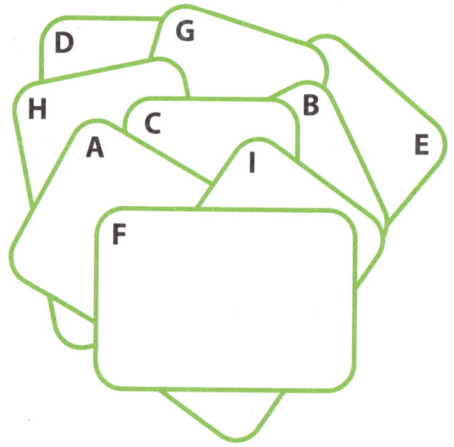

提示：采用逆向推理，可以更好地解决这个问题，先从最上面那张卡片开始吧。

骰子点数之和

数学课上,老师给了每个人一个骰子,来讲解掷骰子的概率问题。他解释说,如果我们掷两个骰子,并将它们落地后的点数之和相加,这个数是7的概率大于是4的概率。我之前一直认为7和4的概率是相同的,但事实并非如此。

下课后,我拿出三个骰子排成一行。每摆一次,我便报出一个数字,如下图所示。你知道我摆出第三组点数后,报出的数字是多少吗?

⚃ ⚁ ⚅ = 9   ⚄ ⚄ ⚀ = 12   ⚂ ⚄ ⚀ = ?

提示:我说出的数字是三个骰子某面点数相加的结果。

有创意的生日(1)

妈妈经常说,我们只有在看到垃圾食品的时候才会觉得饿。上一次,一个小伙伴在院子里庆祝生日,我们给他买了一个甜甜圈。吹完蜡烛后,过生日的男孩给我出了一个难题。他知道我擅长几何,让我只用三刀将甜甜圈切成9块(我们一共有9个人),并且中途不能移动任何一块甜甜圈。

我花了点儿时间,最后还是成功地证明了自己的实力。你知道该怎么切吗?

提示:考虑一下三角形。

晚宴的座位

数学老师一直告诉我们,如果我们长大后想做数学研究,就不能不读克劳迪亚·阿尔西娜教授的书。他还告诉我们,他很自豪自己是阿尔西娜教授的学生,并不厌其烦地向我们推荐她的书。一天,我去书店买书,正好看到了她最近出版的一本书——《马特谢夫》。翻阅这本书的时候,里面的一个问题给了我灵感,于是我发明了下面的游戏:

胡安和胡安娜夫妇办了一场晚宴,他们邀请了各自的父母会面。胡安的父亲是安东尼奥,母亲是安娜;胡安娜的父亲是布拉斯,母亲是伯塔。所有人要在下图的这张长方形餐桌边就座,座位安排必须满足这些条件:

(1)胡安和胡安娜至少有一个人坐在主位(左右两端的位置)。

(2)男女必须交替坐。

(3)夫妇不能挨着坐(即一个在另一个的左边或右边)。

(4)胡安的母亲应该坐在他的右边。

(5)胡安的父母最多有一个可以坐主位,在这种情况下,另一个主位是另一性别的主人(胡安或胡安娜)。

(6)胡安的岳母坐在他左边。

我让阿里和布鲁诺来安排座位,他们两人都没能将这一家人安排在正确的位置。你知道怎么做吗?

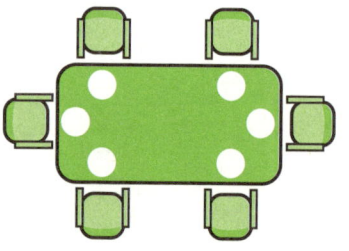

胡安和胡安娜(主位)
安娜和安东尼奥(胡安的父母)
伯塔和布拉斯(胡安娜的父母)

提示:胡安和胡安娜有一个人必须坐主位,可以根据这个线索,尝试不同的安排。

四块车牌（2）

老师的车牌和门卫的车牌之间有着奇特的联系，受此启发，我发明了一个游戏。我拿着这个游戏去考门卫，让她猜一猜最后一个车牌中的问号代表什么数字。门卫不得不求助数学老师，因为她不知道如何解决这个问题。

你知道怎么解决吗？

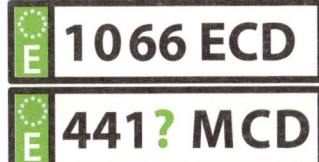

提示：字母不重要，注意观察每组数字的特点。

移动木棍（1）

这个游戏也是我发明的，简单来说，就是移动四根木棍，使三个菱形变成五个菱形。

阿里和查理玩得很过瘾，最后都找出了解决方案。

你多长时间能做出来呢？

提示：必须把其中一个菱形完全拆开。

搞笑谜题

我讲笑话时,阿里和布鲁诺经常会捣乱,他们认为我讲得没意思。我承认,我讲笑话的水平不高,但下面的这个笑话,他们都很喜欢。你也来听听吧。

你能说出害羞的斑马、从烟囱里出来的圣诞老人、割伤了手的修女和受伤的熊猫之间有什么共同之处吗?

提示:想象一下每个场景。

猜谜语(2)

学期快结束的时候,我给朋友们出了一个谜语,他们很快就猜出来了。你多久能猜出来呢?

"即使我流着你的血液,但如果有机会的话,你也会杀了我。你知道我是谁吗?"

提示:出这个谜语的时候已经是夏天了。

正面还是反面

数学老师给我们出了一道智力题:

迈特准备去一个著名的电视节目比赛中玩猜硬币游戏。主持人会掷 100 次硬币。每次掷硬币时,迈特都要猜硬币是正面朝上还是反面朝上。掷完 100 次后,如果迈特猜对 50 次以上,就能赢得一辆车。为了帮助他,主持人让他从两位顾问中选择一位:一位顾问的猜中率为 52%,另一位顾问的猜中率为 15%。奇怪的是,迈特选择了猜中率是 15% 的顾问。你能解释一下他为什么做了这个奇怪的决定吗?他想输吗?你会这么做吗?

我们班上没有人能解释迈特做这个奇怪决定的原因。你能帮帮我们吗?

提示:虽然看起来很奇怪,但迈特做了一个明智的选择。想想为什么迈特选择的顾问能帮助他赢得这辆车。

完全数

128

数学课上,介绍了自然数和整数之后,老师告诉我们还有一类数字叫作"完全数"。你知道什么是完全数吗?

第一个完全数是6。我来解释一下。6的所有约数(6本身除外)是1,2,3,把这些约数加在一起,结果还是6。也就是说,如果一个数等于除它本身之外的所有约数之和,它就是一个完全数。你能找出6后面的完全数吗?

提示:下一个完全数小于30。

特殊的时刻

129

我的三大爱好依次是:跳现代舞、玩智力游戏和读书。偷偷告诉你,前几天我睡得很晚,爸妈都不知道,因为我一直在看《卡夫卡和旅行娃娃》这本小说。睡觉前,我看了一眼床头柜上闹钟的时间。那是一个特殊时刻——23:32(请不要告诉我妈妈),一个回文数(从左至右读与从右至左读都是一样的数字)。

我突然想到一个问题,一天中闹钟会显示多少次回文数呢?但是,还没算出来我就睡着了。

你能帮我计算一下一天中闹钟会显示多少次回文数吗?谢谢。

提示:答案并不难找,因为一天中,闹钟上出现这种情况的次数不超过25。

回文数

做完上一个回文数时间的游戏,我突然想到另一个问题:有多少个五位数,它们从左向右读和从右向左读都是一样的呢?你能帮我数数吗?

如果你不明白我在说什么,我给你看几个数字。加油吧!

但是,要小心,数字不能从 0 开始,因为这样就不是五位数了……

12321   34743   92529   11111   70107

提示:想一想五位数的万位可以是哪几个数字,千位可以是哪几个数字,百位可以是哪几个数字。十位和个位不用考虑,因为它们已经由万位和千位的数字决定了。

数学魔术(1)

我说过,每学期的最后一堂数学课,老师都会表演一场精彩的数学节目(拼图、不可思议的谜语,甚至数学魔术)。下面的魔术就是他最近表演的。

老师选择了一名志愿者并让他按照以下步骤操作(你也可以跟着做)。

(1)写一个三位数,例如 123。

(2)变换数字的顺序,组成一个新的三位数,例如 321。

(3)现在,用上面的大数减去较小的数。

(4)将上一步得到的数字的各位数字相加。如果得数是一个两位数,就再将这个数的两位数字相加。

如果在上述任何一个步骤中都没有犯错,你应该得到一个个位数。让我猜猜……

我们的老师又成功了!在提示中,你会发现志愿者最终得出的数字。

提示:老师掀开他的毛衣,里面穿着一件印有数字9的T恤。你知道他是怎么做到的吗?

黑白相间

美术课上，制作完下面的马赛克后，我们想到一个问题：图中的黑白两种颜色，哪一种颜色的面积更大一些呢？你知道怎么计算吗？

提示：在图中画出网格，形成64个小方格，再数一数每种颜色各占了多少个方格。

储物柜（2）

前几天，我把一本书落在了储物柜里。我请布鲁诺帮我取出来。他知道我用组合锁把储物柜锁上了。组合锁有四个按钮（如图所示），要打开柜门，必须按照正确的顺序按下每个按钮。我没有直接告诉布鲁诺密码，而是给了他三条线索，让他自己推理出来。这三条线索是：

（1）你要按下的第一个按钮和最后一个按钮，它们的字母的顺序不是连在一起的。

（2）你要按下的最后一个按钮不是 A 也不是 D。

（3）你要按下的第一个按钮不能是 A，第二个按钮不能是 B，第三个按钮不能是 C，第四个按钮不能是 D。

布鲁诺看到线索后，并没有因为我给他找了这么多麻烦而生气。他静下心来仔细思考，终于想出了密码。

你知道怎么打开我的储物柜吗？

提示：密码不能以A开头，那么就只剩下三种情况：BXXX，CXXX，DXXX。再根据线索找出剩下的密码。

布鲁诺的生日

前几天是布鲁诺的生日,他想邀请几个朋友一起庆祝,就买了很多糖果(不到100颗)。然后,他请我帮忙做袋子,并把糖果放在袋子里分给所有的朋友。我不知道每个袋子里要放多少颗糖,但我知道,如果把这些糖平均放在3个、4个、5个或6个袋子里,都不会有糖剩下;如果把它们平均放在7个袋子里,有一个袋子会少3颗糖。你知道布鲁诺买了多少颗糖吗?

提示:既然布鲁诺买的糖果用3个、4个、5个、6个袋子都能平均分完,那么这个数一定是3,4,5,6的公倍数,在此基础上继续思考吧。

建造金字塔

美术老师又来考验我们的空间想象力了。他在黑板上画了5个平面图,其中只有1个不能建造出右边的金字塔。他让我们在5分钟内找出来。结果,阿里找错了,查理找对了。你能在5分钟内找出来吗?

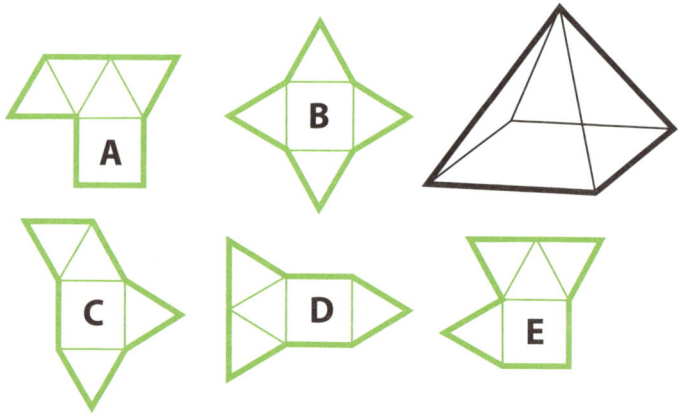

提示:如果想象力不够,可以在纸上折一折。这样,你一定能成功。

奇怪的生日

前几天,我们发现另一所学校的一个小伙伴12月28日要过生日,但他一直都是夏天过生日。你能解释一下这是怎么回事吗?

提示:这个学校离得有点儿远。

如何得到24?

完成数学作业后,我给布鲁诺和查理出了一道难题:用三个相等的数字组成一个算式,使运算结果等于24。他俩都很聪明,很快就回答我:8 + 8 + 8 = 24。但我告诉他们,不能使用数字8。有了这个条件后,他俩绞尽脑汁也没想出来,最后只好求助数学老师。如果不找老师帮忙,你知道如何解决这个问题吗?

提示:这道题不简单,你可以用3个2或3个3试试。

加西亚的哥哥

我们学校的秘书处有三个人:加西亚、洛佩兹和马尔克斯。加西亚的哥哥在一次交通事故中丧生,但死者没有兄弟。你知道是怎么回事吗?

提示:小心,这道题有陷阱,题目里没说的事情不要随便假设。

我的侄子

　　一天,自然老师奥里奥尔看到我很高兴,就问我原因。我向他解释说,我的侄子出生了。同时,我也有点儿担心,不知道该怎么抱他。老师先祝贺了我,并向我保证,我会是一个好叔叔。最后,他问我,知不知道我的侄子有哪一样东西比我多。

　　我很茫然,根本不知道我的侄子有哪一样东西比我多。你知道是什么吗?

提示:这个答案有点儿难,和人体有关。

绝望的卡车司机

　　一天,放学回家的路上,我们遇到了一位绝望的卡车司机。他的车被困在一座矮桥下。向前开或向后倒都可能划伤车顶,他怕失业,一直不敢动。在分析了情况之后,我们三人(阿里、布鲁诺和我)给了他一个简单的解决方案,让他摆脱了困境继续上路。他非常感谢我们,还在桥旁边的一个售货亭给我们每人买了一袋糖。猜猜我们给了他什么建议?

提示:虽然问题发生在车顶,但我们在车底部找到了解决方案。

画展

　　在圣诞节到来之际,学校举办了一次画展,展出了我们这学期画的所有作品。为了悬挂这些作品,路易斯用一条3米长的绳子的两端,把两根2米高的杆子的两个顶端连在了一起(忽略打结需要的长度)。此刻绳子正悬在离地面半米的地方,你知道现在两根杆子之间的距离是多少吗?

提示:想象一下两根杆子和连接它们的绳子。画出两根杆子,想想不同的间距下,绳子离地面都有多远。

院子里的雪

每年圣诞节,阿里都会到爷爷奶奶住的村庄去度假。她喜欢去爷爷奶奶家,在学校里她就一直想念他们。她还告诉我们,那里非常冷。有一年圣诞节,她给我们发了条信息,说那里雪下得很大,邻居家院子里的雪是她家的两倍。最后,她让我们猜猜这是怎么回事。你知道如何解释吗?

提示:很明显,不是所有的房子都一样大。

超级被除数

数学老师觉得我们周末没事可做,就给我们出了一道难题:找到能够被 1 到 9 这 9 个数字整除的最小的数字。结果,我和伙伴们在回家路上就找到了答案。你能这么快找出来吗?

提示:可以先将1至9连乘:$1×2×3×4×5×6×7×8×9$,结果一定比这个数字小。再考虑一下哪些数字可以去掉。

熊的颜色

我们擅长智力游戏的名声已经传遍了整个学校,地理老师曼内尔也给我们出了一道题:

一只熊从洞穴里出来寻找食物。它向南走了 6 千米,然后向西走了 2 千米,最后又向北走了 6 千米。经过 14 千米的路程,它又回到了自己的洞穴里。你知道这只熊是什么颜色的吗?

提示:问题与曼内尔老师教的课程有关。想一想,熊为什么能回到自己的洞穴里。

聪明方格（3）

你能使用数字1到4，完成下面的表格吗？

如果你不明白这个游戏的规则，请查阅游戏72"聪明方格（1）"

-2		-2	
+4	x2	x32	
			x6
x12			

提示：第一行的前两个格子中，只能填2和4，要思考一下是（2，4）还是（4，2）。同样，最后一行的前两个格子中，只能填3和4，顺序要你来确定。

找不同（5）

布鲁诺也要来考我们。他给我们看了五幅画，让我们找出与众不同的一幅。我们很快就找到了，你能找到吗？

提示：其他四幅画有一个共同的部分。

补全图片（2）

147

美术老师设计的细节挑战游戏很受欢迎，我们又请他设计了一些。下面的就是其中之一。

哪个小图能补全左边的图片呢？如果不理解游戏规则，请查阅游戏117"补全图片（1）"。

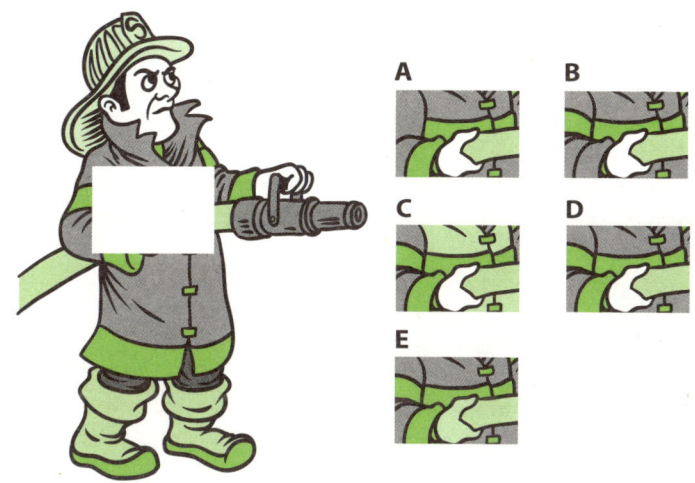

提示：注意观察颜色。

周末糖果

148

从星期一到星期五，我们三个人都不能吃糖，但是周末我们会吃个痛快。上个周末，阿里吃的糖的数量是我的两倍，布鲁诺吃的糖的数量是我的3倍。如果我们三个人一共吃了48颗糖，那么我们每个人分别吃了多少颗糖？

提示：用48做除法。

统计学

讲统计学的时候,数学老师问我们,一年中哪个月全市所有居民的总睡眠时间最少。我们以为他在开玩笑,但他说我们每个人都能回答这个问题。

提示:正如老师所说的,在没有其他信息的情况下,我们所有人都能回答这个问题……答案确实是显而易见的。

两支蜡烛

在 21 世纪的今天,我从没想过没有光会怎样。一天,我在奶奶家,突然停电了。奶奶马上点燃了两支全新的、同样长的蜡烛,我们又能看见彼此了。三个小时后,来电了,两支蜡烛中的一支已经完全燃尽,而另一支还剩下一半。你知道为什么吗?

提示:蜡烛的长度不是最重要的。

数字序列(4)

这是我给布鲁诺和查理出的另一道数字序列题。只有布鲁诺发现了数字之间的关系,并在数列后面填上了一个数字。你能完成吗?

12 84 51 28 45 ?

提示:试着重新组合数字。

特殊的日期（2）

在游戏 90 "特殊的日期（1）"中，我已经说过了，我们的兄弟姐妹出生在特殊的日期，这些日期按"日 – 月 – 年"写出来都是回文数（从左向右读与从右向左读都是一样的）。我担心你忘记了，又把它们写在下面了：

10-02-2001　20-02-2002　01-02-2010　11-02-2011

我们很想再有一个弟弟，当然，我们希望他的出生日期还是回文数。

你能不能告诉我们，这个小弟弟应该在哪些日子出生？

提示：一年一年找找看。

负片（2）

这是老师想出的游戏，不过是我用软件帮老师处理的图片。看看你能不能找出哪一幅图是原始图的负片。注意，不要忽略任何细节。

如果你不明白这个游戏的规则，请查阅游戏 91 "负片（1）"。

提示：仔细观察所有细节，你就能发现其中一些图片缺失的部分。

圆圈中的数字（2）

上一次，布鲁诺没能找到圆圈中的数字。他久久不能释怀。我和查理决定再给他一次机会。于是，我们俩拿了这一道题去找他，假装我们都不会做。幸好，这一次布鲁诺想出了正确答案，还在我们面前很得意。好吧，重要的是我们又能一起愉快地玩耍了。

你知道如何将 1 到 8 之间的数字填入下面的圆圈中，使所有的算式都成立吗？注意，数字不能重复使用，答案是唯一的。

顺便说一下，不要告诉布鲁诺我们是故意让他赢的（这是我们的秘密哦）。

$$9 - \bigcirc = \bigcirc$$
$$-$$
$$\bigcirc \times \bigcirc = \bigcirc$$
$$=$$
$$\bigcirc - \bigcirc = \bigcirc$$

提示：不能在乘法算式中填太大的数字，因为结果不能超过8。

天平的平衡（4）

最后一个天平需要多少个 C 才能平衡？

提示：从第一个天平中，可以推断出C与A + B的关系。再结合第二个天平的情况，可以知道如何使最后一个天平平衡。

切三明治

156

早上的时候,妈妈经常会给我做三明治。一天,我问她为什么要像第一幅图那样切三明治,而不用第二幅图中的切法。她给我的答案显而易见,但我从未想到过。你知道她为什么要斜着切吗?

妈妈的切法

另一种切法

提示:想想哪种方式更容易将三明治平均分成两份。

青蛙跳棋(3)

157

这一次,游戏就没有那么简单了,只有布鲁诺完成了,而且是花了很长时间才完成的。你能只留一只青蛙在棋盘上吗?如果你不理解这个游戏的规则,请查阅游戏69"青蛙跳棋(1)"。如果你想增加点难度,试着让这只青蛙留在棋盘中心。

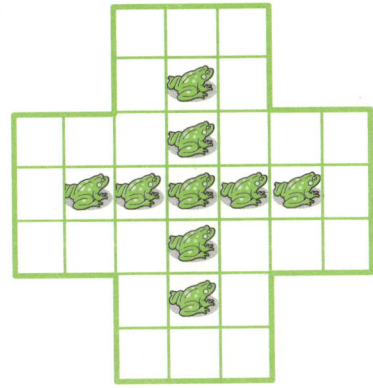

提示:先让第三行的青蛙跳过第二行的青蛙落在第一行,这样第二行就空了。

拔河比赛

这学期的最后一天,我们在学校举办了一场大型晚会,晚会内容包括文艺演出、游戏和趣味竞赛。其中一项竞赛是经典的拔河比赛。在半决赛中,2名二年级学生和1名一年级学生组成一队,和1名六年级的学生比赛,结果不相上下。而在另一场半决赛中,5名一年级学生组成的队伍和4名二年级学生组成的队伍比赛,同样不相上下。如果在最后的决赛中,3名一年级学生和1名六年级学生组成一队,4名二年级学生组成另一队,那么哪一队会获得胜利呢?

提示:一年级学生用A表示,二年级学生用B表示,六年级学生用C表示。在半决赛中,我们看到的两组对决分别为A+B+B=C,A+A+A+A+A=B+B+B+B。那么当拔河比赛两边为A+A+A+C和B+B+B+B时,哪边将获得比赛胜利呢?

猜谜语(3)

上次我出的谜语阿里没猜出来,对此他一直耿耿于怀。这次,她给我出了下面这个"自我介绍"谜语,想要难倒我,但她并未如愿,因为我在很短的时间内就想出了答案。你也能找到答案吗?

谜面:我可以环游世界,但我总是待在一个角落。你知道我是谁吗?

提示:这个东西很小,使用的频率也越来越少。

缺失的多米诺骨牌

在课间休息时,我们聚在一起玩多米诺骨牌。推倒骨牌后,我用28块骨牌中的8块做了一个神奇的矩形方阵,但学校的小霸王过来拿走了这个矩形方阵中的一块骨牌。不过,这个"傻大个儿"(虽然这样说不太好,但我实在受不了这个脑子里长满肌肉的家伙)倒是帮了我们一个忙,因为他在无意中发明了一个新的游戏。

找一找,每块骨牌上的数字与它们在矩形方阵中的位置有什么逻辑关系,再猜一猜被拿走的骨牌是哪一块。

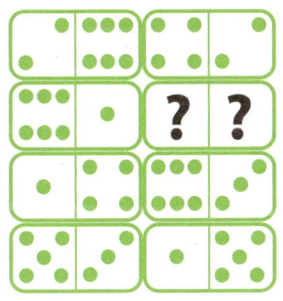

提示:在矩形方阵中,每行、每列和每条对角线的数字之和是相同的。

字母盒子

尽管看起来不像,但下面这个游戏,是我更擅长的类型(不是查理和阿里)。你知道字母Z在哪个盒子里吗?

提示:我说过,这个游戏涉及的几何问题更多一些。

81

多米诺骨牌方阵

162

在"傻大个儿"无意发明了那个多米诺骨牌矩阵的游戏后,我也发明了一个类似的游戏。在这个游戏中,我要用8块多米诺骨牌构建一个新的矩形方阵,使每行、每列和每条对角线的点数之和均为9。你知道该如何构建这个方阵吗?

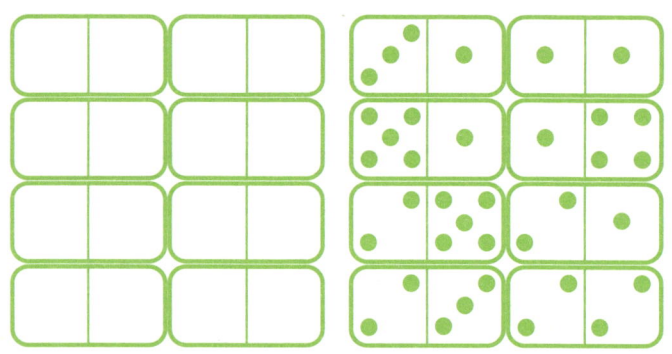

提示:1-1这块骨牌在矩阵的第一行。

特别的日子

163

地理课上,老师告诉我们,1978年6月5日,萨拉戈萨市市长费德里科被任命为教科文组织副总干事。其实,我并不知道这个人是谁,但在听到这个日期后,我的思绪又不由自主地飘离了课堂。那一天的十二点三十四分,确实挺特别的。你知道为什么吗?

提示:试试只使用数字来书写这一日期和时间。

数字表格

一次，我在课堂上开小差的时候，画了4个表格，如下图所示。你知道它们有什么特别之处吗？表格中的数字是按照什么规则填写的？

1	9	2
3	8	4
5	7	6

2	1	9
4	3	8
6	5	7

2	7	3
5	4	6
8	1	9

3	2	7
6	5	4
9	8	1

提示：找一找每个表格第二行数字与第一行数字的关系，也找一找第三行数字和第一行数字的关系。

分割正方形（2）

未能赢得上一个分割正方形游戏，阿里和查理十分懊恼，更因为输掉那一袋糖果的赌注而郁闷不已，所以他们打算联合起来，出一道新的分割正方形的题，来赢回之前输掉的那袋糖果。他们打赌说，1个正方形无法分割成8个正方形。我实在搞不懂，我们相识多年，他们难道仍然不知道几何问题根本无法难倒我吗？所以，现在我有了两袋糖果！如果让你来解答，你能赢得这袋糖果吗？

提示：可以分割出7个相等的小正方形和1个大得多的正方形。

有个性的礼物（2）

166

下一个过生日的伙伴是查理。你能用下图给出的木板拼图拼出查理名字的首字母 C 吗？

如果你不明白这个游戏的规则，请查阅游戏 97 "有个性的礼物（1）"。

提示：把第二行的第一块拼图垂直放置，就能摆出字母 C 内曲线的一部分。以此为起点，把其他 5 块拼图拼到合适的位置上吧。

著名的迷宫（2）

167

这个哈特菲尔德的迷宫，是查理向我们推荐的。你知道该如何出入这个迷宫吗？先告诉你一声，阿里花了很长时间才走出来……

提示：先到达迷宫中心，然后试着从那里开始走出迷宫。

足球的接缝

我们的同学安东尼奥非常热爱足球。一次课上，他向我们的班主任（我们已经向你介绍过，他是我们的数学老师）抱怨，说我们班的旧足球有一条接缝开线了。班主任却说，如果我们知道一个足球有多少条接缝，就会明白有一条接缝开线并不是什么大事。有同学问老师一个足球有多少条接缝时，老师并没有直接说答案，而是告诉我们足球是由 20 个六边形和 12 个五边形组成的。

根据老师给出的提示，阿里、查理和我只用了不到 5 分钟就算出来足球有多少条接缝了。你需要花多长时间呢？

 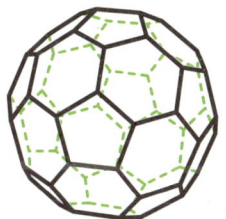

提示：计算其实很容易。数一数每个五边形可以提供多少条接缝，每个六边形可以提供多少条接缝就可以了。但是要小心，接缝都是共用的。

很晚了

星期六，我们留下来完成一个小组任务。天色晚了，我问阿里几点了，她回答说："今天剩下的时间是已经过去的时间的五分之一。"

你看，阿里总是那么有趣。我妈妈要我在晚上七点以前回家，你认为我能做到吗？

提示：这个时间是个整点时刻，试着找出它。

捉弄老师（1）

170

我们的班主任总是盯着我们，不让我们往院子里乱丢纸屑。我和阿里想要拖住他，于是凑在一起给他出了一道题。我们告诉班主任，我们两个人说的可能都是实话，也可能有一个人撒谎，或者两个人都在撒谎。

接着，阿里说："我们两人中至少有一个人在撒谎。"

你能帮老师判断一下吗？是我们两个人都在撒谎，还是一个人在撒谎，另一人说实话？又或者两人说的都是实话？

提示：想一想，如果阿里说的是谎话……

装水的玻璃杯

171

学期结束的时候，数学老师给我出了一个类似"半杯可乐"的挑战。他告诉我，他剪了一根刚好能绕玻璃杯一周的线（如图所示），接着把这根线拉直，使其垂直于玻璃杯底，然后往玻璃杯中倒水，直到水的高度与线的长度一致。老师要我判断一下，根据线的长度，需要往杯子里倒多少水。我先回忆了一下如何计算圆的周长，毫不费劲就答出来了。你呢？你认为这条线会有多长？实际情况会是 A，B，C，D，E 中的哪一种呢？

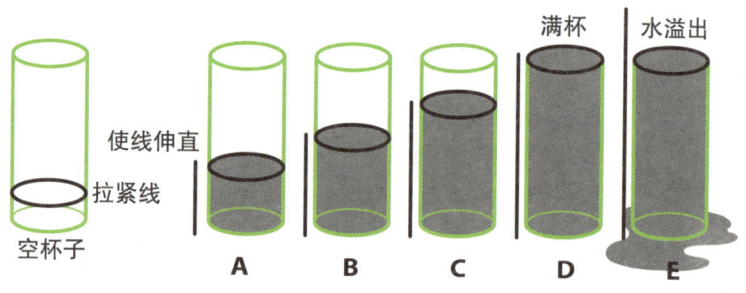

提示：请注意，题目有欺骗性。

闰年

地理老师告诉我们,能被 4 整除的年份,一般是闰年,但年份是整百数的,必须能被 400 整除才是闰年。例如:2012 年就是闰年,因为它能被 4 整除;2007 年不是闰年,因为它不能被 4 整除;1900 年不是闰年,因为 1900 是整百数,但不能被 400 整除;2000 年是闰年,因为它能被 400 整除。

说到闰年,我们很想知道 2000 年到 3000 年之间有多少个闰年。你知道怎么计算吗?

提示:先计算2004年到2096年间有多少个闰年,2104年到2196年,2204年到2296年……都是一样的情况。记住,2000年是闰年,但2100年、2200年、2300年、2500年、2600年、2700年、2900年不是。

买彩票

就在圣诞节前,我和阿里、布鲁诺一起去上学,看到街上有一大群人排队买彩票。去年,这个彩票站中出一注头奖,今年人们都想来试试运气。阿里认为,大家在这里排队毫无意义,这个彩票站今年再出现头奖的可能性比较小,因为同一个地方连续两年出现头奖是很难的。布鲁诺认为,有这么多人来这里买彩票合情合理,因为这家彩票站多年来都有中奖记录。

我不同意他们任何一个人的说法。你觉得呢?你认为这家彩票站还会中出头奖吗?你觉得经常在同一个地方买彩票,就会更容易中奖吗?

提示:数学老师证明我是对的,阿里和布鲁诺都不对。试着找出原因吧。

给堂妹的包裹

我的三个堂姐妹住在科罗纳南街三栋联排的房子里。我想给其中一个堂妹克劳迪娅寄一个包裹,她住在三栋房子中的第一栋,但我忘记她的门牌号码了。我只记得之前我们开玩笑时,她告诉我这三栋房子的门牌号码之和是111。

你能帮我弄清楚克劳迪娅的门牌号码吗?这样,我就不会把包裹寄到其他姐妹的家里了。

提示:先把111除以3。

隐蔽的陷阱

课间休息时,足球场是同学们最想去的地点之一。可是,高年级的同学总是霸占着球场,低年级的同学都没法去玩了。看到这种不公平现象,我和阿里、布鲁诺向学校领导建议,在每个课间休息开始时,由管理球场的老师抛两次硬币。如果两次都是正面,接下来的课间休息时间,球场就归那些经常霸占这里的高年级学生。如果一次是正面,一次是反面,那么这个课间,球场将属于低年级的孩子。如果两次都是反面,就重来一次。高年级和低年级的同学都接受了这项提议,但他们都没有意识到,从此以后,低年级的孩子将占据上风。你知道这是为什么吗?

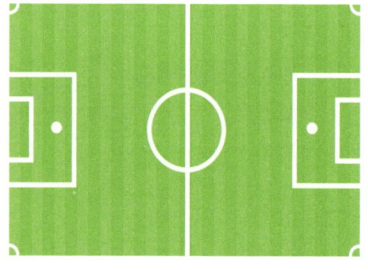

提示:做几次测试,看看会发生什么。

我的小表弟

前些日子,我的小表弟出生了。他很小,但总是不安分。一天早上,我的姨妈(他妈妈)带他去药房称体重,但他一直动来动去,没办法老实待在体重秤上。俗话说,姜还是老的辣。姨妈在没有伤害他的情况下,成功地称出了他的体重。你知道她是怎么做的吗?

提示:我的小表弟在姨妈和药剂师的怀中完成了称重。

堂妹和叔叔

今年,我堂妹克劳迪娅的年龄和我叔叔的年龄数字是一样的,但顺序相反。如果克劳迪娅是在我叔叔27岁时出生的,你知道我叔叔和我堂妹都多大吗?告诉你一条小线索,我堂妹是未成年人。

提示:有六种可能的组合,但只有一种组合满足堂妹是未成年人这个条件。

三杯面粉

一些同学为了攒钱假期去旅行,会在课间休息的时候,售卖自己制作的蛋糕。制作一个蛋糕,需要3杯面粉,但我们只有两个不同的容器,一个的容量相当于2杯,另一个的容量相当于7杯。我们都想做出漂亮的蛋糕,因此,我们必须准确量出3杯面粉。你知道我们是怎么做到的吗?

提示:问题不是很复杂,可以先把容量为7杯的容器装满,再继续思考。

古怪的交易

有人找碴儿时,我们会和他做一笔交易,这个交易总能让他们的大脑短路。

我们问他:"我们赌1欧元,如果你给我们2欧元,我们就给你3欧元作为交换。你接受吗?"

对方一脸茫然。你觉得他应该怎么办?接受,还是不接受?

提示:我们只和我们不喜欢的人玩这个游戏。

数字金字塔(2)

数学老师觉得我拿来练习算数法则的数字金字塔游戏很有趣,就把它当成练习布置给了全班同学。你应该能想象全班同学看我的眼神(因为老师出的这道题比我自己编的要难一点儿)……

看看你能不能完成吧。我帮你把最后一行写出来了。

$$2\ 1 = 3$$
$$3\ 2\ 1 = 3$$
$$4\ 3\ 2\ 1 = 3$$
$$5\ 4\ 3\ 2\ 1 = 3$$
$$6\ 5\ 4\ 3\ 2\ 1 = 3$$
$$7\ 6\ 5\ 4\ 3\ 2\ 1 = 3$$
$$8\ 7\ 6\ 5\ 4\ 3\ 2\ 1 = 3$$
$$9-8+7-6+5-4-3+2+1 = 3$$

提示:办法有很多,相信不用我提示你也能做出来。

特殊的日期（3）

181

这一次，我们想让你帮忙找到21世纪最后一个回文数日期。如果你不明白这个游戏的规则，请查阅游戏90"特殊的日期（1）"。

提示：这个日子是二月的某一天。

数字方阵（2）

182

我设计的游戏"数字方阵"很受欢迎。地理课和历史课上，我又在作业本上设计了好几个类似的游戏。你能完成下面的这个数字方阵吗？

如果你不明白这个游戏的规则，请查阅游戏114"数字方阵（1）"。

				20	
			14		
	33				
36	1				7

提示：拐角处有一个数字是29。

负片（3）

这是阿里的作品。你能找到原始图的负片吗？如果你不明白这个游戏的规则，请查阅游戏91"负片（1）"。

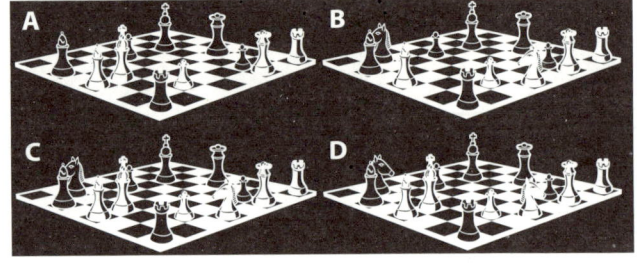

提示：注意观察细节，要特别注意棋子和棋盘。

阿里的朋友

阿里有两个朋友，克拉拉和玛丽亚，她们都住在离阿里家很远的地方。要去找她们玩，阿里必须乘坐公交车，而且去两个朋友家要坐不同的线路。每个小时的不同时刻，都会有两路公交车到站，每条线路的公交车到站时刻是固定的。为了公平起见，阿里决定，她会乘坐第一辆到站的汽车。几个月后，玛丽亚抱怨说，阿里的方法不公平，她去克拉拉家的次数要更多一些。玛丽亚告诉我们这件事之后，我和布鲁诺仔细分析了一番，发现玛丽亚是对的，阿里的方法确实不公平。

你知道为什么吗？

提示：一路公交车在整点到站，另一路在整点一刻时到站，找出这两条线路分别是到哪个朋友家的。

吃豆人

下面的小游戏是圣诞节的时候，别人从网上发给阿里的。游戏的任务是让吃豆人到达出口，吃豆人必须交替吃掉两种挡路的怪物，也就是说，它不能连续吃掉两个相同类型的怪物。此外，还有两条规则：一个怪物被吃掉之后，原来的位置马上会出现一个一模一样的怪物；吃豆人可以回去再次吃掉那个位置上的怪物。

我们花了整整一个下午才走出迷宫。你能完成吗？

提示：下面这幅图给出了前面的几个步骤。

八个皇后

186

还记得"九个皇后"的挑战吗？可怜的小男孩花了一整天的时间，终于意识到他被耍了。于是，他气冲冲地跑来找我们了。这一次，我们告诉他，在棋盘上放八个皇后是可能的，但是非常难，不值得尝试（这是激将法）。实际上，一共有 92 种方法可以完成这项挑战。你能找出其中的一种，把八个皇后放在棋盘上吗？

提示：例如，第一个可以放在第一行的第四个格，第二个可以放在第二行的第七个格。剩下的六个要靠你自己了。

分割正方形（3）

187

再一次输掉了美味的糖果，阿里和查理有点儿不高兴了。我告诉他们，如果他们能再找出至少两种方法，将一个正方形分割成四个相等的部分，我就把糖果分给他们。为了让他们明白我的要求，我给出了两种简单的分割方式。好在这次阿里找到了一种方法，查理找到了另一种方法，所以我们分享了糖果。

你能找出几种方法呢？

提示：可以先将正方形分成两个矩形，也可以尝试更有创意的方法，发挥你的想象力吧。

坏掉的计算器（3）

我们班又有很多同学的计算器坏掉了，别人都说我们班是"野兽班"。来看看玛丽亚的计算器：

这一次，我向布鲁诺和查理提出的挑战是：一次运算过程最多使用 4 次数字键，得到 1 至 20 的所有数字（数字可以重复使用）。

除了 19，其他的数字他们都完成了。你能全部完成吗？

如果你不明白这个游戏的规则，请查阅游戏 5 "坏掉的计算器（1）"。

提示：这些数字不难获得。如果个别数字无法算出，先跳过它，最后再慢慢想。

脑筋急转弯大赛（2）

这次，布鲁诺负责出脑筋急转弯，我和阿里比赛。最终，阿里以 4 比 2 获胜。

你能在 5 分钟内做出多少道题？（不许作弊，必须是 5 分钟内）

（1）如果一列 80 米长的火车要穿过一条 80 米长的隧道，火车每秒行驶 80 米，那么它穿过隧道需要多长时间？

（2）如果有人砍掉了你的头，你会说什么？

（3）哪一个月太阳出来的次数最少？

（4）把千分之一加上 1.99，会得到什么数字？

（5）天和地之间是什么？

提示：和之前的这类游戏一样，所有的问题都有欺骗性，你必须快速思考。

圣诞快乐（1）

190

每年圣诞节来临之际，全校的学生都会和老师一起装饰教室。为了保持风格统一，各个年级不会单独行动，都是按相同的主题一起布置。去年圣诞节，我们决定以废旧咖啡罐为材料制作圣诞树。圣诞树的大小取决于年级的高低，年级越高，圣诞树越大。在下图中，你可以看到一、二、三年级同学制作的圣诞树。

我们是六年级，开始制作之前，我们要算清楚我们的圣诞树需要多少个白咖啡罐和多少个绿咖啡罐。你知道每种颜色的咖啡罐应该各收集多少个吗？

一年级　　　　二年级　　　　三年级

提示：问题不是很复杂，分别计算树的底部、边和内部就可以了。

圣诞快乐（2）

191

我在"圣诞快乐（1）"游戏中告诉过你了，快到圣诞节的时候，每个班级都会制作圣诞装饰。今年，我们准备用木棍和球做圣诞树。你也知道，我们都是爱做"大事"的人，所以，我们一下子做了一棵十层的树。你知道我们用了多少根木棍和多少个球吗？

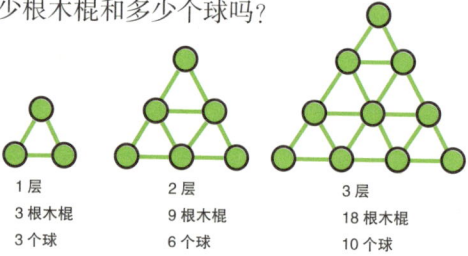

1层　　　　2层　　　　3层
3根木棍　　9根木棍　　18根木棍
3个球　　　6个球　　　10个球

提示：你注意到每层都比前一层多出一个球了吗？所以，球的数量不难计算。木棍的情况有点儿复杂，按层数一数木棍的数量，你会发现它们的规律的。

天平的平衡（5）

192

最后一个天平中，需要在右边的托盘放多少个 C 才能让天平保持平衡？

提示：根据第二个天平，把第一个天平中的B替换成A和C。

聪明方格（4）

193

你能使用数字 1 到 4，完成下面的表格吗？

如果你不明白这个游戏的规则，请查阅游戏 72 "聪明方格（1）"。

+7	x2		x3
	x8		
+3		+7	x8
x3			

提示：最后一列的前两个格子中，应该填1和3。第一列的前两个格子，应该填3和4。数字的顺序就看你的了。

称不出的重量

在物理实验室里，有一台天平和五个砝码，砝码的重量分别是 3 克、6 克、8 克、12 克和 16 克。利用天平和砝码，我们可以称出不同的重量。例如，要称 7 克的东西，我们可以将 8 克的砝码放在一个托盘里，将 3 克和 12 克的砝码放在另一个托盘里。老师告诉我们，除了一个重量外，1 到 33 克（包括 1 和 33）之间的其他重量都可以称出。然后他就开始讲解别的问题了。我却非常好奇，一直在思考到底是哪个重量称不出来。你能帮我找出来吗？

提示：这个重量比较大。

有个性的礼物（3）

我是三个人中最小的一个，不过大家也没有忘了我的生日礼物。试着将下面的木块拼成字母 B。

如果你不明白这个游戏的规则，请查阅游戏 97 "有个性的礼物（1）"。

提示：两个矩形是垂直放置的，一个在另一个的上面。

补全图片（3）

下面又是一个观察力挑战：找出能把音乐钟补全的图片。如果你不明白这个游戏的规则，请查阅游戏117"补全图片（1）"。

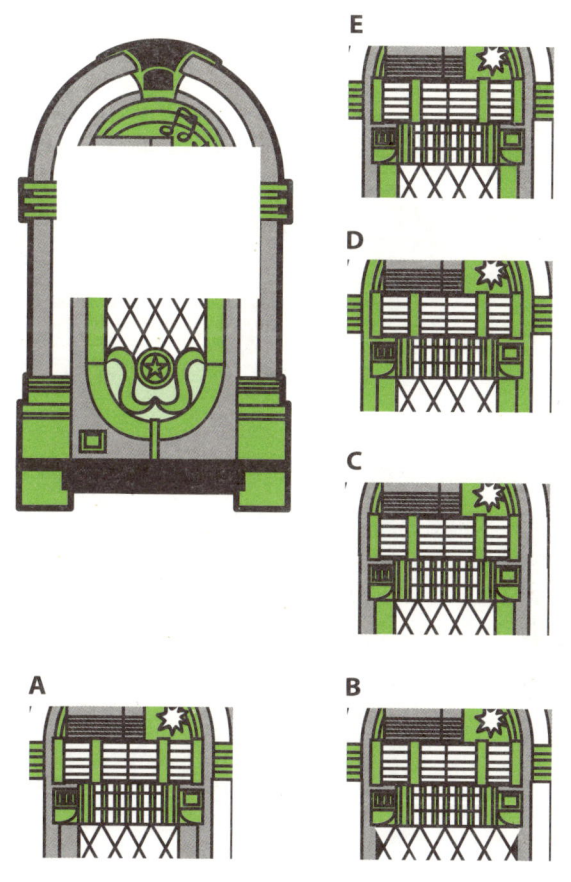

提示：重点比较颜色和线条。

分割六边形（1）

美术课上，老师教我们用尺子和圆规画规则的六边形。我们画出六边形后，他告诉我们，六边形可以被分割成 6 个等边三角形，并画出了分割图。

我很快想到，除了分成 6 个三角形，一个六边形还可以分割成下面几种图形：

（1）3 个相同的菱形。
（2）6 个相同的四边形。
（3）4 个相同的梯形。

你知道怎么分割吗？

提示：要得到3个相同的菱形，需要从六边形的中心画3条线。要得到6个相同的四边形，需要从六边形的中心画6条线。要得到4个相同的梯形，需要经过六边形的中心画2条线。

神秘的表情符号（1）

我们都喜欢去机房上课。老师看不到我们时，我们会以表情符号的形式发送谜语。下面几个谜语是我发给阿里和布鲁诺的。你能猜出这些表情符号表示的是哪些经典童话故事吗？

(1)

(2)

(3)

提示：这三个故事很好猜，你不觉得吗？

滚动吧,查理!

一个星期五的晚上,我们实在太无聊了,就开始思考一个问题。如果把一个 LED 灯放在查理轮椅的轮子上,然后我们中的一个人推着轮椅沿直线走,会发生什么情况。我们每个人都认为光会沿着不同的路线走(就像你在下面的图片中看到的那样)。你能告诉我们谁是对的吗?

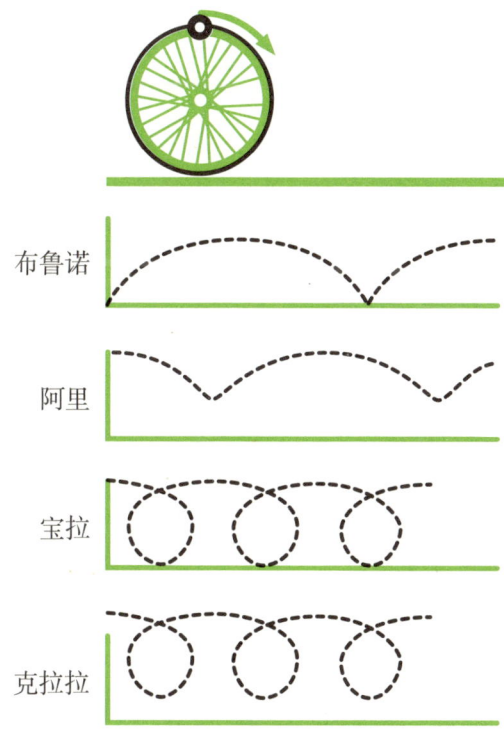

提示:如果你想不出来,可以做一个小纸轮,试试不同的路线。

五格拼板（3）

200

前几天，我向伙伴们提出了一个挑战：用下面 5 个五格拼板拼成一个正方形。为了帮助他们，我把每一个方格都编号了。因此，正方形的每一行和每一列中，都应该包括从 1 到 5 这 5 个数字。你能拼出这个正方形吗？

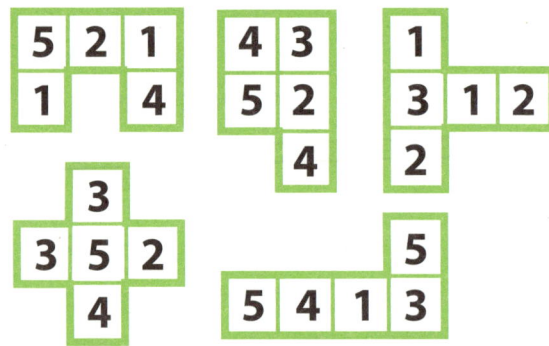

提示：我教给伙伴们的拼法中，5 个五格拼板的位置都变了。

神秘的表情符号（2）

201

你知道这次的两个童话故事分别是什么吗？如果你不明白这个游戏的规则，请查阅游戏 198 "神秘的表情符号（1）"。

提示：音符是指某种乐器的演奏者。

头脑和肌肉

我们已经告诉过你了,学校有个讨厌的家伙,他头脑简单,但是肌肉很发达。课间休息的时候,他正好坐在我们旁边,把垃圾丢了一地就离开了。老师不知道是谁丢下的,所以命令我们一起清理。这个家伙借机挑战我们。他说,他将在两张纸上分别写上"头脑"和"肌肉",然后,由阿里抽取其中的一张。如果阿里抽到的是"头脑",就由我们清理地面;如果阿里抽到的是"肌肉",他就去清理地面。我们很聪明,我们知道他一定会在两张纸上都写上"头脑"。但尽管如此,我们还是赢了。你知道我们是怎么做的吗?

提示:阿里抽了一张纸,又马上丢掉了。想想看她为什么要这么做。

迷你三角形和迷你正方形

一节美术课上,老师让我们画两个等边三角形和两个正方形,如图所示。我们完成后,他问我们多少个灰色三角形等于一个大三角形,多少个灰色正方形等于一个大正方形。其实,只要有一点儿想象力,不需要计算也能轻松答出这个问题。你有这样的想象力吗?

提示:稍微转动一下灰色的三角形和正方形,答案将变得很简单。

负片(4)

布鲁诺不想落后于我们,于是,他设计了这个"负片"游戏。你来找出原始图真正的负片吧。

如果不明白这个游戏的规则,请查阅游戏91"负片(1)"。

提示:仔细看看帽子、衣服、滑雪板等处的细节。

沙漠之鸟

门卫拿下面这道题来挑战我们。她告诉我们,在一片有石头的沙漠里,有一只鸟快要渴死了。关键时刻,它发现了一个很长很细的瓶子,瓶子的底部有一点儿水。这只鸟没法把头伸进去喝水,也不能把瓶子里的水倒出来喝。最后,它依旧成功地喝到了水。你知道它是怎么做到的吗?

提示:答案与沙漠里有很多石头有关。

嵌入游戏（3）

这次是布鲁诺给我们出了一道嵌入题。

除了一个几何体以外，其他五个几何体都能与给出的几何体嵌合成长方体。你能找出这个几何体吗？

如果你不明白这个游戏的规则，请查阅游戏 26 "嵌入游戏（1）"。

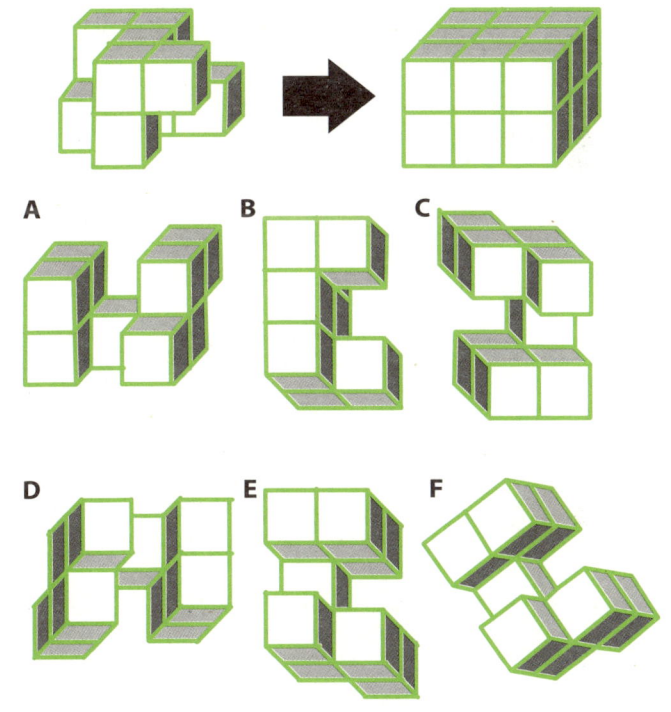

提示：把书转一转，你就会发现答案。

利用9到1得到100

解出"利用1到9得到100"这道题之后,我想到了一个好主意,把数字1到9倒过来排列。还是同样的规则,使用基本的算术符号,得到目标数字:100。你能想出多少种解决方案?

题目:9 8 7 6 5 4 3 2 1 = 100
我想到的解决方案:9×8 + 7 + 6 + 5 + 4×3 - 2×1 = 100

提示:这道题不是很容易,可以把9和8相乘试试。

脑筋急转弯大赛(3)

当然,布鲁诺和我之间也得决一胜负。阿里没花多长时间就准备了五道题。下面就是这五道题,看看你能猜出来多少个。

顺便说一句,我赢了布鲁诺。

(1)一对夫妇有三个儿子和一个女儿。为了使每个男孩都有一个姐妹,他们还要生多少个女儿?

(2)一个伞兵没有带降落伞就从飞机上跳下来了,却毫发无损,这是怎么回事?

(3)五个成年人挤在一把儿童伞下,他们的身上都没有湿。这是怎么回事?

(4)如果钟刚刚敲了十三下,那么现在几点了?

(5)如果一辆车以100千米/时的速度驶离巴塞罗那前往马德里,另一辆车以120千米/时的速度驶离马德里前往巴塞罗那,那么这两辆车相遇时,哪一辆更靠近巴塞罗那?

提示:即使只有5分钟,也不要着急,因为所有的问题都有欺骗性。

秘密司令部

布鲁诺的爷爷家有一个带小屋的小花园,他的爷爷只在早上的时候去那里,剩下的时间,花园里都没有人,这时候花园就成了我们的"司令部"。我和阿里、布鲁诺会在那里待很长时间,一起聊天、吃零食。天气好的时候,我们还会一起晒太阳。花园的大门用一条锁链和一把挂锁锁着。挂锁只有两把钥匙,布鲁诺和他的爷爷各拿一把。布鲁诺希望我们能在需要的时候单独打开花园的门,但我和阿里各有一把锁,每把锁只有一把钥匙。最后,我们用三把锁(一把锁有两把钥匙,另两把锁各有一把钥匙)锁住了大门,还做到了我们四个人都能独立地打开花园的门,而不需要其他三个人中的任何一个在场。你知道我们是怎么做到的吗?

提示:我们必须"联合"三把锁。

移动筷子(2)

看到我发明的游戏"移动筷子",我的两个伙伴都很喜欢玩。于是,我又设计了一道新的题目。

(1)取下6根筷子,留下2个三角形。
(2)取下6根筷子,留下2个小三角形和1个六边形。
(3)取下7根筷子,留下1个大三角形和2个小三角形。
(4)取下6根筷子,留下1个大三角形和2个小三角形。

如果你不明白这个游戏的规则,请查阅游戏62"移动筷子(1)"。

提示:(1)中的两个三角形有相同的底边。(2)中的六边形在中间。剩下的就看你的了。

杨辉三角

211

我们让数学老师举一个很难的例子，说明高中时我们要学习什么。他给我们看了一种叫"杨辉三角"的数字三角。在黑板上写下下面的数字之后，他问我们能否再在三角形下加一行。

我们班上只有我能做到。你会做吗？

提示：每一行都是根据前几行的数字得出来的。

调整椅子的方向

212

这是我们美术老师的作品。他用十根火柴摆出了一把椅子，如图所示。他要求我们只移动两根火柴，改变椅子的方向（不让椅子朝向右边）。

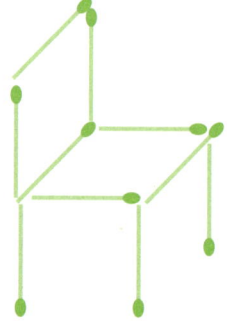

提示：椅子的腿保持不变。

破碎的字母T

213

我很喜欢在美术课上做拼贴画。但有一天，我做得很不顺心，一生气，就把一个纸板做成的字母T剪成了下面的碎片。后来，我又后悔了，想将它们重新拼在一起，但我不记得怎么拼回去了。你能帮我把这些碎片拼好吗？谢谢！

提示：可以把第二块碎片留在原处。

数字方阵（3）

214

语文课上，我决定再发明一道数字题，挑战全班同学……（不要告诉老师！）

请查阅游戏114"数字方阵（1）"的规则，完成下面的数字方阵。

	36	25		28	
				15	
			1		
			8		

提示：数字10，5，34，29在正方形的四个角上。

猜谜语（4）

这一次阿里灵光一闪，几秒钟就猜出了谜底。你要花多长时间呢？

"我外表坚硬，内心如水；我的皮肤是棕色的，血肉是白色的。我是谁呢？"

提示：我是一种食物。

猜谜语（5）

"我很有用又很轻，一只手就能把我拿起来。即使浑身是洞，我也能装水。我住在几乎所有人的家里，也住在海里。"
你知道我是谁吗？

提示：它是用来清洁的。

《虎胆龙威3》

我叔叔卡洛斯非常喜欢《虎胆龙威》系列电影。我不太喜欢警匪题材的电影，但我知道叔叔喜欢，所以有时候会陪他一起看。在电影《虎胆龙威3》中，坏人用以下方式测试两个主角：公园喷泉中装了定时炸弹，麦克莱恩（两位主角之一）必须在5分钟内准确地量出4升水倒进去才能解除危险。他只有两个没有刻度的桶，一个3升的，一个5升的。经过一番激烈的争执，两个主角准确量出了4升水，炸弹没有爆炸。这激起了我的兴致，我和叔叔也想办法解决了这个问题。你知道该怎么解决吗？

提示：用两个水桶来回倒水。

找伙伴

美术课上,老师让我们画出下面的几何图形。看着这些图,我想到了一个游戏:将下面的6个图形分成三对。你知道怎么分吗?

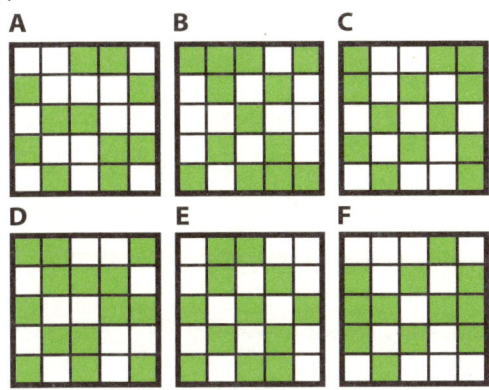

提示:不要光看样式,注意观察颜色。

移动木棍(2)

我发明的"移动木棍"游戏很受欢迎,于是我就又设计了一个。你能移动四根木棍,使三个正方形变成五个正方形吗?

提示:我可没骗你。如果你找出了四个和上图一样大小的正方形,应该就能找到第五个。

与众不同的骨牌

220

课间玩多米诺骨牌的时候,我给阿里和布鲁诺出了一道题,让他们从下面的五张骨牌中找出与众不同的一张。你能找出来吗?

提示:尝试用每张骨牌上的两个数字做一些运算,看看会发生什么。

门卫"几何学家"

221

门卫有点儿被我打击了。前几天,我向她抱怨,她从来没出几何类的题考我们。这个可怜的人告诉我,她上学的时候数学老师总是跳过几何部分,因为那部分在书的末尾。受够了我的嘲笑,她跑去图书馆查阅智力题的书。萨姆·洛伊德是这类书最好的作者之一。门卫承认这道题就是从这位作者的书里抄的(图书馆里的书很好,但很旧)。

简单地说,就是要计算下图中等边三角形的个数。

这个游戏并没有难倒我,当天我就告诉了她答案。你能找到多少个呢?

提示:按尺寸数,这样不容易落下。有五种不同尺寸的三角形。

长凳排座

你已经知道了,课间休息的时候我们会凑在一起聊天。不过,找到一个空长凳可不算容易。我们积累了丰富的经验,并且打算这学期结束就把我们的长凳交给比我们小一岁的几个同学。我们占的长凳上,一共有六个固定成员:阿里、布鲁诺、我,还有其他三个小伙伴。开学的第一天,我们就提出,这学期每天都要按不同的座次坐下。但是,我们不知道这样的方式能否撑到学期结束。你能帮我们算一算吗?

提示:长凳的第一个位置,六个人都可以坐。第一个位置有人坐下后,第二个位置就只有五个人可以坐……

阿里的课外活动

偷偷告诉你,阿里是个非常有魅力的女孩(负责任、勤奋,最重要的是,是个好女孩)。她没有错过任何与朋友聚会的机会,同时,力争获得更多的荣誉证书。每天下午(星期一到星期五),她都要上不同的课外活动课:英语课、数学拓展课、音乐课、现代舞蹈课和戏剧课。根据以下线索,你能推测出她每天下午都在做什么吗?

(1)在上英语课之前先上音乐课。
(2)在上戏剧课之前两天,她在上数学拓展课。
(3)她不会在周一、周二和周三上音乐课。

提示:可以画一个表格来整理思路。很明显,她不能在周三之前上戏剧课。

不完美的镜子

前几天,我们建议美术老师搞点课堂活动,比如"找七处不同"之类的游戏,来提高我们对细节的观察力。但是他回答说,这种游戏是小孩子玩的,不再适合我们了。

不过,所有的老师都一样,总会在否决一种方案后,给出另一种方案。他建议我们找一找原图和镜子中图像的七处不同。实际上,我们更喜欢这个游戏,大家都迫不及待地开始找了。

你能找出七处不同吗?

提示:游戏不是很复杂。七处不同比较分散。

四张卡片

受之前课间游戏的启发,我发明了一个新的游戏,同学们玩得很开心。

我把四张卡片放在我们坐的长凳上,其中有一张通配卡。在每张卡片的背面,我写了一句与它们有关的话,其中只有一句话是真的。

这四句话是:

| 通配卡是第2张或第3张卡片。 | 通配卡是第1张或第4张卡片。 | 通配卡是这张卡片。 | 通配卡不是这张卡片。 |

提示:做四种假设。首先假设第一张卡片是通配卡,然后分析四句话。记住,只有一句话是真的。

复杂的关系

几天后,父亲去了办公室,想让所有同事都相信他是第一个解出数字谜题的人。因此,我又帮他给同事们出了一道题。

你知道怎么解决吗?

$$10 \rightarrow 90 \qquad 7 \rightarrow 42$$
$$9 \rightarrow 72 \qquad 6 \rightarrow 30$$
$$8 \rightarrow 56 \qquad 5 \rightarrow ?$$

提示:必须对每个箭头左边的数字(以及必须发现的另一个数字)做一些数学运算,才能获得箭头右边的结果。

数学魔术（2）

最后一堂数学课上的另一个数字节目是下面这个。老师在黑板上画了下面的数字方阵，然后选择一名志愿者，按照下面的步骤操作（你也可以跟着做）：

（1）从方阵中选择一个数字，圈出它，并划掉同一行或同一列中的其他数字。

（2）选择另一个未被划掉的数字。再把它圈起来，并划掉同一行或同一列中的其他数字。

（3）多次重复上述步骤。

（4）如果你做得都对，最后应该剩下5个圈起来的数字。

（5）把这五个数字加起来，在心中默念结果。

志愿者什么也没说，老师就猜中了他心里的那个结果。

15	7	20	21	16
20	12	25	26	21
25	17	30	31	26
16	8	21	22	17
12	4	17	18	13

注意：老师猜出的数字在提示中。仔细研究这个游戏，里面有小把戏。

提示：老师猜出的数字是92。你知道他是怎么做到的吗？

掉落的字母卡片（2）

228

我有时候会笨手笨脚的。前几天，我又把字母卡片掉在地上了。这次，弄掉的卡片比上次还多。你能找出它们掉落的顺序吗？

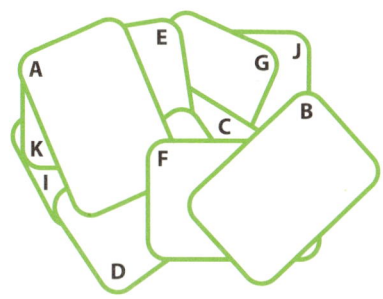

提示：逆向思考，从上面往下面找。

夏天到了

229

每年7月和8月，我们会分别和各自的父母去旅行。阿里总是盼着夏天快点到来。因为在分别的这两个月中，我们会见到一些平时见不到的朋友。新学期开始时，我们还能分享很多冒险故事。6月初，阿里盼望的夏天终于来了，我们陪她买了一把新雨伞。商店里有各种型号的雨伞，每种型号都有相应的参考编号。我们花了很长时间才搞明白参考编号和雨伞之间的关系。你能猜出最后一把雨伞对应的参考编号吗？

1011011100 0110100101

1101000110 ??????????

提示：请注意，雨伞可以分割成十个部分，参考编号也有十位数。因此，很有可能每个数字都与一个三角形有关。

阿里出品

这个游戏也是"阿里出品"。使用基本的算术符号（+，−，×，÷）和括号，使每一行的等式成立。为了帮助你理解游戏规则，我把第一行做出来了：

$$1+2+3-4+5-6=1$$
$$1\quad2\quad3\quad4\quad5\quad6=2$$
$$1\quad2\quad3\quad4\quad5\quad6=3$$
$$1\quad2\quad3\quad4\quad5\quad6=4$$
$$1\quad2\quad3\quad4\quad5\quad6=5$$
$$1\quad2\quad3\quad4\quad5\quad6=6$$
$$1\quad2\quad3\quad4\quad5\quad6=7$$
$$1\quad2\quad3\quad4\quad5\quad6=8$$
$$1\quad2\quad3\quad4\quad5\quad6=9$$
$$1\quad2\quad3\quad4\quad5\quad6=10$$

提示：每个数字的算法我都提供了一些线索（这是我的解法，但可能还有更简单的方法）：

2：用到2×3。

3：只用加法和减法就够了。

4：应该以（1 + 2）开始。

5：这个数字有点儿复杂，要先用1到5算出30，然后除以6。

6：用1，2，3得出1。

7：这个数我花了好多时间，最后我不得不这样开始：1 + 2 + 3……

8：用1，2，3，4得出10。

9：只用加法和减法就够了。

10：从1×2开始。

乒乓球与哈利·波特

我说过好多次了,我们对数学很痴迷。看《哈利·波特与魔法石》这本书看得有点儿头疼,我们就想象着把书中的每一个单词都写在一个乒乓球上,然后把所有的球摆成一条直线。你知道这条直线有多长吗?我们为你提供了几个选择:

(1)200米。(2)1千米。(3)3千米。(4)10千米。

提示:每个乒乓球的直径为4厘米,这本书有77000个单词。

升级版找图形

找出一个几何图形中三角形或正方形的数量这类游戏,我们都非常爱玩。这次,我把游戏升级,向伙伴们发起双重挑战:

(1)计算图中出现的三角形的数量。
(2)一笔画出这个图形。

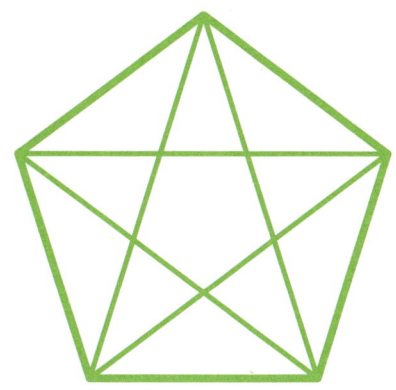

提示:要一笔画出这个图形,可以先画五角星,再画五边形;至于三角形的数量,我只能告诉你,一共有七种不同类型的三角形。

自由降落的石头

物理课上，奥里奥尔老师问了我们一个问题：如果以非常快的速度骑自行车，同时向上抛出一块石头，会有什么样的情况发生呢？老师给的答案我们三个人都不相信，于是一天下午，我们用我的轮椅做了个实验。

布鲁诺以最快的速度推我下了一段很长的山路，所以我们的速度很快。在这一过程中，我向上抛出了一个网球（我们不敢扔石头）。你觉得网球会怎么样？我给你三个选择：

（1）落在我们后面。
（2）落在我们身上。
（3）落在我们前面。

提示：我们没用石头是个明智的选择。

班级日历

我们学校有一个"友好班级"的评选，每个星期都有老师给所有班级打分，评分项目包括没人时是否关灯，地上是否有纸花，教室是否有装饰，等等。在学期结束时，得分最高的班级可以额外放一天假。

今年，为了争第一，我们决定制作一个立方体日历，通过转动两个立方体可以显示当天是几号（在图中，你可以看到我们摆出了17号）。但事情没有我们想的那么容易，做好两个立方体之后，我们花了很长时间思考每个立方体上应该放哪些数字。我们一度认为这是不可能完成的，好在无所不能的布鲁诺最终解决了这个问题。你知道我们最后在每个立方体上都放了什么数字吗？

提示：记住，数字6和9非常相似。

储物柜的新号码牌

你已经知道了,我们学校最酷的地方之一就是储物室,那里正好有 100 个储物柜(这些就够了,因为不是所有的同学都想要一个)。本周,学校让门卫更换所有的储物柜号码,因为许多号码已经受损或坏掉。问题是商店并不卖两位数的号码牌,比如想要得到数字 23,必须分开买数字 2 和 3。门卫有点儿赶时间,就向我们求助,想让我们帮她算算 0 到 9 的每个数字都要买多少个。我们花了一点儿时间,最终都算出来了。你知道怎么计算吗?

注意:编号是个位数的用1个数表示。如7,而不是07。
提示:按顺序数数,就不会有太大的问题。例如,0需要11个。

诱人的冰激凌

我们都喜欢吃冰激凌。天气变热的时候,我们经常会透过栅栏看着学校外面卖冰激凌和雪糕的售货亭,不停地咽口水。一天,我们想到一个问题,如果要在两个直径 3 厘米的冰激凌球和一个直径 6 厘米的冰激凌球之间做选择,我们该怎么选。一些同学选择两个 3 厘米的,一些同学选择一个 6 厘米的,还有一些同学认为都一样。你呢,你会选择哪一种?

提示:小心点,这两种情况可不一样。想想为什么,并做出最好的选择。

捉弄老师（2）

数学老师快要受不了我们了。这一天，他又碰到了阿里和布鲁诺，其中一个人告诉他："我们中至少有一个人总是说谎。"

帮帮疲惫的老师吧。判断一下是两个人都说谎，还是其中一个人说谎，还是两个人都说真话。

如果你不理解这个游戏，请查阅游戏170"捉弄老师（1）"。

提示：思考两种可能性，如果说话的这个人说的是谎话，会出现什么情况；如果这个人说的是真话，又会出现什么情况。

移动木棍（3）

我的两个伙伴还想玩移动木棍的游戏，他们央求我再出一个。这次的挑战是，只移动两根木棍，使1个六边形和6个小三角形变成只有6个三角形。

提示：移动木棍后，6个三角形的大小不一样，有2个大三角形和4个小三角形。

数正方形（1）

我对这个游戏有点儿着迷。你知道图中有多少个正方形吗？

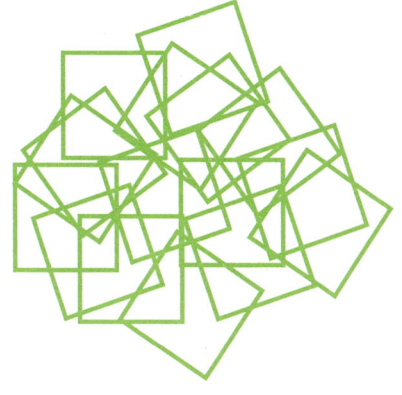

提示：虽然看起来很多，但正方形的数量还不到20个。数的时候可以用彩笔或铅笔做记号。

数正方形（2）

正如我在"数正方形"中告诉你的，我们都痴迷于这种在复杂的图形中数三角形或正方形的游戏。你认为下面的图形中藏了多少个正方形呢？

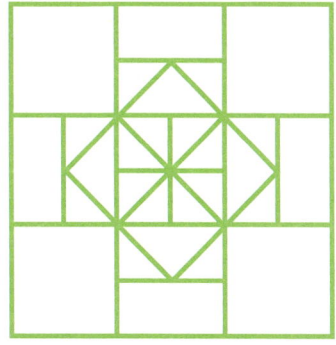

提示：有6种不同类型的正方形。

吃豆人游戏

241

我们已经不止一次跟你说起过那个讨人厌的家伙,他总喜欢找我们的麻烦。这一次,我们出了吃豆人游戏来刁难他。吃豆人必须按照图中的方式,吃掉所有的小怪物。我们给了他半天的时间。看着他着急的样子,我们最后坦白,这个游戏其实没有答案。

你能解释一下为什么吗?为什么吃豆人不可能吃掉所有的小怪物?

不能重复走小怪物已经被吃掉的格子。

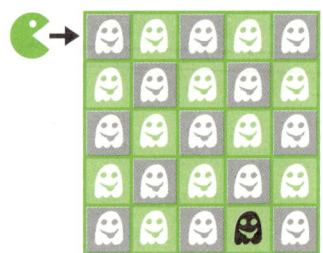

↑结束点

提示:原因与每种颜色的方块数有关。仔细想想吧。

著名的迷宫(3)

242

阿里也给我们出了一道迷宫题,是著名的志奋领(英国外交大臣官邸)。你能到达中心吗?需要花多长时间?

● 到达

提示:进入迷宫中间区域时,必须向右转,然后从右边到达中心。

分割六边形（2）

美术老师又给我们出了一道分割图形的题。他让我们把下面的六边形分割成以下图形：

（1）8个相同的等腰梯形。

（2）12个相同的菱形。

你知道怎么做吗？

如果你不理解这个游戏，请查阅游戏197"分割六边形（1）"。

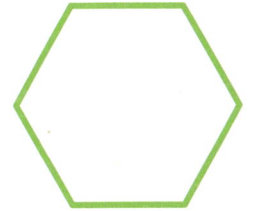
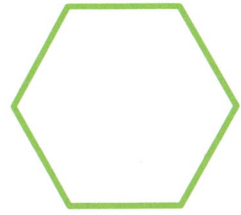

提示：要得到8个梯形，必须先将六边形分成两个相等的部分，然后将每部分分成4个等腰梯形。要得到12个菱形，必须先将六边形分成3个相等的部分，然后将每个部分分成4个菱形。

五格拼板（4）

这个拼图是阿里出给我们的，我非常喜欢。它很好理解，也不难解决。游戏的要求是把下面的四块五格拼板拼成一个十字。你多长时间能拼出来呢？

提示：两个五格拼板的朝向可以不变，旋转剩下的两个就可以。

有创意的生日（2）

在游戏121"有创意的生日（1）"中，我已经成功地用三刀将一个甜甜圈切成了九块。但是，大家不太满意，因为切出来的甜甜圈有大有小，有的小伙伴只能吃到甜甜圈碎屑。因此，在我的生日派对上，我决定做得更好。这次，我们只有八个人，但我一定要公平对待大家。思考了一番之后，我用三刀将甜甜圈切成了八个同样大小的部分。你知道我是怎么做的吗？办法可不止一种呢。

提示：其中一种方法适合切甜甜圈，但不适合切比萨。还有一种方法，可以先切一刀，把甜甜圈分成两个同样大小的部分。

聪明方格（5）

你能用数字1到4，完成下面的表格吗？
如果不明白这个游戏的规则，请查阅游戏72"聪明方格（1）"。

x8		x2	3
+7	x12		x2
+3		+7	

提示：第三列的前两个格子应该填1和2，第四列的前两个格子应该填1和3，还需要确定它们的顺序。

棒棒糖

247

另一种我们很喜欢的游戏是"一笔画":在纸上一笔画出一个指定的图形,而且相同的线不能经过两次。让我们看看你能不能连笔画出下面的棒棒糖。这并不难……

提示:先从糖棒开始画。

抽奖券

248

为了攒够旅行费,除了卖蛋糕外,我们还打算搞抽奖活动。因此,我必须制作抽奖券。我制作一张抽奖券需要30秒,我爸爸制作一张抽奖券只要15秒。一天下午,我做了5分钟后,爸爸也过来帮我了。最后,我们一共做了31张抽奖券。你知道我做了多少张,爸爸做了多少张吗?

提示:首先计算父亲没帮我之前,我做了多少张抽奖券。然后计算后来我俩各做了多少张抽奖券。

再见,朋友们!

我们的冒险到此结束。希望你喜欢和我们一起解决难题!希望你将来能成为一个优秀的人。无论如何,请记住,你的父母、老师和朋友会一直帮助你,你的努力总会有回报的。

最后,作为结语,我们将写出1000个"努力"(EFFORT)。你知道在第2016个位置会出现什么字母吗?

答案

1 数字密码（1）

既然一个数字对应一个字母且不重复，那么没有一个字母是大于 4 的（如果其中一个字母等于 5，而其他字母即使等于 1，2 和 3，它们加起来也等于 11 了）。这个问题实际上就是要求我们算出数字 1，2，3，4 有几种排列方式。

字母 C 的值总共有 4 种可能性。如果我们确定了字母 C 的值，那么 O 的值就有 3 种可能性，L 的值就有 2 种可能性，最后的 E 的值只有 1 种可能。这样一来，就有 $4 \times 3 \times 2 \times 1 = 24$ 种方式能够得到正确的和。例如，C = 1, O = 2, L = 3, E = 4。

2 三姐妹

乘积为 36 的八种三个数字的组合是：（1, 1, 36），（1, 2, 18），（1, 3, 12），（1, 4, 9），（1, 6, 6），（2, 2, 9），（2, 3, 6），（3, 3, 4）。其中只有（1, 6, 6）和（2, 2, 9）两种组合加起来是 13 岁，但罗莎告诉我们她是最大的，所以三姐妹的年龄只能是 2 岁，2 岁和 9 岁。

3 九个皇后

先把第一个皇后放在八行中的一行。现在只剩下七行可以来放置下一个皇后。当把前八个皇后放好后，棋盘上每一行都只能有一个皇后，因此，第九个皇后只能拿在手里，棋盘上没有一行可以放它。

4 半杯可乐

虽然看上去不太对，但其实只有 E 玻璃杯内的液体的体积占杯子总体积的一半。所以，你要知道，如果有人让你倒半杯饮料（当然是圆锥形的三角杯），则必须使杯内液体的高度占到杯子总高度的 80% 才行。

5 坏掉的计算器（1）

可以使用 3，5，6 获得 1 至 25 之间的所有数字：

6 − 5 = 1，5 − 3 = 2，3 = 3，3 + 6 − 5 = 4，5 = 5，6 = 6，
6 + 6 − 5 = 7，5 + 3 = 8，3 + 6 = 9，5 + 5 = 10，6 + 5 = 11，
6 + 6 = 12，6 × 3 − 5 = 13，3 + 5 + 6 = 14，5 × 3 = 15，
5 + 5 + 6 = 16，5 + 6 + 6 = 17，6 × 3 = 18，5 × 5 − 6 = 19，
5 × 5 − 5 = 20，5 × 3 + 6 = 21，5 × 5 − 3 = 22，6 × 3 + 5 = 23，6 × 3 + 6 = 24，5 × 5 = 25。

⑥ 世界上最好的老师

老师和学生达成了共识，他提问的时候，每个人都要举手，知道答案的人举右手，不知道答案的人举左手。老师只提问举右手的学生，所以每个回答问题的学生都答对了。

⑦ 四种运算符号

第 100 个方格是第 25 列的最后一个方格。因此，出现的符号只可能是"+"或"÷"。要确定是哪一种符号，我们可以看一下第四行符号的规律：凡是 8 的倍数的方格，均会出现"+"；凡是 4 的倍数但不是 8 的倍数的方格，则会出现"÷"。由于 100 不能被 8 整除，所以最后一个方格中只能是"÷"。

⑧ 有多少个立方体？

第一层有 16 个立方体，第二层有 12 个，第三层有 5 个，所以总共有 33 个立方体。

⑨ 数字密码（2）

唯一符合条件的数字是 329。

⑩ 数字密码（3）

A，B，C，D 代表的数字分别是 2，1，7，8。

⑪ 背向目标的运动

例如，各种赛艇项目。

12 五个"1"的挑战

1 + 1 + 1 − 1 − 1 = 1,　1 × 1 + 1 + 1 − 1 = 2,
1 + 1 + 1 + 1 − 1 = 3,　1 + 1 + 1 + 1 × 1 = 4,
1 + 1 + 1 + 1 + 1 = 5,　（1 + 1 + 1）×（1 + 1）= 6。
答案不唯一，其他正确解法亦可。

13 从1到100

以下是一些解决方案：
1 + 2 + 3 + 4 + 5 + 6 + 7 + 8 × 9 = 100,
12 + 3 − 4 + 5 + 67 + 8 + 9 = 100,　1 + 2 × 3 + 4 + 5 + 67 + 8 + 9 = 100,　1 + 2 + 3 − 4 + 5 + 6 + 78 + 9 = 100。

14 上学的路线

从查理家到学校有 35 条不同的路线，所以第 36 天我们必须重复之前走过的一条路线。你都找到了吗？

15 鲁比克魔方

8 个小立方体三个面都有颜色（大立方体的 8 个顶点），36 个小立方体两个面有颜色（12 条边上各有 3 个），还有 54 个小立方体一个面有颜色（大立方体的 6 个面上各有 9 个）。

16 换轮子

我们从另外三个轮子上各取下一个螺丝，装在我们要换的轮子上。这样，每个轮子上有三个螺丝，完全可以支撑我们去商店再买四个新螺丝。

17 一个三角形

本题中给出的三角形是不存在的。在任何三角形中，两条边的和肯定大于第三条边，这个问题中的三角形不符合这一条。

18 哪一块是错的？（1）

C 选项的屋檐是不完整的，它旁边的图块不是它缺失的部分，因此答案是 C。

19 数字序列（1）

在奇数位置出现的数字是其所在位置的编号；在偶数位置出现的数字依次为 10，9，8，7，6……

所以，这个序列接下来的数字是：11，5，13，4……

20 缺少的数字

将书本旋转 180°，很容易就能写出答案。

86 **87** 88 89 90 91

21 电梯

如果我们把线索中出现的所有体重加起来，将得到所有家庭成员的体重两倍的重量，这个结果是 120 + 150 + 130 + 50 + 70 = 520（千克）。由此可知，全家人和宠物狗的总重是 260 千克，与电梯承重量有 10 千克的差异，因此他们不能同时上电梯。

22 楼梯

先构建一个由两段相同的 100 级台阶拼在一起组成的矩形，根据题图我们知道，两段 100 级台阶拼成的矩形的长为 101，宽为 100，即这个矩形共有 101 × 100 = 10100 个方格。因此，100 级楼梯需要 10100 ÷ 2 = 5050 块瓷砖。

23 奇怪的画（1）

这是一幅不可能实现的画，三只狗休息的台阶无法建造出来。

㉔ 数字密码（4）

字母 ABC 组合的数有四种可能，分别是：126，324，423 和 621。

㉕ 窗户和窗帘

唯一能完全挡遮住光线的窗帘是 D。

㉖ 嵌入游戏（1）

可以与第一个几何体组装成长方体的两个几何体是 D 和 F。其他几个几何体，要么结构不合适，要么缺了一个小立方体。

㉗ 奇怪的画（2）

两只小老鼠都不会到达终点，因为这种赛道是不存在的，只能画在纸上，而无法在现实中构建。

㉘ 藤蔓

既然在 4 月 20 日，整面墙都被藤蔓所覆盖，而每天藤蔓所覆盖的面积都是前一天的两倍，那么在 4 月 19 日，正好有一半的墙壁被藤蔓覆盖。

㉙ 两难的选择

你与爱人待在一起照顾她，把车交给有救命之恩的朋友，让这位朋友开车载着老太太去医院。这样三个人的问题就都解决了。

㉚ 储物柜（1）

阿里可以把 5 本书中的任意一本（数学、语文、自然、地理和英语）放在第一层。在第一层放了一本书之后，第二层就剩下 4 本书可供选择。然后，第三层就剩下 3 本书可供选择，第四层就剩下 2 本书可供选择。而最后一层就只剩下最后 1 本书了。因此，阿里有 $5 \times 4 \times 3 \times 2 \times 1 = 120$ 种不同的方式把书放在柜子里。

31 酒店男子之谜

那位男士不可能错误地以为这是他的房间,因为如果他以为这是自己的房间,就不会敲门了。

32 天平的平衡(1)

按提示里的方法,把前两个天平的水果合并后,就会发现 1 个梨的重量等于 3 根香蕉的,1 个菠萝的重量等于 5 根香蕉的。所以,为了能让第三个天平保持平衡,我们需要在右侧托盘中放入 8 根香蕉。

33 12点15分

12 点 15 分时,时针与分针之间会形成一个小于 90° 的夹角,因为时针也前移了一点儿。实际上,它们形成的夹角是 82.5°。

34 奶牛和草地

如果只有 1 头奶牛,这块草场的草可以让它吃 30 × 40 = 1200(天)。再多买 10 头奶牛,我们就有 40 头奶牛。1200 ÷ 40 = 30(天)。因此,有 40 头牛的情况下,草场的草够吃 30 天。

35 找不同(1)

南瓜是与众不同的,只有它没有"齿"。

36 找共同点

这些字母都是左右对称的。也就是说,如果让它们照一照镜子,镜子里的字母和原来的是一样的。

37 数字密码(5)

我们可以看出 A 是 9,因此 ABC 对应的数字是 954。

38 五顶帽子

在开始推理之前,我们必须记住,阿里站在最前面,布鲁诺和查理都能看到她的帽子。首先,查理不知道自己的帽子是什么颜色,那他看到的两顶帽子里至少有一顶是黑帽子,如果他看到两顶白帽子,就可以推断出他的帽子是黑色的。接着,布鲁诺听了查理的话也不知道自己的帽子是什么颜色的,那只能是因为阿里戴了一顶黑帽子。如果阿里戴的白帽子,布鲁诺一定可以推断出自己的帽子是黑色的,因为如果他的帽子是白色的,查理就会推断出自己的帽子的颜色了。因此,当轮到阿里时,根据两个同伴的回答,她推断出自己戴的只能是一顶黑帽子。

39 水果加减法

注意,在最后一个等式里,只有一个椰果和三根香蕉(不是4根)。注意到这一点就不会算错了。

从第一个等式可以得出一个苹果的值是10。从第二个等式可以得出一根香蕉的值是1。从第三个等式可以得出一个椰果的值是1。

最后一个等式中有一个椰果(1),一个苹果(10)和三根香蕉(3),因此,两个问号代表的数字是:$1 + 10 + 3 = 14$。

40 形形色色的国旗

这些国旗都是对称的,也就是说,如果我们把它们上下颠倒过来,图形还是一样的。

41 妈妈不能坐的地方

我可以坐在妈妈的腿上,但很明显,她做不到。

42 被骗的富商

很明显他被骗了,因为规划图上的三角形是不存在的。任意三角形两边之和都大于第三边,而图中的三角形两边之和等于第三边。

43 找不同（2）

除了 132 之外，其他数字的个位、十位和百位之和都是 9，因此答案是 132。

44 飞镖游戏

乔安娜 5 投 3 中，$3 \div 5 = 0.6$，所以乔安娜的命中率为 60%。布鲁诺 6 投 2 中，$2 \div 6 = 0.3333$，命中率为 33.33%。阿里 7 投 4 中，$4 \div 7 = 0.5714$，命中率为 57.14%。最后，"我" 8 投 5 中，$5 \div 8 = 0.625$，命中率为 62.5%。因此，"我"是四个人中玩得最好的。

45 梨和苹果

7 个梨和 7 个苹果的价格是 4.9 欧元。因此，1 个梨和 1 个苹果价格之和是：$4.9 \div 7 = 0.7$（欧元），即 70 欧分。

46 六个搭档

从第一条线索，我们推断出阿里和布鲁诺选了网球。从第二条线索我们推断出特蕾莎打篮球。从第三条线索可以知道玛丽亚只能踢足球，她不和泽维尔一组，只能和"我"（查理）一组，我们踢足球。所以，泽维尔与特蕾莎选了篮球。

47 几何图形中的数字

每个图形中的数字等于两个几何图形边数之和的两倍。例如，第一个图中有一个矩形（4 条边）和一个六边形（6 条边），所以我们得到：$4 + 6 = 10$，$10 \times 2 = 20$。按照这个规则，在最后一个图中应该填入的数字为：$(8 + 4) \times 2 = 24$。

48 水里的冰

冰块融化后，玻璃杯中的水位不会发生变化。融化的水只是占据了与冰块淹没在水中部分相同的体积，所以玻璃杯中的水仍然是满的，不会变少，也不会溢出。

49 数字序列（2）

在奇数位置（第 1 位、第 3 位、第 5 位等）出现的是所在位置的序号；在偶数位置出现的数字是 2，4，8，16……从数字 4 开始，每个数字都是前一个偶数位置上数字的 2 倍。

所以，接下来的数字是：32，11，64，13……

50 100张纸

1000 张纸价值 10000 分，即 100 元，据此很容易推断出 100 张纸价值 10 元。

(51) 哪一块是错的？（2）

答案是第 4 幅图，老鼠的嘴缺了一部分。

(52) 苍蝇和蚊子的相遇

在碰撞的前一秒，苍蝇距离碰撞的位置 1.5 米（它以 1.5 米 / 秒的速度飞行），蚊子距离碰撞的位置 0.8 米（它以 0.8 米 / 秒的速度飞行）。因此，它们相距 1.5 + 0.8 = 2.3（米）。

(53) 米奇和米妮的“奇偶大战”

对米奇和米妮来说，这场比赛是不公平的，因为报出“偶数”者有更多获胜的可能性。

手指数之和为偶数的情况：

0 — 0，0 — 2，0 — 4；1 — 1，1 — 3；2 — 0，2 — 2，2 — 4；3 — 1，3 — 3；4 — 0，4 — 2，4 — 4。总共有 13 种组合方式。

手指数之和为奇数的情况：

0 — 1，0 — 3，1 — 0；1 — 2，1 — 4；2 — 1，2 — 3；3 — 0，3 — 2，3 — 4；4 — 1，4 — 3。总共有 12 种组合方式。

因此，米奇和米妮中，谁报出“偶数”，谁获胜的可能性就大一些。总之，这是一个不公平的游戏。

54 不准的体重秤

如果将两个人单独称的体重数加在一起,我们得到43+48=91。但是,体重秤只显示88千克。由此推断,每次称重体重秤读数偏高3千克。因此,阿里的实际体重是40千克,而布鲁诺的实际体重是45千克。

55 校车司机之谜

校车司机是步行的,因此不需要在任何停车标志处停下脚步。

56 交换球队卡

因为1张巴萨卡可以换2张瓦伦西亚卡,这意味着1张皇家马德里卡可以换3张瓦伦西亚卡。所以,12张瓦伦西亚卡可以换4张皇家马德里卡。因为2张皇家马德里卡相当于3张马德里竞技卡,所以这个同学可以换得6张马德里竞技卡。

57 五本书

课本从上到下的排列顺序如下:科技课本、语文课本、数学课本、地理课本和自然课本。

58 猜数字

$3 \times 6 = 18$,$4 \times 7 = 28$,$5 \times 8 = 40$,$6 \times 9 = 54$,$7 \times 10 = 70$。接下来是$8 \times 11 = 88$,因此,问号处应该是88。

59 水果游戏

从第一行可以得出:草莓 = 0。由第四行可以得出:柠檬 = 2。由第三行可以推断出:菠萝 = 1。由第二行可以知道:椰果 + 西瓜 = 8。由第五行可以得出:$2 \times$ 椰果 + 西瓜 = 11。由此,可以算出:椰果 = 3,西瓜 = 5。确定了每种水果的值,我们就可以计算出问号代表的数字:$0 + 3 + 5 + 1 = 9$。

60 三块手表

如果显示 10:00 的手表快 40 分钟,那么实际时间就是 9:20,显示 11:00 的手表快了 1 小时 40 分钟,与条件矛盾。同样,如果显示 8:50 的手表快 40 分钟,也与条件相矛盾。如果显示 11:00 的手表快 40 分钟,那么实际时间是 10:20,显示 8:50 的手表正好慢一个半小时,而显示 10:00 的手表是坏的。

61 四个"5"的挑战

（55÷5）+ 5 = 11 + 5 = 16

62 移动筷子（1）

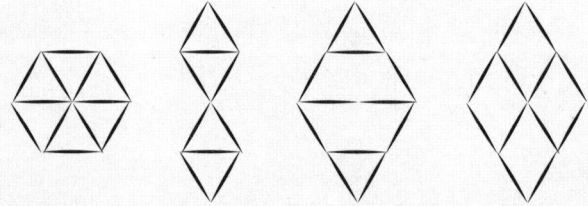

63 五格拼板（1）

64 毛毛虫和蜥蜴

根据问题我们知道,毛毛虫和蜥蜴中有一个疯了。如果毛毛虫神志正常,它认定的事情应该是真的,这与"毛毛虫认为它和蜥蜴都疯了"不相符。所以,毛毛虫一定是疯了。如果毛毛虫是疯的,那么它认定的一切都是假的。既然它认为蜥蜴疯了,那蜥蜴一定是神志正常的。

因此,毛毛虫是发疯了的,蜥蜴是正常的。

65 加号和减号

按提示的方法,我们做三个假设:

(1)第一句话是真的,第二句话是假的。这种情况下,第一张纸应该画了加号,第二张纸也画了加号,这是不可能的。

(2)第一句话是假的,第二句话是真的。这种情况下,第一张纸应该画了减号,第二张纸也画了减号,这也是不可能的。

(3)两句话都是假的。这种情况下,第一张纸应该画了减号,第二张纸画了加号,和老师的解释相符合。因此,第二张纸应该画了加号。

66 门卫的家人

根据佩德罗的儿子是她女儿的父亲这条信息,我们可以推测出她嫁给了佩德罗的儿子。因此,佩德罗是她的公公。

67 1升牛奶

首先,农场主人将3升的容器装满牛奶,然后全部倒入5升的容器中。接着,再把3升的容器装满牛奶,倒入5升的容器。将5升的容器倒满后,3升的容器中正好剩下1升牛奶,正是那位女士想要的。

68 三兄弟

名字	职业	衣服颜色	家中排行
安东尼奥	医生	绿色	老二
布拉斯	计算机工作	蓝色	老大
卡洛斯	建筑师	红色	老三

69 青蛙跳棋(1)

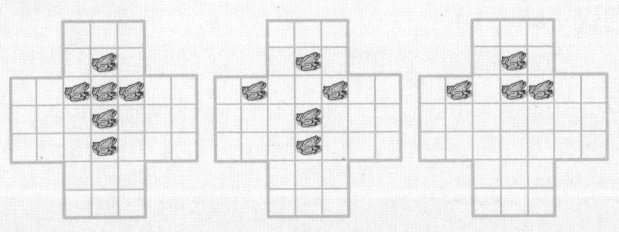

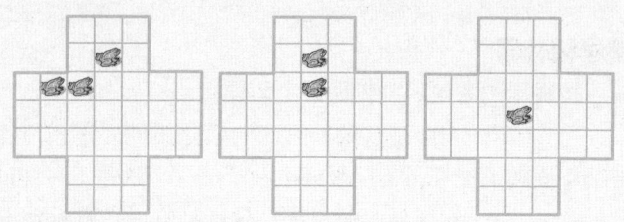

70 一笔画信封

有多种画法，下面给出一种作为参考：从位置 1 开始，按照标记的顺序，画完为止。

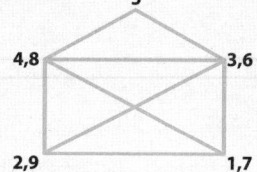

71 刻在树上的约定

树木是从顶端向上生长才长高的，现在的这部分树干只能横向生长，不会向上移动，标记的高度也不会改变。因此，那个男孩永远不会请阿里喝可乐。可怜的阿里！

72 聪明方格（1）

1³⁺	3	2⁵⁺
2	1¹	3³ˣ
3	2⁵⁺	1

73 四块车牌（1）

车牌的前三个数字对应三个英文字母在字母表中的顺序。例如，在第一个车牌号中，前三个数字（123）决定三个字母分别是字母表的第一个（A）、第二个（B）和第三个字母（C）。因此，三个问号应该是 CFI。

74 找不同（3）

球拍是不一样的，因为其他画里都有一根针（或针状物）。

75 出故障的烤面包机

首先"我"在烤面包机里放进两片面包。当它们都有一面烤好时，"我"把其中一片面包翻面，另一片面包换成新的。4分钟后，第一片面包的两面都已经烤好，另外两片各烤好一面。再过两分钟，我就把三片面包都烤好了。虽然上学迟到了，但"我"还是很自豪能在如此短的时间内烤好三片面包。

76 谁打碎了玻璃？

阿里和查理的回答是相同的意思，因为三个人中只有一个人说的是实话，所以，他们两个人说的都是假话，布鲁诺说的是实话。从布鲁诺和阿里的话可以得知查理是肇事者。

因此，打碎玻璃的罪魁祸首是阿里和查理。

77 钢笔和记号笔

有多种划分方法，下面给出一种作为参考。

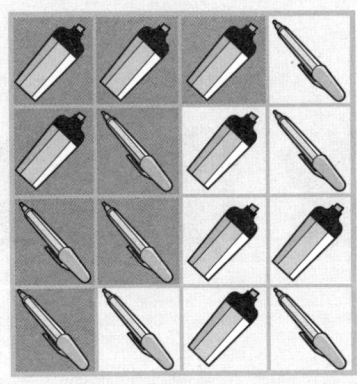

78 哪一块是错的？（3）

A图中移出的图片是错误的，图上缺少一片花瓣。

79 自大的阿里

这些衣服鞋子的搭配一共有 $5 \times 5 \times 3 = 75$ 种。也就是说，75 天后，阿里的穿衣搭配就要重复一次。

80 扎气球

指向正确方向的两支箭分别是从左边数的第三支和从右边数的第二支。

81 七处不同

82 四个阴影

阴影 A 与给出的图形完全对应。下面标出了其他阴影的错误：

83 堆砖块

将底部两块砖块的数字相加，再将这个结果乘 2，就能得到砖塔顶部砖块上的数字。因此，在空砖中的数字应该是：$(7+41) \times 2 = 48 \times 2 = 96$。

84 乔安娜·福尔摩斯

乙说的是实话,因为我们知道只有一个人是有罪者。因此,乙是无辜的。所以,乔安娜应该逮捕甲和丙,释放乙。

85 我们都爱星期五

只有在一个闰年的二月才可以出现这种情况。例如,2036 年 2 月就是以周五开始和结束的。

86 寻找三角形

可以画出 20 个不同的三角形。

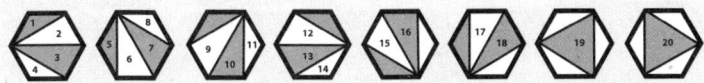

87 父亲的难题

每个得数,自左向右的第一个数是左边出现的两数之差。第二个数与第三个数(也可以没有第三个数)拼成的数是左边出现的两数之和。例如,等号左边的数字是 5 和 3,因为 5 – 3 = 2,5 + 3 = 8,所以得数是 28。

根据这个规律计算最后一个等式的得数:12 – 8 = 4,12 + 8 = 20,因此,得数是 420。

88 猜谜语(1)

沉默。如果你说出它的名字,它就不存在了。

89 嵌入游戏(2)

只有 E 符合要求。

90 特殊的日期（1）

如果按照提示中的方式书写（日 – 月 – 年），每个人的出生日期都是"回文数"（从左至右与从右至左读起来都是一样的数字）。宝拉：10-02-2001。茱莉亚：20-02-2002。塞尔吉奥：01-02-2010。艾特 11-02-2011。

91 负片（1）

图 B 是原始图像的负片。

图 A 中，垫子上缺少两条白线。图 C 中，沙发图案中缺少三个点。图 D 中，女孩的衣服上缺少褶皱。

92 圆圈中的数字（1）

$6 \div 3 = 2$

$9 - 5 = 4$

$1 + 7 = 8$

93 数字金字塔（1）

$2 \times 1 = 2$
$3 - 2 + 1 = 2$
$4 - 3 + 2 - 1 = 2$
$(5 + 4) \div 3 - 2 + 1 = 2$
$(6 - 5 + 4 - 3) \div 2 + 1 = 2$
$7 - 6 + 5 - 4 + 3 - 2 - 1 = 2$
$8 - 7 + 6 - 5 + 4 - 3 - 2 + 1 = 2$
$9 - 8 + 7 - 6 + 5 - 4 - 3 + 2 \div 1 = 2$

94 亲爱的爷爷奶奶

我们去看爷爷奶奶的日子是星期二。

95 一个加号和两个减号

（1）假设第一句话是假的，那么第二、第三句话就是真的。根据第一句话可以推断出第一张纸上没有减号；根据第二句话，可以推断出第二张纸上有加号；根据第三句话可以推断出，第三张纸上也没有减号。三张纸上都没有减号，这是不可能的。

（2）假设第三句话是假的，那么第一、第二句话就是真的。第一张纸上应该有减号，第二张纸上应该有加号，第三张纸上应该有减号，这是不可能的。

（3）假设第二句话是假的，第一、第三句话就是真的。那么，第一张纸上应该有减号，第二张纸上应该没有加号。这与第三张纸上没有减号不矛盾，因此加号在第三张纸上，第二张纸是空白的。

所以真实情况是：第二句话是假的，加号在第三张纸上，第二张纸是空白的。

96 青蛙跳棋（2）

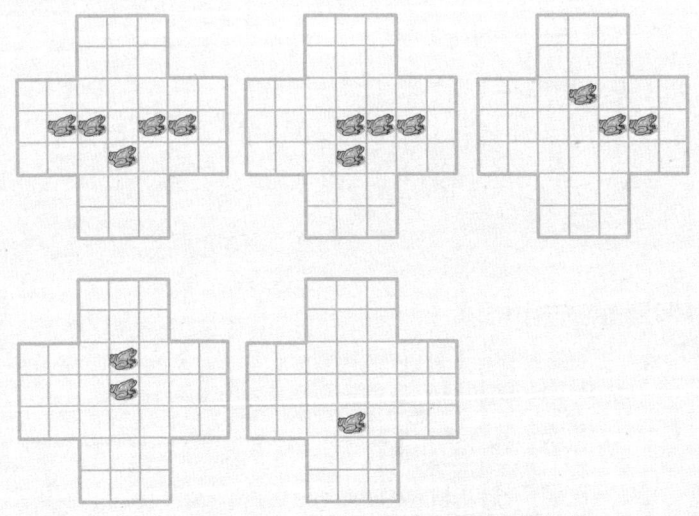

147

97 有个性的礼物（1）

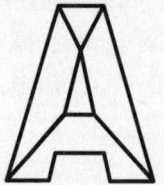

98 著名的迷宫（1）

这是一种答案。

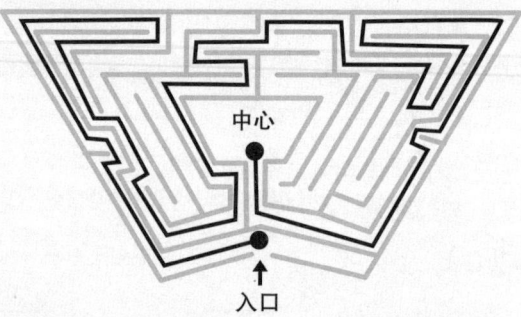

99 天平的平衡（2）

因为 B 大于 AA，所以 AB 大于 AAA。又因为 A 大于 C，所以 AA 大于 CCC，由此可知 AB 大于 CCC，第三个天平会向左倾（天平右侧会翘起来）。

100 聪明方格（2）

+3 1	2	+7 4	3
x6 3	+6 4	2	x12 1
2	3	1	4
x4 4	1	+5 3	2

101 分割正方形（1）

先将大正方形分成四个小正方形，再将其中一个小正方形分成四个更小的正方形。

102 坏掉的计算器（2）

$3+5-7=1$，$5-3=2$，$3=3$，$7-3=4$，$5=5$，$3+3=6$，$7=7$，$5+3=8$，$3\times3=9$，$5+5=10$，$3+3+5=11$，$7+5=12$，$5+5+3=13$，$7+7=14$，$5\times3=15$，$7\times3-5=16$，$5+5+7=17$，$7\times3-3=18$，$7+7+5=19$，$5\times5-5=20$。

103 脑筋急转弯大赛（1）

（1）我是湿着把球拿出来的。

（2）柠檬水和牛奶都冻成冰了。

（3）在气球还没吹气的时候刺破它。

（4）杯子里只有咖啡粉，还没有加水。

（5）左臂可以碰到右臂，右臂则不能。

104 五格拼板（2）

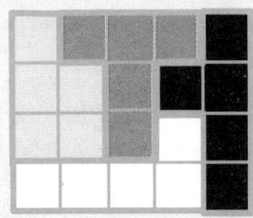

105 数字和字母

6 × 50 = 300，6 × 6 = 36，300 + 36 + 3 = 339。

106 四个字母T

107 十字变三角

108 找不同（4）

酒吧。除了酒吧，其他四幅图都不能分割。

109 反反复复的生意

在如此艰难的买卖终于告一段落后，我们这位犹豫不决的朋友最后赚了2欧元。假设开始的时候，他有20欧元。买了7欧元的书之后，他有13欧元和一本书。当以8欧元的价格售出这本书后，他手里变成21欧元。再以9欧元回购之后，他有12欧元和一本书。最终以10欧元的价格再次卖掉了这本书后，他手里变成了22欧元。因此，从开始到结束，他成功赚了22 - 20 = 2（欧元）。

110 自行车、三轮车和汽车

一组玩具自行车、三轮车和汽车共有 9 个轮子。把 918 除以 9 等于 102。也就是说,玩具自行车、三轮车和汽车各有 102 辆。

111 特别的僧人

没祈祷的僧人在和方丈下棋。

112 两个信封

有多种画法,以下给出一种作为参考。从 1 开始,按照编号顺序画完。

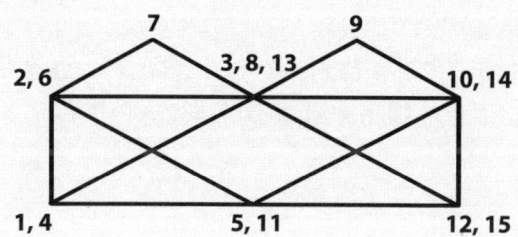

113 过河挑战

下表列出了过桥方案。

出发岸	到达岸	时间	累计时间
1, 3, 6, 8, 12			
6, 8, 12	1, 3	3	3
3, 6, 8, 12	1	3	6
3, 6	1, 8, 12	12	18
1, 3, 6	8, 12	1	19
6	1, 3, 8, 12	3	22
1, 6	3, 8, 12	1	23
	1, 3, 6, 8, 12	6	29

114 数字方阵（1）

沿着一条线从 1 走到 36。

29	30	33	34	**1**	2
28	31	32	35	**36**	3
27	26	25	6	5	4
20	21	24	7	8	9
19	22	23	14	13	10
18	17	16	15	12	11

115 数字序列（3）

数字 8 前一位加 1 得到 18，数字 18 前一位加 2 得到 218，以此类推。因此，接下来要在数字 43218 前一位加 5，也就是 543218。

116 说谎的人

如果阿里和布鲁诺说的是实话，就不可能是布鲁诺或查理，因为查理说的是谎话，所以也不可能是阿里，这样三个人都不是写纸条的人。如果阿里和查理说的是真话，那么查理和阿里都应该是写纸条的人。如果布鲁诺和查理说的是真话，那布鲁诺和阿里就是写纸条的人。因此，真相是，阿里确实参与其中，而且她并不是单独行动。

117 补全图片（1）

能补全蝴蝶的是图 B。图 A 少了一部分身体，图 C 上部缺少一条翅膀的纹路，图 D 黑色的部分太多，图 E 蝴蝶右下角缺失一条弧线。

118 天平的平衡（3）

从第一个天平，可以得知 A = 3B；结合第二个天平的情况，可以推断出 C = 2B。

因此，最后一个天平需要 2 个 A 或 6 个 B 或 3 个 C 来实现平衡。

119 掉落的字母卡片（1）

可能是 E, D, G, H, B, C, A, I, F, 也可能是 D, E, G, H, B, C, A, I, F。当然，这道题还可能有别的答案，你知道吗？

120 骰子点数之和

三个骰子对立面的点数之和就是我说出的数字：3 + 5 + 1 = 9，4 + 2 + 6 = 12。因此，最后一组骰子的数字为：4 + 3 + 5 = 12。

121 有创意的生日（1）

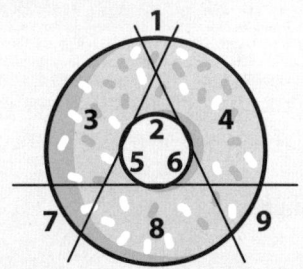

122 晚宴的座位

以下是解决方案之一。

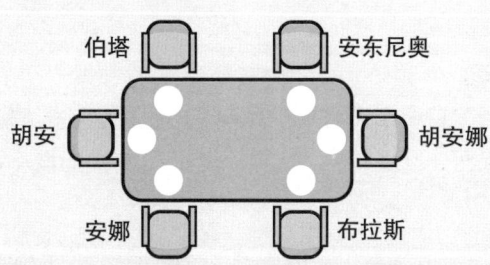

123 四块车牌（2）

前三个车牌中，四个数字加起来都是 13（2 + 4 + 1 + 6 = 3 + 5 + 1 + 4 = 1 + 0 + 6 + 6 = 13）。按同样的规则，最后一个车牌中的问号应该是：13 – 4 – 4 – 1 = 4。

124 移动木棍（1）

125 搞笑谜题

他们都只有白色、黑色和红色。

126 猜谜语（2）

"我"是一只蚊子，接近你的时候，"我"会吸你的血，所以有机会你就会杀死"我"。

127 正面还是反面

迈特选择了猜中率为 15% 的顾问，这是因为每次顾问说正面，迈特就会说反面，反之亦然。这样，迈特有 85% 的概率猜中。

128 完全数

后面的完全数是：28，496，8128……

这些数字有点儿神秘，因为你不知道它们的数量是有限的还是无限的。

129 特殊的时刻

一天中，闹钟会出现16次这样的现象，分别是：00:00；01:10；02:20；03:30；04:40；05:50；10:01；11:11；12:21；13:31；14:41；15:51；20:02；21:12；22:22；23:32。

130 回文数

万位一共有9种可能（从1到9）。千位一共有10种可能（从0到9），百位也有10种可能（也是从0到9）。十位和个位分别和千位、万位相同。因此，一共有 9×10×10 = 900 个五位数是回文数。

131 数学魔术（1）

老师在节目结束时告诉我们，这是数学问题，并不是巧合，经过计算，结果都是9。

如果你觉得这个魔术不错，可以和朋友一起在剧院表演，我相信你们一定会成功的。尽管放心，这个把戏永远不会被揭穿。

132 黑白相间

将图片分割成64个小正方形，然后可以算出：黑色占了29.5个方格，白色占了34.5个方格。因此，图中白色的部分更多。

133 储物柜（2）

唯一满足所有条件的密码是 DCAB。

134 布鲁诺的生日

正如我们在提示中推理的,糖果的数量应该是 3,4,5,6 的公倍数。由小到大,第一个公倍数是 60,这正好满足平均放在 7 个袋子,有一个袋子少 3 颗糖的条件。在 100 以内的数字中,只有 60 是 3,4,5,6 的公倍数,因此,布鲁诺买了 60 颗糖。

135 建造金字塔

唯一不能建成金字塔的图形是 E,因为它的两个面会重合。

136 奇怪的生日

我们的小伙伴是阿根廷人(阿根廷位于南半球),在那里,12 月 28 日正是夏天。

137 如何得到24?

$22 + 2 = 24$ $3^3 - 3 = 24$

138 加西亚的哥哥

加西亚是个女人,所以死去的男人没有兄弟,他有妹妹。

139 我的侄子

我侄子比我多的是骨头。一个人刚出生的时候,骨头是最多的,在长大的过程中,骨头数量会慢慢减少。我的侄子也不例外。

140 绝望的卡车司机

我们建议他给轮胎放点气,这样卡车就会自动脱离困境。

141 画展

当两根 2 米长的杆子挨在一起时,绳子正好垂到离地面半米高的地方，因为连向两根杆子的顶端分别需要 1.5 米的绳子，而绳子总长是 3 米。一旦两根杆子分开，绳子总是离地面半米以上。据此可以判断，两根杆子现在是靠在一起的。

142 院子里的雪

邻居家院子的面积是爷爷奶奶家的两倍，所以下雪时，邻居家院子的雪是爷爷奶奶家的两倍。

143 超级被除数

以下数字相乘的结果就是答案：$5 \times 7 \times 8 \times 9 = 2520$。

144 熊的颜色

熊向南走了 6 千米，然后向西走了 2 千米，最后又向北走了 6 千米，回到了自己的洞穴。说明这只熊生活在北极。北极熊都是白色的。因此，这只熊必然是白色的。

145 聪明方格（3）

$^{-2}$2	4	$^{-2}$3	1
$^{+4}$3	$^{\times 2}$1	$^{\times 32}$2	4
1	2	4	$^{\times 6}$3
$^{\times 12}$4	3	1	2

146 找不同（5）

订书机是不一样的。因为其他几幅画都有一个"头"。

147 补全图片（2）

能补全左边图片的是 D。A 中缺少上臂的绿色条带，B 中袖口部分的颜色不对，C 中大衣的颜色不对，E 中手套的颜色不对。

148 周末糖果

可以将糖果平均分成 6 份。

用 48 除以 6 等于 8。因此，我吃了 8 颗，阿里吃了 16 颗（是我的两倍），布鲁诺吃了 24 颗（是我的 3 倍）。

149 统计学

全市所有居民在二月份的总睡眠时间最少，因为二月份的天数比其他月份少。

150 两支蜡烛

奶奶拿的两支蜡烛一样长，但其中一支比另一支粗。因此，三个小时后，较粗的蜡烛没有完全燃尽。

151 数字序列（4）

按照提示中说的，可以将所有的数字写成一行，你会得到：1284512845……因此，这个数字应该是 12。

152 特殊的日期（2）

接下来的回文数日期有 2020 年 2 月 2 日（02-02-2020），2021 年 2 月 12 日（12-02-2021），2022 年 2 月 22 日（22-02-2022）……不知道谁的亲弟弟会在这些日子出生。

153 负片（2）

图 A 中，左轮旁边缺少白线；图 B 中，少了门把手；图 C 中，卡车顶部的两个突出部分缺失。只有图 D 是原始图像的真实负片。

154 圆圈中的数字（2）

$$9 - 4 = 5$$
$$2 \times 3 = 6$$
$$8 - 1 = 7$$

155 天平的平衡（4）

从第一个天平，我们可以推断出 A + B 等于 2C。从第二个天平，可以推断出 C 等于 2A，因此最后一个天平里的 4A + 2B 等于 5C。

156 切三明治

这是将三明治平均分成两份的最佳方法。

157 青蛙跳棋（3）

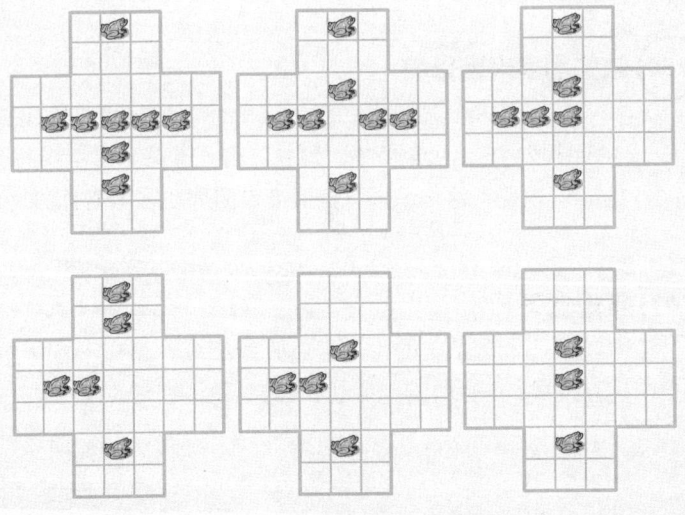

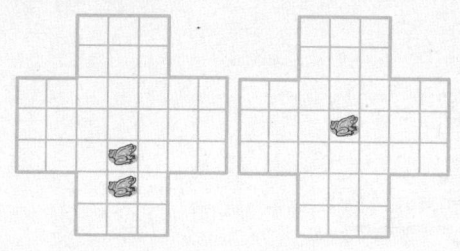

158 拔河比赛

按提示的方法,我们要比较 B+B+B+B 与 A+A+A+C 哪个力量更大。已知 B+B+B+B=A+A+A+A+A,所以决赛可以变为 A+A+A+A+A 与 A+A+A+C 之间的比较,也就是说,我们们需判断 A+A 和 C 哪一方的力量更大,很明显 C 大于 A+A。因此,由 3 名一年级学生和 1 名六年级学生组成的队伍将获得拔河比赛的胜利。

159 猜谜语(3)

"我"是一张邮票。

160 缺失的多米诺骨牌

在"傻大个儿"来之前,这个神奇的矩形方阵中放有 8 块多米诺骨牌。在这个矩阵中,每行、每列和两条对角线的点数之和都是 14。因此,这位"好"搭档带走的那块多米诺骨牌是 3-4。

161 字母盒子

第一个盒子中的字母都由直线组成,第二个盒子中的字母不仅有直线,还有曲线。因此,我们必须将字母 Z 放在第一个盒子中。

162 多米诺骨牌方阵

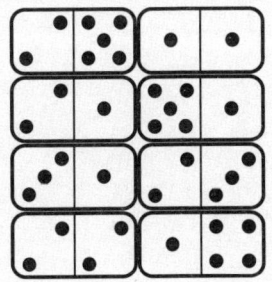

163 特别的日子

用数字的形式写出的时间和日期如下（如果年份只写后两位的话）：12:34 5/6/78。数字 1 到 8 依次出现。

164 数字表格

四个表格中所有出现的数字都为 1 到 9 之间的数字。除了满足这一要求外，每一个表格第一行的数字之和都是 12，第二行的数字之和都是 15，第三行的数字之和都是 18。

165 分割正方形（2）

166 有个性的礼物（2）

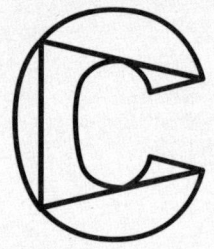

167 著名的迷宫（2）

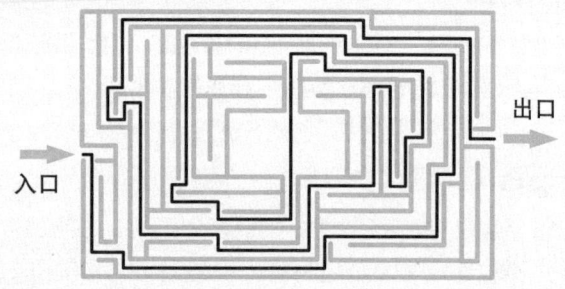

168 足球的接缝

由于每个六边形都有 6 条边，每条边都可以提供一条接缝，因此 20 个六边形总共可以提供 6 × 20 = 120 条接缝。同样的道理，12 个五边形可以提供 12 × 5 = 60 条接缝。总共有 120 + 60 = 180 条接缝，但是这样计算的话，我们会犯一个错误——1 条接缝计算了两次，因为每条接缝都是由两条边组成的，足球实际的接缝是 90 条。因此，老师说的话没问题，这 90 条缝中有 1 条接缝开线了，不是什么大事！

169 很晚了

现在是晚上 8:00，一天还剩下 4 个小时，正好是已经过去的 20 个小时的五分之一。查理已经迟到了！

170 捉弄老师（1）

如果阿里撒谎，那么她说的那句话就是谎话，也就是两个人说的都是真话，这与假设矛盾。因此，阿里说的一定是真话，查理说的是谎话。

171 装水的玻璃杯

根据题目中这个玻璃杯的尺寸，把线拉直后，线的长度会超过玻璃杯的高度，所以老师会把水杯倒满，溢出的水还会打湿桌布（就像图 E 那样）。

172 闰年

2000 年是闰年。从 2004 年到 2096 年有 24 个闰年，2104 年到 2196 年也有 24 个闰年，2204 年到 2296 年还有 24 个……这样计算下来，就有 24×10 = 240 个闰年。除此之外，还必须加上 2000 年、2400 年和 2800 年。因此，在 2000 年到 3000 年之间，一共有 243 个闰年。

173 买彩票

彩票站上一年中了奖，和今年是否能中奖没有关系。彩票站每年的中奖概率都是一样的，不会升高也不会降低。很多彩票站每年都会中奖，那是因为在这些彩票站买彩票的人比较多，买的人越多，出现大奖的可能性就越大。

174 给堂妹的包裹

我的三个堂姐妹的门牌号分别是 35，37，39（记住，连排房屋的门牌号要么都是奇数，要么都是偶数，而不是连续的数字）。如果克劳迪娅住在第一栋房屋中，我得把包裹寄到 35 号。

(175) 隐蔽的陷阱

抛两次硬币,有 4 种可能的结果:正 – 正(高年级学生赢);正 – 反(低年级学生赢);反 – 正(低年级学生赢);反 – 反(重新抛硬币)。因此,有了我们的建议,低年级的孩子们在课间去球场玩的次数可能是高年级孩子的两倍。这样持续一段时间,高年级的孩子就会要求和低年级的孩子一起玩,这样问题就解决了。你看,只要数学学得好,没有解决不了的事情。

(176) 我的小表弟

姨妈抱着他称了一次体重,然后姨妈把他交给了药剂师,自己又称了一次体重。将这两个体重相减就得到了小表弟的体重。

(177) 堂妹和叔叔

叔叔和堂妹的年龄相差 27 岁,如果不考虑堂妹是未成年人的条件,会有六种不同的组合:(14, 41)(25, 52)(36, 63)(47, 74)(58, 85)(69, 96),其中只有(14, 41)能满足堂妹是未成年人的条件。因此,她 14 岁,我叔叔 41 岁。

(178) 三杯面粉

先把容量为 7 杯的容器装满,然后用它把两杯的容器倒满,这样,7 杯的容器中只剩下 5 杯面粉了。将两杯容器里的面粉倒出来,再用 7 杯的容器把它倒满。这样,7 杯的容器里正好有 3 杯面粉做蛋糕。很简单吧?

(179) 古怪的交易

不应该接受,因为在他给了我们 2 欧元之后,我们会告诉他我们没有 3 欧元,这样,我们只输给他 1 欧元,手里还有 1 欧元。最终,我们赚了 1 欧元,而他损失了 1 欧元。

180 数字金字塔(2)

答案不是唯一的,下面给出一种作为参考。

2 + 1 = 3
3 ÷ (2 − 1) = 3
4 − 3 + 2 ÷ 1 = 3
5 − 4 + 3 − 2 + 1 = 3
6 − 5 + 4 − 3 + 2 − 1 = 3
7 − 6 + 5 − 4 + 3 − 2 ÷ 1 = 3
8 + 7 + 6 − 5 × 4 + 3 − 2 + 1 = 3
9 − 8 + 7 − 6 + 5 − 4 − 3 + 2 + 1 = 3

181 特殊的日期(3)

21世纪最后一个回文数日期是2092年2月29日(29-02-2092)。

182 数字方阵(2)

29	28	25	24	21	20
30	27	26	23	22	19
31	32	13	14	15	18
34	33	12	11	16	17
35	2	3	10	9	8
36	1	4	5	6	7

183 负片(3)

图 C 是原始图像的负片。图 A 中,棋子少了两个马;图 B 少了一个国王;图 D 中,两匹马朝向错误。

184 阿里的朋友

阿里的本意是好的，她以为乘坐第一辆到站的车是公平的。但问题是，开往玛丽亚家的公交车在整点一刻的时候离开车站（例如 16:15，17:15，18:15 等），而开往克拉拉家的公交车在整点离开车站（例如 16:00，17:00，18:00 等）。因此，只要阿里在整点一刻之后与下一个整点之前到达公交站，她就会乘坐开往克拉拉家的公交车，剩下的情况，她才会去玛丽亚家。所以，平均每四次中，她有三次会去克拉拉家，只有一次去玛丽亚家。

185 吃豆人

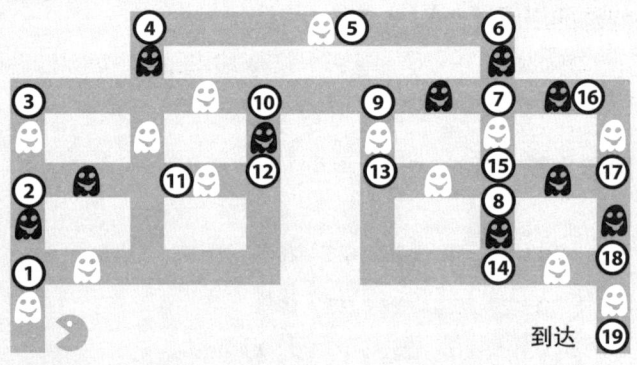

186 八个皇后

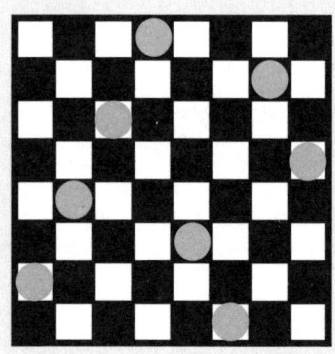

187 分割正方形（3）

方法非常多，这只是其中的几种。

188 坏掉的计算器（3）

8÷4÷2＝1，2＝2，4÷4＋2＝3，4＝4，4÷4＋4＝5，8－2＝6，8－2÷2＝7，8＝8，2÷2＋8＝9，8＋2＝10，8＋4－2÷2＝11，8＋4＝12，8＋4＋2÷2＝13，8＋8－2＝14，8＋8－2÷2＝15，8＋8＝16，8＋8＋2÷2＝17，8＋8＋2＝18，8＋8＋8－4＝20。我们还没有想到怎么能得到19，你能想到吗？

189 脑筋急转弯大赛（2）

（1）列车通过隧道需要2秒钟：1秒钟完全进入，1秒钟完全离开。
（2）你什么都说不出来，因为没有脑袋，你就不能说话了。
（3）2月份太阳出来的次数最少，因为这个月的天数最少。
（4）1.99＋0.001＝1.991。
（5）"天"和"地"之间的字是"和"。

190 圣诞快乐（1）

树的底部需要5×5＝25个绿咖啡罐，边需要7×3＝21个绿咖啡罐，内部需要5＋4＋3＋2＋1＝15个白咖啡罐。也就是说，我们必须收集46个绿咖啡罐和15个白咖啡罐。

191 圣诞快乐（2）

所需球的数量为：1＋2＋3＋4＋5＋6＋7＋8＋9＋10＋11＝66（个）。

所需木棍的数量为：3＋6＋9＋12＋15＋18＋21＋24＋27＋30＝165（个）。

192 天平的平衡（5）

从第二个天平，我们可以推断出 B 的重量与 1 个 A 加 8 个 C 相同。

把第一个天平中的 B 替换成 1 个 A 和 8 个 C，可以推断 A = C。因此，在最后一个天平右边的托盘上放上 9 个 C，天平就能平衡。

193 聪明方格（4）

194 称不出的重量

唯一不能被称出的重量是 32 克。

195 有个性的礼物（3）

196 补全图片（3）

能把音乐钟补全的图是 E。A 图下方缺少绿色边框，B 图有交叉线的部分太宽，C 图最外边的装饰物缺失，D 图中一条弧形边的颜色不正确，应该是灰色的。

197 分割六边形（1）

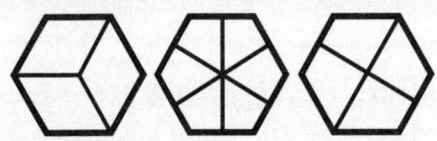

198 神秘的表情符号（1）

（1）《睡美人》。

（2）《三只小猪》。

（3）《穿靴子的猫》。

199 滚动吧，查理！

我们的几何专家布鲁诺是对的。

200 五格拼板（3）

4	3	5	2	1
5	2	1	3	4
1	4	3	5	2
3	1	2	4	5
2	5	4	1	3

201 神秘的表情符号（2）

（1）《哈默林的花衣吹笛人》。

（2）《灰姑娘》。

202 头脑和肌肉

阿里把纸弄丢后，还剩下一张纸，这张纸上写着"头脑"，那么阿里丢掉的那张纸上一定写着"肌肉"。所以，这个家伙必须清理地面。

203 迷你三角形和迷你正方形

如果你像下图那样转动一下灰色的三角形和正方形,答案就很简单了:灰色三角形是大三角形的四分之一,灰色正方形是大正方形的一半。也就是说,4 个灰色三角形等于 1 个大三角形,2 个灰色正方形等于 1 个大正方形。

204 负片(4)

原始图像真正的负片是 A。

图 B 中,衣服上缺少一些褶皱;图 C 中,护目镜的细节不对;图 D 中,滑雪板和靴子顶部的一些细节不对。

205 沙漠之鸟

这只鸟非常耐心地把石头一块一块装进瓶子里,使水位上升,这样它就能从瓶口喝到水了。

206 嵌入游戏(3)

B 是唯一一个不能与给出的几何体嵌合成长方体的几何体。

207 利用9到1得到100

这里有几种解决方案,看看你是否能找到更多:

$9 \times 8 + 7 + 6 \times 5 - 4 \times 3 + 2 + 1 = 100$

$9 \times 8 + 7 - 6 + 5 \times 4 + 3 \times 2 + 1 = 100$

$9 \times 8 + 7 \times 6 - 5 - 4 - 3 - 2 \times 1 = 100$

208 脑筋急转弯大赛（3）

（1）不必再生了，因为每个男孩都有同一个姐妹。
（2）因为飞机还没有起飞。
（3）根本没下雨。
（4）该修钟表了。
（5）它们相遇时在同一地点，因此，它们离巴塞罗那一样远。

209 秘密司令部

在锁链的一端，我们挂上布鲁诺和他爷爷的挂锁。然后，我们把阿里的锁挂在这个挂锁上，再用我的锁扣住阿里的锁，扣住锁链的另一端，这样锁链的两端就连起来了。四个人中的任何一个打开他的挂锁时，都可以打开门。

210 移动筷子（2）

211 杨辉三角

每行数字都从 1 开始，以数字 1 结束，中间的每个数字都是其上面的两个数字相加的结果。因此，最后一行数字应该是 1，5，10，10，5，1。

212 调整椅子的方向

移动椅子靠背的两根火柴,就能满足老师的要求。

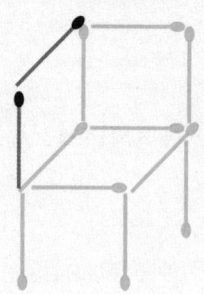

213 破碎的字母T

214 数字方阵(3)

34	33	32	31	30	29
35	36	25	26	27	28
22	23	24	17	16	15
21	20	19	18	13	14
4	3	2	1	12	11
5	6	7	8	9	10

215 猜谜语(4)

答案是椰子。

216 猜谜语（5）

答案是海绵。

217 《虎胆龙威3》

这是我的方法，你也可以尝试其他的方法。

将容量为5升的桶装满水，然后倒满3升的桶，5升的桶中还剩下2升水。再把3升的桶里的水倒掉，将5升桶中剩下的2升水倒入3升的空桶里，再将5升的水桶装满，继续向3升的桶倒水，直到装满（桶里已有2升水，再加1升就满了），这样，5升的水桶中就正好剩下4升水了。

218 找伙伴

每个网格都有自己的"伙伴"：将第一行中的绿色格子换成白色格子，白色格子换成绿色格子，它们就会变成自己"伙伴"的样子。因此，A和D是一对，B和F是一对，C和E是一对。

219 移动木棍（2）

我说过，我没有骗你。如你所见，下面的图中有五个正方形，四个小正方形和由四个小正方形组成的大正方形。

220 与众不同的骨牌

用每张骨牌的上、下两个数字做减法，除了第三张牌之外，其他的结果都是2。

221 门卫"几何学家"

提示中已经说了,有五种不同尺寸的三角形。如果按尺寸计算,一共有 16 + 7 + 3 + 4 + 1 = 31 个三角形。

222 长凳排座

长凳的第一个位置,六个人都可以坐。一旦六个人中有一个人坐下了,第二个位置就只有五个人可以坐,第三个位置只有四个人可以坐……这样,长凳将有 6×5×4×3×2×1 = 720 种不同的座次。所以,我们没有什么好担心的。到我们必须重复以前的座次时,我们可能已经毕业了。

223 阿里的课外活动

阿里从周一到周五上的课外活动课分别是:数学拓展课(周一),现代舞蹈课(周二),戏剧课(周三),音乐课(周四)和英语课(周五)。

224 不完美的镜子

下面标出了七处不同。

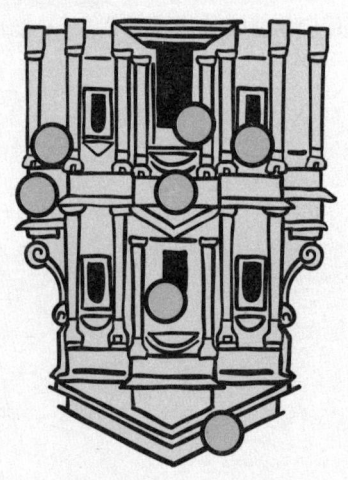

225 四张卡片

如果第一张卡是通配卡,那么第二张卡和第四张卡上的话都是真的,但这是不可能的,因为只有一句话是真的。如果第二张卡是通配卡,那么第一句和第四句都是真的,这也是不可能的。如果第三张卡是通配卡,那么第一、第三和第四句话都是真的,这也不可能。因此,第四张卡是通配卡,只有第二句话是真的。

226 复杂的关系

$10 \times 9 = 90$,$9 \times 8 = 72$,$8 \times 7 = 56$,$7 \times 6 = 42$,$6 \times 5 = 30$。因此,问号处的数字是:$5 \times 4 = 20$。

227 数学魔术(2)

无论志愿者怎么做(或者你,如果你也跟着做了),最后的结果都是 92。如果你喜欢这个游戏,可以和你的朋友再玩一次,看看你是否能给他们留下好印象……

228 掉落的字母卡片(2)

有多种可能,其中一种是:I——J——K——G——C——E——D——A——F——B。

229 夏天到了

如提示中所说,参考编号的十位数字与伞面的十个三角形有关,灰色三角形的编号是 1,白色三角形的编号是 0。编号对应的第一个三角形是上方正中的那一个倒三角形,如果三角形是灰色的,参考编号会显示是 1。最后一把伞的颜色组成是:白色(0),灰色(1),白色(0),灰色(1),白色(0),白色(0),灰色(1),灰色(1),白色(0),灰色(1)。因此,参考编号为:0101001101。

230 阿里出品

$1+2+3-4+5-6=1$，$1+2×3-4+5-6=2$，$1+2-3+4+5-6=3$，$(1+2)×3-4+5-6=4$，$[(1+2×3×4)+5]÷6=5$，$(1+2)÷3+4-5+6=6$，$-1+2+3+4+5-6=7$，$(1×2×3+4)÷5+6=8$，$1+2+3+4+5-6=9$，$1×2+3+4-5+6=10$。

231 乒乓球与哈利·波特

$77000×4=308000$（厘米）$=3080$（米）。因此，所有乒乓球连成直线大约有3千米长。

232 升级版找图形

（1）图中有七种不同类型的三角形（见下图），每种各有5个。

（2）要一笔画出图形，有好几种方法。下面给出一种作为参考。只需从1开始，按照数字编号画完。

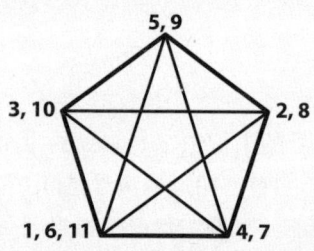

233 自由降落的石头

虽然看起来球应该落在我们后面，但如果我们的速度基本不变，球最终会落在我们身上。

234 班级日历
两个立方体的位置是可以交换的，一个带有数字 0, 1, 2, 3, 5, 7，另一个带有数字 0, 1, 2, 4, 6, 8，其中 6 也可作为 9 使用。

235 储物柜的新号码牌
门卫需要买 11 个 0，其他数字（1, 2, 3, 4, 5, 6, 7, 8, 9）各买 20 个。

236 诱人的冰激凌
一个直径 6 厘米的冰激凌球的体积，是两个直径 3 厘米的冰激凌球的 4 倍。听起来是不是有点儿不可思议？

237 捉弄老师（2）
如果说这句话的人在说谎，就不可能有人在说谎，这是自相矛盾的。因此，和老师说话的人总是说真话，而另一个人总是说谎话。

238 移动木棍（3）

239 数正方形（1）
总共有 16 个正方形。你都找到了吗？

240 数正方形（2）

总共有 27 个正方形。

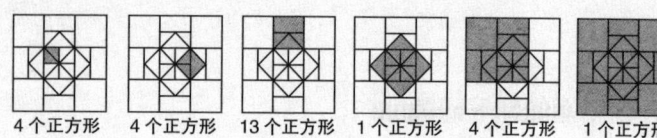

4 个正方形　4 个正方形　13 个正方形　1 个正方形　4 个正方形　1 个正方形

241 吃豆人游戏

图上有 13 个灰色方块和 12 个白色方块。每次，吃豆人从灰色方块移动到白色方块，从白色方块移动到灰色方块。因此，只有当吃豆人从一个灰色的方块开始，到一个灰色的方块结束，才能经过整个板。但是，图中的要求是，从一个灰色的方块开始，到一个白色的方块结束。

242 著名的迷宫（3）

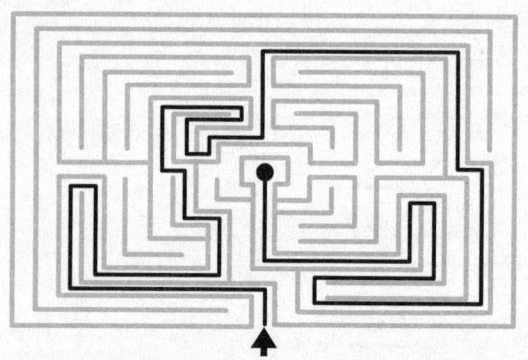

243 分割六边形（2）

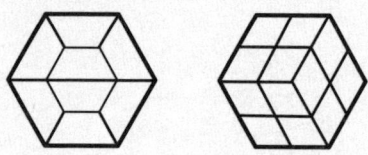

244 五格拼板（4）

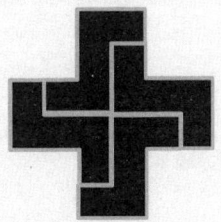

245 有创意的生日（2）

第一种方法是，先将甜甜圈从中间切开，分成上下两个相等的圆环。保持这两部分不动，再割一个"十字"，这样就可以得到八块相等的部分。

另一种方法是，先把甜甜圈对半切开，切成两个新月形。然后把两块新月形甜甜圈对齐摞起来，再从中间切开，接着把切好的四块甜甜圈按前面的方法摞起来再切一次，就能得到八块相同的甜甜圈。

246 聪明方格（5）

×8 2	4	×2 1	3 3
+7 4	×12 3	2	×2 1
3	1	4	2
+3 1	2	+7 3	4

247 棒棒糖

有两种画法。

可以从 1 开始，直着向上画到 2，然后画最外面的圆圈，再回到 4 处，重复这一过程，直到画完。也可以从 8 开始，按同样的方法一直画到 1 的位置。

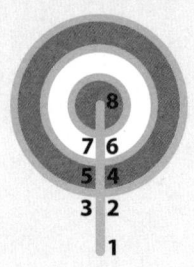

248 抽奖券

爸爸没帮助我的 5 分钟里,我已经制作了 10 张抽奖券。所以,我和爸爸一共制作了 21 张抽奖券。爸爸的速度是我的两倍,因此,在这 21 张抽奖券中,爸爸制作了 14 张,我制作了 7 张。所以,我一共制作了 17 张,爸爸制作了 14 张。

249 再见,朋友们!

把 2016 除以 6,正好得到 336。也就是说,我们已经写了 336 次"努力(EFFORT)"这个词了。所以,出现在第 2016 个位置的字母是 T。

—创造力大爆炸—

8~15岁 第1辑 ④

[西]米葵尔·卡博◎著 李煜◎译

青岛出版集团 | 青岛出版社

图书在版编目（CIP）数据

燃烧吧!大脑. 8-15岁. 第1辑. 4, 创造力大爆炸 /
(西) 米葵尔·卡博著；李煜译. -- 青岛：青岛出版社, 2019.4
ISBN 978-7-5552-8062-0

Ⅰ.①燃… Ⅱ.①米… ②李… Ⅲ.①智力游戏—少年读物 Ⅳ.①G898.2

中国版本图书馆CIP数据核字(2019)第041424号

150 retos de ingenio para mentes de otro planeta
© 2018, Miquel Capó Dolz
© 2018, illustrations by Intercastilla
© 2018, Penguin Random House Grupo Editorial, S.A.U.
Travessera de Gràcia, 47-49. 08021 Barcelona
The simplified Chinese translation rights arranged through Rightol Media
（本书中文简体版权经由锐拓传媒旗下小锐取得 Email:copyright@rightol.com）

山东省版权局著作权合同登记号 图字：15-2019-109

书　　名	燃 烧 吧！大 脑（8 ~ 15岁）第 1 辑 RANSHAO BA DANAO（8-15 SUI） DI-1 JI
分 册 名	创 造 力 大 爆 炸 CHUANGZAOLI DA BAOZHA
著　　者	[西]米葵尔·卡博
译　　者	李　煜
出版发行	青岛出版社
社　　址	青岛市海尔路182号（266061）
本社网址	http://www.qdpub.com
邮购电话	0532-68068091
策划编辑	刘海波　周鸿媛
责任编辑	王　韵　贾华杰
封面设计	胡椒書衣
照　　排	青岛乐道视觉创意设计有限公司
印　　刷	青岛北琪精密制造有限公司
出版日期	2019年4月第1版 2023年1月第7次印刷
开　　本	32开（890mm×1240mm）
印　　张	27.5
字　　数	700千
书　　号	ISBN 978-7-5552-8062-0
定　　价	168.00元（全5册）

编校质量、盗版监督服务电话 4006532017　0532-68068050

献给老师、护士、医生,
也献给所有关心他人的人……

注意： 本书旨在培养最敏捷、最清醒的头脑。如果你喜欢通过研究数学、行星和恒星来接受逻辑和思维挑战，那么你一定会爱上这本书的。

来开动脑筋，和你的朋友、家人比赛吧，看谁是反应最快、最聪明的人……会是你吗？

准备好接受挑战了吗？

开始行动……

吉玛

　　大家好！我叫吉玛。关于我，你有必要知道的是，我长大后想成为一名宇航员。是的，我知道这很难，你们也难以理解，但我会努力去实现这一梦想。当我想做一件事时，没有人能让我改变主意。因此，本书中我将提出与我心目中的英雄——宇航员有关的问题。

埃斯泰

　　大家好！我叫埃斯泰。比起科学和数字，我更喜欢字母，因为它非常有趣。我喜欢坐在沙发上看书，喜欢想象这个世界，也许这就是为什么每个人都说我是一个小小梦想家，也许这也是我喜欢看星星的原因。夏天，如果没有什么书可以读，我就会躺在我们花园的草坪上，望着天空和成千上万颗小星星。你觉得这很无聊吗？但对我来说，这一点儿也不无聊！因为这时我总是能提出很多问题，比如：天空中有多少颗星星？在地球与月球之间往返需要多长时间？你知道答案吗？我希望你知道，因为我需要你来帮我解出与我那伟大而遥远的朋友——星星有关的题目。

奥斯卡

　　我觉得呀,即使我不做自我介绍,我的朋友也会替我介绍的。噢!好吧,我是奥斯卡,我对外星人很着迷。

　　关于他们存在与否,我仍拿不出证据,但为了发现他们的踪迹,我还在调查所有有关宇宙的事情。我已经把学校里的那些科学书籍读了好几遍了,却仍未发现任何可以证明外星人存在的东西,这是一个好大的谜题啊!

　　因此,每天课余时,我会花几个小时在手机上搜索更多的信息。幸运的是,互联网似乎比宇宙更大,我总能发现一些让我好奇的知识。你对这门学科感兴趣吗?淡定,接下来我要问你很多与宇宙有关的问题,到最后搞不好你会弄不清自己到底在哪个星球上!

目录 Contents

1. 排序（1） / 1
2. 复杂的日食（1） / 2
3. 月亮、地球和太阳（1） / 3
4. 超级日食（1） / 4
5. 给星星排排队（1） / 4
6. 找不同（1） / 5
7. 系在你的飞船上（1） / 6
8. 谁在说谎（1） / 7
9. 一颗裂开的星星（1） / 8
10. 七巧板（1） / 9
11. 4颗行星 / 10
12. 星星中的三角形 / 11
13. 填字游戏（1） / 12
14. 超级日食（2） / 13
15. 给星星排排队（2） / 14
16. 太阳发出的光 / 15
17. 记忆力测试（1） / 16
18. 地球的磁性 / 17
19. 瞧这一家子天文学家！ / 18
20. 半个标识 / 19
21. 神奇的日期 / 19
22. 地球人和火星人 / 20
23. 一份报纸 / 21
24. 半径增加一倍的地球 / 21
25. 3，2，1，发射（1） / 22
26. 关于月球的悖论 / 23
27. 地球人帕克和火星人阿里 / 24
28. 星星谜题（1） / 24
29. 两个火星人来访 / 25
30. 下一个是什么？ / 26
31. 光速（1） / 26
32. 找不同（2） / 27
33. 找出相同的图案（1） / 28
34. 在操纵一艘飞船之前 / 28

35. 恒星巴鲁巴和塔科特 / 29

36. 为火箭编号 / 30

37. 三颗行星（1） / 31

38. 填字游戏（2） / 32

39. 没有燃料了 / 33

40. 宇航员测试（1） / 34

41. 3，2，1，发射（2） / 35

42. 行星碰撞 / 35

43. 复杂的日食（2） / 36

44. 没有古尔布的消息 / 37

45. 系在你的飞船上（2） / 38

46. 宇航员测试（2） / 39

47. 3，2，1，发射（3） / 40

48. 一笔画星座（1） / 41

49. 牙签和星星 / 41

50. 火箭换位 / 42

51. 如何转向3次到达9颗行星 / 43

52. 折纸飞上月球 / 44

53. 有人在吗？（1） / 45

54. 排序（2） / 45

55. 记忆力测试（2） / 46

56. 宇航员测试（3） / 47

57. 来自火星 / 48

58. 绕着太阳的绳子 / 49

59. 你想带什么上太空？ / 50

60. 无声爆炸 / 51

61. 时间相对论 / 51

62. 星星谜题（2） / 52

63. 旋转的3颗行星 / 52

64. 填字游戏（3） / 53

65. 3，2，1，发射（4） / 54

66. 谁能浮起来？ / 55

67. 找出相同的图案（2） / 56

68. 星星比沙子多，还是沙子比星星多？ / 56

69. 按比例…… / 57

70. 怎么可能呢？ / 58

71. 一笔画星座（2） / 59

72. 不完美的对称（1） / 60

73. 有人在吗？（2） / 61

74. 4个偶数 / 62

05

75. 三颗行星（2） / 63

76. 谁在说谎（2） / 64

77. 连线 / 65

78. 找出字母对应的数值（1） / 66

79. 避免3颗行星出现在同一条直线上（1） / 67

80. 如果地球只有10千克重…… / 68

81. 你会怎么解答呢? / 69

82. 找出字母对应的数值（2） / 70

83. 飞行轨迹相交 / 71

84. 系在你的飞船上（3） / 72

85. 复杂的日食（3） / 73

86. 月亮、地球和太阳（2） / 74

87. 3，2，1，发射（5） / 75

88. 七巧板（2） / 76

89. 超级日食（3） / 77

90. 最高的山 / 78

91. 给星星排排队（3） / 79

92. 不完美的对称（2） / 80

93. 记忆力测试（3） / 81

94. 找出相同的图案（3） / 82

95. 光速（2） / 83

96. 避免3颗行星出现在同一条直线上（2） / 84

97. 外星人等式 / 85

98. 一颗裂开的星星（2） / 86

99. 一笔画星座（3） / 87

100. 如何转向3次到达10颗行星 / 88

101. 宇航员测试（4） / 89

102. 物理学专家 / 90

103. 太空运算 / 91

104. 宇航员大会 / 92

105. 疯狂等式 / 93

106. 我的标志 / 94

107. 宇航员测试（5） / 95

答案 / 96

排序（1）

朋友们不理解我为什么想成为一名宇航员，但既然是好朋友，他们还是全力支持我，想帮助我实现梦想。当看到我遇到挫折并准备放弃时，他们会用类似于下面这样的谜题来鼓励我。你能帮我看一下，应该按什么顺序摆放这些碎片，使它们成为一幅完整的画吗？

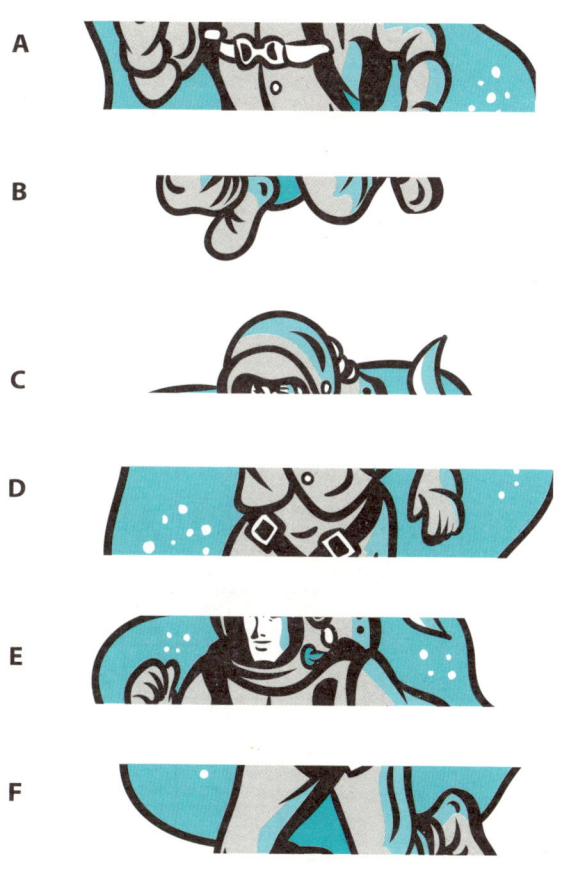

提示：这道题并不难。比如说，你可以从头部开始拼……

复杂的日食（1）

我刚刚发明了一款数独游戏，跟行星和日食有关，我觉得这特别酷。来，看看你是怎么想的。

下面的表中，每一行和每一列均有 4 颗不同大小的行星。

行星周围的数字表示从那个位置可以看到的行星个数。例如，我们从箭头处可以看到 3 颗行星，因为较小的行星被较大的挡住了，对吗？我们再从箭头下面一个格的位置看，只能看到 1 颗行星，就是最大的那个，因为其他的都被它挡住了。你能不能把行星放在第二张表的格子里，使第二张表中的数字能正确地表示从那个位置可以看到的行星的个数？要注意使每一行和每一列的行星的大小各不相同，这有点儿难，一起来试试吧！

提示：数字 1 旁边的格子应该放哪颗行星呢？这很明显，对不对？就从这里开始解题吧……

月亮、地球和太阳（1）

观察第一个表。假设月亮等于1，地球等于2，太阳等于3，那么，最下面一行的数字就是每列星球值的总和。同样地，最右边的一列数字则是各行星球值的总和。你能将两个月亮、两个地球和两个太阳放进第二个表里，让数字等于对应的行或列的星球值之和吗？

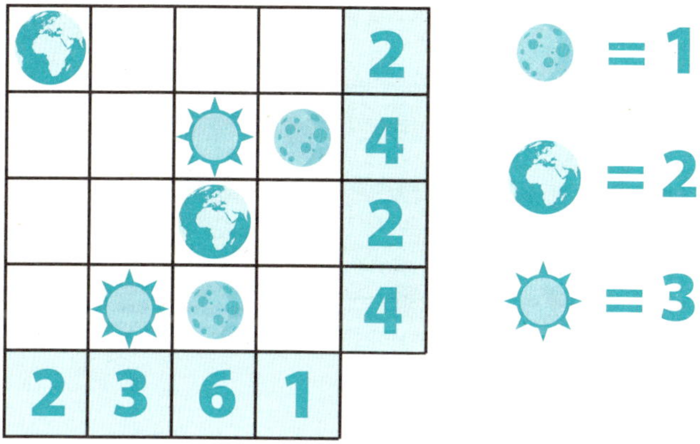

提示：标有1的行和列是最容易填的。从这里开始思考吧……这道题的答案不止一个。

超级日食（1）

　　就像你在科学课上学到的那样，月球运行到地球和太阳中间时，太阳光被月球挡住，不能射到地球上来，这种现象叫日食。下面左边的图片中，空心的圆圈代表太阳，实心的圆圈代表行星。如果你仔细观察就会发现，从它们被放置的位置来看，只有4颗行星能被阳光照到，而剩下的4颗则被其他行星遮挡了。挑战来了：在下面右边的图上找出一个位置放太阳，同样使4颗行星能被阳光照到，而其他的行星被遮住。祝你好运！

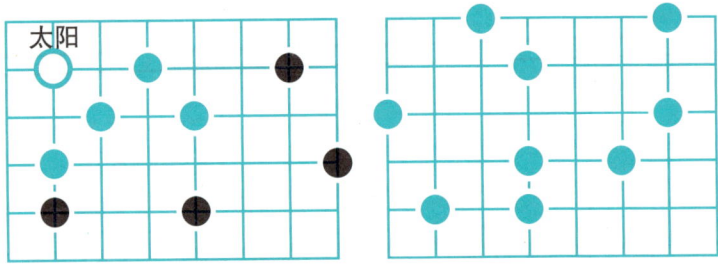

提示：应该把太阳放在图片右边的某个位置上……

给星星排排队（1）

　　周日，我在家里很无聊，我在想能不能用10颗星星组成一个图案，要求每4颗星星分布在1条直线上，共有5条直线。最后我成功啦！你能不能做到呢？

提示：有几排可以共享一些星星……

找不同（1）

如果不是爱好天文学，我想我会成为一名设计师——我喜欢画画哟，这两个爱好赋予了我力量。你能从以下几幅图中找到与其他图片没有关联的那幅吗？

冬季

提示：从下面的图片开始思考吧。

系在你的飞船上（1）

我在网上看到，在太空行走时，宇航员通过系安全绳与飞船相连。

这为我们提出了一个新的挑战。请把下图中的每个宇航员都用安全绳连到相应的飞船上，安全绳不能交叉，也不可以超出方框的范围。小心！如果你做不到的话，宇航员可能会永远在无限的太空里徘徊哟……

提示：这个游戏并不复杂，你需要将其中几根安全绳转几个弯，剩下的就不难了。

谁在说谎（1）

　　科学老师给我们提供了一个我们喜欢的新游戏。首先，老师提出一个话题，然后给我们每人一张纸条，每张纸条上都写着一句话。这些话中只有一句是假话（所有人都不知道谁拿到的纸条上写着假话）。拿到纸条后，每个人都应该找一些与话题有关的资料。如果你拿到的是写着真话的纸条，你必须提供一个真实的但看起来很假的信息；如果你的纸条上写着假话，你必须提供看似真实的虚假信息。

　　为了让你们明白这个游戏的玩法，前几天我们玩了一个以"月球"为主题的游戏，我的同学们是这么说的：

胡　　　安：月球每年都会向远离地球的方向运动3.8厘米。

佩　德　罗：如果我们乘坐商用飞机去月球旅行，需要16天才能到。

路　易　斯：月球上的风比地球上的更大。

阿　玛　伊　娅：所有行星可以被排成一排，放到地球和月球中间。

阿里亚德娜：太阳与地球的距离约是月亮与地球距离的400倍，月球的大小约是地球的$\frac{1}{50}$。

埃　斯　泰：月球表面面积比亚洲的面积要小。

马　耳　他：月球上的温差极大，晚上可低至零下153℃，白天则可高达零上107℃。

提示：如果你不知道是谁在说谎，可以上网搜索。

一颗裂开的星星（1）

　　研究星星是我的一大嗜好，我凝视它们，研究它们，收集与它们相关的各种物品。我很喜欢这个拼图，因为这很简单，只要3块拼图就可以拼出一颗星星。你能拼出一颗星星吗？需要多久呢？

提示：如果一开始不知道该如何下手，你可以把它们剪下来，然后拼拼看。这道题就会变得容易些……

七巧板（1）

科学课上，我们制作了一副七巧板，用它拼出了很多图案。我选择利用七巧板来拼一枚火箭，正如你在下图中看到的那样。你知道我是怎么拼的吗？

提示：你可以在顶端放一个小三角形。当然，拼法不止一种。

4颗行星

你肯定知道,行星环绕太阳旋转是因为太阳有引力,但在这一题中我们不考虑引力。看一看,我们是如何放置3颗行星,使它们彼此距离都相等的。接下来,挑战来了:如果我们再添加1颗行星,你要如何放置它,才能使这4颗行星彼此距离都相等?

提示:你必须将思维方式从平面转向立体。

星星中的三角形

　　这个游戏是我在一款手机应用上看到的,一看到星星,我就着了迷。这道题要求计算出图形中出现的三角形(无论大小)的个数。试着把它们都找出来吧!

提示:注意,三角形的个数多于12,但少于30哟……

填字游戏（1）

我的祖父胡安是一位字母谜题和填字游戏的专家，喜欢各种填字游戏。每当他发现一个填字游戏，就把它留给我去解决。完成下面这个游戏，对我来说一点儿也不难，但我不知道你能不能解出来。试试吧，你只需要把这9个单词放在正确的位置就可以了。

RADAR, COHETE, AEROLITO, GAS, CONSTELACIÓN, GALILEO, NEBULOSA, NASA, URANO

提示：根据字母的个数给单词分类……

超级日食（2）

在下图中找出一个位置放太阳，要求只有4颗行星能受到阳光照射，而其他的完全被遮挡。如果你不太清楚该怎么玩，可以回头看看"超级日食（1）"这个游戏。

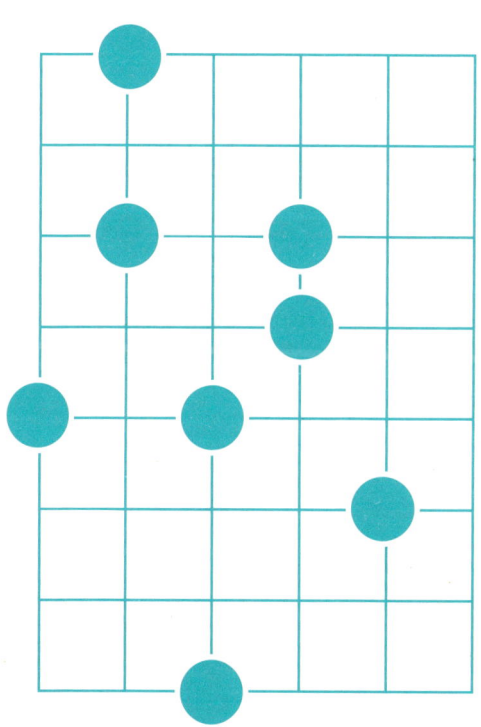

提示：你可以试试把太阳放在右边……

给星星排排队（2）

用 12 颗星星组成一个图案，要求每 3 颗星星分布在 1 条直线上，共 6 条直线。如果需要帮助，可以回头看看"给星星排排队（1）"这一题。

提示：你一定已经想到，有几条直线可以共享 1 颗星星……试着将星星组成一个规则的多边形……

太阳发出的光

有一天,科学老师告诉我们,阳光需要一段时间的旅行才能到达地球。事实上,我们可以计算出我们此时此刻看到的光离开太阳的时间。我发现计算出的结果很奇怪。你敢自己试一试吗?我给你提供一些会用到的数据:

(1)光速是 300,000 千米 / 秒(尽管看起来难以置信)。

(2)我们与太阳的距离约为 1.5 亿千米。

我希望你能做对,加油!

提示:把问题分成几个部分,就可以轻松解答这道题了。

记忆力测试（1）

当圣诞节临近时，老师会为我们组织很多很酷的活动。有一天，他建议我们来做一个游戏。他让我们在一张纸的一面上画 12 个图形，画完后，我们把这张纸交给一个搭档，他必须在 30 秒内尽可能多地记住纸上的图形。到时间后，搭档必须把纸翻过来，写下他能记住的所有图形。

我能记住 10 个图形。你能不能超过我呀？

地球的磁性

嗨,我又来了!这是我发明的一款新游戏:假设你在一个密闭的房间里,身边有两根金属棒,其中一根是磁铁,另一根是普通的铁棒。假如,除了两根金属棒之外,房间里还有两根绳索,我们如何能知道哪根金属棒是磁铁,哪根是铁棒呢?注意,房间里没有其他的金属物品……

提示:这个谜题的标题就是一个很好的线索,想想指南针……

瞧这一家子天文学家！

我从图书馆借了一些书。其中一本书中写道，有一个天文学家家庭因发现了 7 颗不同的恒星而闻名（每个家庭成员各发现 1 颗）。

家庭成员中包括 1 个祖父，1 个祖母，两对父母，两个丈夫，两个妻子，1 个孙子，两个孙女，1 个兄弟，一对姐妹，1 个儿媳，1 个婆婆。尽管人数如此之多，而且他们每个人都发现了 1 颗不同的恒星，但他们总共只发现了 7 颗恒星。你能解释一下这是怎么回事吗？

提示：实际上，只有 7 个人，研究一下他们之间的关系会对你有帮助。

半个标识

下图中出现了半个标识，以后我会把这半个标识印在我的制服上。你知道它是什么吗？

取出八肉

提示：这是一档电视节目哟。

神奇的日期

当我是一名航天局主管（我给自己设的权力非常大）时，我会下令只在4月4日、5月9日、6月6日、7月11日、8月8日、9月5日、11月7日和12月12日发射火箭。

你知道我为什么选择在这些日子发射火箭吗？它们之间有什么关联呢？

提示：在日历上观察这些日期，是一个很不错的办法呢……

地球人和火星人

和我的两个朋友一样,我也厌倦了猜谜游戏和智力游戏。我希望你会喜欢下面这个逻辑游戏。

火星人到地球旅行时,为了迷惑地球人,把自己伪装成了地球人的样子。我们所知道的是,火星人总是说谎,而地球人说的都是实话。

在两个人的对话中(我们不知道他们分别来自哪个星球),我们可以听到以下内容:

第一个人说:"你是火星人。"

第二个人说:"你也是。"

这对有意思的组合里可能有几个地球人、几个火星人呢?

提示:分析一下所有可能的组合:火星人和火星人,火星人和地球人,地球人和火星人,地球人和地球人。

一份报纸

我有一份共有 84 个版面的报纸。我读完后,把它留在了桌子上,但有人打开了窗户,风吹走了大部分报纸,只剩下了一张。当一位同事给我送来被吹到他身边的一张报纸时,他告诉我们,那张报纸 4 个版面的编号之和跟他住所的门牌号相同。你能算出这个同事住所的门牌号吗?

提示:如果你不知道如何开始,就拿出一份报纸,将其中一张的 4 个版面的编号相加。对同一份报纸中的其他两张也做同样的处理,看看会发生什么。要始终记住你所选择的报纸的总页数。

半径增加一倍的地球

地球的质量是非常巨大的,约为 6×10^{24} 千克,如果它的半径增加一倍,你知道它的质量会变成多少吗?

提示:小心,因为这道题有一定的迷惑性。如果它不是一个球体,而是一个立方体,它将是原来的两倍长、两倍宽、两倍高。

3，2，1，发射（1）

阿里亚德娜，我的医生，发明了我最喜欢的口头语。当她看到我有点儿沮丧的时候，总是说："让我们打起精神来吧！"她是一名伟大的医生，我长大后也一定要像她一样伟大。我最喜欢的第二个口头语是"3，2，1，发射"。我之所以喜欢它，是因为我们总是在火箭发射之前说这句话。

开始倒计时了，我提议你在火箭发射前，在括号里填入恰当的数字。

30

29

27

24

20

（　）

（　）

发射

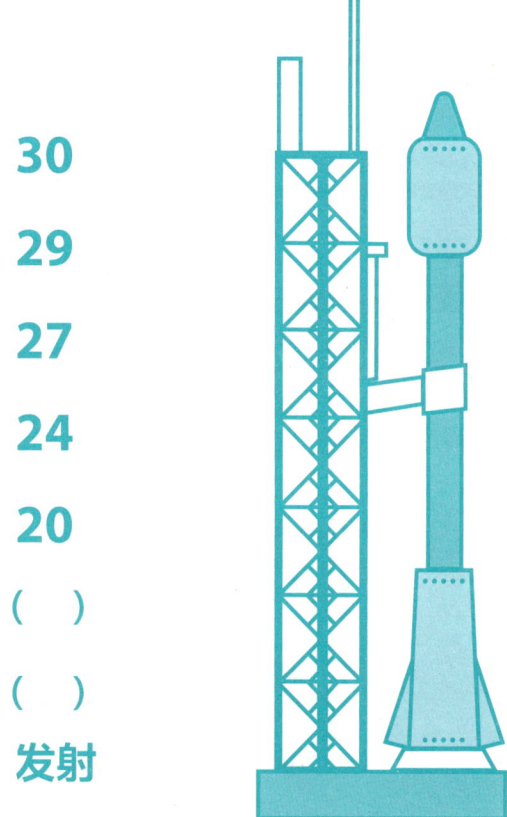

提示：研究一下每个数字和下一个数字之间有什么联系……

关于月球的悖论

凝望星星时,我注意到,月亮刚出来时似乎比在天空最高处时大得多。

你能解释一下原因吗?如果你不知道怎么解释,请比较以下两个被一些地球环绕的月球的大小。你认为这两个月球哪个更大?不要太快做决定!在给出一个确定的答案之前,试着检查一下你的直觉是否正确。

提示:试着解释一下为什么这两个月球有一个看起来更大,并将你的推理应用于比较月亮刚出来时和它升到最高处时的大小。

地球人帕克和火星人阿里

我刚刚发明了一个关于火星人的新谜题,谜题是这样的:

虽然地球人帕克和火星人阿里出生于同一年的同一天,但帕克已经 38 岁了,而阿里只有 20 岁。你知道这是为什么吗?

提示:帕克在地球上庆祝他所有的生日,而阿里在他火星的家里过生日……

星星谜题(1)

嘿,你能在下面的星星中找到可以组成正方形的 4 颗星吗?注意,正方形的四条边长度必须完全相等。

提示:这个正方形很大。

两个火星人来访

　　一个地球人遇到了两个来地球访问的火星人,他注意到这两个火星人中至少有一个人的天线坏了。

　　地球人看着他们,问第一个火星人:"你们的天线是不是都坏了?"

　　"我不知道。"火星人答道。

　　"你呢?"他问另一个火星人。

　　"我知道,我俩的天线都坏了。"

　　如果没有触碰天线,旁边也没有镜子,那么第二个火星人是如何知道他们的天线都坏了的呢?

　　提示:想象一下,你是其中一个火星人,你要如何只通过观察你的搭档来找到答案……

下一个是什么?

下面这道题是我出的,你能发现前4个符号组成的序列有什么规律吗?下一个符号是什么?如果你不知道从何开始,我给你4个选项,你能找出正确的那个吗?

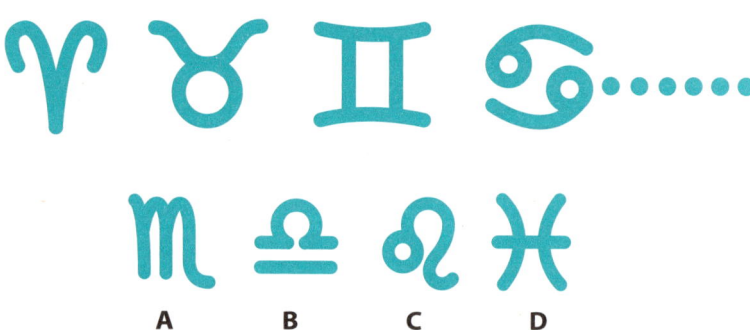

提示:完整的序列一共有12个符号……

光速(1)

我不知道你们是否清楚,除了太阳,离地球最近的恒星是比邻星,距离地球只有约4光年。1光年是指光在1年中传播的距离,我们知道光以每秒300,000千米的速度传播,你能计算出这颗恒星离我们有多少千米吗?

提示:计算方法是用300,000千米乘1年的秒数,再乘光在1年中传播的距离。

找不同（2）

找出下面几幅图中与其他图片不同的那一幅吧。如果你不清楚如何玩，可以回顾下"找不同（1）"这一题。

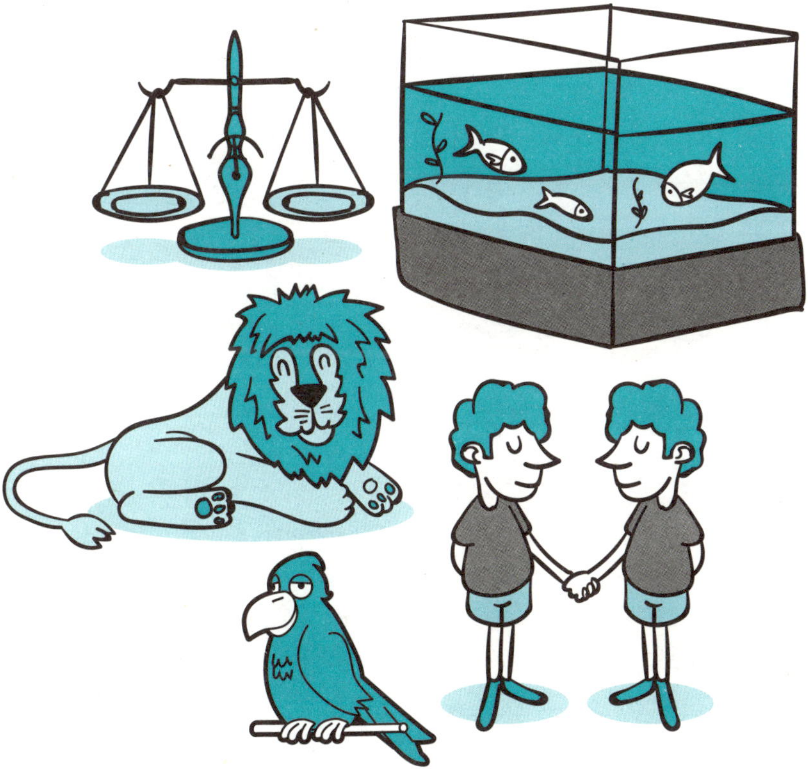

扫一扫，看本书配套资源包

找出相同的图案（1）

33

我的另一个爱好是画画。什么，你不相信？那么，现在你来检验好了！我们来看看你需要多久才能从下面的外星人中找到两个完全相同的外星人。如果你需要很久，那当然不是我的错啦。

提示：这个游戏并不难，只需要比较一下这些外星人就好。

在操纵一艘飞船之前

34

我确信，任何宇航员（能够驾驶各种各样的设备）都知道下图中画问号的地方应该填什么。事实上，这道题让我付出了很大代价，就像所有的菜鸟宇航员一样。

如果你觉得这道题看起来很容易，那就去做吧！在你们犯错之前，我可以告诉你们，答案不是6。

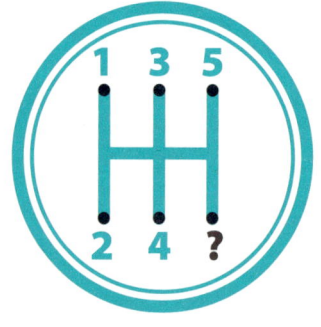

提示：解题方法和明白如何驾驶有关……

恒星巴鲁巴和塔科特

我很喜欢下面的实验,虽然它很容易,但是很有意思。相信你也会很喜欢它的。

观察下面的两颗恒星,它们一颗叫巴鲁巴,另一颗叫塔科特,但我不告诉你们哪一颗叫巴鲁巴,哪一颗叫塔科特。事实上,挑战就在于给两颗恒星分配名字。你们想怎么命名,就怎么命名。

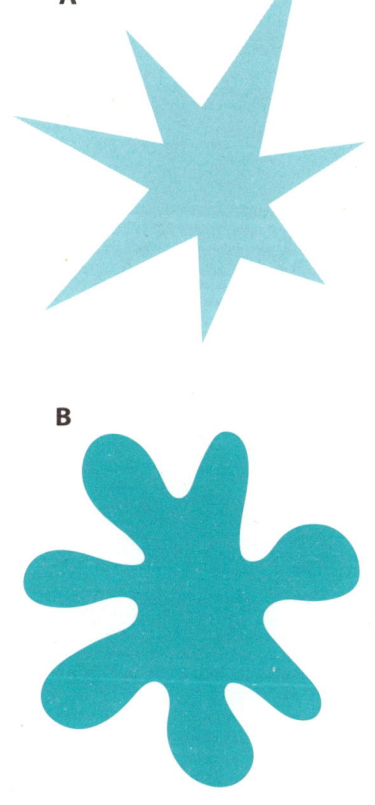

提示:别着急,这道题没有标准答案,根据你自己的想法,来为每颗恒星命名吧。

为火箭编号

这里我出一道题:用数字 1 到 9 来为下面的 5 枚火箭编号,使得下面的表述都正确。怎么样,来尝试下吧?

(1) 最后两枚火箭的号码是一样的。
(2) 第二枚火箭的号码是最后一枚的两倍。
(3) 第一枚火箭的号码是第三枚的两倍。
(4) 所有号码的总和是 25。

提示:如果第二枚火箭的号码是最后一枚的两倍,选择范围就缩小了。不是吗?因为这些火箭的编号必须是 1 到 9 这 9 个数字中的一个。

三颗行星（1）

我对创意游戏的喜爱永无止境，所以我又找到了一个新的游戏：

在下面这三颗行星中，只有一颗行星上居住着外星人，而另外两颗行星上是沙漠，没有存在生命的迹象。找找看，哪颗是有人居住的行星。记住，下面这三个句子中只有一句是真的。

这颗行星上是沙漠

这颗行星上是沙漠

第二颗行星上有外星人居住

提示：做出三种假设。先假设第一个句子是真的，看看会出现什么情况，再用同样的办法分析其他两种情况。

填字游戏（2）

研究表明，完成填字游戏不仅仅靠运气。你能把下面这些单词填在恰当的位置吗？

COMETA, SOYUZ, SOL, NUBE, ESTRATOSFERA, ÓRBITA, OVNI, GALAXIA, BIOSFERA

提示：根据单词的字母个数将单词分类。

没有燃料了

观察下面两枚火箭。就像你看到的,第一枚装满了燃料,而第二枚只装了一半燃料。

你知道空火箭有多重吗?

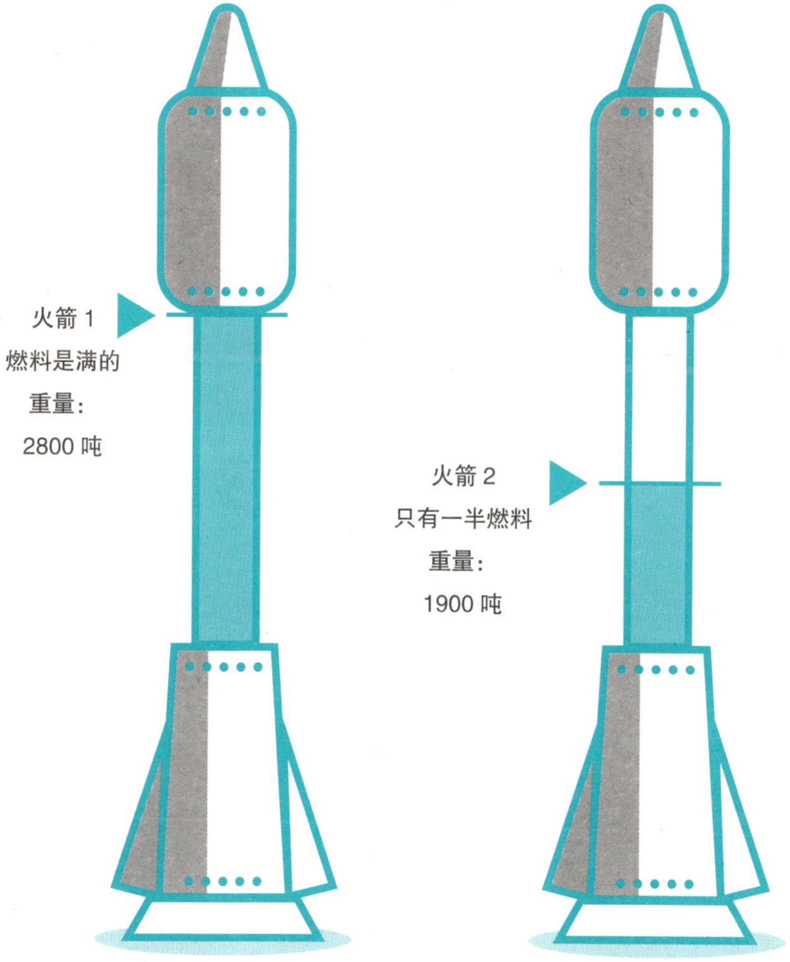

火箭1
燃料是满的
重量:
2800 吨

火箭2
只有一半燃料
重量:
1900 吨

提示:将两个重量相减,再继续思考。

宇航员测试（1）

除了逻辑测试和单词测试，我还试着做一些数字测试，这些测试的关键往往是一个或多个数字。要做宇航员需要什么都会，这太难了！我花了好几个小时才算出下面的表格中空白的地方应该填什么数字。来看看你行不行吧！

提示：中间一列数字与其他两列数字是有关联的。

3，2，1，发射（2）

我们又要发射火箭了。在两个括号里分别填一个数字来完成发射倒数吧。如果你需要帮助，可以参考游戏"3，2，1，发射（1）"。

64
33
32
17
16
（　）
（　）
发射

提示：你必须先找到数字序列的规律。

行星碰撞

你能将下面的6个星球重新排列，使每个星球都能和其他所有星球相邻吗？

提示：应将4个星球摆成一个正方形。先选出这4个星球，再考虑另外两个星球该摆在哪里。

复杂的日食（2）

我为你准备了一个新挑战，这个挑战非常难。将行星分别放进下面的空格里，保证每一行和每一列的 4 颗行星的大小都不同，并使表格中的每一个数字都能对应从该位置能看到的行星的个数。你还记得"复杂的日食（1）"这个游戏吗？也许你可以再去看一下。

	2	2	1	2	
2					2
2					3
1					4
2					1
	2	3	4	1	

提示：就像之前的游戏一样，"1"和"4"这两个数字会给我们很多提示……

没有古尔布的消息

你知道古尔布吗?好吧,你应该知道才对!这是著名小说家爱德华多·门多萨所写的小说《外星人在巴塞罗那》里面的外星生物。为表达对古尔布和其他外星生物的敬意,我编了下面这个谜题。

劳拉和3个有着人类外貌的生物在一起。他们中有两个来自地球,而另一个就是古尔布。当劳拉问他们(我们就称他们为A,B,C吧)古尔布是否就在他们中间时,他们做了如下回答。

A 说道:"我不是古尔布。"

B 说道:"古尔布是 C。"

C 说道:"B 在说谎。"

劳拉知道,他们中只有一个说了真话,其他人都在撒谎。你知道他是怎么找出哪个是古尔布的吗?

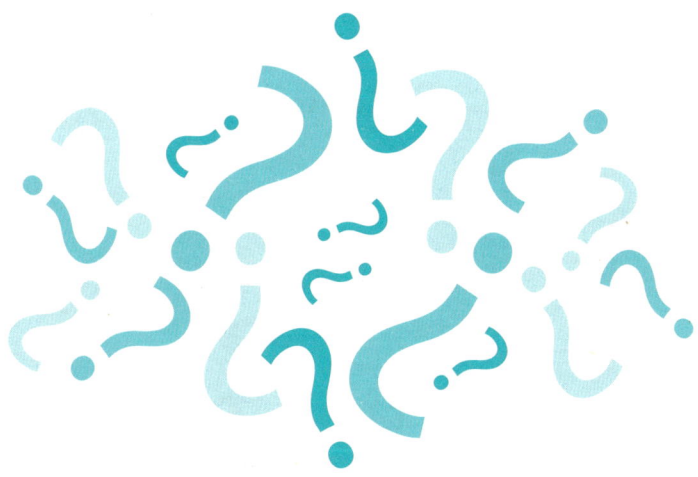

提示:先分别假设古尔布是A、B或C。每次假设时都分析下谁在撒谎,谁在说真话。

系在你的飞船上（2）

来挑战下你的眼睛吧！将下图中的宇航员与飞船一一对应，用安全绳连起来，安全绳不要相互缠绕，也不要超出下面的方框。不要太自信，这个游戏可比"系在你的飞船上（1）"难多了。

提示：其中一根安全绳需要往外绕一绕。

宇航员测试（2）

我发现要成为一名优秀的宇航员还需要有一种东西：空间感。为了提高空间感，我画了几幅图，这些图是从不同视角看到的由几个立方体构成的物体的样子，如下面的第一组图所示。我会从正面（主视图）、右面（右视图）以及上面（俯视图）观察这个物体。现在，观察第二个物体，你能看出选项 A，B，C，D 中哪组图是正确的吗？

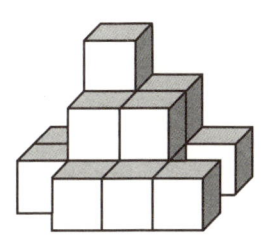

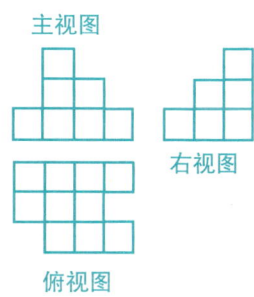

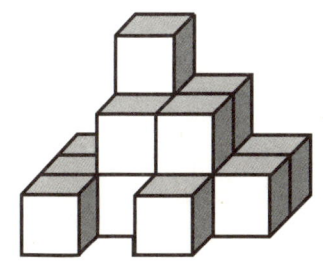

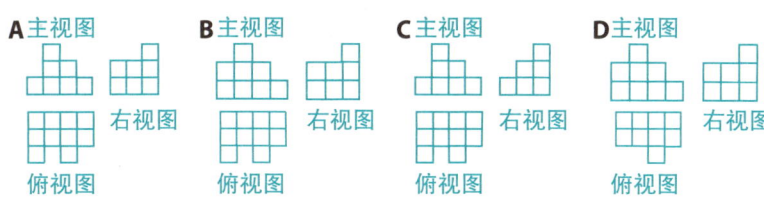

提示：如果你不知道该怎么做，可以比较下这些图的视角。

3，2，1，发射（3）

47

你准备好发射另一枚火箭了吗？来吧！在下面的括号里填上合适的数字来完成下面的倒计时吧。当然，如果你不知道该怎么做，可以先参考游戏"3，2，1，发射（1）"。

15
14
12
11
9
8
（ ）
（ ）
发射

提示：这些数字其实是有一定规律的。找出规律，你就能在括号里填上数字了。

一笔画星座（1）

你猜对了，我还是对星星比较着迷。你能不能用一笔画出下面这个图案？你必须一次性通过全部的星星而不停笔，也不能重复经过同一段线。你要试试看吗？

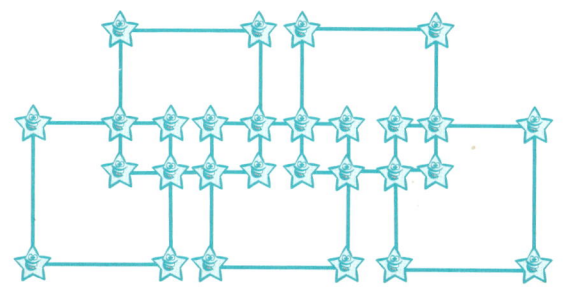

提示：这一题的画法不止一种。可以先设法完成上方的两个区域，再画下半部分。其中一种画法的起始点就是最右侧两颗星星中的一颗。

牙签和星星

我的朋友们说我是一颗星星。每当他们看到一个关于星星的游戏时，就会立刻告诉我。最近的一次，他们跟我说了一个这样的游戏：观察下面这颗星星，改变其中6根牙签的位置，以使原来这颗星星变成另外一颗星星，且使新的星星中包含6个菱形。你能解决这个问题吗？

提示：你必须移动这颗星星内部的牙签。

火箭换位

这儿又有几枚火箭！看到了吧，有三枚大的和两枚小的。下面这个游戏就是改变火箭的位置，将五枚火箭从初始位置移动到最终位置。你有没有发现最后火箭是大小交替摆放的？好了，这就是你要做的。每次你只能移动两枚相邻的火箭，而且必须同时移动一枚大的和一枚小的。除了初始位置和最终位置，你还可以看到一个有效移动的例子。你知道该怎么移动了吗？只能移动两次哦！

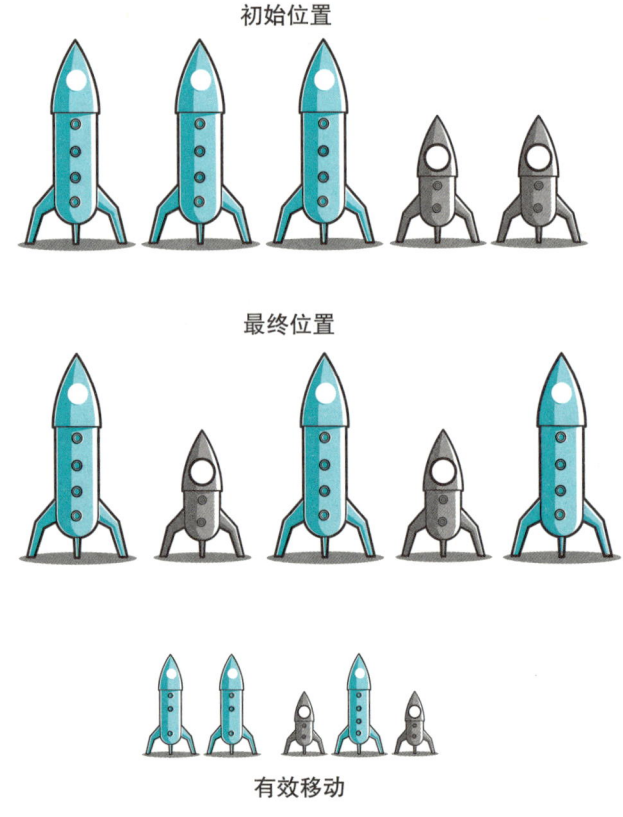

提示：第一步很明显，因为第一步只能移动那两枚火箭。走了这一步后，可以再继续思考。

如何转向3次到达9颗行星

你看到下图中最右侧的火箭了吗？好吧，它已经访问了9颗行星，途中共转向4次。在学习如何成为宇航员的过程中我得知，航天器运行时，耗资最大的一个环节是转向，所以工程师需要你帮助他们设计出一条路线，让火箭只要转向3次就可以到达全部的9颗行星。那么，你能做到吗？

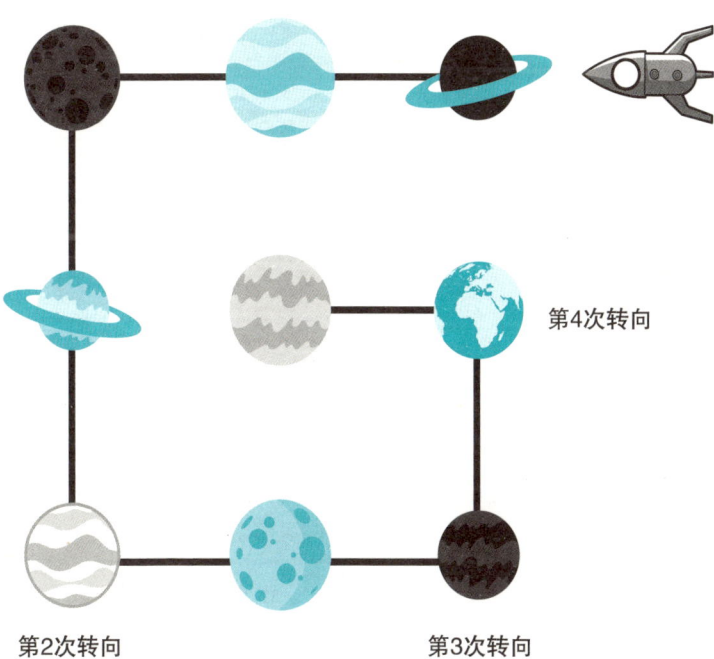

提示：你可以多次访问同一颗行星，如果这样能减少转向次数的话。

折纸飞上月球

我想我们的数学老师一定是在耍我们。他告诉我们,如果能将一张纸折叠50次,我们就能利用它到达月球了。假设一张纸的厚度是0.1毫米,你能帮忙证明一下他的说法是不是对的吗?我想如果你能做一个下面这样的表格,我们就能知道老师说的是对还是错了。

折纸次数	纸层数	得到的厚度
1	2	0.2 毫米
2	4	0.4 毫米
3	8	0.8 毫米
4	16	1.6 毫米
5	32	3.2 毫米
6	64	6.4 毫米
7	128	12.8 毫米
8	256	25.6 毫米
9	512	51.2 毫米
10	1024	102.4 毫米
……	……	……

提示:我们需要准备一个好的计算器,或许电脑更好。你是否发现了表格中第二列数字的规律是,后面一个数字是前一个数字的两倍,而第三列里的数字是第二列同一行的数字除以10的结果?这个发现很重要。另外,你必须想到月亮距离我们有384,400千米,相当于3844亿毫米。

有人在吗？（1）

我已经准备了一份加密的信息，想知道地球之外到底有没有智能生物。我们先来试一试吧。当你看到下面的图片和数字时，你知道第四幅图对应的数字应该是多少吗？

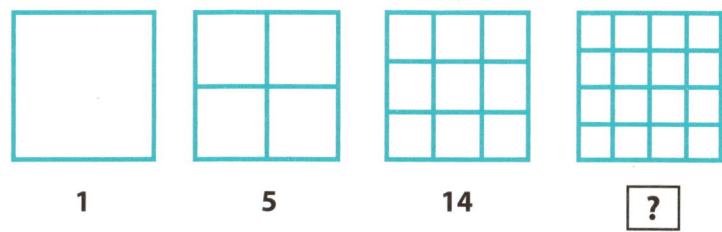

1　　　　　**5**　　　　　**14**　　　　　**?**

提示：每个数字都跟正方形的数量有关，所以你要从这方面下手。

排序（2）

一名好的宇航员必须时刻准备解开任何谜题。来将下面的碎片重新拼成一幅图吧。

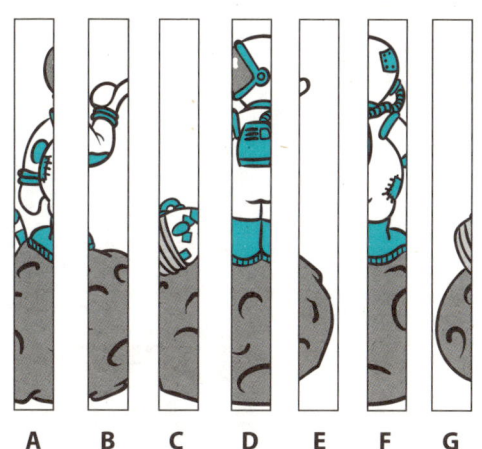

A　B　C　D　E　F　G

提示：碎片G在整幅图的最左边。

记忆力测试（2）

你知道我是怎么记住我所掌握的关于太空的知识的吗？好吧，我做了很多记忆力测试。昨天我记住了以下 12 幅图中的 11 幅。让我看看你能记住多少吧！不过鉴于之前的记忆力测试结果，看得出你有的不光是运气哟。

宇航员测试（3）

　　驾驶一艘太空飞船时，从不同的角度观察事物是非常重要的。想象一下，如果你计算失误，导致飞船撞上某样东西，会产生什么样的后果吧。让我们来试一下吧。观察下面的物体，告诉我，选项 A，B，C，D 中哪一项是正确的。如果你不明白游戏规则，请参考"宇航员测试（1）"。

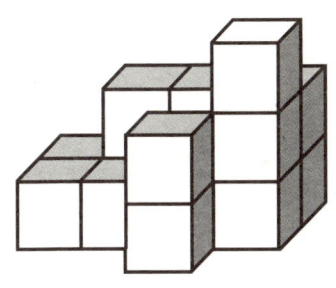

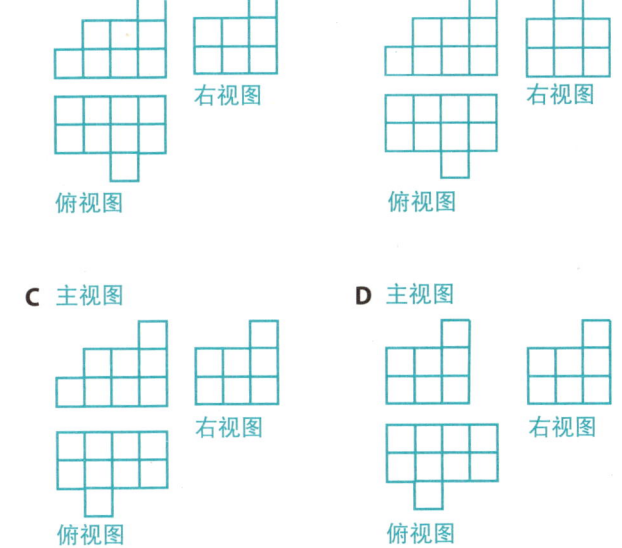

提示：如果你不明白该怎么做，你可以比较一下这些三视图。

来自火星

我在课间休息的时候被你逮到了,好吧,我有东西要给你看。来尝试解决下面这个谜题吧,这个谜题是适用于宇宙和宇航员们的。它是这样子的:

3 名宇航员到达了火星,回地球时,有 3 个火星人也很想跟他们一起回去,去看看地球。可问题是宇宙飞船只能容纳两个船员(要么是两个火星人,要么是两个地球人,要么是 1 个火星人、1 个地球人)。另外,无论在什么情况下(在火星、地球或者在路上),一旦火星人的数量超过了地球人,他们就会把地球人变成火星人,而这不是地球人想看到的。你知道该怎么做才能将 3 个火星人送到地球,且不会让任何地球人变成火星人吗?

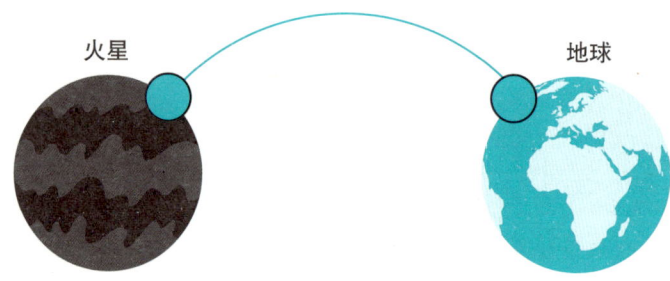

3 个地球人 3 个火星人	
3 个地球人 1 个火星人	2 个火星人
3 个地球人 2 个火星人	1 个火星人

提示:上面的表格中列出了运送过程的最初几步,以及移动的规则。

绕着太阳的绳子

这个我喜欢!让我们想象一下自己做了下面这个实验吧。假如我们能在太阳、地球和月亮上分别绑一根绳子。在我们将绳子调整到正好捆绑住这些天体的时候,我们给每根绳子加1米。所以地球、月亮、太阳跟捆住它们的绳子间一定会产生一个空隙。我想让你告诉我,哪个空隙最大?为什么?

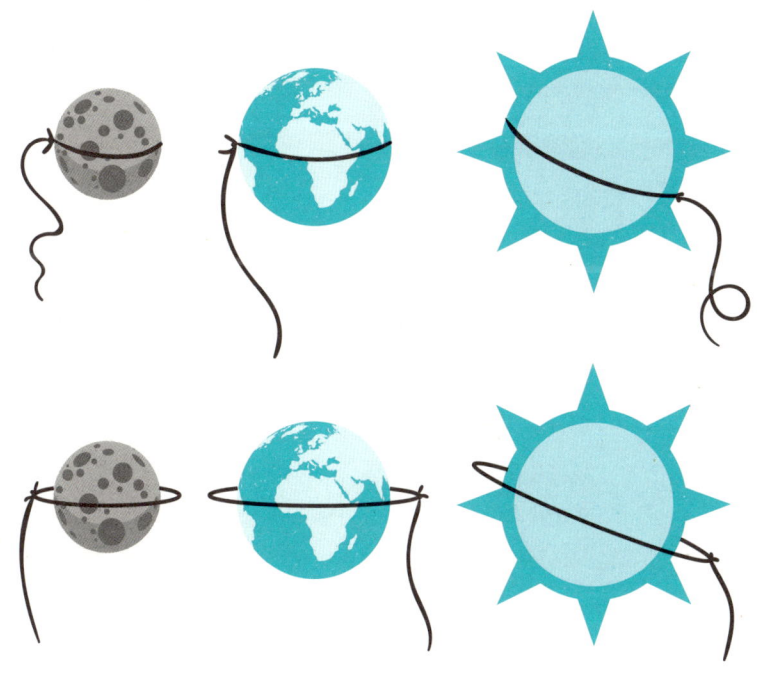

提示:这个问题有点儿难。如果你有足够的耐心的话,你可以试着用一些不同尺寸的球做实验(比方说找1个篮球、1个网球和1个乒乓球)。

你想带什么上太空?

我发现了一个游戏,我已经玩了好几天了。让我来告诉你吧,你马上会发觉这个游戏很有趣的。

想象一下,你是一艘宇宙飞船上的宇航员,飞船正飞往月球。但不幸的是,你在距离汇合点350千米处着陆了。你准备出发前往汇合点,并且必须选择携带一些物品。我们建议你最好将下列清单中的物品按照重要性从高到低的顺序排列一下。

火柴盒

压缩食品

20米长的尼龙绳

降落伞布料

便携式加热装置

两把点45口径手枪

1盒奶粉

两个50千克的氧气瓶

1幅月球星空图

1艘救生船

1个指南针

25升饮用水

3个光信号火箭

1个急救包

1个太阳能驱动的无线电收发装置

提示:小心,千万别被题目误导了。记住,你是在月球上,有些在地球上能用的东西,在月球上用不到。

无声爆炸

你能不能解开下面的太空谜题？谜题是这样子的：

当一个宇航员在太空漫步的时候，在他环绕行走的那个星球发生了一起巨大的爆炸。但是很奇怪的是，他根本没听见。你能解释一下这是为什么吗？

提示：想一想，在你没有听力障碍的前提下，你能听到爆炸声的必要条件是什么？

时间相对论

在将来的某一天，你应该跟我一起去图书馆，因为这样你就能回答这个问题了。但由于我们没去图书馆，所以我只能祝你好运。如果我告诉你，日和年不是地球所特有的，你能不能回答下面这两个关于时间的问题？

（1）你能不能说一下，怎样才能让1天相当于243天？

（2）你能不能说一下，怎样才能让1天比1年还长？

提示：我建议你上网查询一下，找出那些自转和公转速度与地球不同的行星。

星星谜题（2）

还记得之前我们在一些星星中找到了正方形吗？我后来又制作了更多的谜题。来看看下面这些星星吧，你能不能从中找到一个中等大小的菱形？记住，菱形是一个四条边长度相等的四边形。

提示：这个菱形是"躺着"的，它的横向的对角线要比竖向的长哟。

旋转的3颗行星

挑战这样的题目是因为我热爱科学。而且我明白，是我让你看到了科学神秘的一面，对吧？注意了，下图中有3颗行星，分别以不同的速度围绕1颗恒星旋转。行星1号（P1）需要12年才转完1圈，行星2号（P2）需要15年，而行星3号（P3）需要20年。然后在一个特定的时刻，3颗行星会排列成图中的样子。请计算一下，要让行星们再次排列成图中的样子至少需要花多少年。

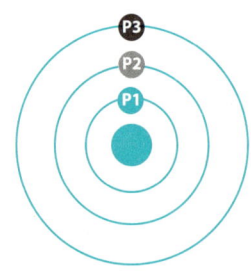

提示：你必须从12，15，20的公倍数中找答案。

填字游戏（3）

我跟你说过我有多爱填字游戏了，对吧？好了，我又准备好了另一个填字游戏！看看你能不能将所有单词填上。

TELESCOPIO, METEORITO, SATURNO, COSMOS, JÚPITER, ASTRONAUTA, COMETA, PLANETA, ECLIPSE, SATÉLITE, ESTRELLAS

提示：根据单词的字母个数来填空。

3，2，1，发射（4）

如果我成功发射了一些火箭，那么航天局一定会雇佣我的。来吧，帮帮我！我需要你在下面的括号中填上合适的数字来完成发射倒数。你知道该怎么做，对吧？如果你不明白，可以参考游戏"3，2，1，发射（1）"。

720

144

36

12

（ ）

（ ）

发射

提示：试试用每一个数字除以下面的一个数字。

谁能浮起来？

我很好奇！你必须找出下列哪一个物体能在海上浮起来。只有一个物体能浮起来，找到它。

提示：小心，不要只看外表哦。

55

找出相同的图案（2）

你喜欢让你挠头的眼力游戏吗？但愿你喜欢，因为这儿有一个游戏是专门为你准备的。观察下面的几幅图，找出其中相同的两个行星。

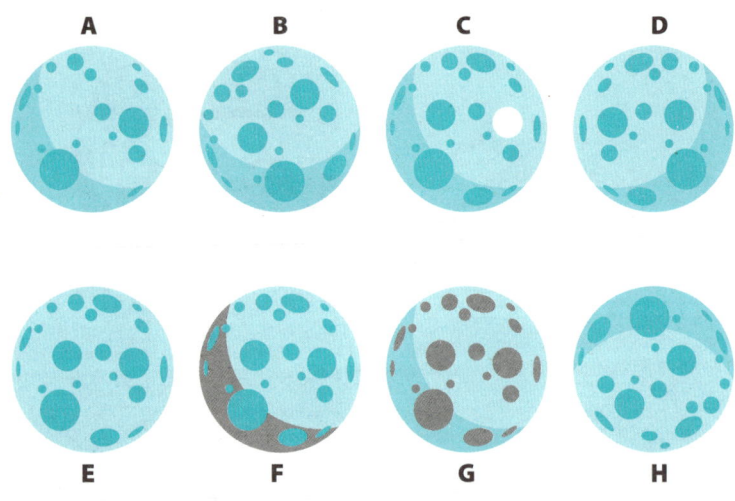

提示：你需要比较这些行星。

星星比沙子多，还是沙子比星星多？

我跟你说过，我父母都说我老是做白日梦，也许他们是对的。看着满天的繁星，我不禁想到，星星比地球上的沙子要多。你觉得我说得对吗，还是夸张了？

提示：宇宙是非常非常大的，如果你不知道该怎么回答，你可以在网上查询一下，一定能找到答案。

按比例……

我已经将我们太阳系的行星按比例画了出来,并标注出哪个是地球了。你知道其他圆圈分别代表什么行星吗?

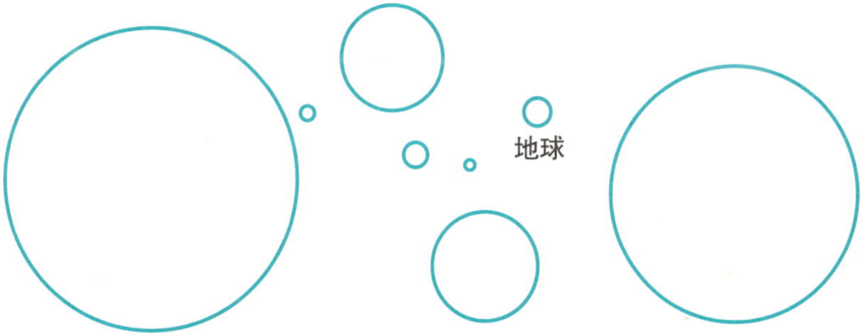

地球

提示:了解这些行星的实际大小,然后你就可以将它们从小到大排列了。

怎么可能呢？

什么？你好！抱歉，我在一个太空模拟器里……好吧，这里有一道谜题：

你能告诉我，玛尔塔是如何在她30岁的时候，在一年中长高5厘米的吗？

提示：玛尔塔的职业很特别哟。

一笔画星座（2）

我简单地说一下游戏规则：如果你在连线的过程中抬笔了，你就输了。奥斯卡以前试过，差一点儿就成功了。你觉得你能用一笔将所有的星星连起来吗？注意，不能重复经过同一段线哟！

这一题的画法不止一种哟。

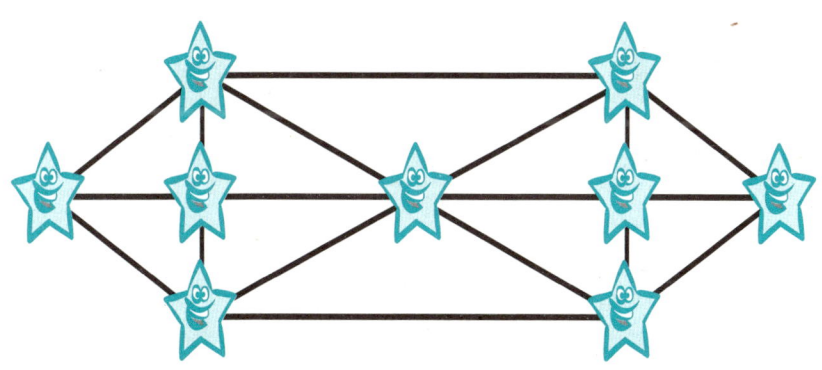

提示：其中一种画法是从左边的星星开始画。

不完美的对称（1）

今天我一直在画画，我觉得画画很棒。但是我无意间犯了7个小错误，导致下面这幅画不对称了。你能找出它们吗？睁大眼睛，因为错误真的很小哟。

有人在吗？（2）

我已经将下一次发射到太空的信息准备好了。你觉得怎么样？如果我们将下面这些星星依次发送出去，然后有智能生物收到了，接下来我们应该发送几颗星星呢？

提示：星星的数量比它们是什么星星重要得多。如果你数一下，你会发现一串数字：1，1，2，3，5，8……

4个偶数

让我们看看你是怎么解答这个问题的。下列 4 个物体分别对应了 4 个连续的偶数。你觉得我们能知道这些物体所代表的数字吗?

提示:先假设4个物体代表的数字都相同,然后按照这个思路继续思考。

三颗行星（2）

我们必须承认存在着外星人。好吧，下面有三句话，但是其中只有一句是假的，我需要你判断第二颗行星上是否有外星人。只有一颗行星上有外星人居住，其他行星上是沙漠，没有存在生命的迹象。

| 这颗行星上有外星人居住 | 这颗行星上是沙漠 | 这颗行星上不是沙漠 |

提示：做三种不同假设，然后根据题干和假设试着找出答案。

谁在说谎（2）

阅读以下我的朋友们说的话。其中有一个人撒谎了，但我还不知道是谁。你能帮我找出来吗？

艾　　托：你不能在太空中哭泣。
弗雷穆斯：宇航员在太空中时，一天中可以看到15次日出和15次日落。
乔 安 娜：一个糖块大小的中子星的重量相当于我们全体人类的重量。
安德里亚：夏天太阳离地球近，所以夏天天气热。
桑 德 拉：木星上有一个风暴已经持续了300年了。
安　　娜：大约有10,000个比网球大的物体在以25,000千米/时的速度围着地球旋转。

提示：如果你不知道该怎么回答，可以上网查询一下。

连线

这是我今天收到的题目，我已经想了一个小时了。如果你仔细观察下面的文字金字塔，会发现"书山有路勤为径"这句话，但是，你能算出有多少种方法可以连出这句话吗？如图所示，每个字都只能与它下方的两个字相连哟！

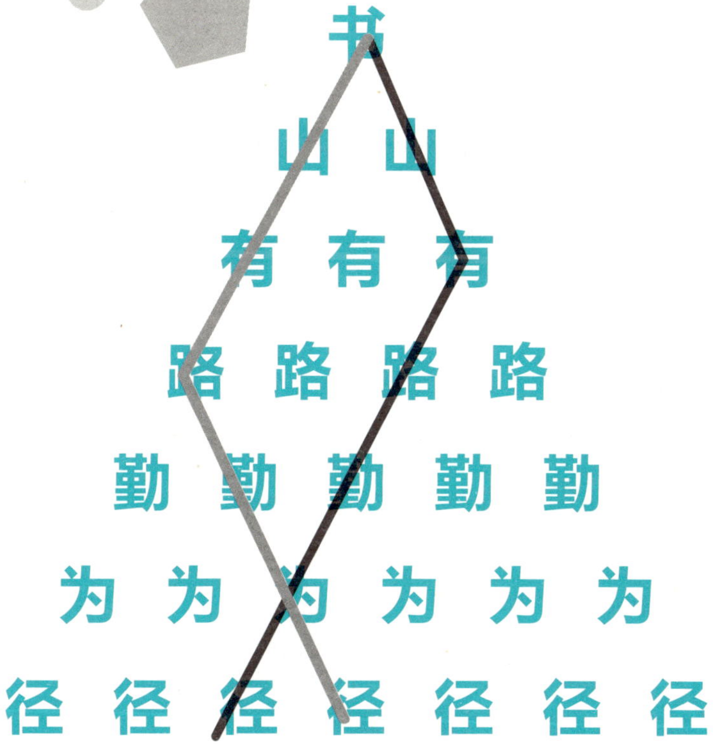

```
         书
        山 山
       有 有 有
      路 路 路 路
     勤 勤 勤 勤 勤
    为 为 为 为 为 为
   径 径 径 径 径 径 径
```

提示：从每个字开始，你可以用两种方式连到下一个字……

找出字母对应的数值（1）

我们来玩一个关于字母的游戏。出现在下面这个竖式中的每个字母分别对应 1 到 6 之间的某个数，且每个字母对应的数字不重复。请你找出每个字母对应的数字，使下面的竖式成立。

```
    S O L
    S O L
+   S O L
---------
  L U N A
```

提示：这道题并不难。解法是独一无二的。从字母 L 开始解答会比较好哟！

避免3颗行星出现在同一条直线上（1）

仔细观察我是如何把8颗行星放在第一个网格中的。在第一个网格的前两行中，每行都有3颗行星，但我要求任何行、列或对角线中都不出现3颗行星。所以，你能做到吗？请在第二个网格中重新排列一下哟。

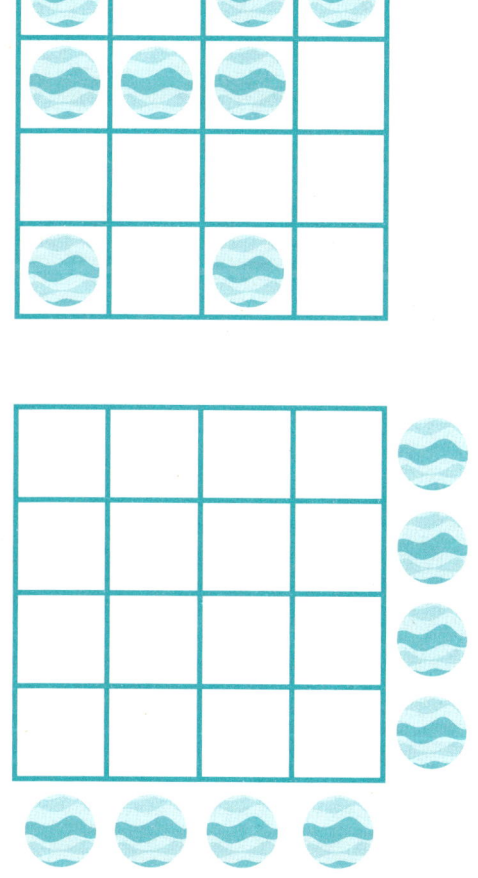

提示：这道题可能有许多种解法哟。可以尝试摆一个几何图形。

如果地球只有10千克重……

这里又有一道数学题,你准备好了吗?假设地球(T)的质量为10千克,那金星(V)、火星(M)和天王星(U)的质量又是多少呢?下列等式中,每个字母代表提到的这几颗行星的质量。

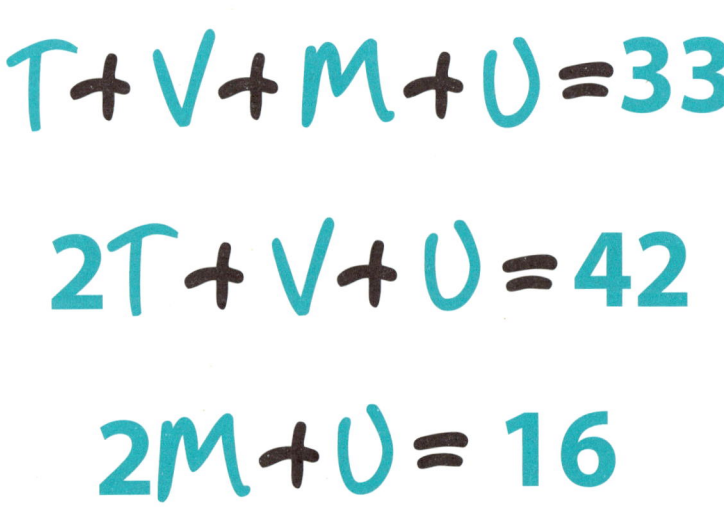

$$T+V+M+U=33$$

$$2T+V+U=42$$

$$2M+U=16$$

提示:你可以先将全部的T都替换成10,这也是我们假设的地球的质量。

你会怎么解答呢?

我发明了一种外星语言。哈哈,这一天迟早会到来的,不要太惊讶。让我们看看你能不能看出这种外星语言的原理,说出序列接下来的符号应该是什么。不要想得太过复杂,我会给你4个选项,其中有一个就是答案哟。准备好了吗?

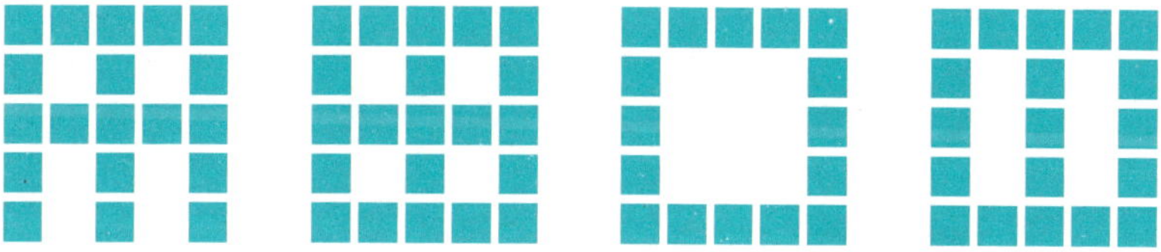

1　2　3　4

提示:观察一下每个符号的某一半。

找出字母对应的数值（2）

这是另一道数学题！在这道题中，每个字母都代表 1 到 9 之间的 1 个数字。你需要找出每个字母对应的值，使竖式成立。这道题有点儿难，如果你想的话，可以直接看提示。

提示：有两种不同的答案。其中一种答案是 M=1, E=3, N=4……

飞行轨迹相交

看看下图中的火箭是如何飞行的。它们中的一些火箭的飞行轨迹已经相互交叉了。现在我们来想象一下，就像我一样，你是一名宇航员。你知道怎样重新设计6枚火箭的飞行轨迹，使每一枚火箭的飞行轨迹都分别与其他5枚火箭的相交吗？

提示：你可以先考虑向上飞行的两枚火箭。

系在你的飞船上（3）

安全第一！我已经告诉过你，宇航员必须一直与宇宙飞船连在一起。因此，我需要你用安全绳将每个宇航员与他的飞船相连，不能让安全绳交叉，也不能让它们超出方框！

提示：有一根安全绳需要绕一个很大的圈。

复杂的日食（3）

让我们来瞧瞧你从日食中都学到了什么。你需要在每行和每列中分别放置不同尺寸的行星，使每一个数字与在该位置能看到的行星的数量匹配起来。

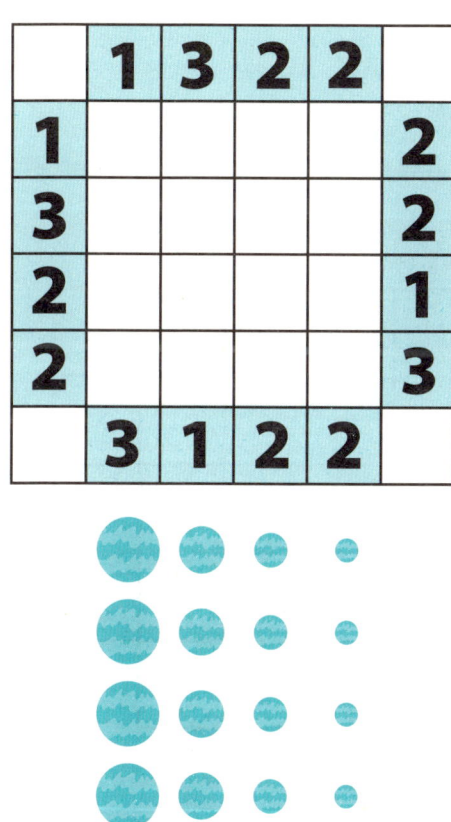

提示：就像之前说过的，数字1可以为我们提供很多信息哟……

月亮、地球和太阳（2）

让我们来测试一下你在这方面的学习情况吧。假设月亮等于1，地球等于2，太阳等于3，你知道怎么在表格中放入两个太阳、两个地球和两个月亮，才能使表格中的每一个数字等于其相应的行或列的星球值之和吗？你可能需要回顾一下"月亮、地球和太阳（1）"这一题。

				2
				6
				1
				3
5	2	1	4	

提示：我们首先在表格中放入1个月亮，然后继续思考……

3，2，1，发射（5）

你正在成为一名真正的火箭发射专家，来，让我们再试一次吧！在括号中填入恰当的数字，完成火箭的发射倒计时。如果有什么疑问，可以参看游戏"3，2，1，发射（1）"。

5716342

576342

57634

5764

576

（ ）

（ ）

发射

提示：你只要查看每组数字，并将它们与下一组数字比较就可以了……你需要填的第一个数字是一个两位数，第二个数字是个一位数。

七巧板（2）

谢谢你帮我拼出了上一个七巧板！现在我必须再拼出下面这个图形。它看起来应该是火箭？但我没有办法拼出来……你能帮我吗？这需要很长时间吗？

提示：注意火箭箭身部分的大块碎片。拼法不止一种哟。

超级日食（3）

来吧，我们再来设计一次日食。如果只有 4 颗行星能够被太阳光照到，而其他行星无法被太阳光照到，那太阳的位置应在哪里呢？看看你能不能找到。

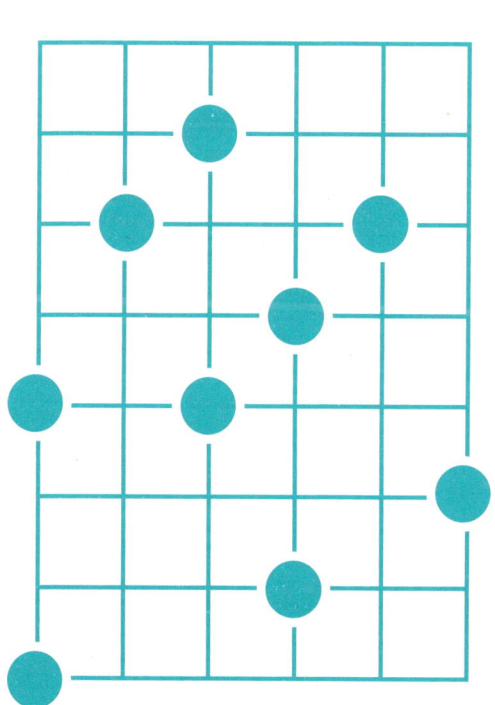

提示：这次你必须把太阳放在图上面的部分。

最高的山

我想你会很容易被我准备的这个游戏难住,虽然我希望你不会。你需要做的就是尽快回答以下问题:

(1)你知道最高的山是哪座山吗?

(2)地球上海拔最高的山是哪座山呢?

(3)最后一个问题,在地球上最高的山被发现前,地球上最高的山是哪座山呢?

提示:

(1)一定要小心哟,这一题有陷阱,在回答之前你可以仔细阅读下一个问题。如果你不知道怎么回答,可以上网搜一下。

(2)这一题其实非常简单,你肯定知道答案是什么。

(3)千万小心,这一题又有一个陷阱。

给星星排排队（3）

给你 12 颗星星，你能排列出一个一共有 6 条直线、每条直线有 4 颗星星的图案吗？我想了一会儿，已经有答案了，你呢？

提示：每条直线都会与其他直线共享星星哟……

不完美的对称（2）

我看了一下自己下午画的画，然后在图上设置了7个小错误。没有什么比完美的瑕疵更完美了，哈哈！

你不这样认为吗？来吧，让我们看看你能不能找到这些小错误吧！

提示：注意观察颜色的变化……

记忆力测试(3)

看看下面这些图片,30秒后你能记住多少张?如果我告诉你每张图我都记住了,你会被吓到吗?好吧,我们来看看你是否都记住了。

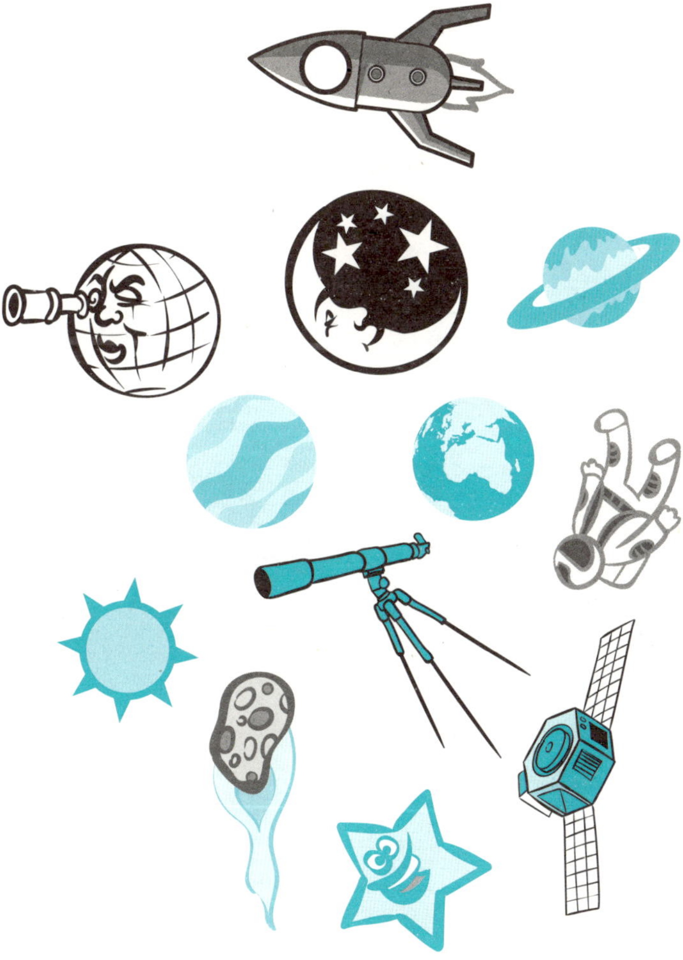

找出相同的图案（3）

来一起找一找，下面的图片中有没有两个完全相同的图案。

提示：比较一下这些图案，解题会容易些。

光速(2)

　　还记得我在"光速(1)"一题中说过的吗?光传播的速度令人难以想象。好吧,我们来做一个实验。假设我们在南京打开了一个手电筒并准备了两面镜子,一面放在北京,另一面放在位于南京的手电筒的旁边。在没有干扰的情况下,手电筒射出的光在一秒钟内可以在南京和北京的两面镜子之间往返多少次呢?

提示:你可以从"光速(1)"一题中知道光速是多少,我们还可以告诉你,南京和北京之间相距约1000千米。

避免3颗行星出现在同一条直线上（2）

你以前帮我做过这种题。好吧，我需要你再做一次！我们怎样做才能将10颗行星分别放入下图的网格内，但又不会使3颗行星连成一线呢？

提示：这一题的解法不止一种，一种解法是，在第一行的第一个方格和第三个方格中各放1颗行星。

外星人等式

我创造了生命！哦，不完全是这样，但正如你知道的那样，我对存在于地球之外的生命很感兴趣，我已经努力想象这些生命会是什么样的了……所以你几乎可以说我创造了生命，对吧？我将这股热情融入我对数学的兴趣中，然后创造了一项独创性挑战。在这个挑战中，你必须计算出每个外星人代表的数值是多少，让下面的3个等式成立。我只能告诉你每个外星人分别代表着0到9中不同的数字哟。

你知道怎么计算每个外星人代表的数值吗？

提示：3个等式中等号右侧的外星人代表的数字应为偶数，因为它是两个相同数字之和。你有想过将两个相同数字相加会得到偶数吗？可以从这里开始思考哟……

一颗裂开的星星（2）

唉，真是一团糟！我在我的房间内弄坏了一颗星星。你能帮我把它重新拼起来吗？这是一颗用下面的 4 个碎片拼成的六角星。你需要多久才能把它重新拼起来呢？拼法可能不止一种哟！

提示：上面有两个三角形，其中一个可以不动，另一个需要旋转180°。

一笔画星座（3）

你知道怎么才能一笔画出下面的图案吗？这比上一个图案难画多了，但是我已经知道怎么画了，是不是很幸运啊！

记住，千万别作弊，如果你在画的过程中停笔，或者重复经过同一段线的话，你就失败了。

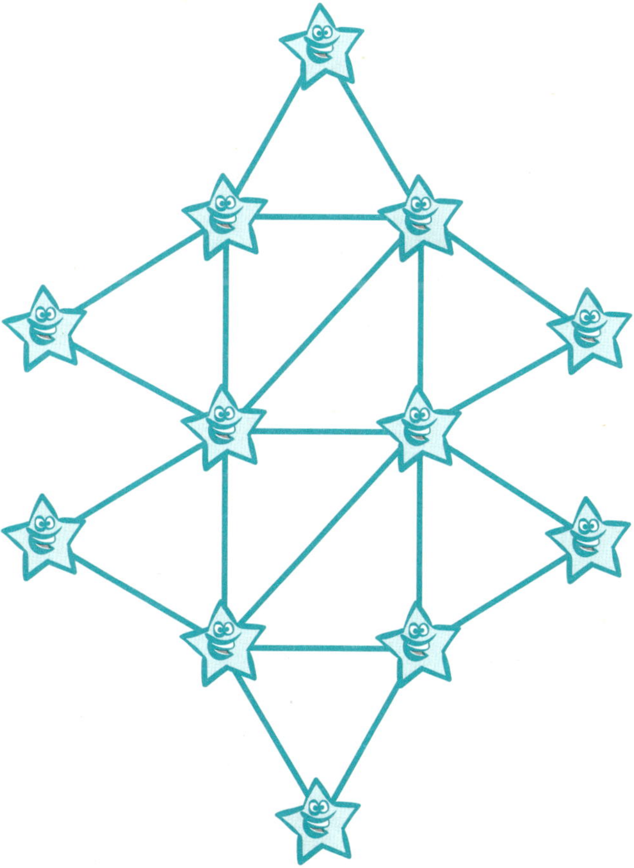

提示：这一题的画法不止一种，你可以从外圈开始画……

如何转向3次到达10颗行星

我一直觉得宇航员是个很烧钱的职业。注意下面图片中的火箭，它在这次太空飞行中共转向4次，经过了10颗行星。你还记得我之前告诉过你转向是耗资最大的环节吗？因为在转向时火箭会耗费大量的燃料。工程师需要我们帮助他们，使火箭在经过10颗行星的过程中只转向3次而不是4次，来节省燃料。那么，你知道应该怎样设计路线吗？

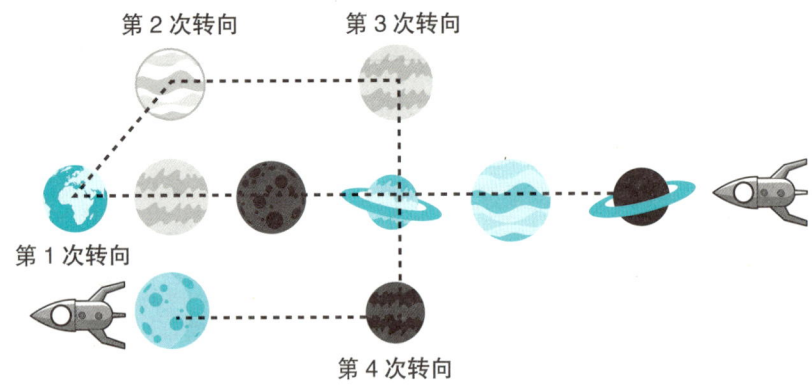

提示：行进轨迹必须越过行星，也就是说，不要只关注行星与行星间的连线……这一题的画法不止一种。

宇航员测试（4）

你能帮帮我吗？我们一起来回答问号处应该填什么数字。这个挑战有两个答案，此刻我有些迷茫，你能帮我找出这两个答案吗？如果不行的话，至少找出一个答案。

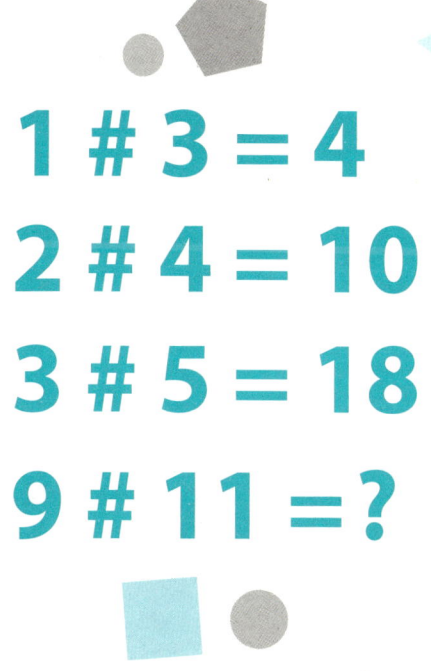

1 # 3 = 4
2 # 4 = 10
3 # 5 = 18
9 # 11 = ?

提示：

答案一：注意 $4 = 1 \times 4$，$10 = 2 \times 5$，$18 = 3 \times 6$，通过这些算式，你或许可以推算出问号处应出现的数字。

答案二：你得想一想求和运算。在第一行，1+3=4是正确的，但第二行再这么算就行不通了。多思考几次怎样运算才能得到第二个算式等号右边的数。

物理学专家

我的理科老师比我本人更希望我成为宇航员。这意味着我必须至少精通数学、物理和英语。为了考验我，他给我出了一道物理题。他向我描绘了下图中的情形，并问我，如果水不停地缓缓地从水龙头流出来，会先注满哪个容器呢？经过一番思考，我答对了。那么，你认为最先被注满的是哪个容器呢？

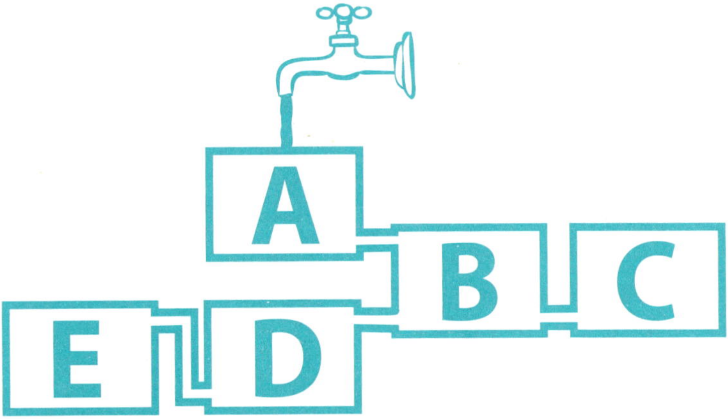

提示：你可以排除A，因为注入的水很快会流出去……

太空运算

我已经准备好了另一道复杂的数学难题。在把它发射到太空之前,我需要先让人类试试。你敢不敢试试?请你找出问号处应该填什么数字,使所有等式成立。

🪐 + 🌐 = 20

🪐 − 🌐 = 4

🪐 × 🌐 = ?

提示:通过前两个等式,你可以轻松得到带望远镜的星球对应的值。

宇航员大会

我发现了宇宙大爆炸之谜。转变下思路,在你发现自己完全身陷于复杂的家庭关系前,试着去解出这一道题吧……

在宇航员大会上,一个男人和一个女人坐在一起。有人问及他们彼此认不认识,女人回答:"这个男人的妈妈是我的奶奶。"

那你认为他们俩是什么关系呢?

提示:他们是近亲哟……

疯狂等式

如果我是个外星人,虽然我并不是……但如果我是,我会出一道题来检查下地球上的孩子们的水平。来吧,现在我就来检查一下你的水平吧。请你找到我写下列疯狂等式时遵循的逻辑。来吧,来找出答案吧!

$$3.495 = 74$$
$$1.783 = 85$$
$$1.166 = 20$$
$$7.272 = 95$$

提示:将等式左边的数字分成两部分来看,第一部分是前两个数字,第二部分是后两个数字……

我的标志

假设我没有在航天局工作,而是自己另外成立了一个机构,而且我受到了火箭的启发,设计了一个标志,可以放在我的宇宙飞船和宇航员的制服上。我现在想清楚地知道标志中有多少个三角形、菱形和六边形。你能帮我数数吗?

提示:按图形的大小来数,首先数一下标志中有多少个独立的小三角形,然后再数稍大一点儿的三角形……数菱形和六边形的个数时也采用相同的步骤……

宇航员测试（5）

我在 5 分钟前收到了朋友们发来的一道题，这也是成为宇航员前的最后一个挑战。他们告诉我，这是用来训练未来的宇航员的。在下面的每一组词中，都有一个词与其他词无关。你能找到它们吗？

（1）红色，绿色，青色，黄色。
（2）四月，六月，八月，十一月。
（3）卷云，积云，肉汤，云层。
（4）莴苣，胡萝卜，萝卜，土豆。
（5）摩托车，自行车，滑板，踏板车。

提示：
（1）想象一下这些颜色是怎么来的。
（2）这道题与数字有关。
（3）解题时，如有必要可借助字典。
（4）这道题与种植、收获有关。
（5）这道题也与数字有关。

答案

1 排序(1)

2 复杂的日食(1)

③ 月亮、地球和太阳（1）

下图是一种解决方案。

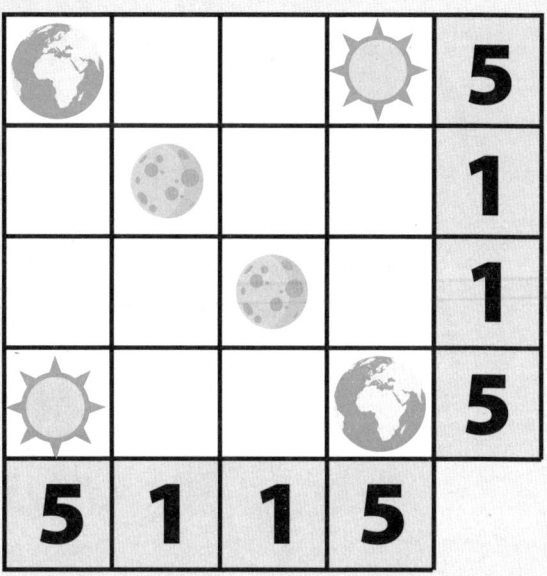

④ 超级日食（1）

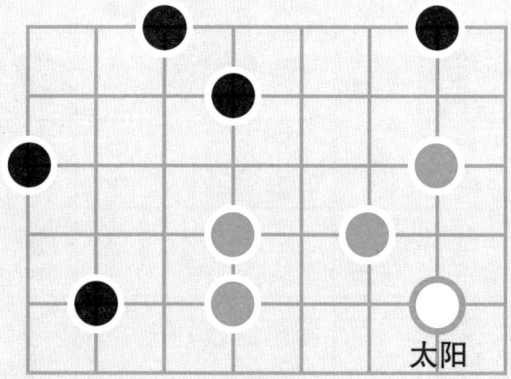

5 给星星排排队（1）

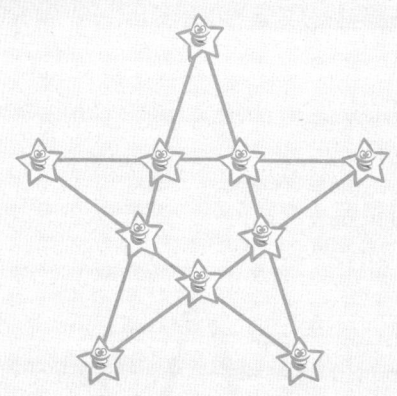

6 找不同（1）

其他几幅图片中的物品都是一个站点（一年的最后一站、空间站、火车站、加油站），只有钢琴不是。

7 系在你的飞船上（1）

8 谁在说谎（1）

以上信息中只有一条信息是假的，其他的都是真的。假的信息是：月球上的风比地球上的更大。事实上，月球上是没有风的，这也是为什么宇航员第一次登上月球时留下的脚印至今还留在那儿。

9 一颗裂开的星星（1）

10 七巧板（1）

下面是一种拼法。

11 4颗行星

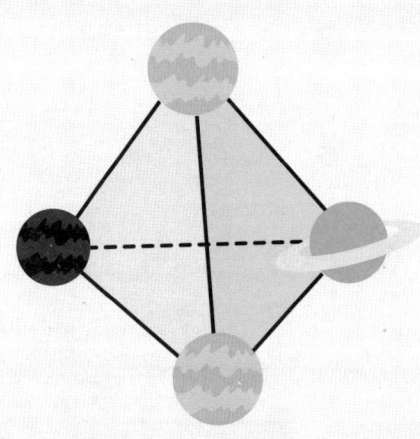

12 星星中的三角形

　　3 种大小的三角形一共有 20 个：12 个小三角形，6 个中等大小的三角形，两个大三角形。

13 填字游戏（1）

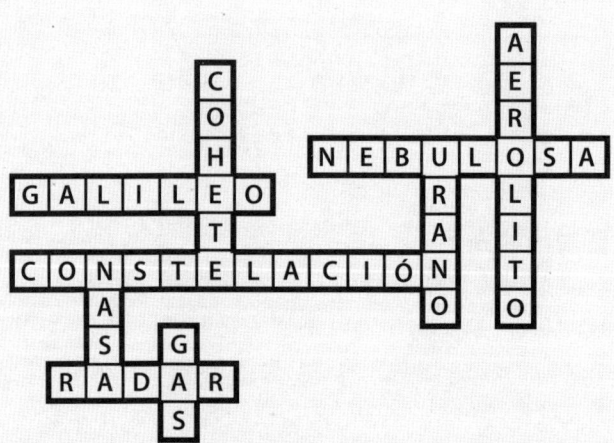

14 超级日食（2）

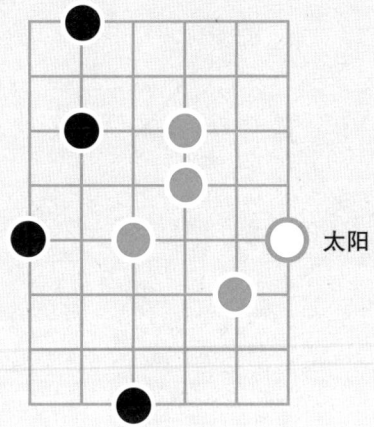

15 给星星排排队（2）

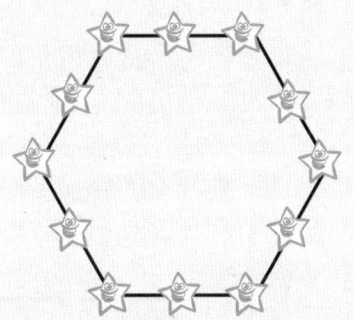

16 太阳发出的光

阳光到达地球的时间是由地日距离除以光速得来的，即 150,000,000 ÷ 300,000 = 500（秒）。把秒转换成分，应除以 60，500 ÷ 60 ≈ 8.33（分），也就是大约 8 分 20 秒。因此，你此刻看到的光应该是在大约 8 分钟之前离开太阳的。厉害吧？

17 记忆力测试（1）

图中有宇航员、飞碟、月球、地球、外星人1、外星人2、大熊座、小熊座、望远镜、土星、无线电、火箭。

18 地球的磁性

把这两根金属棒挂在绳子上，然后观察哪根金属棒指示南北，哪根不动或在被移动之后不再转向某一个固定的方向。

19 瞧这一家子天文学家！

仔细观察下面的树形图解，你就会发现这个特殊的天文学家家庭中家庭成员的相互关系。

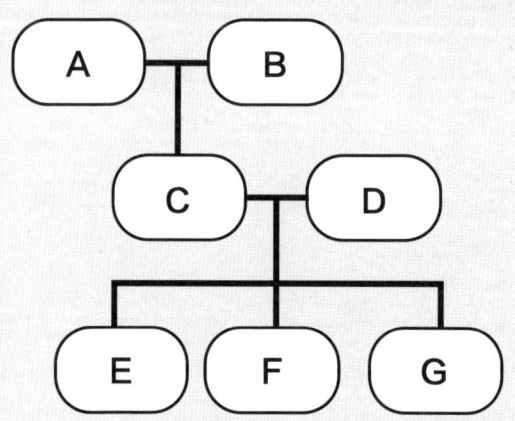

也就是，A是祖父、丈夫和父亲，B是祖母、妻子、母亲和婆婆。C是儿子、父亲和丈夫。D是妻子、母亲和儿媳。E是儿子、兄弟和孙子。最后，F和G是一对姐妹，也是孙女。

20 半个标识

最强大脑

21 神奇的日期

这些日期都是一周当中的同一天。没有办法确定具体是星期几,因为这取决于是在哪一年。

22 地球人和火星人

地球人和地球人的组合是不可能的,因为那样的话,第一个地球人就说谎了,但是地球人是不说谎的。

地球人和火星人的组合是有可能的,因为第一个人(地球人)说的是实话,而第二个人(火星人)在说谎。

火星人和地球人的组合也是有可能的,因为第一个人在说谎,第二个人在说实话。

火星人和火星人的组合是不可能的,因为这样的话,两个人说的就都是实话了,而火星人都是说谎的。

因此,这个对话应该是地球人和火星人之间的对话,只不过我们不知道哪个是地球人,哪个是火星人。

23 一份报纸

将一份报纸中任何一张的 4 个版面的编号相加,得到的结果是相同的,即同一面的两个编号之和的两倍。因此,如果报纸有 84 页,那么任何一张的 4 个编号之和为 $(1+84) \times 2 = 170$。所以,我们的同事住所的门牌号为 170。

24 半径增加一倍的地球

尽管看起来不是那么回事儿,但是如果地球的半径增加一倍,它的质量会变成原来的 8 倍,也就是乘 8。因此,半径翻倍了的地球的质量应该是 4.8×10^{25} 千克。

25 3,2,1,发射(1)

30 – 29 = 1,29 – 27 = 2,27 – 24 = 3,24 – 20 = 4,以此类推,下面的两个数字应该是 20 – 5 = 15 和 15 – 6 = 9。

26 关于月球的悖论

为什么月亮在刚出来的时候比高挂在空中的时候看起来要大呢?对于这个问题,直到现在还没有明确的答案。其中一个可能的解释就是对比产生的光学效果。当月亮刚出来的时候,它和其他物体(大地、房屋等)的距离很近,而通过对比,这个时候的月亮显得比高挂在空中的时候大,因为当它高挂在空中的时候,我们看到的它是独自出现在一个广阔的空间中的。

27 地球人帕克和火星人阿里

火星年(火星围绕太阳转一圈的时间)是地球年的 1.8809 倍。因此,当火星绕着太阳转了 20 圈的时候,地球已经绕着太阳转了 37 圈,并且正处于转第 38 圈的轨道上。

28 星星谜题（1）

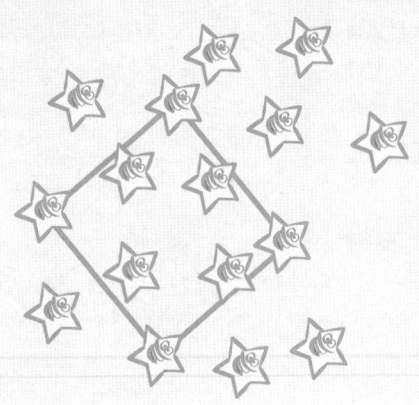

29 两个火星人来访

如果第一个火星人说他不知道他们俩的天线是不是都坏了，那是因为他只能看到他同伴的天线坏了。如果他看到他同伴的天线是完整的，他自然会知道只有他自己的天线是坏的。

而当第二个火星人看到他的同伴不知道如何回答这个问题时，他就知道他自己的天线坏了，进而可以知道他们两个人的天线是不是都坏了。

30 下一个是什么？

这些符号分别是黄道十二宫中白羊座、金牛座、双子座和巨蟹座的符号。跟在巨蟹座后面的是狮子座，对应的符号是 C 选项。顺便说一下，你知道"十二宫"在希腊语中是"动物园"的意思吗？它们都是与天体相对应的。

31 光速（1）

首先，我们必须做的事情就是计算 1 年有多少秒：
60 × 60 × 24 × 365 = 31,536,000（秒）。

现在，我们只需要把上面的数字乘 300,000，再乘 4，就能知道比邻星与地球的距离：

31,536,000 × 300,000 × 4 = 37,843,200,000,000（千米）。

32 找不同（2）

每幅图片中的事物都与黄道十二宫的某个星座有关（天平、水族箱、双胞胎、狮子），只有鹦鹉不是。所以，应该选鹦鹉。

33 找出相同的图案（1）

A 的耳朵是白色的，B 缺了一根天线，C 缺了黑眼珠，E 的领子是白色的，所以只有 D 和 F 是相同的。

34 在操纵一艘飞船之前

问号处应该填字母 R，因为这幅图对应的是汽车的挡杆，上面有 1，2，3，4，5 和 R，R 是倒挡。

35 恒星巴鲁巴和塔科特

这道题没有所谓的正确答案。这是有人在 1929 年做的一个实验，大多数人选择把有尖角的恒星称为塔科特，而把没有尖角的恒星称为巴鲁巴。你也是这么命名的吗？

36 为火箭编号

107

37 三颗行星（1）

如果第一个句子是真的，那么第二个句子一定是假的，因此外星人一定在第二颗行星上。但是如果是这样的话，那么第三个句子也应该是真的，这样就不符合题干了。

如果第二个句子是真的，而其他两个是假的，那么外星人应该在第一颗行星上。这样就不矛盾了。

最后，如果第三句话是真的，那么外星人应该在第二颗行星上，但是这样的话第一句话也是真的，所以也与题干矛盾。

总之，有外星人居住的行星应该是第一颗，而第一个句子和第三个句子应该是假的。

38 填字游戏（2）

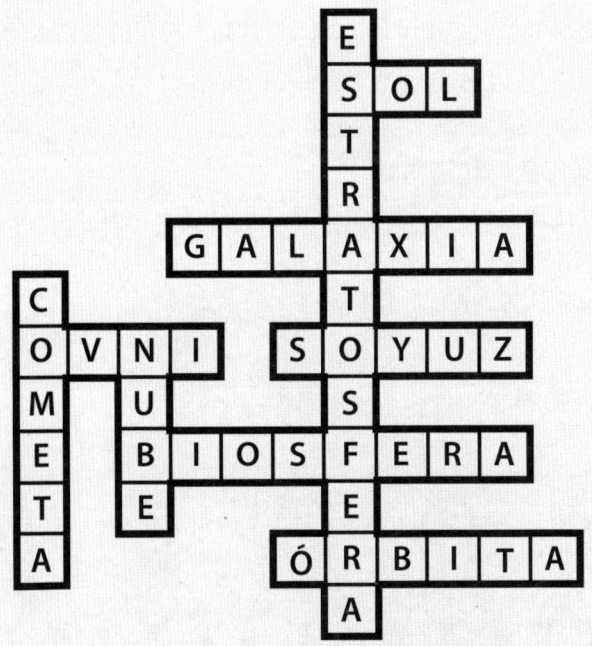

39 没有燃料了

把图中的这两个数相减,你就可以得到一半燃料的重量:2800 - 1900 = 900(吨)。因此,全部燃料的重量是1800吨。2800 - 1800 = 1000(吨),所以,1000吨就是空火箭的重量。

40 宇航员测试(1)

中间那一列的每个数字是由其左边和右边的数字相加,再将个位上的数字和十位上的数字交换位置而得出来的。例如:7 + 8 = 15,而7和8中间的数字是51,而不是15。以此类推,空格中的数字应该是53,因为12 + 23 = 35。

41 3, 2, 1, 发射(2)

64 ÷ 2 = 32, 32 + 1 = 33, 32 ÷ 2 = 16, 16 + 1 = 17。

所以,括号里的两个数字的计算方法是16 ÷ 2 = 8, 8 + 1 = 9。因此,括号里的两个数字是9和8。

42 行星碰撞

下图显示的是6个星球之中的5个,另外一个浅色的星球位于画面正中的浅色星球的正后方。

43 复杂的日食（2）

	2	2	1	2	
2	·	·	●	●	2
2	·	●	●	·	3
1	●	·	·	·	4
2	●	·	·	●	1
	2	3	4	1	

44 没有古尔布的消息

如果古尔布是 A，那么 A 的话就是假的，所以他在说谎。B 也在说谎，而 C 说的是真的。因此，A 应该就是古尔布，这样和题目没有任何冲突。

如果 B 是古尔布，那么 A 说的就是真的，B 在说谎，C 说的是实话。这是不可能的，因为这样的话就有两个人说的是实话了。

如果 C 是古尔布，那么 A 的话就是真的，B 的话也是真的，但是这也不对，因为和题目相矛盾。

所以，古尔布应该是 A，A 和 B 的话是假的，C 的话是真的。

45 系在你的飞船上（2）

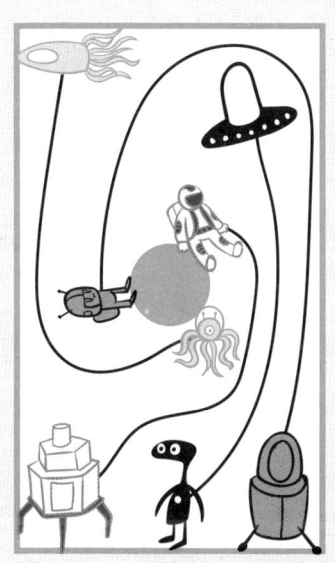

46 宇航员测试（2）

选项 A 中右视图有一处错误。选项 B 中主视图和右视图各有一处错误。选项 D 中每个视图都有错误。选项 C 是正确的。

47 3，2，1，发射（3）

15－1＝14，14－2＝12，12－1＝11，11－2＝9，9－1＝8。

以此类推：8－2＝6，6－1＝5。因此，括号里应该依次填6和5。

48 一笔画星座（1）

下面是一种画法，从 1 开始，按编号的顺序连接，直到 36 为止……

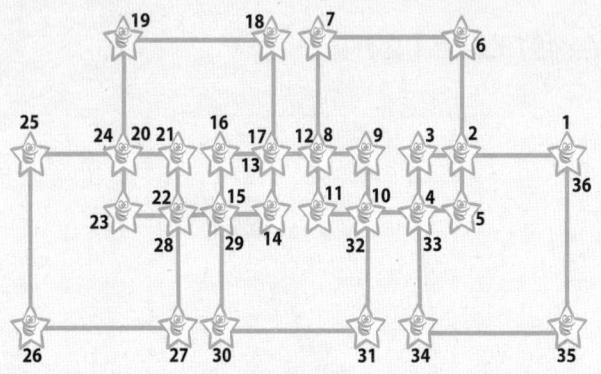

49 牙签和星星

50 火箭换位

51 如何转向3次到达9颗行星

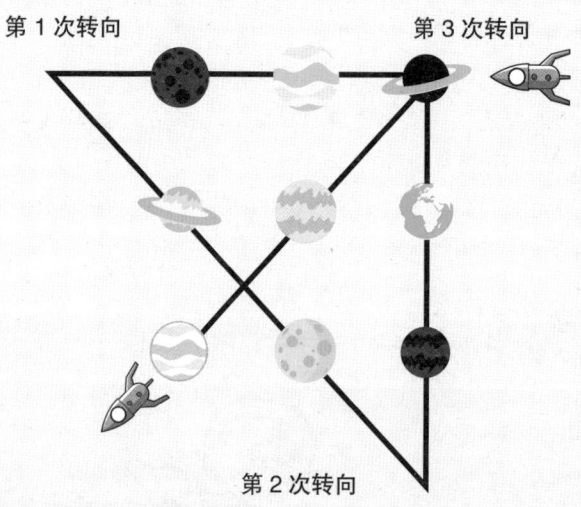

52 折纸飞上月球

折纸次数	纸层数	得到的厚度
1	2	0.2 毫米
2	4	0.4 毫米
5	32	3.2 毫米
10	1024	102.4 毫米
20	1 048 576	104 857.6 毫米
30	1 073 741 824	107 374 182.4 毫米
40	1 099 511 627 776	109 951 162 777.6 毫米
42	4 398 046 511 104	439 804 651 110.4 毫米

已知月亮与地球的距离是3844亿毫米,所以,老师是对的。

53 有人在吗？（1）

每个数字都和图片中正方形的数量相对应。第一幅图中只有1个正方形，第二幅图中有5个正方形（4个小正方形，1个大正方形），第三幅图中有14个正方形（1个大正方形，4个中等大小的正方形，还有9个小正方形）。因此，聪明人一定会知道答案，第四幅图对应的数字应该是30，因为图片中有30个正方形（1个最大的，4个第二大的，9个中等大小的，还有16个小的）。

54 排序（2）

55 记忆力测试（2）

图片中有一个火箭、一个带望远镜的星球、星星1、星星2、太阳、木星、外星人1、外星人2、巨蟹座符号、雷达、月球和彗星。

56 宇航员测试（3）

A 选项中右视图有一处错误。

B 选项中所有视图都是正确的。

C 选项中俯视图有一处错误，右视图也有一处错误。

D 选项的每个视图都有错误。

57 来自火星

火星	地球
3 个地球人 3 个火星人	
3 个地球人 1 个火星人	2 个火星人
3 个地球人 2 个火星人	1 个火星人
3 个地球人	3 个火星人
3 个地球人 1 个火星人	2 个火星人
1 个地球人 1 个火星人	2 个地球人 2 个火星人
2 个地球人 2 个火星人	1 个地球人 1 个火星人
2 个火星人	3 个地球人 1 个火星人
3 个火星人	3 个地球人
1 个火星人	3 个地球人 2 个火星人
2 个火星人	3 个地球人 1 个火星人
	3 个地球人 3 个火星人

58 绕着太阳的绳子

这本书不是数学书，所以我不会拿数字来烦你。不管怎么样，我们可以证明，绳子和这三个天体中的任何一个的距离都是相等的。是不是很神奇？

59 你想带什么上太空？

下面是科学家在设计这个游戏时根据物品的重要性给出的顺序：

(1) 两个 50 千克的氧气瓶（氧气是生存所必需的）。

(2) 25 升饮用水（没有水，你活不了多长时间）。

(3) 1 幅月球星空图（这是唯一可以为你指引方向的东西）。

(4) 压缩食品（没有食物你可以存活一段时间，但是不会太久）。

(5) 1 个太阳能驱动的无线电收发装置（你可以和外界联系）。

(6) 20 米长的尼龙绳（可以用来搬运重物；如果有东西断了，可以用来捆绑）。

(7) 1 个急救包。

(8) 降落伞布料（用于包装、运输物体或人）。

(9) 1 艘救生船（用于储气、运输物体、避难等）。

(10) 3 个光信号火箭（没有氧气，信号火箭是无法使用的，但是可以当作动力）。

(11) 两把点 45 口径手枪（可能可以作为推进装置）。

(12) 1 盒奶粉（需要稀少而珍贵的水）。

(13) 便携式加热装置（被照亮的月球表面已经够暖和了）。

(14) 1 个指南针（在地球磁场的作用下才能使用，在月球上不好用）。

(15) 火柴盒（没有氧气，火柴没有办法点燃）。

你是这么排的吗？你的理由是什么？

60 无声爆炸

声音在真空中是无法传播的。想要声音传播，必须有空气，而宇宙中没有空气。

61 时间相对论

(1) 1 天是行星围绕着自己的轴线自转一整圈所需的时间，不过，金星自转一圈大概需要 243 天（按照地球上 1 天的时间来衡量）。因此，金星上的 1 天相当于地球上的 243 天。

（2）1年是行星围绕太阳转一整圈所需的时间。同样，金星的情况也比较特殊，因为尽管金星自转一圈需要243天（按照地球上1天的时间来衡量），但是它绕太阳转一圈只需要225天（金星的1年相当于地球上的225天）。因此，在金星上，1天比1年还要长。

62 星星谜题（2）

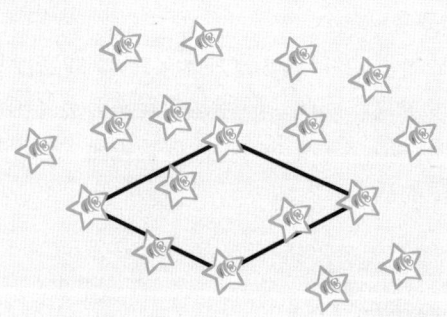

63 旋转的3颗行星

12，15，20的最小公倍数是60，所以，3颗行星再次排列成图中的样子至少需要60年。

64 填字游戏（3）

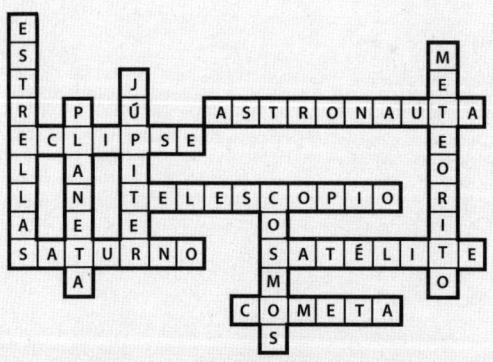

65 3，2，1，发射（4）

720 ÷ 144 = 5，144 ÷ 36 = 4，36 ÷ 12 = 3。因此，我们用 12 除以我们想知道的第一个数字，将得到 2，所以，第一个数字应该是 6，以此类推，第二个数字也应该是 6。也就是说，这个数列里面缺少的两个数字应该是 6 和 6。

66 谁能浮起来？

土星的密度是 0.687 克/厘米^3，而水的密度是 1 克/厘米^3，海水的密度更高。因此，即使这看起来有点儿不可思议，但在这些物体中唯一能浮在海上的物体就是土星（假设有足够大的海能够容纳土星的话）。

67 找出相同的图案（2）

行星 A 的火山口比较少，C 有一个白色的火山口，D 的火山口之间的相对位置不同，E 没有阴影，F 的阴影是灰色的，G 的火山口是灰色的，B 和 H 是相同的。

68 星星比沙子多，还是沙子比星星多？

不可思议吧，宇宙中星星的数量比地球上沙粒的数量还要多。事实上，科学家估计，宇宙中星星的总数量大概是 10^{25}，而沙粒的数量大约是 7.5×10^{18}。

69 按比例……

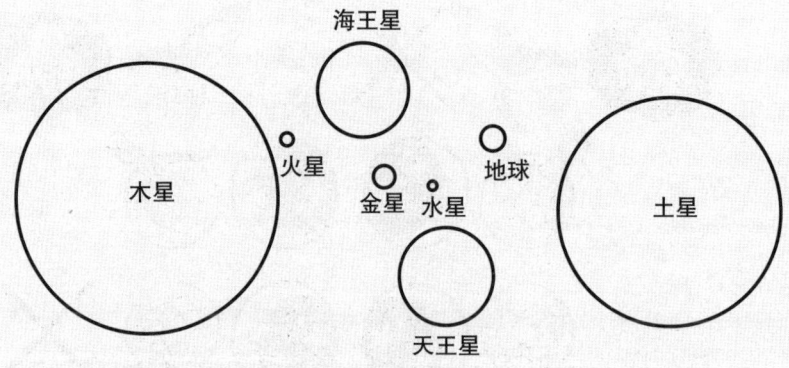

70 怎么可能呢?

玛尔塔是一个宇航员,她在空间站待了一年,回来的时候,她长高了5厘米,因为在空间站没有地球引力,她的脊柱变长了。不幸的是,在很短的时间内,她还会回到原来的身高。

71 一笔画星座(2)

一种画法是,从1开始,按编号的顺序连接。

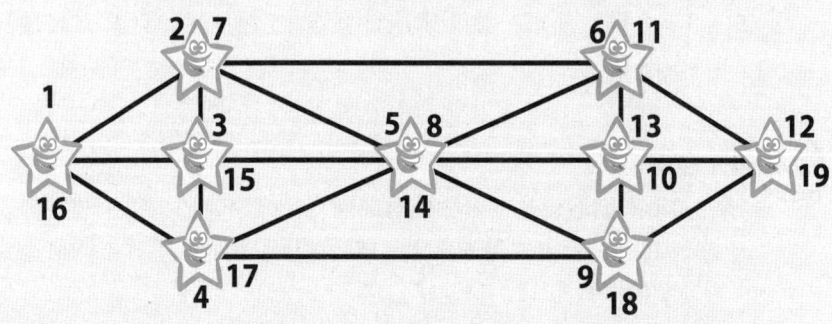

72 不完美的对称（1）

73 有人在吗？（2）

每次我们发送的星星的数量都是前两次的数量之和。前两次我们每次都发送了一颗星星，第三次发送了 1 + 1 = 2 颗，第四次发送了 2 + 1 = 3 颗，第五次发送了 3 + 2 = 5 颗，第六次发送了 5 + 3 = 8 颗。所以，接下来应该发送 13 颗星星，计算方式是 8 + 5 = 13 颗。

74 4个偶数

如果我们假设这 4 个物体对应同一个数字，那么每个数字都应该是 15，计算方式是 60 ÷ 4 = 15。这样，我们就不难推测出这 4 个连续的偶数是 12，14，16，18。

75 三颗行星（2）

如果第一句话是假的，另外两句是真的，那么前两颗行星一定是没有外星人居住的，只有第三颗行星是有外星人居住的，符合题干。

如果我们假设第二句话是假的，第一句和第三句是真的，那么三颗行星上就都有外星人居住了，这与题干相矛盾。

最后，如果我们假设第三句话是假的，那么第一颗行星有外星人居住，其他两颗行星没有外星人，符合题干。

所以，我们无法确定有外星人居住的行星是第一颗还是第三颗，我们能确定的是第二颗行星没有外星人居住。

76 谁在说谎（2）

安德里亚是说谎者，尽管这句话看起来有道理，不过，夏天时我们与太阳的距离并不比冬天时近，事实上，夏天时我们距离太阳更远。相比较而言，夏天时太阳光的入射方向与北半球地平面之间的夹角比冬天时大，所以夏天的气温要高一些。

77 连线

从第一个字"书"，我们有两种方法可以连到"山"，而从"山"到"有"也有两种方法。以此类推，$2 \times 2 \times 2 \times 2 \times 2 \times 2 = 64$，连成"书山有路勤为径"总共有64种不同的方法。

78 找出字母对应的数值（1）

（1）U, N, A 这3个字母对应的数字都是3个字母的和，所以必须为3的倍数（或者倍数的末位）。

（2）因为L也在首位，而字母S对应的数字范围是 $1 \sim 6$，所以L只能是1（L为3个S之和的进位，且L不为0）。所以，A就等于3。这样，就只剩下2，4，5，6这4个数了。因此，我们不难得出 N = 2，O = 4，S = 5，U = 6。

79 避免3颗行星出现在同一条直线上（1）

答案有以下几种：

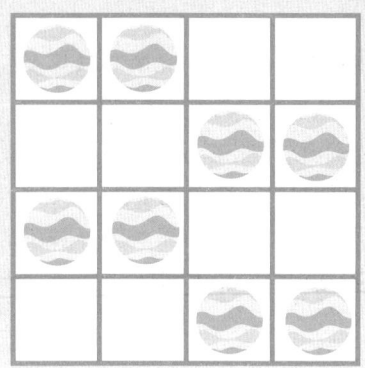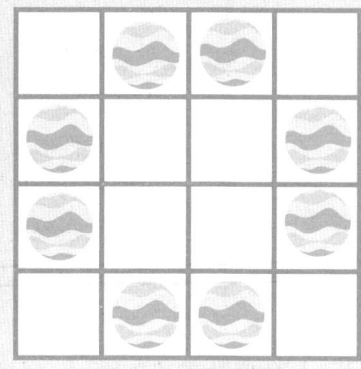

80 如果地球只有10千克重……

如果 T = 10，2T = 20，那么从第二个等式我们可以得出 V + U = 22。知道了 T = 10，V + U = 22，从第一个等式我们可以得出 M = 1。如果 M = 1，那么从第三个等式我们可以推算出 U = 14，进而通过第二个等式得出 V = 8。所以，如果地球的质量是10千克，那么金星的质量就应该是 8 千克，火星的质量是 1 千克，天王星的质量是 14 千克。

81 你会怎么解答呢？

如果你仔细看，就会发现这 4 个符号的左半部分分别对应字母 A，B，C，D。因此，正确的答案应该是包含字母 E 的符号，也就是第二个。

82 找出字母对应的数值（2）

根据题目中的提示，我们可以得到两组答案：17823 + 17823 + 17823 = 53469 和 26318 + 26318 + 26318 = 78954。

83 飞行轨迹相交

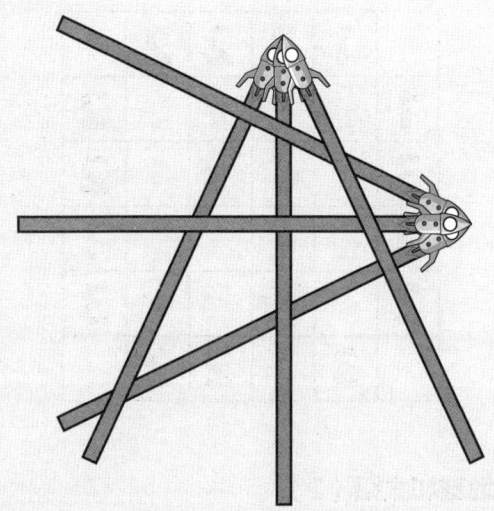

84 系在你的飞船上（3）

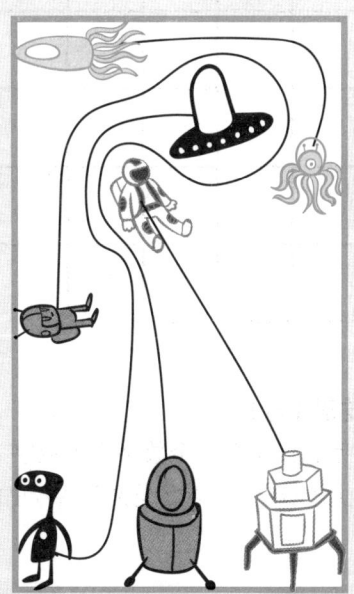

85 复杂的日食（3）

86 月亮、地球和太阳（2）

87 3，2，1，发射（5）

第二个数字相比于第一个数字少了数字1，第三个数字相比于第二个数字少了数字2。以此类推，括号里应该依次填76和7。

88 七巧板（2）

下面是一种拼法。

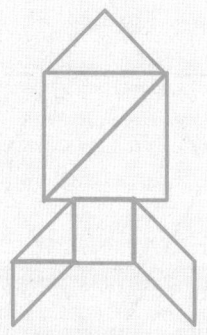

89 超级日食（3）

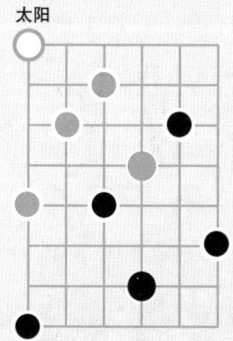

90 最高的山

（1）人类已知的宇宙中最高的山在火星上，实际上，这座山是一座火山，名字叫作奥林匹斯山，从山脚开始测量，其高度超过 20 千米。

（2）地球上最高的山是珠穆朗玛峰，从海平面开始测量，其高度为 8844.43 米。

（3）还是珠穆朗玛峰。这是一道脑筋急转弯题。很明显，在发现珠穆朗玛峰之前，地球上最高的山还是珠穆朗玛峰。

91 给星星排排队（3）

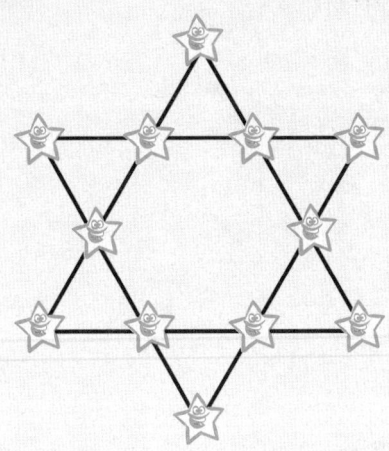

92 不完美的对称（2）

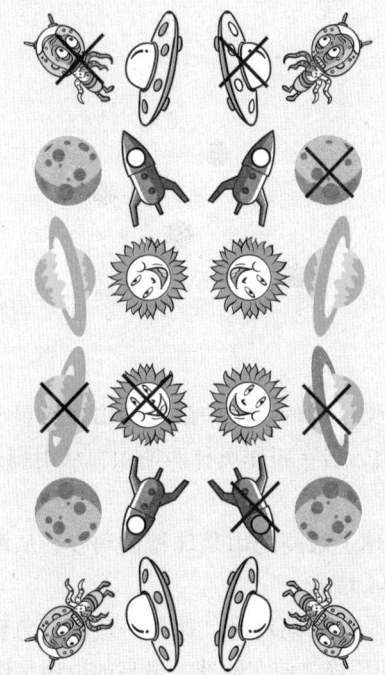

93 记忆力测试（3）

图片中的物品有火箭、带望远镜的星球、月球、土星、木星、地球、太阳、宇航员、望远镜、彗星、星星、卫星。

94 找出相同的图案（3）

图 A 的两只眼睛特别近，图 C 没有蓝色脸蛋儿，图 D 没有鼻子，图 F 有一片花瓣是白色的，图 G 的嘴是白色的，图 H 只有一只眼睛。相同的图案是 B 和 E。

95 光速（2）

在"光速（1）"那道题里，我们得知光速约为 300,000 千米/秒，所以在一秒钟内，光可以在南京和北京的两面镜子之间往返 300 次。不可思议吧？

96 避免3颗行星出现在同一条直线上（2）

下面是这个问题的一种答案。

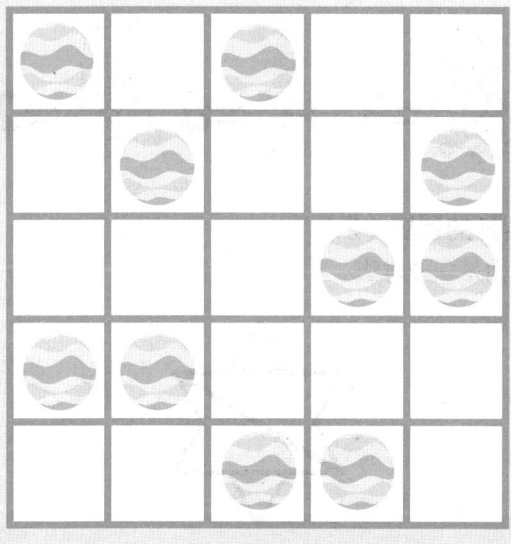

97 外星人等式

根据提示，3个等式中等号右侧的外星人对应的数值应该是一个偶数，所以只能是2、4、6或8。我们可以逐个分析。如果等号右侧的外星人对应的数值是2，那么第一个等式等号左侧的外星人对应的数值应该是1，第二个等式里另一个外星人对应的数值应该是2，所以就有两个外星人的数值是相同的，与题目不符。

如果第一个等式中等号右侧的外星人对应的数值是4，那么第一个等式等号左侧的外星人对应的应该是2，第二个等式里另一个外星人对应的数值应该也是2，这也与题目不符。

如果第一个等式中等号右侧的外星人对应的数值是6，那么第一个等式等号左侧的外星人对应的数值应该是3，第二个等式里的另一个外星人对应的数值应该是2。代入这些数值，第三个等式也是成立的。

最后，如果第一个等式中等号右侧的外星人对应的数值是8，那么第一个等式等号左侧的外星人对应的数值应该是4，第二个等式里的另一个外星人对应的数值应该是2，这样第三个等式就不成立了。

总结：

98 一颗裂开的星星（2）

下面是一种拼法。

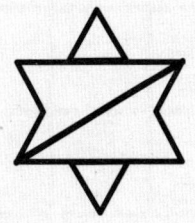

99 一笔画星座（3）

下面是一种画法。

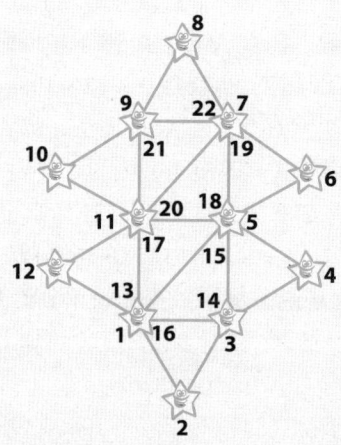

100 如何转向3次到达10颗行星

下面是一种解决方法。

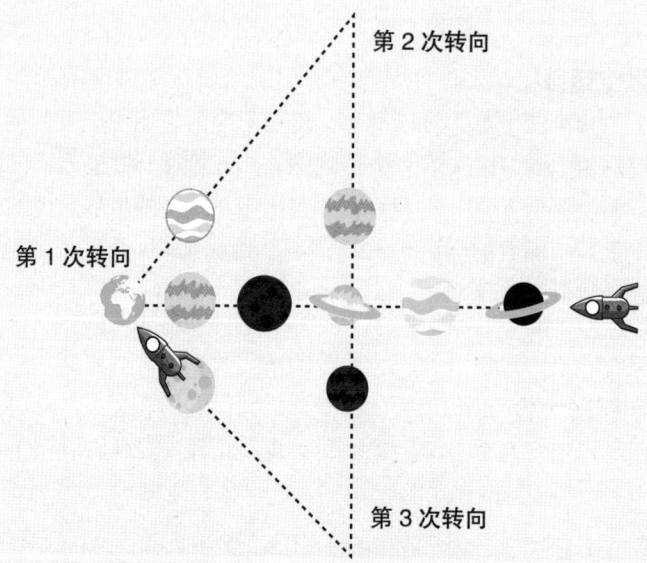

101 宇航员测试（4）

答案一：根据提示，$4 = 1 \times 4$，$10 = 2 \times 5$，$18 = 3 \times 6$。也就是说，用这一行的第一个数值乘第二个数值的后一个数可以得到等号右边的数。因此，为了找到答案，我们必须用9乘11后面的一个数字，即12，也就是$9 \times 12 = 108$。

答案二：注意观察，如果是加法，那么第一个算式是正确的。但是第二个算式就不对了，因为$2 + 4 = 6$，而题目里的结果是10。不过再仔细看，$2 + 4 = 6$，再加上4（正好是上一行的结果）就等于10了。$3 + 5 = 8$，再加上10（正好是上一行的结果）就得到18了。也就是说，从第二行开始，要得到题目中的结果，我们需要把每一行的两个数字加到一起，再加上上一行的结果。所以，第二个答案是$9 + 11 = 20$，$20 + 18 = 38$。

因此，这个挑战的答案应该是108或38。

102 物理学专家

容器E和D会最先被注满水，而且是同时被注满。

103 太空运算

从第二个等式可以得出，土星对应的值比带望远镜的星球对应的值大4。代入第一个等式中，4加上两个带望远镜的星球对应的值等于20。因此，我们可以得出带望远镜的星球对应的值是8，土星对应的数值应该是12。最后，$12 \times 8 = 96$，也就是说，问号处的数值应该是96。

104 宇航员大会

可以有两个答案：爸爸和女儿，或者叔叔或伯伯和侄女。

(105) **疯狂等式**

将第一个等式等号左边的 4 个数字中的前两个相加,得到等式右边这个两位数十位上的数字;将后两个数相减,得到个位上的数字。也就是 3 + 4 = 7,9 - 5 = 4。

(106) **我的标志**

一共有 48 个三角形,39 个菱形和 6 个六边形。

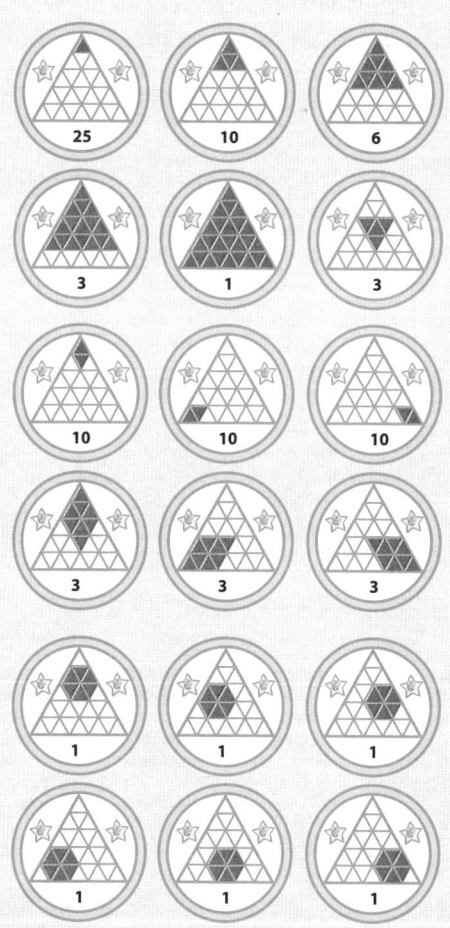

107 宇航员测试（5）

（1）红色、青色和黄色是颜料三原色，绿色是由青色和黄色混合得来的。因此，不同的应该是绿色。

（2）八月是四个月份当中唯一一个有 31 天的月份。因此，八月是与其他词不同的一个。

（3）肉汤，其他的词都和云有关。

（4）只有莴苣的食用部分是长在地上的，其他的都是长在地下的。

（5）其他物品都有两个轮子，只有滑板有不止两个轮子。

燃烧吧!大脑

8~15岁 第1辑 ⑤

—— 全脑潜能开发 ——

[西] 米葵尔·卡博 ◎ 著　张煜 ◎ 译

青岛出版集团 | 青岛出版社

图书在版编目（CIP）数据

燃烧吧!大脑.8-15岁.第1辑.5,全脑潜能开发/
(西)米葵尔·卡博著;张煜译.－－青岛:青岛出版社，2019.4
ISBN 978-7-5552-8062-0

Ⅰ.①燃… Ⅱ.①米…②张… Ⅲ.①智力游戏－少
年读物 Ⅳ.①G898.2

中国版本图书馆CIP数据核字(2019)第041421号

365 acertijos y retos de ingenio
© 2014, Miquel Capó Dolz 3 / 4
© 2014, illustrations by Intercastilla
© 2014, Penguin Random House Grupo Editorial, S.A.U.
Travessera de Gràcia, 47-49. 08021 Barcelona
The simplified Chinese translation rights arranged through Rightol Media
（本书中文简体版权经由锐拓传媒旗下小锐取得Email:copyright@rightol.com）

山东省版权局著作权合同登记号 图字：15-2019-108

书　　名	燃烧吧！大脑（8~15岁）第1辑 RANSHAO BA DANAO（8~15 SUI）DI-1 JI	
分册名	全脑潜能开发 QUANNAO QIANNENG KAIFA	
著　　者	[西]米葵尔·卡博	
译　　者	张　煜	
出版发行	青岛出版社	
社　　址	青岛市海尔路182号（266061）	
本社网址	http://www.qdpub.com	
邮购电话	0532-68068091	
策划编辑	刘海波　周鸿媛	
责任编辑	贾华杰　王　韵	
封面设计	胡椒書衣	
照　　排	青岛乐道视觉创意设计有限公司	
印　　刷	青岛北琪精密制造有限公司	
出版日期	2019年4月第1版　2023年1月第7次印刷	
开　　本	32开（890mm×1240mm）	
印　　张	27.5	
字　　数	700千	
书　　号	ISBN 978-7-5552-8062-0	
定　　价	168.00元（全5册）	

编校质量、盗版监督服务电话 4006532017　0532-68068050

准备好接受挑战了吗?

开始行动吧……

Contents 目录

1. 牧羊人、狼、山羊和卷心菜 / 1
2. 精灵连连看（1） / 2
3. 公共汽车 / 2
4. 动物的声音 / 3
5. 颜色之谜 / 3
6. 旋转180°还是那个三位数 / 4
7. 三胞胎之谜 / 4
8. 5只鸭子 / 5
9. 有多少个半升？ / 5
10. 迷你水果数独（1） / 6
11. 拿出乒乓球 / 6
12. 金球奖 / 7
13. 去巴塞罗那途中 / 7
14. 不想理发的理发师 / 8
15. 好奇怪啊！（1） / 8
16. 夺宝之路 / 9
17. 从1到5 / 9
18. 任意连续三天 / 10
19. 同义词的反义词 / 10
20. 五姐妹 / 10
21. 国王在哪里？ / 11
22. 空盒子 / 11
23. 拼正方形（1） / 12
24. 限时挑战（1） / 12
25. 好奇怪啊！（2） / 13
26. 神射手（1） / 13
27. 火眼金睛（1） / 14
28. 笼子和鸟 / 14
29. 数字方阵（1） / 15
30. 时钟之谜 / 15
31. 数字雪花（1） / 16
32. 一气呵成（1） / 16
33. 古中国的神秘图案 / 17
34. 飞行之谜 / 17

35. 珠穆朗玛峰 / 18
36. 时钟分割 / 18
37. 硬币大挪移 / 19
38. 使等式成立（1）/ 19
39. 房子与桥（1）/ 20
40. 放六张桌子 / 20
41. 不会碎的鸡蛋 / 21
42. 一根链条 / 21
43. 迷你水果数独（2）/ 22
44. 填满表格（1）/ 22
45. 相安无事的皇后们（1）/ 23
46. 多米诺骨牌（1）/ 23
47. 迷你七巧板（1）/ 24
48. 填满表格（2）/ 24
49. 牙签和罗马数字 / 25
50. 使等式成立（2）/ 25
51. 放圆圈（1）/ 26
52. 硬币滚动 / 26
53. 寻找五角星 / 27
54. 六个台球 / 27
55. 胡萝卜、围巾和树枝之谜 / 28

56. 猜一猜（1）/ 28
57. 我的数字闹钟 / 28
58. 那是哪一年 / 29
59. 涂漆 / 29
60. 一气呵成（2）/ 30
61. 续写数列（1）/ 30
62. 限时挑战（2）/ 31
63. 接着画（1）/ 31
64. 数学魔术（1）/ 32
65. 数字方阵（2）/ 33
66. 俄罗斯方块（1）/ 34
67. 12颗钻石 / 34
68. 使等式成立（3）/ 35
69. 一气呵成（3）/ 35
70. 正方形拼接 / 36
71. 数字雪花（2）/ 36
72. 续写数列（2）/ 37
73. 河和小船之谜 / 37
74. 火眼金睛（2）/ 38
75. 水果运算（1）/ 39
76. 三道围墙和七座房子 / 39
77. 好朋友（1）/ 40

78. 写到 100 / 40

79. 多米诺骨牌（2）/ 41

80. 迷你七巧板（2）/ 41

81. 一气呵成（4）/ 42

82. 半桶 / 42

83. 拼立方体（1）/ 43

84. 接着画（2）/ 43

85. 寻找宝藏 / 44

86. 卖酒 / 44

87. 在市场上（1）/ 45

88. 数字金字塔（1）/ 45

89. 扔球 / 46

90. 三个车队 / 46

91. 找不同（1）/ 46

92. 房子与桥（2）/ 47

93. 有几个正方形（1）/ 47

94. 边和对角线 / 48

95. 体育运动 / 48

96. 将船放进方格（1）/ 49

97. 精灵连连看（2）/ 50

98. 数字方阵（3）/ 50

99. 数字雪花（3）/ 51

100. 补充完整 / 51

101. 计算三角形（1）/ 52

102. 限时挑战（3）/ 52

103. 俄罗斯方块（2）/ 53

104. 超级乘法 / 53

105. 接着画（3）/ 53

106. 数字纵横（1）/ 54

107. 一气呵成（5）/ 54

108. 放圆圈（2）/ 55

109. 猜一猜（2）/ 55

110. 猜一猜（3）/ 55

111. 将月亮分成六部分 / 56

112. 好奇怪啊！（3）/ 56

113. 将船放进方格（2）/ 57

114. 数字方阵（4）/ 57

115. 迷你水果数独（3）/ 58

116. 交替摆放的杯子 / 58

117. 相安无事的皇后们（2）/59

118. 小心食物烧焦 / 59

119. 蚂蚁玛蒂娜 / 60

120. 拼正方形（2）/ 60

121. 卡片叠叠乐（1）/ 61

03

122. 移动火柴（1） / 61

123. 接着画（4） / 62

124. 一气呵成（6） / 62

125. 10名教师，10门考试，10天 / 63

126. 假钞票 / 63

127. 卡片背面 / 63

128. 看一眼（1） / 64

129. 三人抛硬币 / 64

130. 卡车、桥梁和一只鸟 / 65

131. 好朋友（2） / 65

132. 有几个正方形（2） / 66

133. 五联骨牌（1） / 66

134. 回收报纸 / 67

135. 五联骨牌（2） / 67

136. 看一眼（2） / 68

137. 房子与桥（3） / 68

138. 食人鱼岛 / 69

139. 30个瓶子 / 69

140. 数字方阵（5） / 70

141. 数字中的数字 / 70

142. 数字纵横（2） / 71

143. 将船放进方格（3） / 71

144. 接着画（5） / 72

145. 家庭冲突 / 72

146. 六根牙签 / 72

147. 俄罗斯方块（3） / 73

148. 续写数列（3） / 73

149. 一气呵成（7） / 74

150. 改变方向 / 74

151. 包含前六个自然数的时间 / 75

152. 聪明的狗 / 75

153. 续写数列（4） / 75

154. 破镜重圆 / 76

155. 猜一猜（4） / 76

156. 续写数列（5） / 77

157. 找不同（2） / 77

158. 数学魔术（2） / 78

159. 精灵连连看（3） / 78

160. 数字雪花（4） / 79

161. 神秘的数字 / 79

162. 不同动物不同颜色 / 80

163. 拼立方体（2） / 81

164. 在市场上（2） / 81

165. 猜一猜（5） / 81

166. 限时挑战（4） / 82

167. 方格与等式 / 82

168. 房子与桥（4） / 83

169. 握了多少次手 / 83

170. 城堡保卫战 / 84

171. 迷你七巧板（3） / 84

172. 字母竖式（1） / 85

173. 好朋友（3） / 85

174. 五联骨牌（3） / 86

175. 有几个正方形（3） / 86

176. 字母竖式（2） / 87

177. 使等式成立（4） / 87

178. 找不同（3） / 88

179. 数字楼梯 / 88

180. 数字纵横（3） / 89

181. 将船放进方格（4） / 89

182. 火眼金睛（3） / 90

183. 俄罗斯方块（4） / 90

184. 房子与桥（5） / 91

185. 数字方阵（6） / 91

186. 水果运算（2） / 92

187. 数字金字塔（2） / 92

188. 数字金字塔（3） / 93

189. 朝南的房子之谜 / 93

190. 计算三角形（2） / 93

191. 数字方阵（7） / 94

192. 迷你七巧板（4） / 94

193. 我迷路了 / 95

194. 乱葬之谜 / 95

195. 迷你水果数独（4） / 96

196. 分享的东西 / 96

197. 使等式成立（5） / 97

198. 神射手（2） / 97

199. 火眼金睛（4） / 98

200. 在椅子上 / 99

201. 我的同学 / 99

202. 数字纵横（4） / 100

203. 火眼金睛（5） / 100

204. 多少场比赛 / 101

205. 限时计算 / 101

206. 火灾逃生 / 102

207. 将船放进方格（5） / 102

208. 我是一只猴子吗？ / 103

209. 三位数学老师 / 103

210. 好奇怪啊！（4） / 104

211. 数字方阵（8） / 104

212. 五联骨牌（4） / 105

213. 得到23 / 105

214. 迷你七巧板（5） / 106

215. 五根蜡烛 / 106

216. 我几岁？ / 107

217. 河内塔游戏 / 107

218. 青蛙跳（1） / 108

219. 俄罗斯方块（5） / 109

220. 有几个立方体 / 109

221. 移动火柴（2） / 110

222. 安东尼奥的女儿 / 110

223. 卡片叠叠乐（2） / 111

224. 神射手（3） / 111

225. 火眼金睛（6） / 112

226. 农民和他的猪之谜 / 112

227. 数字金字塔（4） / 113

228. 在市场上（3） / 113

229. 水果运算（3） / 114

230. 找不同（4） / 114

231. 数字纵横（5） / 115

232. 青蛙跳（2） / 115

233. 迷你水果数独（5） / 116

234. 使等式成立（6） / 116

235. 切蛋糕 / 117

236. 每种水果代表什么数字 /117

237. 多米诺骨牌（3） / 118

238. 数字沙漏 / 118

239. 四种颜色就足够了 / 119

240. 相安无事的皇后们（3）/119

241. 北极熊之谜 / 120

242. 道路、河流和田野之谜 /120

243. 盒子里的铅笔之谜 / 121

244. 五块手表 / 121

245. 数学魔术（3） / 122

246. 结束了！ / 122

答案 / 123

1 牧羊人、狼、山羊和卷心菜

　　有个牧羊人,他要带着一匹狼、一头山羊和一颗卷心菜过河。船很小,牧羊人过河时,每次只能带着狼、山羊和卷心菜其中之一。如果他先带着卷心菜过河,将狼和羊留在岸边,那么狼会把羊吃掉;如果他先带着狼过河,将羊和卷心菜留在岸边,那么羊会吃了卷心菜。你知道他要怎样过河,才能带走所有东西吗?

提示:有时候需要反复做同一件事情,才能解决问题。

2 精灵连连看（1）

下图中有三对小精灵，请将每对小精灵连接起来。要求连线不能交叉，也不能画出方框外。

提示：为了不相互交叉，有些连线需要绕很远。

3 公共汽车

解决这个问题，你必须诚实。你只能看一遍题目，看完就要开始回答问题，不能回头再看。你同意吗？如果你同意，请看下面的题目：

想象一下，你开着一辆载有34名乘客的公共汽车。在第一个车站，有5名乘客下车，4名乘客上车。在第二个车站，有5名乘客下车，没有乘客上车。在第三个车站，有10名乘客上车，没有乘客下车。最后，在第四个车站，有7名乘客下车。你能告诉我公共汽车司机几岁了吗？

4 动物的声音

将每个动物与它的声音连一连。

5 颜色之谜

什么东西你买来的时候是黑色的,使用的时候是红色的,扔掉的时候是灰色的?

提示:与火有关。

6 旋转180°还是那个三位数

下图的三位数808，将它旋转180°后还是808。你能举出其他这样的例子吗？要求必须是三位数。

注意：这个数不能以0开头，否则不能称为三位数。它可以包含数字1（把它看成一条竖线）。

提示：试试用0，1，6，8，9这几个数字组成三位数，一共可以组成12个不同的数字。

7 三胞胎之谜

一位母亲生了三胞胎，有一半是男孩。你能解释一下这是怎么回事吗？

提示：请仔细阅读题目，不要做出题目中没有的假设。

8 5只鸭子

在我的农场里有5只鸭子和10条腿,但只有5张嘴。怎么会这样呢?

提示:小心,不要做出题目中没有的假设。

9 有多少个半升?

一升加一升半,再加半升和一升半,一共有多少个半升?

提示:请仔细阅读题目。

10 迷你水果数独（1）

下图中一共有六种水果。请将下图补充完整，使每一行和每一列都含有这六种水果。

注意： 在分割出的每个小矩形中，也必须包含这六种水果。

提示：可以先补上只缺少一种水果的行和列。

11 拿出乒乓球

我们在一根非常狭窄的管子里放了一个乒乓球。管子长两米，一端是封闭的。如果我们只有一个乒乓球拍、一张纸、一个瓶子、一根绳子、一支圆珠笔和一个水龙头，要用什么办法将乒乓球拿出来？

提示：乒乓球拍、纸、绳子和圆珠笔都用不上。

12 金球奖

金球奖是颁发给年度最佳职业足球运动员的。莫德里奇、梅西和C罗三个人都获得过金球奖。下面给出了他们各自的身高和获得金球奖时的年龄,请按照线索正确填写下表:

获奖顺序	球员名	身高	年龄
1			
2			
3			

(1)莫德里奇33岁,不是三人中第一个获得金球奖的人。
(2)第三个获得金球奖的人身高1.72米。
(3)梅西25岁,比C罗更早获得金球奖。
(4)其中一人28岁时获得金球奖,他身高1.86米。
(5)其中一人身高只有1.69米。
(6)C罗不是三人中最后获得金球奖的人。

13 去巴塞罗那途中

在去巴塞罗那的途中,我迎面遇到了7辆公共汽车,每辆公共汽车上有20个人,每个人有两个行李箱。你能告诉我有多少人、多少辆公共汽车和多少个行李箱去巴塞罗那吗?

提示:小心,问题带有欺骗性。在回答之前,请仔细看题。

14　不想理发的理发师

有个塞维利亚的理发师，他宁愿给两个巴塞罗那人理发，也不想给一个塞维利亚人理发。你能解释一下为什么他不想给他的老乡理发吗？

提示：理发师是怎么收费的？

15　好奇怪啊！（1）

你能说说这个楼梯有什么特别的地方吗？

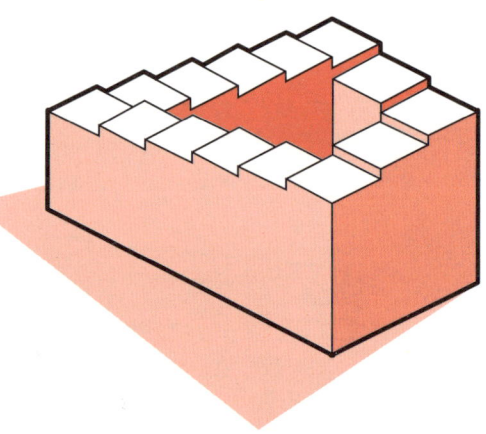

提示：想象一下你正走在这个楼梯上，你发现什么奇怪的地方了吗？

16 夺宝之路

在某个岛屿上有很多金银财宝,你有三条路可以找到这些宝藏。第一条路上到处都是毒蛇;第二条路上一直燃着大火;第三条路上有很多狮子,它们已经一整年没吃东西了。你会选择哪条路?

提示:小心,问题很狡猾。其中有一条捷径。

17 从1到5

在下图的方格中填上数字1到5,使等式成立。

注意: 五个数字都要用到,且只有一个答案。

提示:乘积是个偶数。

18 任意连续三天

在不说星期一、星期二、星期三、星期四、星期五、星期六或星期日的情况下,你要怎么说出任意连续三天?

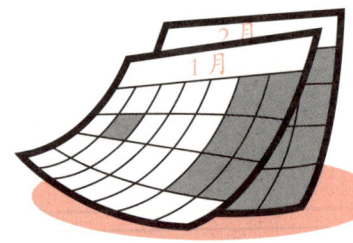

提示:想一想,在不说星期几的情况下,有什么其他的说法可以表示任意连续三天。

19 同义词的反义词

你知道同义词的反义词是什么吗?

提示:一个词语的反义词是与它意义相反的词语,而一个词语的同义词是与它意义相同或相近的词语。

20 五姐妹

安娜的母亲有五个女儿:帕帕、佩帕、琵帕、波帕……你知道她的第五个女儿叫什么吗?

提示:小心,问题有陷阱。

21 国王在哪里？

下图中有一位女王，但还隐藏了一位国王。你知道国王在哪里吗？

提示：将书移动一下，国王就会出现了。

22 空盒子

我有一个空盒子（见下图）。如果我在盒子里每次放一枚硬币，我可以在空盒子里放多少枚硬币？

提示：小心，问题具有欺骗性。

23 拼正方形（1）

请你用左图中的图案拼一个正方形。

提示：你可以将大三角形放在一个角落里。

24 限时挑战（1）

要完成以下挑战，你必须非常诚实。你只有1分钟时间（请准备好时钟或秒表）回答下列所有问题，且不能借助任何工具。如果1分钟后你还有问题没回答，也必须停止。看看你能正确回答几个问题吧！

准备好了吗？计时开始：

（1）胡安的绿色背心的袖子是什么颜色的？
（2）在梅诺卡岛，每天从6点到7点会发生什么？
（3）如果一个1岁的孩子离开家乡到另一个城市，他的牙齿会在哪里长出来？
（4）当太阳下山时，在最重要的城市会发生什么？

提示：如果时间到了，你还有许多问题没有回答，请平静地再读一遍问题，并试着再次回答。小心，每个问题都有陷阱。

25 好奇怪啊！（2）

有人让木匠胡安做一个相框（见下图），想在里面放一张漂亮的照片。

你认为胡安能做得出来吗？

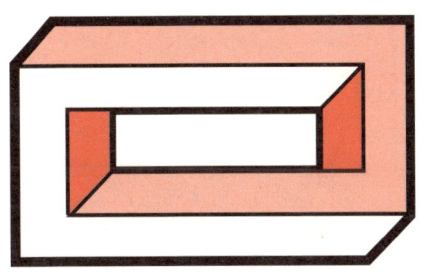

提示：想象一下，如果你是木匠，你应该怎么切割木块，并将它们拼接起来呢？

26 神射手（1）

你能投掷3支飞镖，刚好得到19分吗？

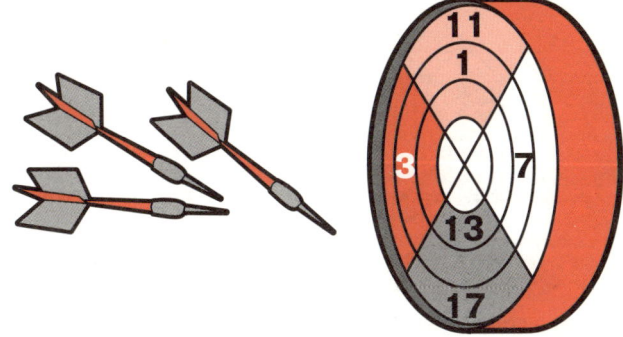

提示：可以在某个数字的区域投掷两支飞镖。

27 火眼金睛(1)

下列立方体组合实际上可以分为四组,每组的两个组合完全相同。你能将它们分一分吗?

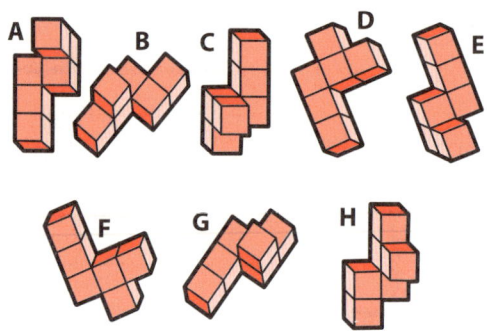

28 笼子和鸟

我家有几个笼子和几只鸟。如果我在每个笼子里放3只鸟,会多出两只鸟没笼子放;如果我在每个笼子里放4只鸟,就会多出1个笼子。你知道我有多少只鸟和多少个笼子吗?

提示:笼子的数量不超过10个,鸟不超过25只。

29 数字方阵（1）

将数字1到8放入下面的方框和圆圈中，使每个方框中的数字是它相邻两个圆圈中的数字之和。

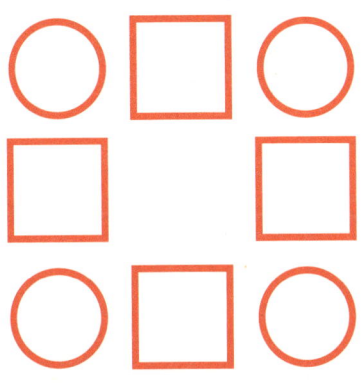

30 时钟之谜

你能告诉我每1小时5分27秒会发生什么吗？

提示：这个问题与时钟的指针有关。你可以拿个时钟试一试。先将时钟调到12点，然后让指针向前走1小时5分27秒。

31 数字雪花（1）

将数字1到9填写在下图的圆圈中，使每条直线上的三个数字相加都等于15。

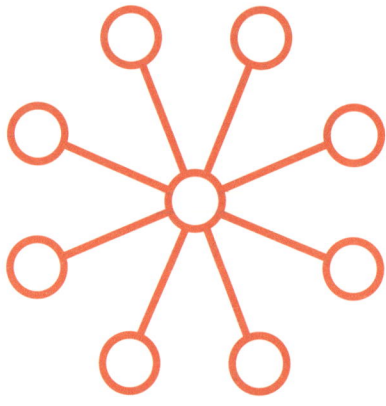

32 一气呵成（1）

不能停笔，也不能重复经过同一段线，你能一笔画出下面的图案吗？

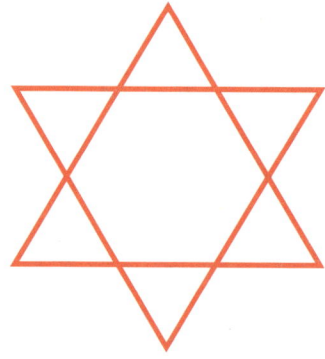

提示：这道题的画法不止一种！

33 古中国的神秘图案

在一本古书中,我们发现了下面这幅图,但不理解它的意思。你能说说它是什么意思吗?

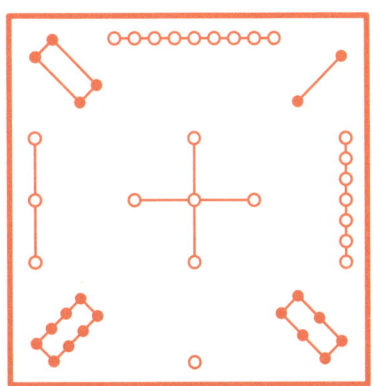

提示:注意每个位置的圆的数量,将每一行或每一列上的圆的数量相加。

34 飞行之谜

从南京坐飞机到北京约需要 1 小时 55 分钟,但回来只需要 115 分钟。你能解释一下是什么原因吗?

提示:问题有陷阱。

35 珠穆朗玛峰

在人类发现珠穆朗玛峰之前,世界上最高的山峰是什么?

提示:小心,问题很狡猾。

36 时钟分割

将下图的时钟分成三个部分,使每一部分上的数字之和都相等。

提示:需要将大数字与小数字放在一起。

37 硬币大挪移

移动图1中的三枚硬币，让它变成图2的样子。

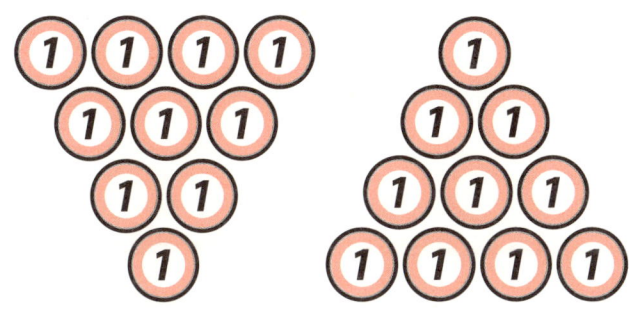

图1　　　　　图2

提示：需要移动首行和末行上的硬币。

38 使等式成立（1）

请你添加运算符号（"+""-""×""÷"），使下列等式成立。需要时可以使用括号。

5 5 5 5 = 0
5 5 5 5 = 1
5 5 5 5 = 2
5 5 5 5 = 3

39 房子与桥（1）

请仔细观察图1中的房子通过桥连接的规律：连接房子的桥可以是横向的，也可以是竖向的；每两座房子可能不相连，可能由一座桥连接，最多也可能由两座桥连接；房子上的数字提示了与这座房子连接的桥的总数量。请你根据规律，将图2中的房子用桥连接起来。

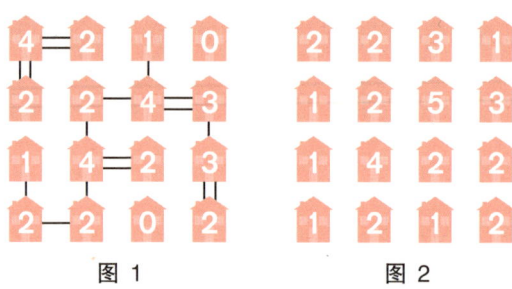

图1　　　　　　　图2

提示：第一列的最后两座房子彼此连接在一起。标有数字4和5的房子会有与其他房子通过两座桥相连的情况。

40 放六张桌子

下图是一个矩形的房间，要求在房间内放六张桌子，使靠着每面墙的桌子的数量都相同。你知道怎么放这些桌子吗？

提示：有些桌子必须同时靠着两面墙。

41 不会碎的鸡蛋

有一天,胡安拿了一个鸡蛋。他松开手,鸡蛋掉了下来。令人惊讶的是,鸡蛋掉了1米多的距离都没有碎。你能解释一下这是怎么回事吗?

提示:问题具有欺骗性,不要做出题目中没有的假设。

42 一根链条

只将一对圆环拆开(拆开后可以再合上),你能将四对圆环连成一根链条吗?

43 迷你水果数独（2）

请你完成这个数独，游戏规则详见"迷你水果数独（1）"。

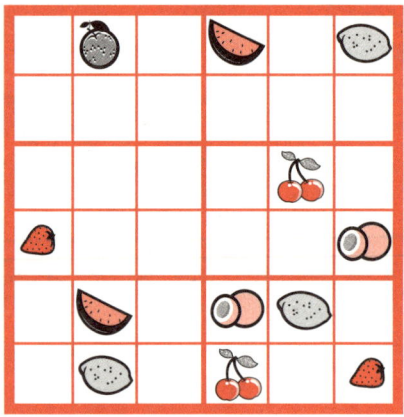

提示：你可以毫不费力地填满右下方的小矩形，填满后你可以先专注于完成右边的小矩形……

44 填满表格（1）

找出下表中数字的规律，将表格填写完整。

5	30	6
7	28	4
3	15	5
6	36	6
2	12	6
8		9

45 相安无事的皇后们（1）

你能把四个皇后分别放在下面的这个小棋盘上，使它们互不威胁吗？

注意： 在国际象棋游戏中，皇后可以杀死与它在同一行、同一列或同一条对角线上的其他任何棋子。

提示：我们已经帮你放好了第一个皇后，在第一行的第二个格中，你可以继续放其他的皇后了。

46 多米诺骨牌（1）

你能在左图中标出右图的八张多米诺骨牌吗？

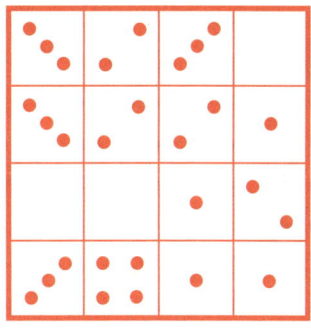
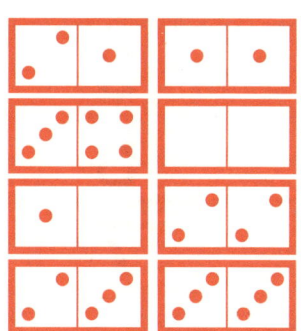

提示：其中一张多米诺骨牌很明显，先将它在左图中标出来，再找到其他的吧。

47 迷你七巧板（1）

请用左边的迷你七巧板拼出右边的图案。

提示：这个拼图并不难。拼图方法不是唯一的。

48 填满表格（2）

请你根据表中数字的关系，将下表填写完整。

3	6	18
5	10	30
7	14	

提示：按行思考。想一想第一个数字和第二个数字，以及第二个数字和第三个数字间有什么关系。

49 牙签和罗马数字

下图中的罗马数字和运算符号是用牙签拼成的,但这个等式是错误的。你能只移动一根牙签,就使等式成立吗?

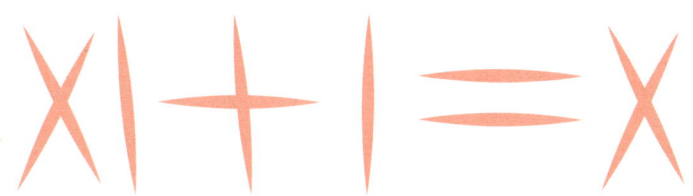

提示:如果你只能移动一根牙签,你应该移动单独的牙签中的一根。

50 使等式成立(2)

在下面的等式中填上"+""-""×""÷"和必要的括号,使等式成立。

注意: 如果需要,可以将两个或更多的数字放在一起,形成多位数,例如99。

$$9\ 9\ 9\ 9\ 9 = 1000$$

51 放圆圈（1）

将左边的圆圈放入右边的方格内，要求每一行、每一列和每一条对角线上的圆圈都不能多于两个。

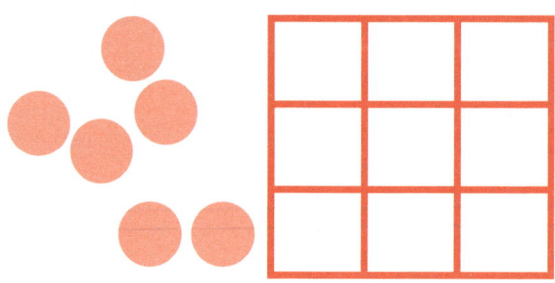

提示：好好利用方格的角。摆放方法不是唯一的。

52 硬币滚动

想象一下，你有两枚大小一样的硬币，你将其中一枚硬币绕着另一枚硬币滚动。当这枚硬币回到开始滚动的位置时，它自己滚动了几圈？

提示：小心，不要想当然，拿两枚硬币试一下就知道了。

53 寻找五角星

下图中隐藏了一颗五角星。你知道它在哪里吗？

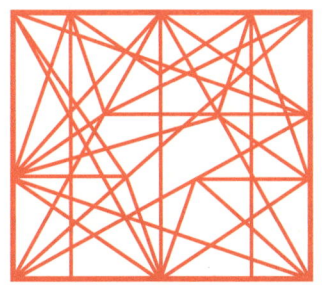

提示：五角星很大，它的角触到了矩形的边。

54 六个台球

将六个台球放在三角框内（如左图），使每个台球上的数字为它上方的两个台球上的数字之差。例如，第二行中的2为第一行中的5和3的差，第二行中的1为第一行中的6和5的差。但第三行的台球上的数字为4，而第二行中的2和1的差为1，因此图中所示排列方式是错误的。你能找到正确的放球办法吗？

提示：在其中一种解决方案中，6号球要放在第一行。

55 胡萝卜、围巾和树枝之谜

在一幢房子的花园里有两根树枝、一根胡萝卜、一条围巾和一顶帽子。你知道是谁把它们放在那里的吗?为什么?

提示:在冬天玩什么游戏时用得上这些东西?

56 猜一猜(1)

两个涨红脸的兄弟,
在一起时沉默无语,
要说话就只能分开。

提示:想一想你自己。

57 我的数字闹钟

除了数字闹钟发出的光,我的房间里一片黑暗。闹钟上的数字样式如下:

0123456789

你能告诉我在什么时间数字闹钟发出的光最多吗?

注意:闹钟不会显示某时十位上的零,但会显示某分十位上的零。例如,早上3时6分显示为3:06。

提示:这个时间是在晚上。

58 那是哪一年

数字353是一个回文数,因为它从左往右读和从右往左读都一样。还有很多其他这样的数字,如464,858……

还有一种类型的数字,旋转180°还是它,例如181旋转180°仍然是181。我们将这种数字称为"可颠倒数",例如111,101……

那么,请回答下列问题:

(1)从今年开始,未来第一个是回文数的年是哪一年?

(2)从今年开始,未来第一个是可颠倒数的年是哪一年?

(3)从今年开始,未来第一个既是回文数又是可颠倒数的年哪一年?

提示:(1)这一年所有的数字都比较小。
　　　(2)这一年的数字有6和9。
　　　(3)这一年的数字有8。

59 涂漆

下图中的a和b两面墙需要涂上油漆。如果a墙(等腰直角三角形)涂漆需要40元,那么b墙(正方形)涂漆需要多少钱?

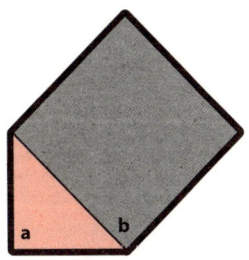

提示:你需要算出b墙比a墙大多少。

60 一气呵成（2）

不能停笔，也不能重复经过同一段线，你能一笔画出下面的图案吗？

提示：可以先画圆，再画星星。这道题的画法不止一种。

61 续写数列（1）

找出下列每个数列的规律，接着往后写两个数。

(1) 0, 1, 3, 6, 10, …
(2) 1, 3, 7, 13, 21, …
(3) 1, 3, 7, 15, 31, …

提示：算出相邻两数的差……

62 限时挑战（2）

请准备好时钟或秒表，诚实地完成以下挑战。游戏规则详见"限时挑战（1）"。

准备好了吗？计时开始：

（1）在10年中有多少个月有28天？

（2）在足球比赛开始时，足球场上有多少人？

（3）如果在一场百米赛跑中，你超过了最后一名，那么你是第几名？

（4）如果一个牧羊人有112只羊，除了5只外全都死了，他还剩下多少只羊？

（5）在德国如何坐电梯？

63 接着画（1）

找出下面三幅图中四种图案的排列规律，画出下一幅图。

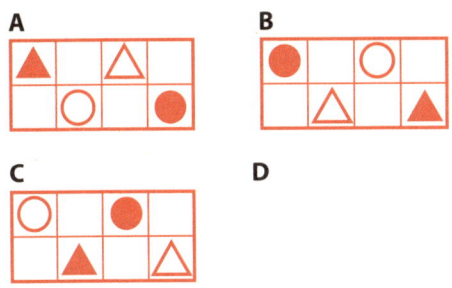

提示：实心的或空心的三角形或圆形交替出现。仔细观察每种图案在哪种情况下出现，并推断出下一幅图中四种图案的排列方式。

64 数学魔术（1）

这是一个数学魔术，你学会了以后可以表演给自己的朋友看。准备好铅笔和纸（如果你喜欢，也可以用计算器），按照下列指示做：

（1）写出你家的门牌号。
（2）算一算你有几个好朋友（亲密的朋友），将你好朋友的人数与门牌号的数字相加。
（3）将（2）的得数与当天所在月份的天数相加。
（4）将（3）的得数乘18。
（5）将（4）的得数各位的数字相加。例如，如果得数为354，那么你要这样计算：3 + 5 + 4 = 12。如果你得到的数仍然是个多位数，就再加一次。比如这里得到的数是12，则还要计算：1 + 2 = 3。

在得到最后的得数后，请你看一下提示。

提示：我能马上猜到你得到的数字。是不是9？如果是，请你想一想我是怎么猜到的。如果你不知道原因，可以在（1）到（3）步换其他数字再试一次。

65 数字方阵（2）

将数字1到8放到下面的方格中，要求数字不能重复，且任意两个有相同顶点的方格里都不能是连续的数字。在下方给出的例子中，2和3、3和4、6和7、7和8这几对连续的数字都在有相同顶点的方格中，是不符合要求的。那么，你知道应该怎么放这些数字吗？

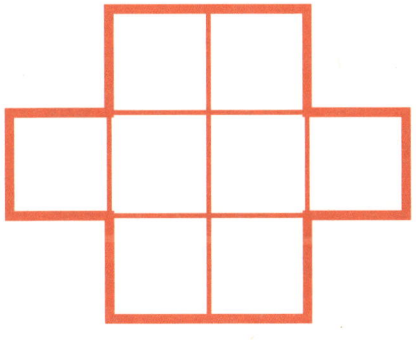

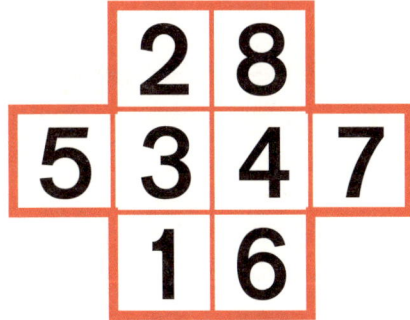

提示：请先仔细考虑中间两个方格应该放什么数字，因为这两格都与好几个方格有相同的顶点。这道题的答案不唯一。

66 俄罗斯方块（1）

下图是俄罗斯方块游戏。如你所知，游戏玩家通过调整大方块（每个大方块都由四个小方块组成）的位置和方向，将它们放到正确的位置上，将一行或几行方格填满，这些行上的方块就会随即消失，玩家会得到分数奖励。也就是说，游戏时要避免大方块之间有空隙。请你将右边的大方块放到左图中，使左图中所有行上的方块都能消失。

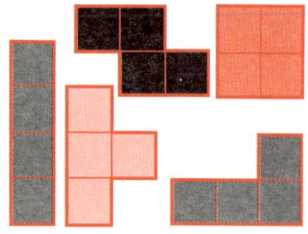

提示：L形的大方块必须放在右边。

67 12颗钻石

我们有12颗钻石，其中有1颗是假的。假钻石的重量比其他钻石略轻，但问题是我们只有一个没有砝码的天平。只称3次，你能不能把假钻石找出来？

提示：将钻石分成三组，每组4颗。

68 使等式成立（3）

请你添加运算符号（"+" "-" "×" "÷"），使下列等式成立。需要时可以使用括号。

1 2 3 4 = 0
1 2 3 4 = 1
1 2 3 4 = 2
1 2 3 4 = 3
1 2 3 4 = 4
1 2 3 4 = 5

69 一气呵成（3）

不能停笔，也不能重复经过同一段线，你能一笔画出下面的图案吗？

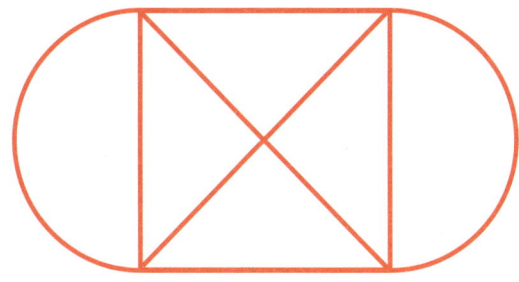

提示：这道题的画法不唯一，其中一种画法是先画图案的外围，再画内部。

70 正方形拼接

如果我们将两个正方形放在一起，能组成一张多米诺骨牌（如左图）；用三个正方形则可以组成两种不同的图案（如右图）。请问，如果加入第四个正方形，可以组成多少种不同的图案？请将它们都画出来。

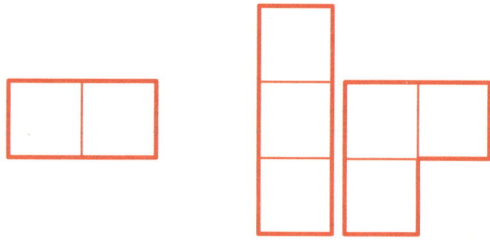

提示：最多五种。

71 数字雪花（2）

将数字1到7填入下图的圆圈中，使每条直线上的三个数字相加都等于10。

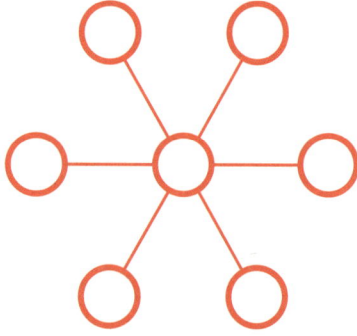

提示：中间的圆圈里填一个较小的数字。

72 续写数列（2）

找出下面每个数列的规律，再接着写两个数。

(1) 1，2，4，5，7，8，10，…
(2) 5，4，8，7，14，13，26，…
(3) 3，2，4，3，5，4，6，…

提示：对于第一个数列和第三个数列，可以算算相邻两数的差。对于第二个数列，则需要用到减法和乘法。

73 河和小船之谜

有两个人，他们想要用一条每次只能坐一个人的小船过河，要怎么做呢？

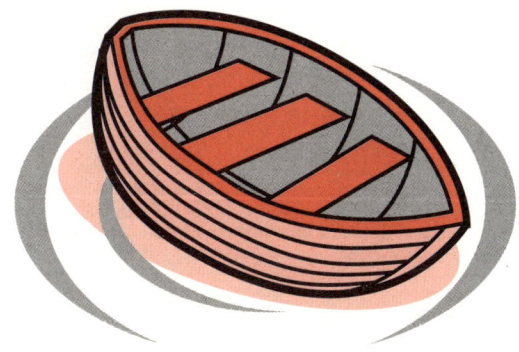

提示：注意，不要做出问题中没有的假设。

74 火眼金睛（2）

这些奶牛图只有两幅是完全相同的。你知道是哪两幅吗？

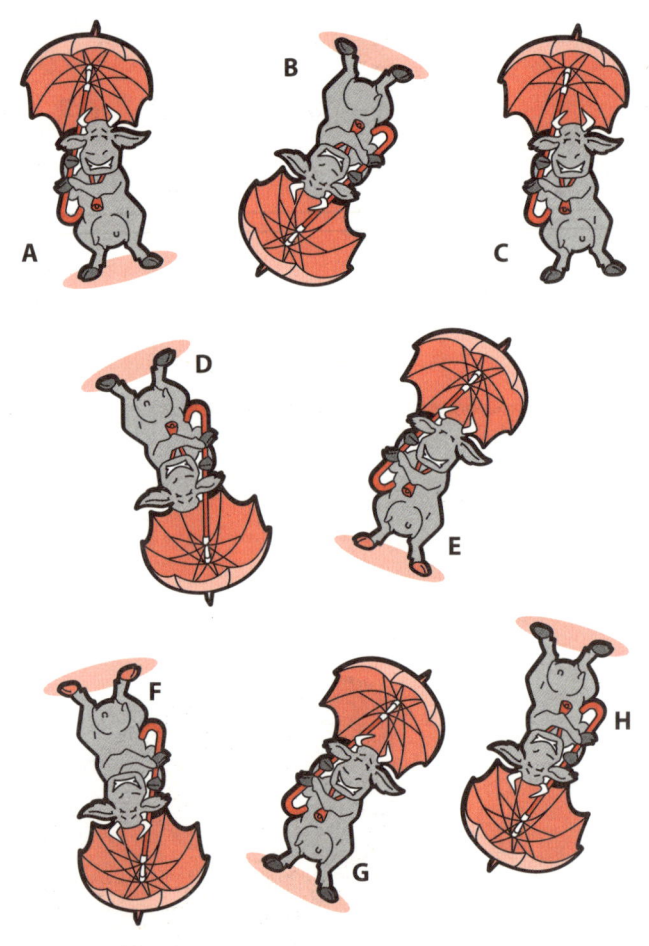

提示：其他的奶牛都缺少一些东西。

75 水果运算（1）

仔细观察下列等式，算出每种水果分别代表什么数字。

🍓 + 🍉 + 🍊 = 11

🍓 + 🍉 = 7

🍉 + 🍊 = 9

提示：结合第一个等式和第二个等式，很容易就能算出橙子代表的数字。

76 三道围墙和七座房子

要怎么设置这三道围墙，才能将以下七座房子彼此隔离开来？最下面的图片展示了一个错误答案，因为有些房子没有分隔开。

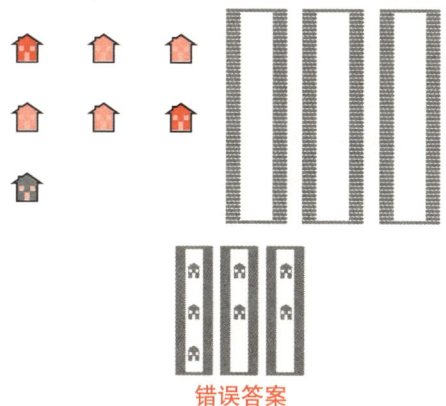

错误答案

提示：有两道围墙需要横放，一道需要竖放。

77 好朋友（1）

安娜、布拉斯和卡洛斯是好朋友，他们喜欢不同的科目（英语、数学和科技），养不同的宠物（鱼、狗和猫），而且他们喜欢不同的运动（踢足球、打篮球和打网球）。

请根据提示填写下表：

	安娜	布拉斯	卡洛斯
科目			
宠物			
运动			

（1）安娜没有鱼，也不喜欢踢足球。
（2）布拉斯不喜欢数学，也不喜欢狗。
（3）卡洛斯不喜欢猫，也不喜欢英语。
（4）喜欢踢足球的人喜欢英语。
（5）喜欢数学的人不喜欢打网球。
（6）喜欢科技的人不喜欢打篮球。
（7）喜欢打网球的人喜欢养鱼。

提示：首先考虑喜欢英语和踢足球的人，然后是喜欢打网球和养鱼的人……

78 写到100

如果你从1写到100，需要写多少个5？

提示：大部分情况下，每十个数中都有相同数量的5，因此没有必要挨个数。

79 多米诺骨牌（2）

仔细观察左图，由多米诺骨牌组成的大正方形的每条边上的点数之和都是 11。你能将右图中的多米诺骨牌重新摆放，使大正方形每条边上的点数之和都等于 9 吗？

 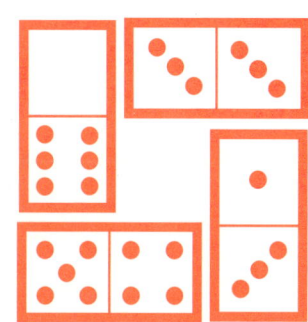

提示：将 3 点加 3 点的多米诺骨牌竖放，6 点加 0 点的多米诺骨牌横放，你就可以弄清楚其他牌怎么摆放了。

80 迷你七巧板（2）

请你用右边的迷你七巧板拼出左边的图案。

提示：大一点的三角形为箭头的头。

81 一气呵成（4）

不能停笔，也不能重复经过同一段线，你能一笔画出下面的图案吗？

提示：这道题的画法不唯一，其中一种画法是先画大三角形，然后画小三角形。

82 半桶

我们希望在桶（如图）里装半桶水，但桶上没有标记，我们也没有测量仪器。怎样才能刚好装半桶水呢？

提示：必须将桶倾斜。

83 拼立方体（1）

仔细观察，找出可以拼成上面的立方体的图案。

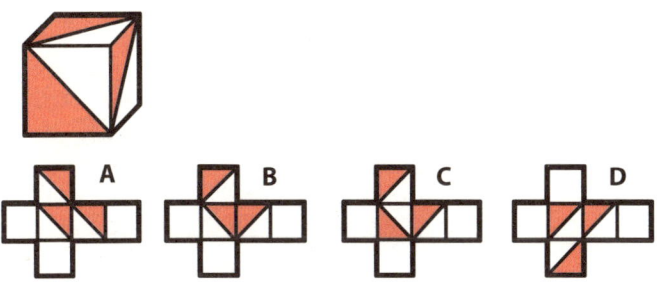

提示：你可以先在心里想象，试着拼一下。如果不确定，可以将图案画在纸上，剪裁出来，看看能不能拼成上面的立方体。

84 接着画（2）

仔细观察下面的三个图案，你能接着画出第四个图案吗？

提示：仔细观察黑色区域和白色圆圈的关系。

85 寻找宝藏

下图的中心位置上有一个岛,岛上有一个藏宝箱,岛周围的水域里到处都是吃人的鳄鱼。你只有一根很长的绳子,要怎么做才能到达这个岛而不被鳄鱼吃掉呢?

提示:需要用到绳子和两棵棕榈树。

86 卖酒

酒馆老板有一桶酒和两个罐子,其中一个罐子的容量是5升,另一个的容量是4升。

有一天,一位顾客要买3升酒,但酒馆老板不知道要怎么测量,因为他没有3升的罐子。你能帮帮他吗?

提示:首先装满容量为5升的罐子,再用这些酒装满容量为4升的罐子,这时5升的罐子里剩下了1升酒……解决办法不唯一。

87 在市场上（1）

根据下图，算出每种动物多少钱。

提示：从第一个等式可以看出，一头奶牛的价格等于两头猪的价格。

88 数字金字塔（1）

仔细观察左图的数字金字塔，每个方格中的数字正好是其下方两个方格中的数字之和。例如：1 + 8 = 9，8 + 7 = 15。

请你按照这个规则，将右图的数字金字塔填写完整。

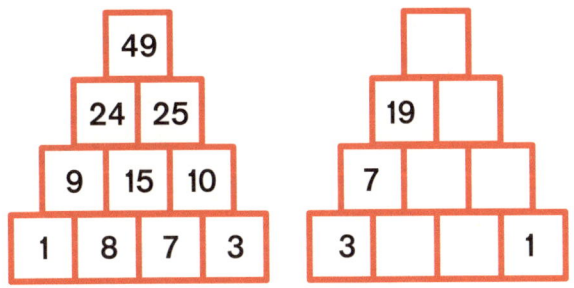

提示：可以很容易地算出最下层中 3 旁边的数字。再算出 19 下方的数字，就可以完成数字金字塔了。

89 扔球

如何用力扔一个球,才能让它回到手中,而不会弹到其他地方呢?

提示:这道题其实很简单,而且没有陷阱。

90 三个车队

有三个一级方程式车队(法拉利、迈凯轮和红牛)要进行比赛,规定最后到达终点的赛车获得胜利。比赛开始后,却没人愿意向前开。因此,比赛也不知道什么时候才能结束。你能想个办法让比赛进行吗?

提示:请注意,比赛规则是最后到达终点的赛车将获得胜利,但没告诉我们赛车手会怎样……

91 找不同(1)

下面的单词中,有一个是不同的,你知道是哪个单词吗?

提示:你并不需要知道这些单词的意思。

92 房子与桥（2）

按照房子上显示的数字，将下图中的房子用桥连起来。游戏规则详见"房子与桥（1）"。

提示：从左往右数，第一行的最后两座房子连接在一起，并与其他房子分离。

93 有几个正方形（1）

你能在下图中找到多少个正方形？

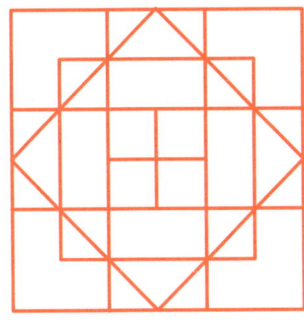

提示：不到35个。

94　边和对角线

下面的十边形有多少条边和对角线？

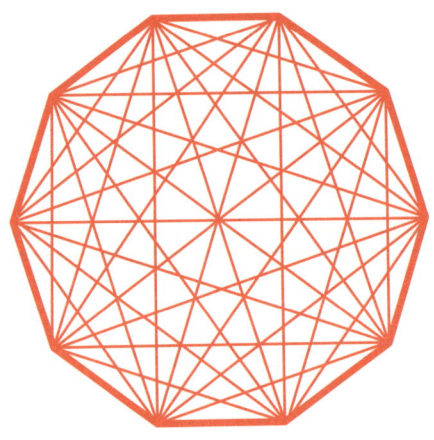

提示：没有必要逐个计算，可以只观察一下每个顶点与其他多少个顶点相连。注意不要重复计算。

95　体育运动

一个班有30名学生，其中有23人会踢足球，15人会打篮球。如果每名学生都至少会这两项运动中的一项，你知道有多少人同时会这两项运动吗？有多少人只会踢足球？有多少人只会打篮球？

提示：将会踢足球的人数与会打篮球的人数相加，再减去班上学生的数量，就能得到同时会两项运动的人数。

96 将船放进方格（1）

在下面第一幅图中，有一艘航空母舰（占四个方格）、一艘护卫舰（占三个方格）、两艘轮船（各占两个方格）和一艘潜艇（仅占一个方格）。最后一列和最后一行上的数字显示每一行或每一列被占用的方格的数量。你能按照这个规则，将第二幅图中右边的船正确地放到方格内吗？

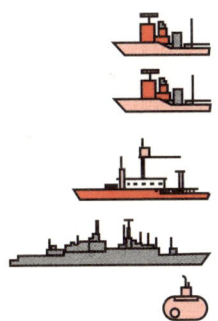

提示：占用三个和四个方格的船需要竖向放置。

97 精灵连连看（2）

下图中有四对小精灵，请将每对小精灵连接起来。要求连线不能交叉，也不能画出方框外。

提示：为了不相互交叉，有些连线需要绕很远。

98 数字方阵（3）

将数字1到8放到左图的方格中，要求数字不能重复，且任意两个有相同顶点的方格里的数字都不能是连续的数字。在右图给出的例子中，2和3、3和4、5和6这几对连续的数字都在有相同顶点的方格中，是不符合要求的。你知道应该怎么放这些数字吗？

提示：应该在中间的方格中放邻数较少的数字。这道题的答案不唯一。

99 数字雪花（3）

将数字1到7填写在下图的圆圈中，使每条直线上的三个数字相加都等于12。

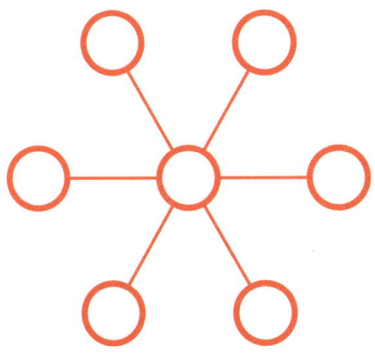

提示：中间圆圈的数不大也不小。

100 补充完整

在不改变方向的情况下，下面哪个模块可以将上方的立方体补充完整？

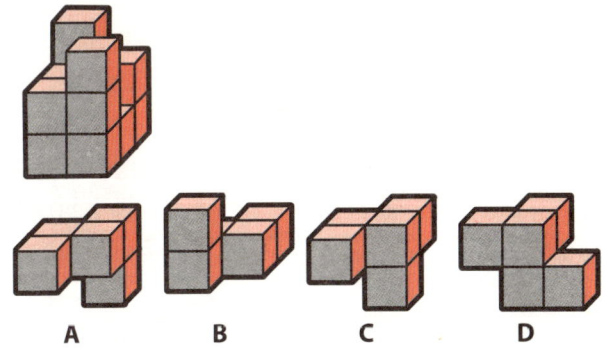

提示：补充的模块一定有四个小正方体位于同一层，将立方体的顶层补充完整。因此，D被排除了。

101 计算三角形（1）

下图中有多少个三角形？

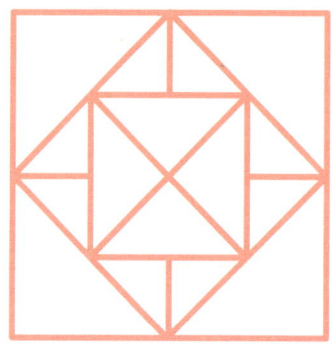

提示：观察一下三角形的大小，可以先计算最小的三角形的个数。

102 限时挑战（3）

请准备好时钟或秒表，诚实地完成以下挑战。游戏规则详见"限时挑战（1）"。

准备好了吗？计时开始：

（1）在一个3厘米×3厘米×3厘米的洞中，沙子的重量比1克多还是少？

（2）如果一列火车在西班牙和法国的边境脱轨，在西班牙留有四节车厢，在法国留有五节车厢，那么幸存者将被葬在哪里？

提示：所有问题都具有欺骗性。如果你觉得所有答案都很明显，也许你应该检查一下你的答案……

103 俄罗斯方块（2）

这是俄罗斯方块游戏。请你将右边的方块放到左图中，消除所有方块。

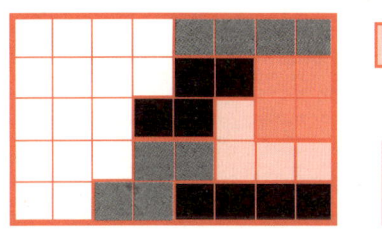 

提示：先把正方形放进去。

104 超级乘法

你能说出这个超级乘法算式的结果吗？

$$20 \times 18 \times 16 \times 14 \times 12 \times 10 \times 8 \times 6 \times 4 \times 2 \times 0 =$$

提示：小心，问题有陷阱，它比看起来容易。

105 接着画（3）

外星人向地球发送了下列四个神秘的符号，来验证地球上是否存在智慧生物。你能接着画出第五个符号，让他们知道地球上有智慧生物吗？

提示：与字母有关。

106 数字纵横（1）

将数字1到9填入下图的方格中，使横向和纵向上的数字之和都等于23。

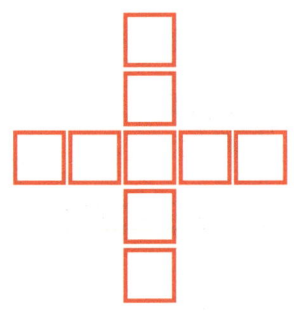

提示：将数字1放在中心位置。

107 一气呵成（5）

不能停笔，也不能重复经过同一段线，你能一笔画出下面的图案吗？

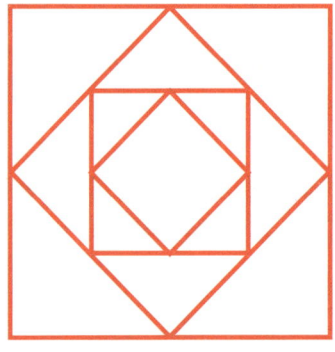

提示：这道题的画法不唯一，其中一种是从外向内画。

108 放圆圈（2）

将右边的圆圈放入左边的方格内，要求每一行和每一列都只有两个圆圈。

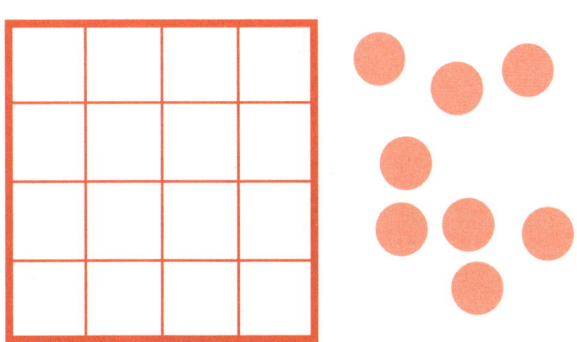

提示：这道题的答案不止一种，其中一种是把圆圈放在边上……

109 猜一猜（2）

什么东西被绑起来后就开始移动，松开后就停止移动？

提示：想想你穿的东西。

110 猜一猜（3）

属于你的东西，经常使用的却是别人。这是什么？

提示：想想你自己。

111 将月亮分成六部分

你能用两条直线将下图的月亮分成六个部分吗?

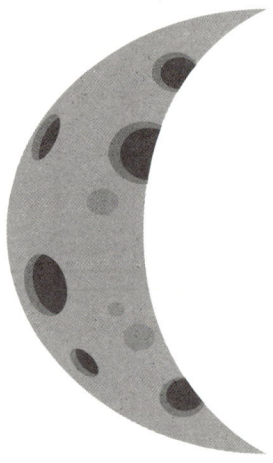

提示:试着让直线和月亮相切。

112 好奇怪啊!(3)

你能说说下面这张图中的物品有什么特别之处吗?

提示:你能把这个物品制作出来吗?

113 将船放进方格（2）

将船正确地放到方格内，游戏规则详见"将船放进方格（1）"。

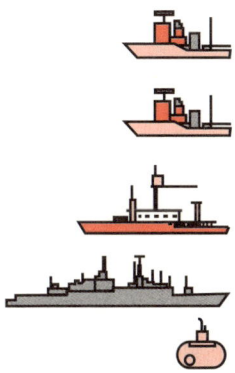

提示：这一次，所有的船都要横向放置。

114 数字方阵（4）

将数字1到8填入下图的方格内，使每条边上的三个数字之和为13。

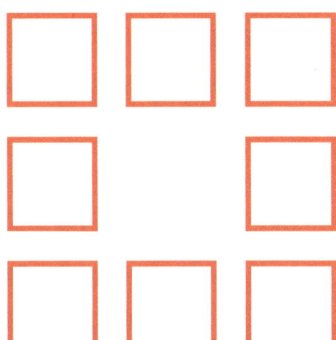

115 迷你水果数独（3）

请你完成这个数独，游戏规则详见"迷你水果数独（1）"。

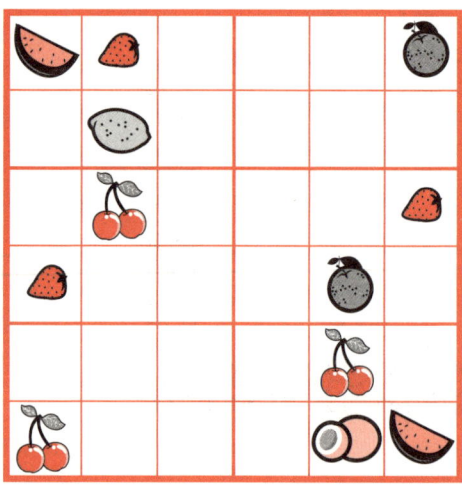

提示：从底部开始把它填满。

116 交替摆放的杯子

请你只动一个杯子，使图1中的杯子如图2摆放。

图1

图2

提示：请注意杯子中装了什么东西。

117 相安无事的皇后们（2）

将五个皇后分别放到下面的这个小棋盘上，使它们互不威胁，你能做到吗？

提示：你可以将一个皇后放在角上的黑格中。

118 小心食物烧焦

胡安遇到了一个问题，他煮食物只能用11分钟，否则食物会烧焦。但是，他只有两个沙漏，其中一个计时8分钟，另外一个是5分钟。

你知道如何做才能让他不会烧焦食物吗？

提示：需要在开始煮食物之前，就让两个沙漏同时开始计时……

119 蚂蚁玛蒂娜

蚂蚁玛蒂娜想要从盒子的 A 点走到 B 点,但是她有点儿懒,想尽可能少走路。你能告诉她最短的路径吗?

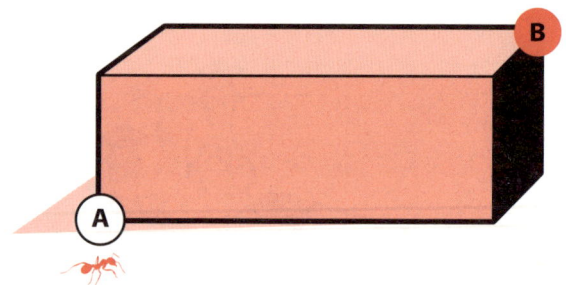

提示:蚂蚁不能沿着盒子的任何一条边走。

120 拼正方形(2)

我们用左边的五个图案拼成了右边的正方形(有重叠)。你知道我们把它们放在了哪里,是按什么顺序放置的吗?

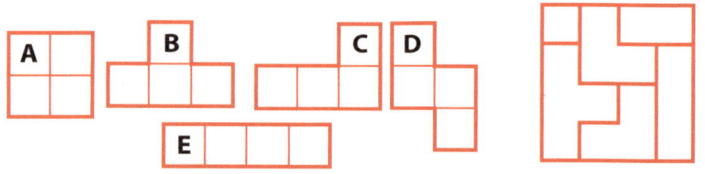

提示:我们放置的前三个图案是 C,E,D。

121 卡片叠叠乐（1）

请你仔细观察这些卡片。很明显，有些卡片是放在其他卡片上面的。你能说出这些卡片的放置顺序吗？

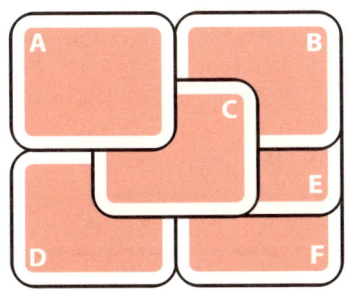

提示：如果无法直接看出它们的放置顺序，可以从最后放的卡片，即位于最上面的卡片开始说，然后再把顺序倒过来。

122 移动火柴（1）

请你只移动两根火柴，让食物从火柴拼成的勺子内移到勺子外。

提示：不移动勺柄。

123 接着画（4）

请仔细观察下面的五个图案，找出它们之间的关系，并画出第六个图案。

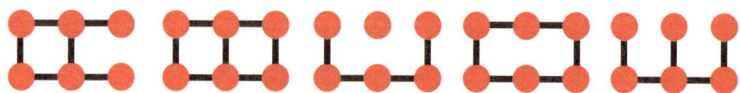

提示：将书顺时针旋转90°……

124 一气呵成（6）

请你一笔画出下图所示的三个交织在一起的正方形。要求不能停笔，也不能重复经过同一段线。

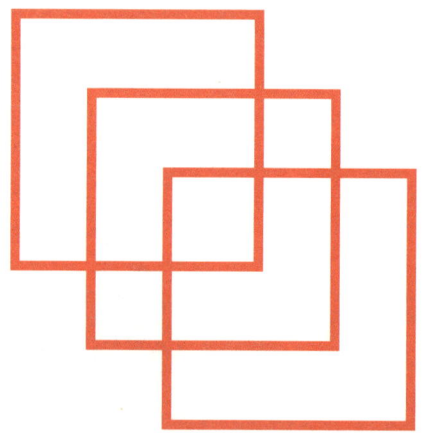

提示：这道题的画法不止一种，你可以先从左上角开始，沿着图的轮廓画……

125. 10名教师，10门考试，10天

如果 10 名教师完成 10 门考试的阅卷工作要用 10 天，那么 20 名教师需要多少天才能完成 20 门考试的阅卷工作？

提示：小心，问题有陷阱。

126. 假钞票

有一天，我的朋友胡安卖了一件 40 元的运动服，顾客给了他一张 100 元的钞票。因为没有零钱，他就到邻近的商店换，然后找给顾客 60 元。过了一会儿，邻近商店的老板把那张钞票退给了胡安，因为那是一张假钞票。

你知道胡安总共损失了多少吗？

提示：小心，他实际损失的钱没有看起来那么多。

127. 卡片背面

我的朋友有一些非常特别的卡片。卡片的正面印有动物图案，而背面要么是白色的，要么是黑色的。朋友说，印有猴子图案的卡片的背面都是黑色的。

我们至少需要将以下哪些卡片翻过来，就能判断我朋友说的是不是对的？

提示：将四张牌中的两张翻过来就行了。

128 看一眼（1）

你知道下图中的哪个点是右边圆形的圆心吗？

注意： 你不能使用任何测量仪器，必须通过眼睛判断，快速给出答案。

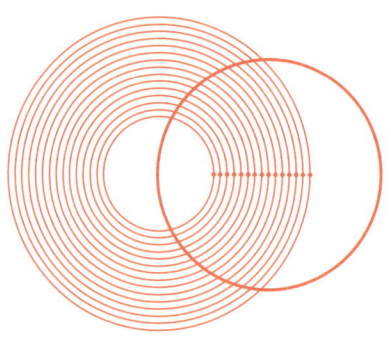

提示：小心，有时候眼见不一定为实。

129 三人抛硬币

胡安、佩德罗和安东尼奥赢得了最佳写作奖。他们每人都获得了一张证书，但奖杯只有一个。一整个学期，他们都一直把奖杯放在最高的书架上，将它视为共同的荣耀。但现在夏天来了，到了分别的时候，而奖杯只能由一人带走保管。他们需要想一个公平的办法，来决定由谁保管奖杯。最后他们想到了用抛硬币来决定。但是，硬币只有一个正面和一个背面，而他们有三个人。你知道如何设计一个公平的规则，让他们通过抛硬币决定出由谁保管奖杯吗？

提示：想一想抛两次硬币会获得什么结果。

130 卡车、桥梁和一只鸟

有一天,一个司机开着卡车过桥。卡车总重10吨,而桥的最大载重也是10吨。卡车过桥过了一半时,一只鸟在空中拉了屎,鸟屎刚好掉在卡车上。令人惊讶的是,桥却没被压断。你能解释一下这是怎么回事吗?

提示:想一想卡车过桥过了一半时会用掉一些什么东西。

131 好朋友(2)

卡特琳娜、玛伊特和玛尔塔是好朋友,她们在车上坐成了一列。她们分别穿着红色、白色和蓝色的衣服(不一定按此顺序),喜欢跳舞、打篮球和打排球(不一定按此顺序)。请根据下列提示,猜猜她们之间的位置关系、每个人衣服的颜色及爱好。

(1)卡特琳娜坐在她的两个朋友之间,她的衣服不是红色的。
(2)玛尔塔不喜欢球类运动。
(3)喜欢打排球的人坐在喜欢跳舞的人的前面。
(4)坐在最后的人穿蓝色衣服。

提示:卡特琳娜坐中间,坐在最后的人的衣服是蓝色的。

132 有几个正方形（2）

下图中一共有多少个正方形？

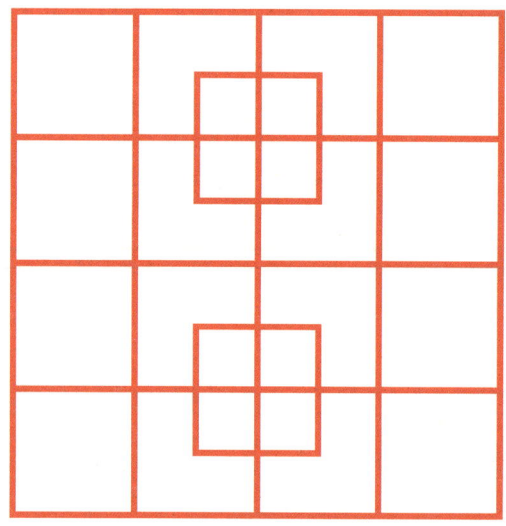

提示：先算算每种大小的正方形各有多少个。

133 五联骨牌（1）

先回头看一下"正方形拼接"这道题目。你可以用五个正方形组成十二种不同的图案吗？

提示：用五个正方形可以形成十二种五联骨牌，类似于这些字母：F、I、L、N、P、T、U、V、W、X、Y、Z。有一种办法是给"正方形拼接"中用四个正方形拼成的图案再加上一个正方形。

134 回收报纸

如果1份新报纸可以用10份回收的报纸制成,请问可以用200份旧报纸制造多少份新报纸?

注意: 在这种情况下,我们假设报纸可以无限次地回收利用。

提示:要知道,每份新报纸也都可以被回收利用。

135 五联骨牌(2)

这是一个比较复杂的五联骨牌游戏。你能用以下几个五联骨牌拼成一个5×5的正方形吗?

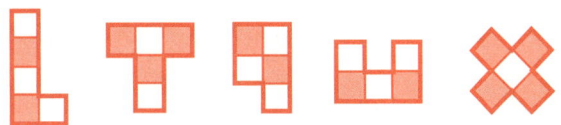

提示:这个正方形看起来像个国象棋盘,黑白两色交替出现。拼法不止一种!

136 看一眼（2）

只看一眼，马上说出下面的四边形是不是一个正方形。请快速回答！

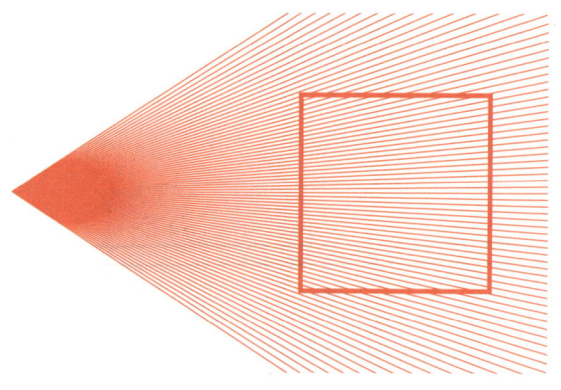

提示：你必须快速回答，但不要被表面现象所迷惑。

137 房子与桥（3）

按照房子上显示的数字，将下图中的房子用桥连起来。游戏规则详见"房子与桥（1）"。

提示：可以将比较容易相连的房子先连接起来。

138 食人鱼岛

如果我们只有两块长度略小于环岛河的宽度的木板,你知道如何才能到达图中所示岛屿的中心吗?

提示:必须利用角落……

139 30 个瓶子

一位父亲留给他的三个孩子 30 个葡萄酒瓶。其中 10 个瓶子装满了葡萄酒,10 个只装了半瓶葡萄酒,另外 10 个是空瓶。在遗嘱中,父亲要求每个孩子都必须得到相同数量的葡萄酒和相同数量的瓶子。你知道如何进行分配,才能满足这位父亲最后的愿望吗?

提示:在开始分配之前,先算算每个孩子可以得到多少葡萄酒。

140 数字方阵（5）

将数字 1 到 8 放入下图的方格中，使每条边上的三个数字之和都为 12。

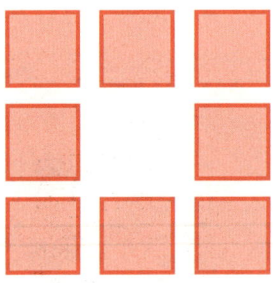

141 数字中的数字

下图每个大数字中都另写有一个小数字。你能找出其中的规律，将大数字 5 中缺少的小数字写出来吗？

提示：使用大数字进行一些运算以获得小数字。

142 数字纵横（2）

将数字1到9填入下图的方格中，使横向和纵向上的数字之和都等于24。

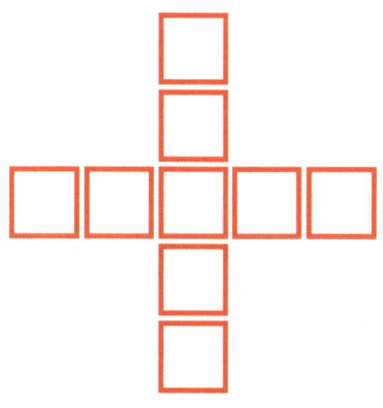

143 将船放进方格（3）

将船正确地放到方格内，游戏规则详见"将船放进方格（1）"。

提示：将最大和第二大的船垂直放置。

144　接着画（5）

仔细观察下面三个图案，你能接着画出第四个图案吗？

提示：你喜欢玩扑克吗？

145　家庭冲突

两个孩子从父母那里领到了不同金额的零用钱。小的孩子说："不公平，我的太少。如果我给你1元，你的钱就是我的三倍了。"大的孩子说："没这么多。如果我给你1元，我们两人的钱就一样多了。"你知道两个孩子各领到了多少零用钱吗？

提示：两人的钱加起来不超过10元。

146　六根牙签

你知道怎么用六根牙签组成四个大小相同的等边三角形吗？

注意： 不能将牙签折断。

提示：不要停留在平面，想想立体图形。

147 俄罗斯方块（3）

这是俄罗斯方块游戏。请将下方的几个方块放到矩形中，消除所有方块。

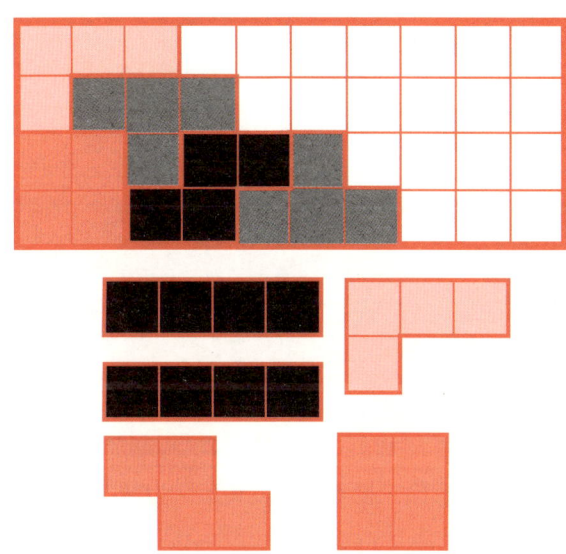

提示：需要放的第一个方块是正方形。

148 续写数列（3）

你能给下面这个数列向后再添两个数吗？

1 4 9 16 25 36 49 64

提示：想一想数的平方。

149 一气呵成（7）

不能停笔，也不能重复经过同一段线，你能一笔画出下面的图案吗？

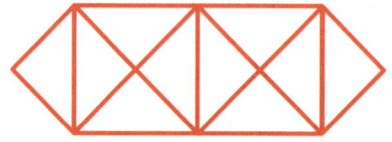

提示：从图的外部开始画。这道题的画法不止一种。

150 改变方向

请你只移动三根牙签，就让鱼变为嘴巴向左。

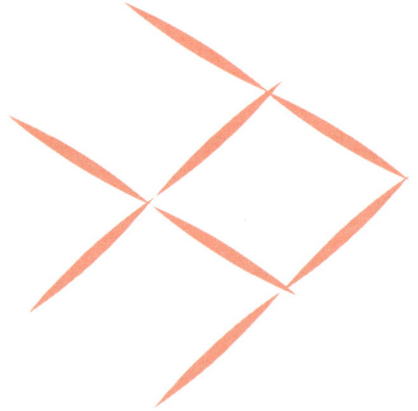

提示：你要移动的牙签中有两根是鳍。

151 包含前六个自然数的时间

现在是12时50分34秒,刚好包含前六个自然数0,1,2,3,4,5。你知道接下来的1小时内有几个时间也刚好包含这六个自然数吗?将它们全部写出来。

提示:首先是12:50:43。

152 聪明的狗

一只狗被一根绳子拴在了狗屋里,绳子的长度只够绕狗屋外围一圈,但这只狗绕着狗屋外围转了两圈。你能解释一下它是怎么做到的吗?

提示:狗可以向右转也可以向左转。

153 续写数列(4)

请找出这个数列的规律,接着写出两个数字。

1 3 2 6 4 12 8 24

提示:将数字分为两组,一组是偶数位置的,一组是奇数位置的。

154 破镜重圆

我把妈妈的镜子弄坏了。你能帮我找到那块碎片吗?

提示:不用考虑第四个碎片。

155 猜一猜(4)

如果你喂我,我会长大;但如果你给我水,我就死了。你知道我是谁吗?

提示:想一想什么东西怕水。

156 续写数列（5）

找出下面每个数列的规律，接着往后写两个数。

提示：这三个数列都需要研究相邻两数之间的关系。

157 找不同（2）

下面有四条鲨鱼，只有一条与其他的不同。你能找到它吗？

提示：将书转一下，你就能找到答案了。

158 数学魔术（2）

我还没有告诉你，我有心灵感应。接下来我展示给你看。

请你仔细查看下面的六张牌并选择一张，然后阅读下面的提示。

提示：我已经知道你选择了哪一张了。现在看看答案。注意到了吗，你选的那张牌一定不在答案里。

159 精灵连连看（3）

下图中有四对小精灵，请将每对小精灵连接起来。要求连线不能交叉，也不能画出方框外。

提示：为了不相互交叉，有些连线需要绕很远。

160 数字雪花（4）

将数字1到7填入下图的圆圈中，使每条直线上的三个数字相加都等于14。

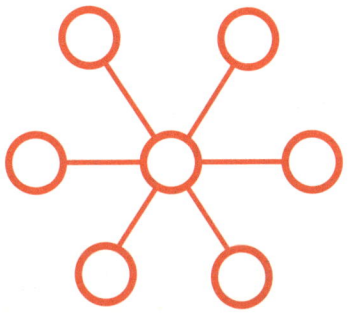

161 神秘的数字

仔细观察下图，你知道问号处应该是什么数字吗？

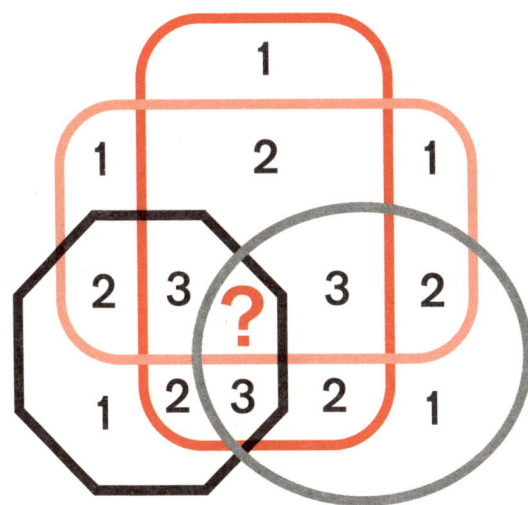

提示：这些数字与图形的形状无关，但与图形的重叠情况有关。

162 不同动物不同颜色

将下面这些动物放入方格中,使每一行和每一列里的动物各不相同,并且动物的颜色也不同。

提示:已经帮你放好了几种动物。

163 拼立方体（2）

仔细观察，下面的图案可以拼成A，B，C，D哪个立方体？

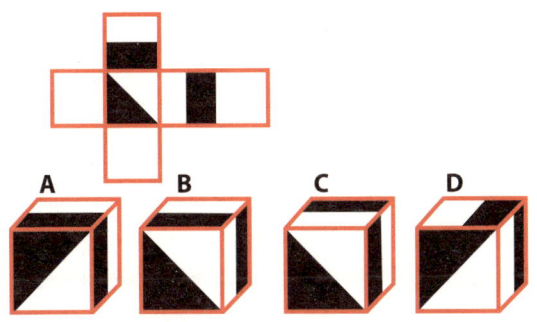

提示：比较立方体相邻的面。如果立方体的某条边被黑色包围，那么它展开后情况也不会发生变化。

164 在市场上（2）

我去市场买食材，几种食材的价格关系见下图。你能算出每种食材的价格吗？

提示：根据一个西红柿和两根胡萝卜价格相等，一个玉米和两个西红柿价格相等，很容易推断出一个玉米和四根胡萝卜价格相等……

165 猜一猜（5）

你拥有的哪种东西是给别人后自己的却不会变少的？

166 限时挑战（4）

请准备好时钟或秒表，诚实地完成以下挑战。游戏规则详见"限时挑战（1）"。

准备好了吗？计时开始：

（1）在1和100之间有多少个数字9？

（2）如果你家里有10台电视，你关掉了3台，还剩下几台？

（3）如果你用刀子切掉（不过对角线）方形蛋糕的1个角，它还有几个角？

（4）如果你把一枚硬币放在手上，正面朝上，下面是什么？

167 方格与等式

在下面的方格中填上适当的数字，使每个等式都成立。

提示：你可以先填第一行。

168 房子与桥（4）

按照房子上显示的数字，将下图中的房子用桥连起来。游戏规则详见"房子与桥（1）"。

提示：中间的房屋只能两两相连。

169 握了多少次手

卡特琳娜举办了一个庆祝她12岁生日的派对。在场的每个人（包括主人和客人）都会与其他人握手。如果她邀请了九位客人，在他们全部到达后，所有人总共握了多少次手？

提示：请注意，只用乘法是不够的。

170 城堡保卫战

24名士兵被安排保卫城堡,每面城墙上都有7名士兵(如图)。指挥官发现每面城墙上的士兵太少,因此决定重新安排,以使每面城墙上都有11名士兵。你知道他应该如何重新安排士兵吗?

提示:利用角楼,这里的士兵会计入不同城墙上士兵的人数。

171 迷你七巧板(3)

请你用右边的迷你七巧板拼出左边的大三角形。

提示:除了一个小三角形外,其他迷你七巧板不用改变方向。

172 字母竖式（1）

数字1到6分别对应下图中的不同字母，请用它们替换字母，使竖式成立。

注意： 答案是唯一的。

提示： 字母O只能为1或2；字母S应是偶数，因为它代表相同数字之和的个位上的数……

173 好朋友（3）

安娜比贝尔塔矮，卡拉比安娜高。丹妮娅比贝尔塔高，但比埃琳娜矮。贝尔塔比卡拉高。她们谁最高，谁最矮？

提示： 根据题目，按从高到矮的顺序写下她们的名字。

174 五联骨牌（3）

用五联骨牌可以拼成不同的图案。你能分别用 Y, P, U 形状的五联骨牌和 P, U, F 形状的五联骨牌各组成一个矩形吗？

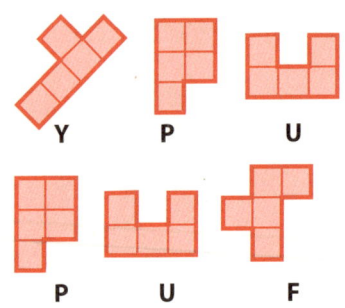

提示：要组成第一个矩形，必须旋转 P 形骨牌。要组成第二个矩形，必须竖直放置 U 形骨牌。

175 有几个正方形（3）

下图中一共有多少个正方形？

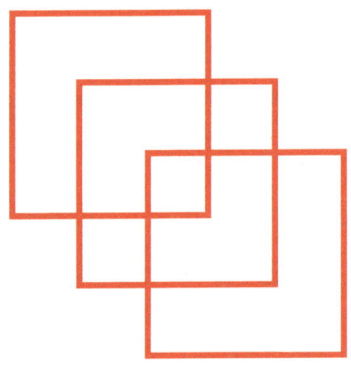

提示：问题很简单，只有三种不同大小的正方形。

176 字母竖式（2）

数字1，2，3，4，6分别对应下图中的不同字母，请用它们替换字母，使竖式成立。

注意： 有两种不同的解决方案。

提示：在所有解决方案中，都会出现两个偶数相加得到另一个偶数的情况。

177 使等式成立（4）

请你添加运算符号（"＋""－""×""÷"）及必要的括号，使下列等式成立。

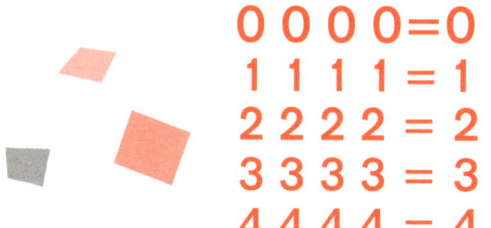

提示：你可以随意添加运算符号使第一个等式成立，但请你记住，0不能做除数！

178 找不同（3）

下面几个字母中有一个与其他的都不同。你能找出来吗？

A T Q O H

提示：与字母的形状有关，与字母本身无关。

179 数字楼梯

你知道这个数字楼梯是如何构建的吗？请将它填写完整。

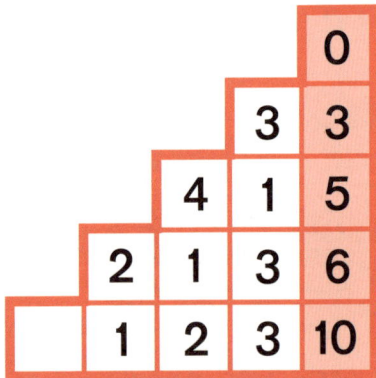

提示：你注意到右数第一列的数字了吗？

180 数字纵横（3）

将数字1到9填入下图的方格中，使横向和纵向上的数字之和都等于25。

181 将船放进方格（4）

将船正确地放到方格内，游戏规则详见"将船放进方格（1）"。

提示：只有最大的船不能竖直放置。

182 火眼金睛（3）

这些消防员中只有两个是完全相同的。你能找出来吗?

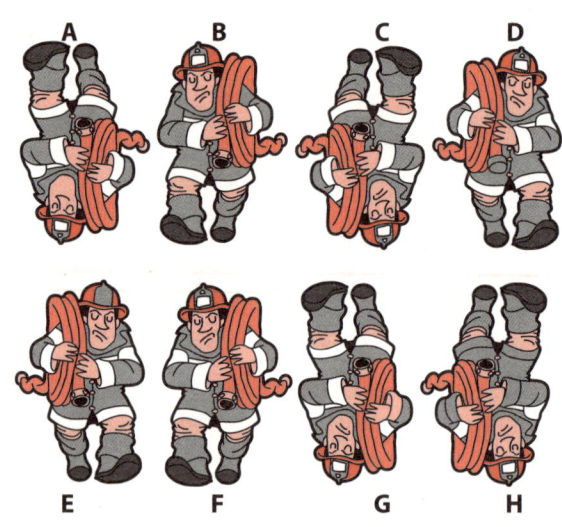

提示：他们一个在第一行，另一个在第二行。

183 俄罗斯方块（4）

这是俄罗斯方块游戏。请将右边的几个方块放到矩形中，消除所有方块。

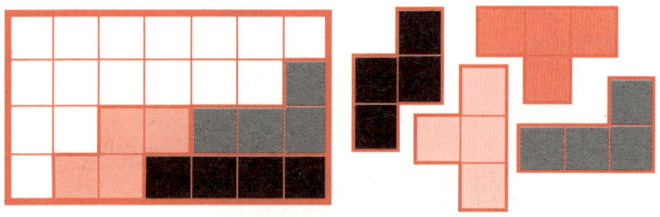

提示：需要先放Z形方块。

184 房子与桥（5）

按照房子上显示的数字，将下图中的房子用桥连起来。游戏规则详见"房子与桥（1）"。

提示：有条路将外圈所有的房屋连了起来。

185 数字方阵（6）

将数字1到8填写在下图的方格中，使正方形每条边上的三个数字之和为14。

186 水果运算（2）

仔细观察下列等式，算出每种水果代表的数字，使等式成立。

🍊 + 🍉 = 7

🍊 + 🍒 = 10

🍉 + 🍒 = 13

提示：先将第一个等式与第三个等式加起来。

187 数字金字塔（2）

将数字1，2，3，4，5，8填在金字塔的方格里，使每个方格中的数字正好是其下方的两个方格中的数字之和。

注意： 除了对称的情况外，答案其实是唯一的。

提示：有个数字的位置是唯一的，请先填上它。

188 数字金字塔（3）

将数字1，2，3，4，5，6，7填写在下面的方格中，使每个方格中的数字正好是其下方的两个方格中的数字之和。

提示：不算对称的情况，有两种不同的解决方案。

189 朝南的房子之谜

阿玛伊娅的房子很特别，它四面都朝南。你能解释一下这是怎么回事吗？

提示：想一想你站在什么地方会四面八方都是南方。

190 计算三角形（2）

下图中有多少个三角形？

提示：不超过15个。

191 数字方阵（7）

将数字1到8填写在下图的方格中，使正方形每条边上的三个数字之和都为15。

192 迷你七巧板（4）

请你用右边的迷你七巧板拼成左边的图形。

提示：将大三角形放在图形的右侧。

193　我迷路了

我从我家所在的小区出来,来到一个十字路口。那里原本有个指路牌,上面有四个箭头,分别指示四条路。现在指路牌虽然是完好的,却倒在了地上,不能正确地指路了。

你能告诉我,怎么做我才能确定应该走哪条路吗?

提示:你不知道该往哪走,但你知道你从哪里来。

194　乱葬之谜

一个住在北京的人是否可以被葬在上海?

提示:小心,请仔细阅读,因为这个问题很狡猾。

195 迷你水果数独（4）

请你完成这个数独，游戏规则详见"迷你水果数独（1）"。

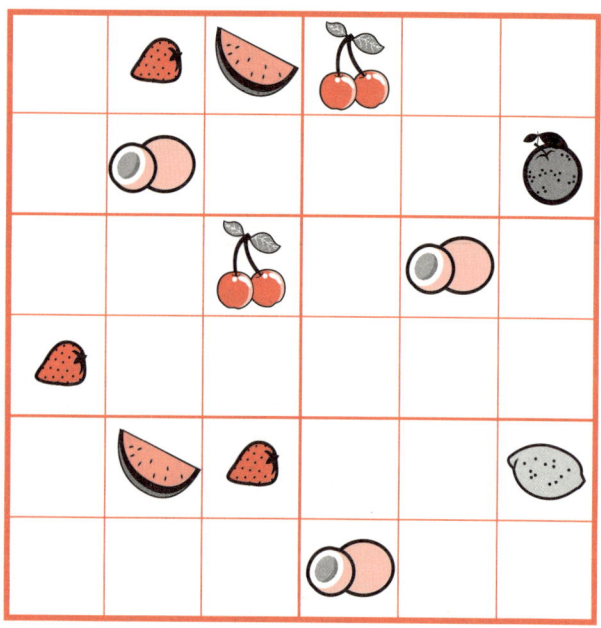

提示：先填写第五行……

196 分享的东西

什么东西当你拥有时，你想与他人分享，而当你与他人分享时，你就不再拥有它了？

提示：不要告诉任何人。

197 使等式成立（5）

请你添加运算符号（"+""-""×""÷"）及必要的括号，使以下等式成立。我们已经帮你填好了一个等式。

4+4-4-4 = 0
4 4 4 4 = 1
4 4 4 4 = 2
4 4 4 4 = 3
4 4 4 4 = 4
4 4 4 4 = 5
4 4 4 4 = 6
4 4 4 4 = 7
4 4 4 4 = 8
4 4 4 4 = 9

198 神射手（2）

你能投掷3支飞镖，恰好得到14分吗？

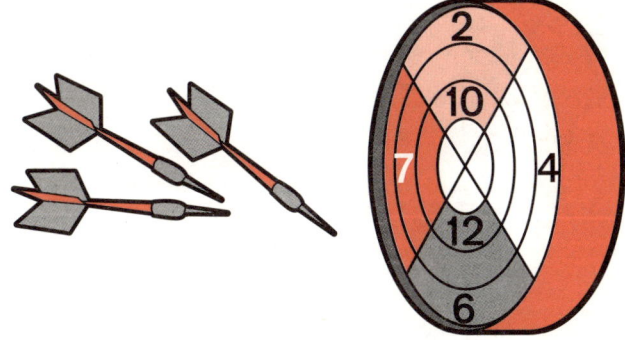

提示：可以在某个数字的区域投掷两支飞镖。这道题的答案不止一个！

199 火眼金睛（4）

下面的图只有两幅是完全对称的。你能找到它们吗？

提示：注意飞机。

200 在椅子上

我的椅子上有一只猫、一只狗、一只蜘蛛和一只母鸡。它们总共有多少条腿?

提示:小心,问题有陷阱。

201 我的同学

我们班的同学越来越多了。在体育课上,我们可以分成两人、3人或6人一组,但分成5人一组时,会多出1个人。如果我们班总人数不超过50人,你知道我有多少位同学吗?

提示:如果我们班的同学可以分为6人一组,那么总人数一定是6的倍数……

202 数字纵横（4）

将数字 1 到 9 填入下图的方格中，使横向和纵向上的数字之和都等于 26。

203 火眼金睛（5）

每个字母组的图案都可以与一个数字组的图案配对组成正方形。你能给它们配一配吗？

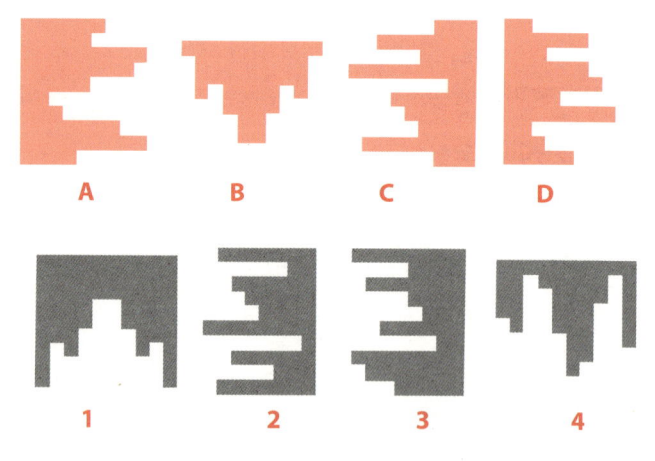

204 多少场比赛

一项锦标赛有 256 支队伍参赛。每轮比赛的败方被淘汰,所有的胜方再配对进行下一轮比赛,淘汰失败者……若要决出冠军,总共需要举行多少场比赛?

提示:可以先试算一下少量队伍参赛的情况,比如 8 支。先计算一下第一轮有几场比赛,有多少队伍会离开,剩下的队伍将在第二轮进行多少场比赛,之后会有多少支队伍离开……一旦你彻底分析过这个案例,你就能解决这个问题。

205 限时计算

做本题时,你必须非常诚实:不能使用计算器,不能回头计算,不能暂停超过 10 秒。你能算出答案吗?

(1)从 1000 开始。
(2)加 40。
(3)再加 1000。
(4)再加 30。
(5)再加 1000。
(6)再加 20。
(7)再加 1000。
(8)再加 10。

提示:如果算出的结果超过 5000,请再试一次,这次可以用计算器。

206 火灾逃生

想象一下,你在一个岛的中心扎了营。突然,岛的一边发生了火灾,大火从北向南移动。如果你什么也不做,火在短时间内就会烧到你身上,你将会被烧死。你要如何做才能逃命?

注意: 你不能跳海,因为你会被淹死。此外,你有足够的材料来生火。

提示:虽然这看起来像乱说,但实际上你可以再放一把火来拯救自己。

207 将船放进方格(5)

将船正确地放到方格内,游戏规则详见"将船放进方格(1)"。

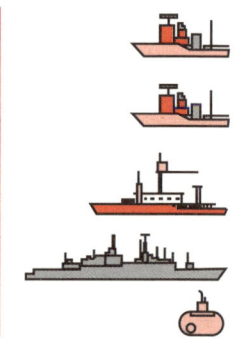

提示:最大的和第二大的船只能竖着放。

208 我是一只猴子吗?

如果我告诉你所有的猴子都吃香蕉,我也吃香蕉,那么我是在说我是猴子吗?

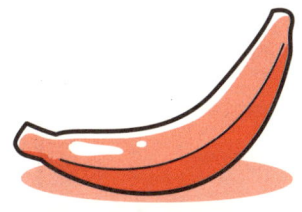

提示:仔细分析,不要做出题目中没有的假设。

209 三位数学老师

三位数学老师进入餐厅,女服务员问他们:
"你们三位想喝咖啡吗?"
第一位老师回答:"我不知道。"
第二位老师补充说:"我也不知道。"
第三位老师说:"是的,我们三位想喝咖啡。"
如果他们之前没有商量过,第三位老师是怎么知道他们三位都想喝咖啡的呢?

提示:如果第一位老师不想喝咖啡,你认为他会回答"我不知道"吗?

210 好奇怪啊！（4）

你能说出下面这张图片有什么问题吗？

提示：这个模型在实际生活中可能存在吗？

211 数字方阵（8）

在下面的方格中填上适当的数字，使每个 2×2 的方格内的数字之和都为 26。

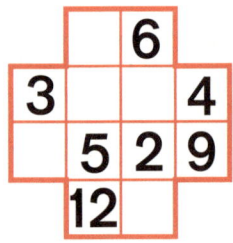

提示：问题并不复杂，你可以从 4 左边的数字开始填。

212 五联骨牌（4）

这是一个比较复杂的五联骨牌游戏。你能用下面的五联骨牌拼成一个5×5的正方形吗？

注意： 这个正方形看起来像个棋盘，黑白两色交替出现。

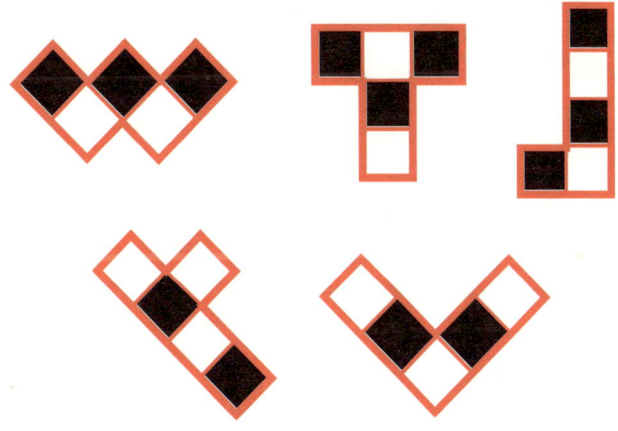

提示：你可以试着让T形和W形的五联骨牌位于正方形的下部，当然，拼法不止一种！

213 得到23

你能否只使用数字2和一些基本的运算符号（"+""–""×""÷"）来得到数字23？

提示：可以用2组成多位数，比如22。这道题的答案不止一个！

214 迷你七巧板（5）

请你用右边的迷你七巧板拼成左边的图形。

提示：把大三角形放在右边。拼法不止一种！

215 五根蜡烛

我们点燃五根蜡烛后，风吹灭了三根，请问还剩下多少根蜡烛？

提示：仔细分析问题。

216 我几岁?

如果我告诉你，4年后我的年龄是5年前的两倍，你知道我现在多大吗？

提示：我不到20岁。

217 河内塔游戏

河内塔游戏是一个非常古老的著名游戏：在一块木板上立有三根柱子，在第一根柱子上按照上小下大的顺序放着三个圆盘（初始状态），游戏者要将这些圆盘移到第三根柱子上（目标状态）。

要求：
（1）每次只能移动任何一根柱子最上面的一个圆盘；
（2）大圆盘不能放在小圆盘上。

这是只转移两个圆盘的例子：

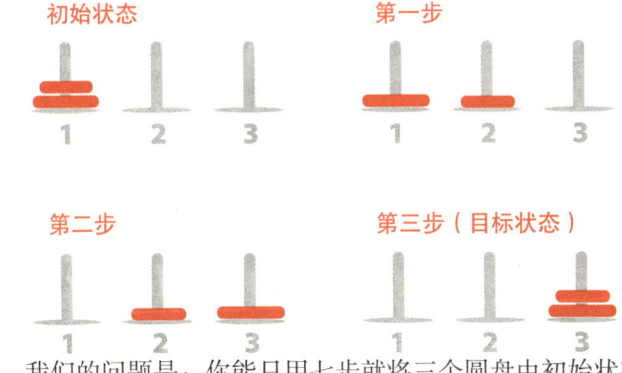

我们的问题是：你能只用七步就将三个圆盘由初始状态变为目标状态吗？

提示：你可以先将小圆盘放到第三根柱子上，再将中圆盘放到第二根柱子上……

218 青蛙跳(1)

在这个问题中,青蛙只会做两个动作:
(1)向左或向右往旁边的空格移一步。
(2)跃过旁边的一只青蛙跳到空格里。
游戏的目标是让不同颜色的青蛙交换位置。

以下是只有两只青蛙的例子:

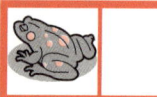

下面提高难度。有两种颜色的青蛙,每种颜色各两只。按照上面的要求,你能让两边的青蛙交换位置吗?

提示:需要4次移位和4次跳跃,共移动8次。

219 俄罗斯方块（5）

这是俄罗斯方块游戏。请将右边的几个方块放到矩形中，消除所有方块。

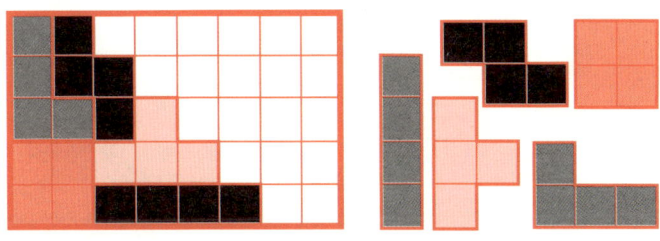

提示：首先需要放Z形方块。

220 有几个立方体

你能说出下面这个模型是由多少个立方体组成的吗？

如果要组出一个六层的这样的模型，需要多少个立方体？

提示：按层计算，第一层有多少个立方体，第二层有多少个立方体……

221 移动火柴（2）

请你只移动两根火柴，让下图中的五个正方形变成七个。不，我们没有错，下图中的确有五个正方形，你找到了吗？

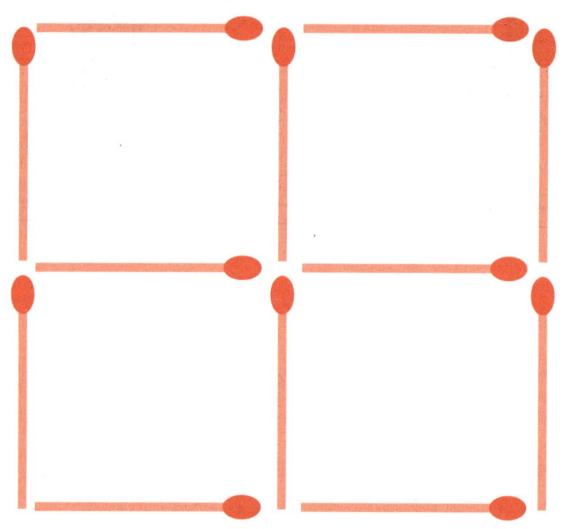

提示：请仔细研究图中小正方形和大正方形的关系，再用这种方式增加三个更小的正方形。当然，移动的方式不止一种！

222 安东尼奥的女儿

我是一名男性，如果安东尼奥的女儿是我女儿的母亲，请问我和安东尼奥的儿子有什么关系？

提示：如果需要，可以试着在纸上画出关系图。

223 卡片叠叠乐（2）

请你仔细观察这些卡片。很明显，有些卡片是放在其他卡片上面的。你能说出这些卡片的放置顺序吗？请从最先放的卡片说起。

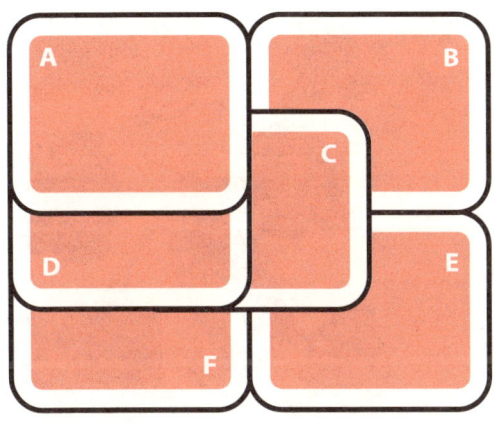

224 神射手（3）

你能只投掷4支飞镖，刚好得到28分吗？

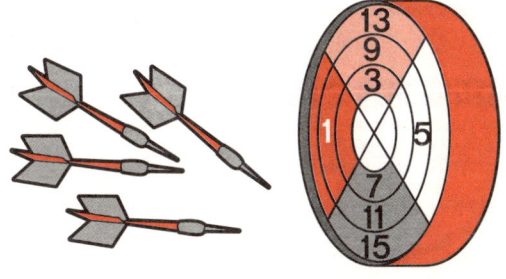

提示：这道题的答案不止一个。

225 火眼金睛（6）

下面的猎人和熊的图案中只有两幅是完全对称的，你能找到吗？

提示：这两幅图相距不远。

226 农民和他的猪之谜

一个农民有一头猪。今天他吃猪肉，明天他把这头猪杀了。你能解释一下这是怎么回事吗？

提示：注意，请仔细阅读，不要做出题目中没有的假设。

227 数字金字塔（4）

仔细观察左图的数字金字塔。每个方格中的数字正好是其下方两个方格中的数字之积，例如：$1 \times 2 = 2$，$6 \times 3 = 18$。

请你按照这个规律，将右图的数字金字塔填写完整。

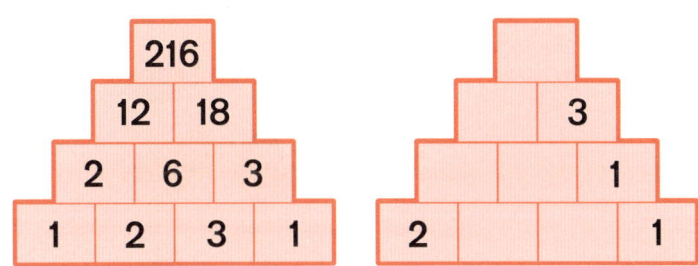

提示：你可以先根据 $1 \times 1 = 1$ 和 $1 \times 3 = 3$ 推算出两个 1 左侧的数字。

228 在市场上（3）

已知订书机比剪刀贵。请你计算出剪刀和订书机各多少钱。

提示：先想一想乘积为 30 的每对自然数。

229 水果运算（3）

下列竖式中，每种水果都代表0到9之间的一个数字。你能算出每种水果代表什么数字吗？

提示：可以先想一想菠萝代表什么数字。

230 找不同（4）

以下这些图案中，只有一个不能折成立方体。你能找出来吗？

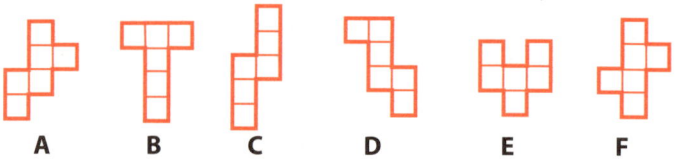

提示：如果想象不出来，可以把它们画在纸上剪下来，看看能不能折成立方体。

231 数字纵横（5）

将数字1到9填入下图的方格中，使横向和纵向上的数字之和都等于27。

232 青蛙跳（2）

下图的青蛙可以沿水平方向或对角线方向跃过它旁边的一只青蛙，跳入空位，被跃过的青蛙将消失不见。按照这个规则，最后一只青蛙会留在哪个位置？

提示：首先消除第一行中的第二只青蛙，然后是第二行中的第一只……

233 迷你水果数独（5）

请你完成这个数独，游戏规则详见"迷你水果数独（1）"。

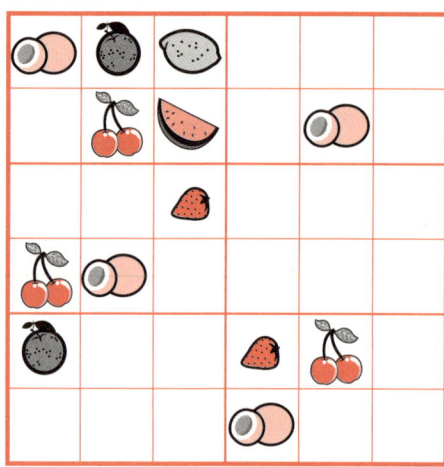

提示：首先把左上方的矩形填满。

234 使等式成立（6）

请你添加运算符号（"＋""－""×""÷"）及必要的括号使以下等式成立。

2 2 2 2 2 = 0　⟶　2÷2＋2÷2－2＝0
2 2 2 2 2 = 1
2 2 2 2 2 = 2　　　2 2 2 2 2 = 4
2 2 2 2 2 = 3　　　2 2 2 2 2 = 5

提示：添加运算符号的方法不止一种！

235 切蛋糕

你能只用三刀就将蛋糕切成大小相等的八块吗?

提示:你必须从三维的角度考虑问题。

236 每种水果代表什么数字

在下图中,每行的四种水果代表的数字之和为最后一列上该行的数字。每列的四种水果代表的数字之和为最后一行上该列的数字。你知道每种水果代表什么数字吗?

提示:从第三行,你可以知道西瓜代表哪个数字。

237 多米诺骨牌（3）

请你将左边的多米诺骨牌拼成一个神奇的正方形，使得正方形的每一行、每一列和每一条对角线上的点数之和都等于9。图中有三个格已经放好了。

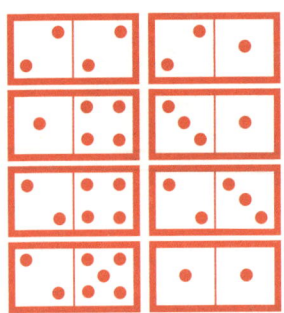
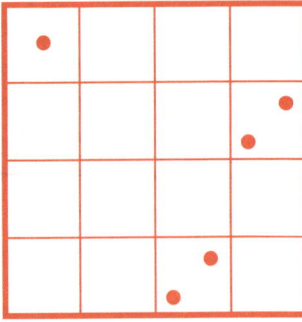

提示：2点加5点的那张多米诺骨牌竖直放在第一列。

238 数字沙漏

将数字1到6填入圆圈中，使每条直线上的三个数字之和都为11。

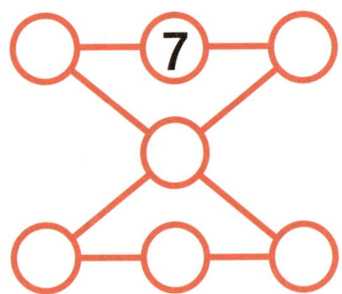

239 四种颜色就足够了

在数学上有一个非常重要的定理,称为"四色定理":对于任何一张地图,只用四种颜色就能使具有共同边界的国家着上不同的颜色。请你只用四种颜色为下图涂上颜色,要求相邻两区域的颜色不能相同。

提示:先只用两种颜色涂外圈,然后用另外两种颜色为下一个区域(朝向中心)涂色。

240 相安无事的皇后们(3)

将三个皇后分别放在下面的迷你棋盘上,使棋盘上的所有方格都被皇后占领或受到她的威胁。

提示:在一种解决方案中,有一个皇后位于角上。

241 北极熊之谜

在南极的长途旅行中，远征队伍准备了充足的武器以防北极熊的袭击。但奇怪的是，他们没有遇到一头北极熊。你能解释一下这是怎么回事吗？

提示：多了解一些关于北极熊的信息。

242 道路、河流和田野之谜

你知道在哪里可以找到没有汽车的道路、没有水的河流和没有树木的田野吗？

提示：上图已经提示你了。

243 盒子里的铅笔之谜

我把一支 16 厘米长的铅笔放在了一个每边长 10 厘米的正方体盒子里面。你知道我是怎么做到的吗?

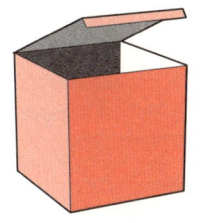
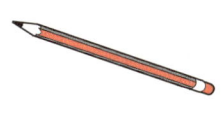

提示：如果你不知道如何解决问题，可以找一个盒子，看看是否可以放入比其边长更长的东西。

244 五块手表

仔细观察前四块手表上显示的时间之间的关系，写出第五块手表显示的时间。

提示：可以先找出小时数之间的关系。

245 数学魔术（3）

这是一个新的数学魔术。先选择一个两位数，然后将这个两位数各位上的数字相加，再用这个两位数减去得到的和。根据得到的差，在下表中找到相应的图案。我总能知道是什么图案，你相信吗？

提示：这个图案是一面小旗。你知道我是怎么知道的吗？如果不信，你可以再试试。

246 结束了！

请仔细观察这个序列：

FINFINFINFINFINFINFINFINFINFINFINFIN……

如果字母 F 的编号为 1，那么请问编号为 2000 的是什么字母？

答案

1 牧羊人、狼、山羊和卷心菜

牧羊人可以先带着羊过河,然后将羊留在对岸,回来再带上狼过河。将狼留在对岸后,再将羊带回原来的岸边。这次他将羊留下,带着卷心菜过河。最后,他将卷心菜和狼都留在对岸,一个人回来再次带上羊过河。

2 精灵连连看(1)

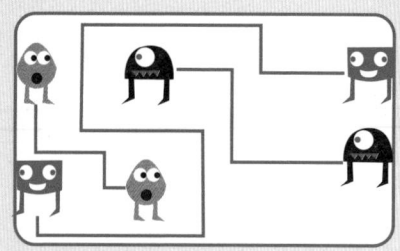

3 公共汽车

你自己的年龄就是答案了,因为题目开头说:"想象一下,你开着一辆……"所以你就是司机。

4 动物的声音

蜜蜂——嗡嗡,驴——咴儿咴儿,猫头鹰——咕咕,羊——咩咩,牛——哞哞,老鼠——吱吱。

5 颜色之谜

木炭。

6 旋转180°还是那个三位数

一共有12个这样的三位数:101,111,181,609,619,689,808,818,888,906,916,986。

7 三胞胎之谜

要是说某些东西的一半具有某种属性,并不是否认了另一半也有同样的属性。例如,说墙的一半是红色的,并不意味着另一半不是红色的。同样地,说三胞胎有一半是男孩,并不意味着另一半不是男孩。

8 5只鸭子

农场里有 5 只鸭子，每只鸭子有 1 张嘴和两条腿，一共就有 5 张嘴、10 条腿。

9 有多少个半升？

如果我们仔细阅读题目，找到答案就不会有太大困难了：一升（两个半升）加一升半（3 个半升），再加半升（1 个半升）和一升半（3 个半升），总共有 2 + 3 + 1 + 3 = 9 个半升。

10 迷你水果数独（1）

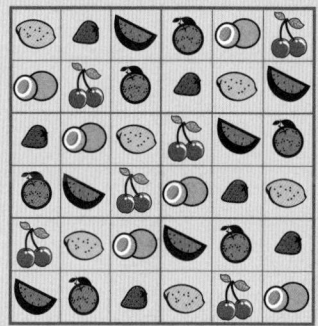

11 拿出乒乓球

用瓶子和水龙头向管子里灌水，灌满后乒乓球会浮到水面上，自然就能拿到了。

12 金球奖

获奖顺序	球员名	身高	年龄
1	梅西	1.69米	25
2	C罗	1.86米	28
3	莫德里奇	1.72米	33

13 去巴塞罗那途中

只有我一个人去巴塞罗那。题目中所说的公共汽车、公共汽车上的人和行李箱是离开巴塞罗那的。仔细看题，我是遇到他们的，他们不是和我一起去的。

14 不想理发的理发师
题目中,巴塞罗那人有两个,而塞维利亚人只有一个,给两个人理发赚的钱更多。

15 好奇怪啊!(1)
在实际生活中是不可能建造出这样的楼梯的。想象一下,如果你走在上面,会发现你在一个环中一直在向上走或一直在向下走,这显然是不可能的。

16 夺宝之路
狮子一整年没吃过东西,肯定已经死光了。因此,选择这条路最安全了。

17 从1到5
13 × 4 = 52

18 任意连续三天
昨天、今天和明天。

19 同义词的反义词
同义词的反义词是反义词。

20 五姐妹
就叫安娜!

21 国王在哪里?
将书倒过来看,国王就会出现了。你找到了吗?

22 空盒子
只能放一枚硬币。因为放了一枚硬币后,它就不再是空的了。

23 拼正方形（1）

24 限时挑战（1）

（1）背心没有袖子，因此答案是袖子不是任何颜色的。

（2）梅诺卡岛和其他所有地方一样，从6点到7点过去了1个小时。因此答案是1个小时过去了。

（3）无论你是否改变居住地，你的牙齿都会在你的嘴里长出来。因此答案是在他的嘴里。

（4）当太阳下山时，所有城市都会变暗。因此答案是会变暗。

25 好奇怪啊！（2）

这样的相框是不可能做得出来的。我们可以在图纸上把它画出来，但实际上是做不出来的。

26 神射手（1）

这是一种答案。

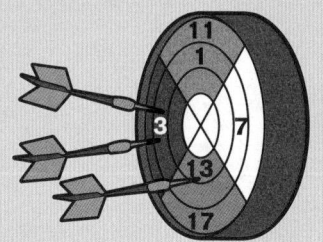

27 火眼金睛（1）

相同的图形：A——E，B——H，C——G，D——F。

28 笼子和鸟

我有20只鸟和6个笼子。

29 数字方阵（1）

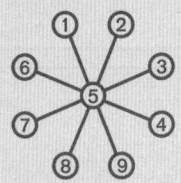

30 时钟之谜

大约每1小时5分27秒，时针和分针将重叠一次。

31 数字雪花（1）

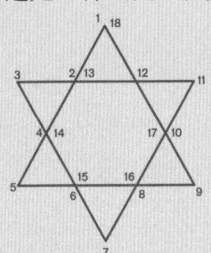

32 一气呵成（1）

这是一种画法：从数字1开始，按照编号的顺序最后画到18。

33 古中国的神秘图案

这是传说中的洛书。下表中的数字对应图案中每个位置的圆的数量。仔细观察可以发现，图中每一行、每一列和每一条对角线上的三个数字之和都是15。

4	9	2
3	5	7
8	1	6

34 飞行之谜

1小时55分钟不就是115分钟吗？

35 珠穆朗玛峰

在珠穆朗玛峰被人类发现之前,世界上最高的山峰还是珠穆朗玛峰。

36 时钟分割

如图,时钟被分成了三个部分,每个部分上的数字之和都是26。

37 硬币大挪移

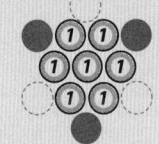

38 使等式成立(1)

这是一种答案。

5 + 5 − 5 − 5 = 0

5 ÷ 5 + 5 − 5 = 1

5 ÷ 5 + 5 ÷ 5 = 2

(5 + 5 +5)÷ 5 = 3

39 房子与桥(1)

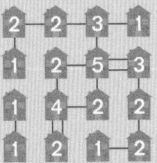

40 放六张桌子

按照下图摆放桌子,就能满足题目的要求。

41 不会碎的鸡蛋

这是因为鸡蛋在空中落了1米多还没落到地上。当它落在地上时,自然就破了。

42 一根链条

打开其中的一对圆环,如图将剩下的三对连接起来,就可以连成一根链条了。

43 迷你水果数独(2)

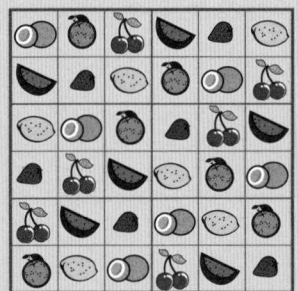

44 填满表格(1)

在每一行中,中间的数字是另外两个数字的积。因此,末行的空格中应该填写8乘9的积,即72。

45 相安无事的皇后们(1)

按照下图摆放四个皇后,它们就互不威胁了。

46 多米诺骨牌（1）

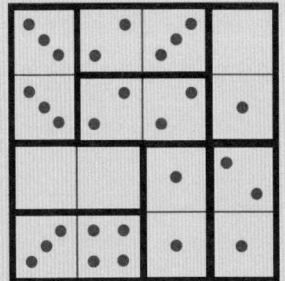

47 迷你七巧板（1）

48 填满表格（2）

如果按行思考，你会发现每一行的第二个数字是第一个数字的两倍，第三个数字是第二个数字的三倍。因此，缺少的数字为 $14 \times 3 = 42$。

49 牙签和罗马数字

下图中突出显示了一种方案中你需要移动的那根牙签。

XI + I = XI

另外，如果你不移动牙签，将书倒过来看，等式也是成立的。

X = I + IX

50 使等式成立（2）

$999 + 9 \div 9 = 1000$

51 放圆圈（1）

下图是其中一种摆放方法。

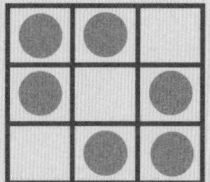

52 硬币滚动

滚动的硬币自己需要滚动两圈。

53 寻找五角星

54 六个台球

下图是其中一种解决方案。

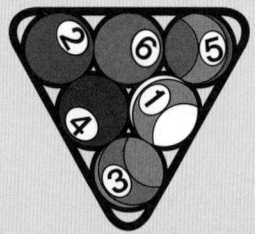

55 胡萝卜、围巾和树枝之谜

孩子们在花园里堆了雪人，雪人融化了，只留下了这些东西。

56 猜一猜（1）

嘴唇。嘴唇合在一起时，这个人是沉默无语的，他说话时需要将嘴唇分开。

57 我的数字闹钟

20∶08时数字闹钟发出的光最多。

58 那是哪一年

（1）2112年。

（2）6009年。

（3）8008年。

59 涂漆

从下图中你可以清楚地看出，b 墙的面积是 a 墙的 4 倍。因此，它涂漆的花费也是 a 墙的 4 倍：4 × 40 = 160（元）。

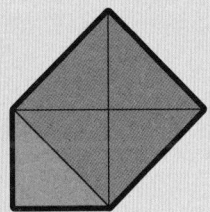

60 一气呵成（2）

其中一种画法如下：从数字1开始，按照编号的顺序画。

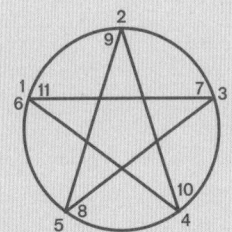

61 续写数列（1）

在第一个数列中，相邻两数之差分别为1，2，3，4。因此后面的两个数为 10 + 5 = 15，15 + 6 = 21。

在第二个数列中，相邻两数之差分别为2，4，6，8。因此，后面的两个数为 21 + 10 = 31，31 + 12 = 43。

在第三个数列中，相邻两数之差分别为2，4，8，16。因此，后面的两个数为 31 + 32 = 63，63 + 64 = 127。

62 限时挑战（2）

（1）每年的所有月份都有 28 天。因此，10 年中有 120 个月有 28 天。

（2）两支球队在场上各有 11 名球员，再加上主裁判，总共有 23 人。助理裁判不在场上。

（3）不可能超过最后一名。

（4）还剩下 5 只。因为题目说"除了 5 只外全都死了"。

（5）和在任何地方坐电梯都一样：按下相应的按钮。

63 接着画（1）

A 图到 B 图，对应位置的图案改变了形状，比如实心三角形变为了实心圆形。B 图到 C 图，对应位置的图案改变了属性，比如实心圆形变为了空心圆形。那么，C 图到 D 图，又应该是对应位置的图案改变形状了。因此，答案见下图：

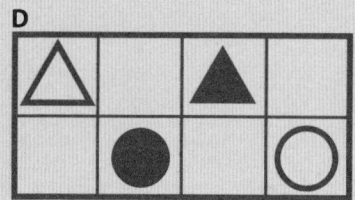

64 数学魔术（1）

最后的结果与你选择什么数字没有关系，它总是 9。任何数字乘 9（或者 9 的倍数，如 18，27……）后，将得数各位上的数字相加，最后得到的一位数一定是 9。这不是什么魔术，而是数学规律。

65 数字方阵（2）

下面是一种解决方案。

66 俄罗斯方块（1）

这样放置所有的大方块，你就能得到最高的分数。

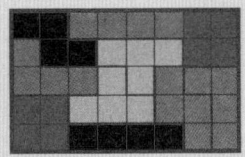

67 12颗钻石

将钻石分成三组，每组4颗。取两组分别放在天平的两端，可能出现两种情况：

（1）天平是平衡的。在这种情况下，假钻石就在剩下的一组中。将第三组的钻石再分成两组，每组两颗，分别放在天平的两端。假钻石一定在较轻的那组中。再将这两颗分别放在天平的两端，轻的那颗就是假钻石了。这样就只称了3次。

（2）天平不平衡。假钻石肯定在轻的那组里。再按照上面第（1）种情况所述的办法做，就可以找出假钻石了。这样也只称了3次。

68 使等式成立（3）

下面是一种方案。

$(1+2-3) \times 4 = 0$

$1 \times 2 + 3 - 4 = 1$

$1 + 2 + 3 - 4 = 2$

$1 + 2 \times 3 - 4 = 3$

$1 + 2 - 3 + 4 = 4$

$(1+2) \div 3 + 4 = 5$

69 一气呵成（3）

下面是一种先从外围开始的画法：从数字1开始，按照编号的顺序画。

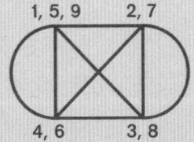

70 正方形拼接

这是加入第四个正方形后组成的五种不同的图案：

71 数字雪花（2）

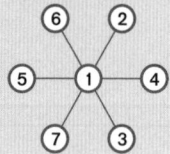

72 续写数列（2）

如果我们计算第一个数列中相邻两数的差，可以得到：1，2，1，2，1，2。因此，接下来的两个数应是 10 + 1 = 11 和 11 + 2 = 13。

在第二个数列，第一个数减 1 得到第二个数，第二个数乘 2 得到第三个数，第三个数再减 1 得到第四个数，第四个数再乘 2 得到第五个数……因此，接下来的两个数应是 25 和 50。

在第三个数列，每个数与前数的差分别为 –1，2，–1，2，–1，2。因此，接下来的两个数应是 5 和 7。

73 河和小船之谜

两个人分别在河的两岸就可以了。当两人中的一人过河后，另一人可以接着乘小船到对岸。

74 火眼金睛（2）

只有 A 和 G 是完全相同的。B 图的牛缺少乳房和左腿皱纹。C 图的伞上缺少伞骨。D 图的牛没有角。E 图的牛缺少鼻子和眉毛，牛蹄颜色不同。F 图的牛没有铃铛，牛蹄颜色也不同。H 图的牛蹄没有分开。

75 水果运算（1）

76 三道围墙和七座房子

这是一种方案。

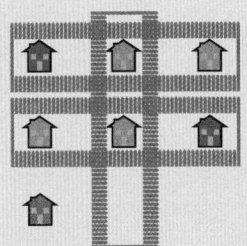

77 好朋友（1）

	安娜	布拉斯	卡洛斯
科目	数学	英语	科技
宠物	狗	猫	鱼
运动	打篮球	踢足球	打网球

78 写到100

1 到 10 中只有 1 个 5。大部分情况下，后面每十个数中也只有 1 个 5（15，25，35，45，65，75，85，95）；但从 50 到 59，有 11 个 5。因此，总共需要写 20 个 5。

79 多米诺骨牌（2）

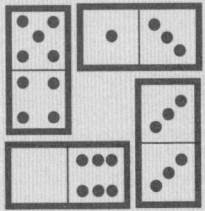

80 迷你七巧板（2）

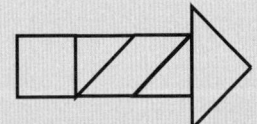

81 一气呵成（4）

下面是一种画法：从1开始，按照编号的顺序画。

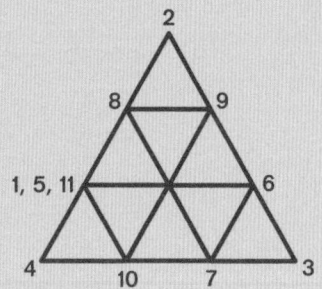

82 半桶

如图所示，将桶倾斜，当水面与桶的一条对角线持平时，刚好是半桶水。

83 拼立方体（1）

只有图案C可以拼成上面的立方体。

84 接着画（2）

将三个图案看作白色圆圈的位置不动，而黑色区域每次按顺时针方向移动一格，就很容易理解了。答案见下图。

85 寻找宝藏

你先爬上岛外的那棵棕榈树,将绳子的一端绑在上面,然后拿着绳子在水域的外围绕一圈,再将绳子的两端系在一起。这样,绳子就也绑住岛上的棕榈树了(如图所示),你就可以顺着绳子来到岛上了。

86 卖酒

这是一种解决办法:

首先装满容量为5升的罐子,再用这些酒装满容量为4升的罐子,这时5升的罐子里剩下了1升酒。然后将4升的罐子清空,将5升的罐子里剩下的1升酒倒入4升的罐子。

接着,再次将5升的罐子装满,用里面的酒倒满4升的罐子。由于4升的罐子里已经有了1升酒,将其装满后,5升的罐子里将剩下两升酒。再将4升的罐子清空,将5升的罐子里剩下的两升酒倒入4升的罐子。

最后,再次将5升的罐子装满,用里面的酒倒满4升的罐子。由于4升的罐子里已经有了两升酒,将其装满后,5升的罐子里将刚好剩下3升酒。

其实还有更简单的方法,你想到了吗?

87 在市场上(1)

如果一头牛的价格等于两头猪的价格,那么从第二个等式我们可以知道,七头猪的价格是1750元。因此,一头猪的价格是 1750÷7 = 250元,一头牛是500元。

88 数字金字塔（1）

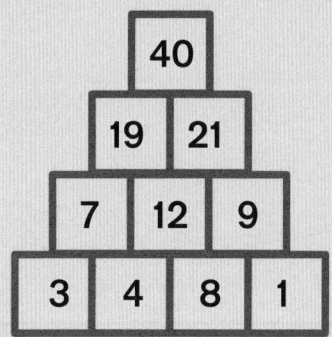

89 扔球

用力将球笔直向上扔，球自然会掉回你的手中。

90 三个车队

三个赛车手必须交换赛车，这样他们就会愿意开车了，而且会拼命开快，好让自己开的车输掉比赛。

91 找不同（1）

除了PROFESOR之外的所有单词都是由相同的字母组成的：M，A，E，S，T，R，O。因此，多余的单词是PROFESOR。

92 房子与桥（2）

93 有几个正方形（1）

从大到小共有 1 + 1 + 5 + 4 + 13 + 8 = 32 个正方形。

94 边和对角线

每个顶点都可以与其他9个顶点相连,因此,共有 10×9 = 90 条边和对角线。但必须记住,我们在这里已经将每条边和每条对角线计算了两次,因此,它们的数量实际只有一半:90÷2 = 45(条)。

95 体育运动

将会踢足球的人数与会打篮球的人数相加,将得到38。比这个班的总人数多8。因此,同时会两项运动的有8人。题目中说有23名学生会踢足球,现在知道有8人同时会两项运动,那么只会踢足球的学生有15人。同样,可以算出有7人只会打篮球。

96 将船放进方格(1)

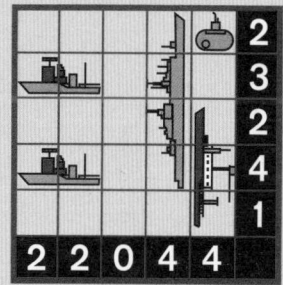

97 精灵连连看(2)

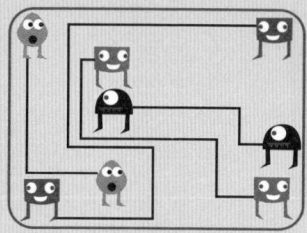

98 数字方阵(3)

下面是一种解决方案。

5	1	8	4
7	3	6	2

99 数字雪花（3）

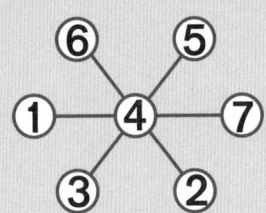

100 补充完整

图案C。

101 计算三角形（1）

有8个小三角形、8个中等大小的三角形和8个大三角形。所以，总共有24个三角形。

102 限时挑战（3）

（1）在3厘米×3厘米×3厘米的洞中没有沙子，因此答案是沙子的重量比1克少。

（2）幸存者不会被葬在这两个国家中的任何一个。因为他们已经得救了！

103 俄罗斯方块（2）

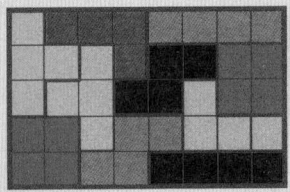

104 超级乘法

算式的最后一个乘数是0，因此，毫无疑问，算式的结果为0。

105 接着画（3）

这四个符号实际上是A，B，C，D四个字母的对称"折叠"。因此，我们必须向外星人发送以下符号：王。

106 数字纵横（1）

107 一气呵成（5）

下面是一种画法：从1开始，按照编号的顺序画。

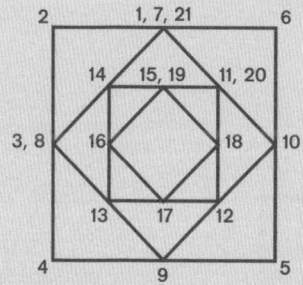

108 放圆圈（2）

下面是一种解决方案。

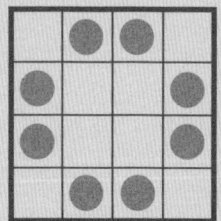

109 猜一猜（2）

鞋子。你绑上鞋带它们就开始移动了，松开鞋带它们就不动了。

110 猜一猜（3）

你的名字。

111 将月亮分成六部分

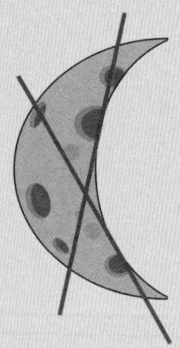

112 好奇怪啊！（3）

这个物品可以画出来，但在实际生活中是不可能存在的。

113 将船放进方格（2）

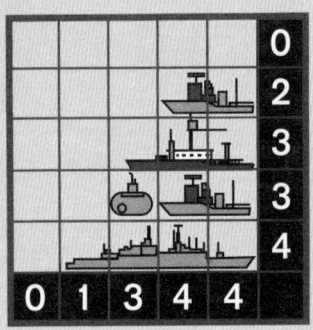

114 数字方阵（4）

1	4	8
7		3
5	6	2

115 迷你水果数独（3）

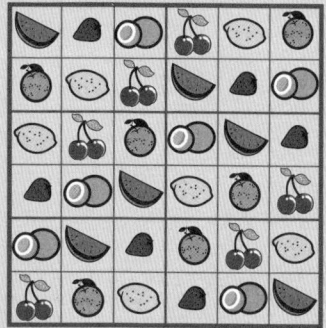

116 交替摆放的杯子

将第二个杯子中的东西倒入第五个杯子就行了。

117 相安无事的皇后们（2）

118 小心食物烧焦

首先让两个沙漏同时开始计时。当5分钟沙漏漏完沙时，8分钟沙漏还剩下3分钟才能漏完沙。这时开始煮食物，直到8分钟沙漏漏完沙。这时，食物已经煮了3分钟。紧接着让8分钟沙漏重新开始漏沙，沙漏完后，食物就刚好煮了11分钟了。

119 蚂蚁玛蒂娜

下图所示是最短的路径。

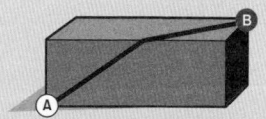

120 拼正方形（2）

五个图案放置的顺序为C——E——D——A——B，它们各自的位置见下图：

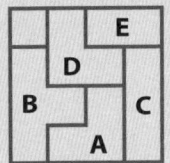

121 卡片叠叠乐（1）

最先放的卡片应该是D和F，然后是E，接着是B，再是C，最后放的是A。

122 移动火柴（1）

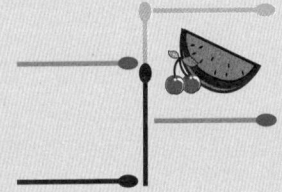

123 接着画（4）

如果你将书顺时针旋转90°，就会看到每个图案都是一个大写的英文字母，分别是A，B，C，D，E。因此，接下来的图案应是逆时针旋转90°的字母F：

124 一气呵成（6）

下面是一种画法：从1开始，按照编号的顺序画。

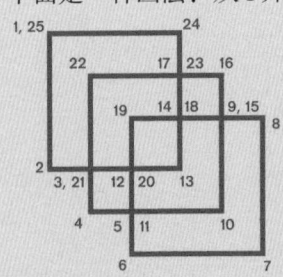

125 10名教师，10门考试，10天

如果10名教师完成10门考试的阅卷工作要用10天，则意味着每位教师完成1门考试的阅卷工作要用10天。因此，20名教师将需要10天才能完成20门考试的阅卷工作。

如果你想换个角度思考，可以想象一下共有两组，每组有10名教师同时工作。这两组将在10天内完成20门考试的阅卷工作（每组10门）。因此，20名教师将需要10天才能完成20门考试的阅卷工作。

126 假钞票

胡安实际只损失了60元和一件运动服。一开始，胡安有一件运动服（40元）。当他把100元的假钞换开，把60元真钱找给顾客后，他得到了40元真钱。当邻近商店的老板把假钞退给胡安时，胡安必须再给他100元真钱。于是胡安损失了60元和一件运动服。

127 卡片背后

只需要将前两张卡片翻过来。如果"我"的朋友说的是对的，第一张卡片正面的图案应该不是猴子，第二张的背面应该是黑色的。不需要翻开后两张，因为第三张是黑色的，它的正面可以是任何动物图案，第四张正面的图案是狗，背面可以是白色的也可以是黑色的，都与"我"的朋友所说的不矛盾。

128 看一眼（1）

它的中心是从左数过来的第九个点。

129 三人抛硬币

他们需要抛两次硬币。约定好如何根据两次抛硬币的结果，决定奖杯由谁保管。比如如果两次都是正面，奖杯由胡安保管；如果两次都是背面，则由佩德罗保管；如果一次是正面、一次是背面，则由安东尼奥保管。由于每次抛硬币，出现正面和背面的可能性是相等的，因此这样的约定是公平的，关键是事先要约定好出现每种情况奖杯由谁保管。

(130) 卡车、桥梁和一只鸟

　　卡车过桥过到一半时，用掉的燃料的重量要大于鸟屎的重量，所以现在卡车总重量还是不超过 10 吨，桥不会被压断。

(131) 好朋友（2）

　　坐在最前面的是玛伊特，她喜欢打篮球，穿红色衣服；坐在中间的是卡特琳娜，她喜欢打排球，穿白色衣服；坐在最后的是玛尔塔，她喜欢跳舞，穿蓝色衣服。

(132) 有几个正方形（2）

　　有 40 个大小不同的正方形。

(133) 五联骨牌（1）

　　这是由五个正方形组成的十二种图案和它们类似的字母：

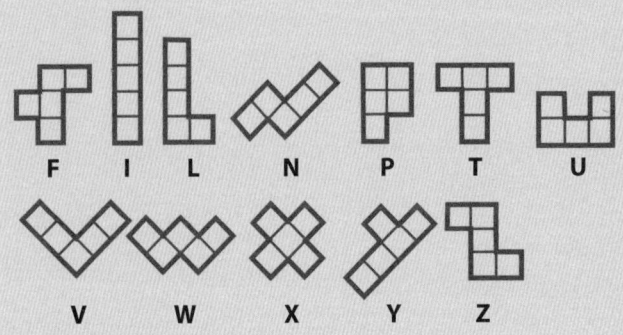

(134) 回收报纸

　　用最初的 200 份旧报纸，可以获得 20 份新报纸。通过回收利用这 20 份报纸，我们可以获得另外两份报纸。因此总共可以制造 22 份新报纸。

(135) 五联骨牌（2）

136 看一眼（2）

虽然看起来不像，但实际上它是个正方形。如果你不相信，可以用工具测量一下。

137 房子与桥（3）

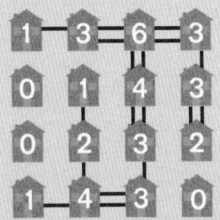

138 食人鱼岛

139 30个瓶子

有几种可能的解决方案。例如：

（1）兄弟1：5个装满的瓶子和5个空瓶。兄弟2：5个装满的瓶子和5个空瓶。兄弟3：10个半满的瓶子。

（2）兄弟1：3个装满的瓶子，4个半满的瓶子和3个空瓶。兄弟2：3个装满的瓶子，4个半满的瓶子和3个空瓶。兄弟3：4个装满的瓶子，两个半满的瓶子和4个空瓶。

140 数字方阵（5）

141 数字中的数字

大数字1和小数字2的关系为1×2=2，大数字2和小数字6的关系为2×3=6，大数字3和小数字12的关系为3×4=12，大数字4和小数字20的关系为4×5=20。因此，在大数字5中的小数字应该为30，即5×6=30。

142 数字纵横（2）

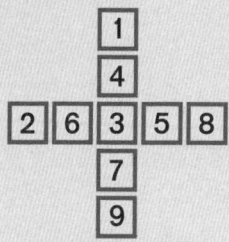

143 将船放进方格（3）

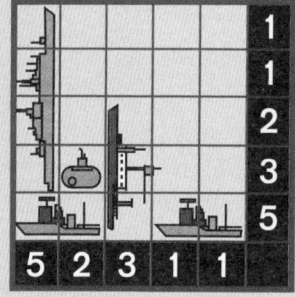

144 接着画（5）

给出的三个图案实际上是扑克牌的三个花色——红桃、梅花和黑桃的一半。因此，画出半个方块就可以了。

145 家庭冲突

大的孩子领到了5元，小的孩子领到了3元。

146 六根牙签

可以做一个四面体，如图。

147 俄罗斯方块（3）

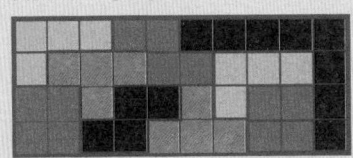

148 续写数列（3）

数列中的每个数都是一个自然数的平方。$1 = 1^2$，$4 = 2^2$，$9 = 3^2$，$16 = 4^2$，$25 = 5^2$……因此，接下来的两个数是 $9^2 = 81$ 和 $10^2 = 100$。

149 一气呵成（7）

下面是一种画法：从1开始，按照编号的顺序画。

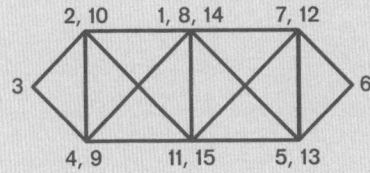

150 改变方向

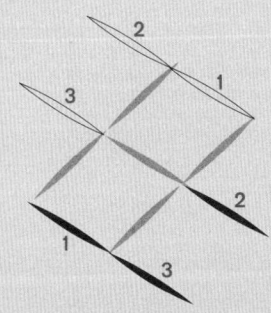

151 包含前六个自然数的时间

一共有24个：

12:50:43，12:53:04，12:53:40，12:54:03，

12:54:30，13:02:45，13:02:54，13:04:25，

13:04:52，13:05:24，13:05:42，13:20:45，

13:20:54，13:24:05，13:24:50，13:25:04，

13:25:40，13:40:25，13:40:52，13:42:05，

13:42:50，13:45:02，13:45:20，13:50:24。

152 聪明的狗

狗先向右转了一圈，然后再向左转了一圈。

153 续写数列（4）

奇数位置的数字是1，2，4，8，因此，下一个应是16。

偶数位置的数字是3，6，12，24，因此，下一个应是48。

因此，这个数列接下来的两个数字是16和48。

154 破镜重圆

正确答案是第三个碎片。

155 猜一猜（4）

火。如果你喂它（空气等），它就会越烧越旺；但如果你向它泼水，它就会熄灭。

156 续写数列（5）

在第一个数列中，每个数与前数的差分别为1，2，1，2，1，2。因此，接下来的两个数是11和13。

在第二个数列中，5先减1得4，然后4乘2得8，接着8减1得7，7再乘2得14……因此，接下来的两个数应是25和50。

在第三个数列中，每个数与前数的差分别为-1，2，-1，2，-1，2。因此，接下来的两个数字应是5和7。

157 找不同（2）
通过旋转我们可以发现，鲨鱼 A，C，D 是相同的，鲨鱼 B 嘴巴的方向与其他三条鲨鱼不同，因此，鲨鱼 B 是不同的。

158 数学魔术（2）
我猜对了吗？如果是，现在轮到你说说我是怎么做到的。

159 精灵连连看（3）

160 数字雪花（4）

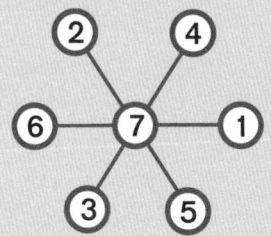

161 神秘的数字
数字代表着在该区域重叠的图形的数量。在问号处重叠的图形有椭圆形、八边形和两个圆角矩形。因此，问号处的数字是 4。

162 不同动物不同颜色

163 拼立方体（2）

拼成的是立方体 B。

164 在市场上（2）

根据一个西红柿和两根胡萝卜价格相等，一个玉米和两个西红柿价格相等，很容易推断出一个玉米和四根胡萝卜价格相等。因此，在第三个等式中，2.1元是七根胡萝卜的价格，由此可以算出每根胡萝卜是0.3元。进而可以算出一个西红柿的价格为0.6元，一个玉米的价格为1.2元。

165 猜一猜（5）

时间。

166 限时挑战（4）

（1）只有1个数字9，其他包含9的数字并不是9。

（2）剩下10台电视：7台开着的和3台关了的。

（3）还有5个角。切掉1个角后，会形成两个角。

（4）下面是你的手。

167 方格与等式

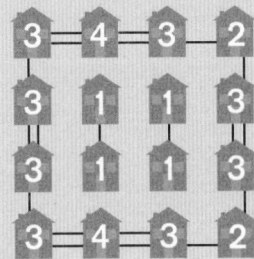

168 房子与桥（4）

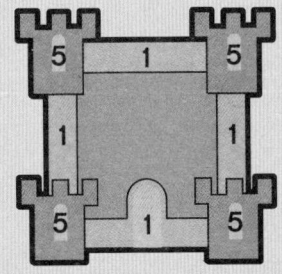

169 握了多少次手

如果10个人中的每个人都与其他9个人握1次手，$10 \times 9 = 90$，原则上将需要握90次手。但是请注意，这样是重复计算了1次。因此，总握手数为45次。

170 城堡保卫战

如下图所示，角楼上和角楼间士兵的人数互换了。

尽管分组没有变化，但每面城墙上都可以看到11名士兵了。注意，实际上还有更好的安排。

171 迷你七巧板（3）

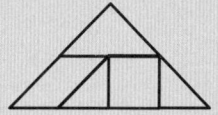

172 字母竖式（1）

```
    534
    534
    534
+   534
   2136
```

173 好朋友（3）

最矮的是安娜，最高的是埃琳娜。

174 五联骨牌（3）

这是组成的两个矩形：

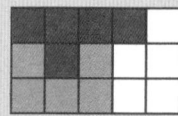 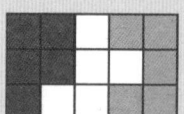

175 有几个正方形（3）

共有 8 个不同大小的正方形：3 + 2 + 3 = 8。

176 字母竖式（2）

下列是两种答案。

```
   162        312
+  162     +  312
   324        624
```

177 使等式成立（4）

$0 + 0 + 0 + 0 = 0$

$1 \times 1 + 1 - 1 = 1$

$2 \div 2 + 2 \div 2 = 2$

$3 \times 3 - 3 - 3 = 3$

$(4 - 4) \times 4 + 4 = 4$

(178) **找不同（3）**

其他字母都是左右对称的，Q除外。

(179) **数字楼梯**

右数第一列中的数字是其相应行的前几个数字之和，例如2 + 1 + 3 = 6。因此，第五行的前四个数字相加必须等于10，这样就可以算出应填入的数字为4。

(180) **数字纵横（3）**

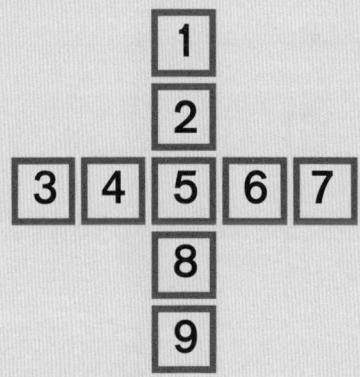

(181) **将船放进方格（4）**

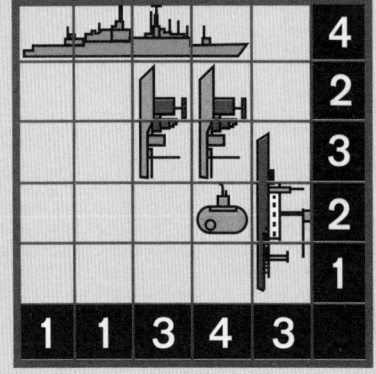

(182) **火眼金睛（3）**

两个完全相同的消防员是C和F。

183 俄罗斯方块（4）

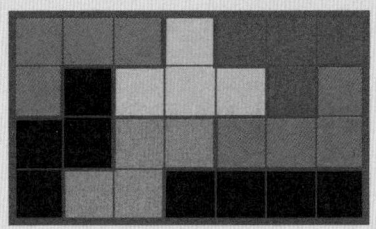

184 房子与桥（5）

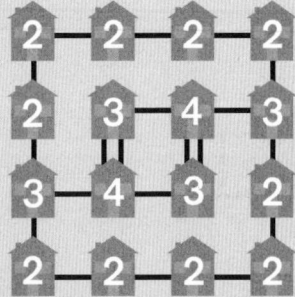

185 数字方阵（6）

186 水果运算（2）

为了方便说明，我们用字母代替水果，N 为橙子，S 为西瓜，C 为樱桃。将第一个等式与第三个等式相加，得到 $N + 2S + C = 20$。从第二个等式，我们知道 $N + C = 10$。因此，$2S = 10$，$S = 5$。从而我们知道，西瓜代表数字5，橙子代表2，樱桃代表8。

187 数字金字塔（2）

188 数字金字塔（3）

189 朝南的房子之谜

阿玛伊娅的房子位于北极点，因此才四面都朝南。

190 计算三角形（2）

有13个三角形：9个小三角形、3个中等大小的三角形和1个大三角形。

191 数字方阵（7）

192 迷你七巧板（4）

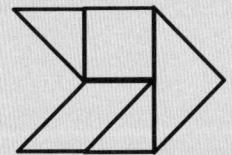

193 我迷路了

你只需抬起指路牌，找到指向你家的方向的箭头，对准你来时走的那条路，其他三个箭头自然就指向它该指示的道路了。

194 乱葬之谜

住在北京的人不可以被葬在任何地方，因为他还活着！

195 迷你水果数独（4）

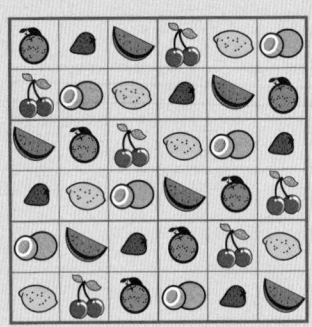

196 分享的东西

答案是秘密。当你拥有秘密时，你希望可以告诉别人；但如果你告诉了别人，你就不再拥有这个秘密了。

197 使等式成立（5）

$4 \div 4 + 4 - 4 = 1$　$4 \div 4 + 4 \div 4 = 2$　$(4+4+4) \div 4 = 3$
$(4-4) \times 4 + 4 = 4$　$(4 \times 4 + 4) \div 4 = 5$　$4 + (4+4) \div 4 = 6$
$4 + 4 - 4 \div 4 = 7$　$4 + 4 + 4 - 4 = 8$　$4 + 4 + 4 \div 4 = 9$

198 神射手（2）

这是答案之一。

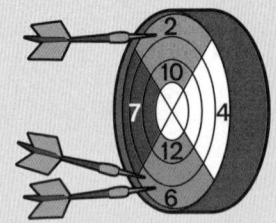

199 火眼金睛（4）

D和F完全对称。

200 在椅子上

总共有22条腿：猫4条、狗4条、蜘蛛8条、母鸡两条、椅子4条。

201 我的同学

6的倍数有6，12，18，24，30，36，42，48……根据题目中"分成5人一组时，会多出1个人"可知，我们班的总人数比5的倍数多1。因此，总人数是36人，我的同学共有35人。

202 数字纵横（4）

203 火眼金睛（5）

A和4，B和1，C和2，D和3。

204 多少场比赛

如果只有8支队伍参赛，那么第一轮有4场比赛。淘汰后剩下4支队伍参加第二轮的比赛，共两场。第二轮结束后剩下两支队伍，再举行第三轮比赛，决出冠军。这样就进行了4＋2＋1＝7场比赛（比参赛队伍数量少1）。同理，如果有256支队伍，就必须举行255场比赛，才能决出冠军。

205 限时计算

结果是4100。

206 火灾逃生

如果你在你的营地放一把火,并耐心等待。当第一场火烧过来时,你将有机会从你的营地逃到已经被你烧光的南部。第一场火灾将不会继续扩散至第二场火烧过的地方,因此,你将成功逃生。

207 将船放进方格(5)

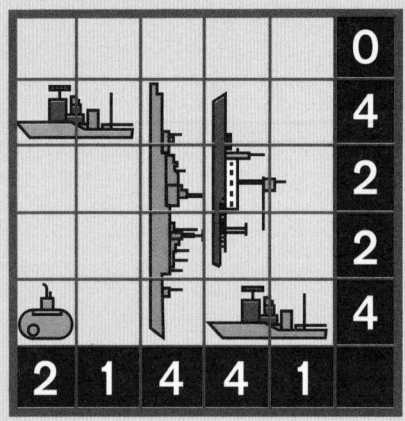

208 我是一只猴子吗?

题目中没有说吃香蕉的一定是猴子。因此,"我"吃香蕉不代表"我"是一只猴子。

209 三位数学老师

可以肯定的是,第一位老师想喝咖啡,否则他就不会回答"我不知道",他会说:"不,不是都想。"如果第二位老师也回答"我不知道",那说明他也想喝咖啡,否则他也会回答:"不,不是都想。"最后,第三位老师自己想喝咖啡,而且根据前两个人的回答,他可以推断出三个人都想喝咖啡。

210 好奇怪啊!(4)

这个模型在实际生活中是不可能存在的。请注意,如果垂直于同一个平面的两个物体是左右并排的,则在与这个平面平行的平面上它们不可能是前后并排的。

211 数字方阵（8）

212 五联骨牌（4）

213 得到 23

这是一种答案。

22 + 2 ÷ 2 = 23

214 迷你七巧板（5）

下图是一种拼法。

215 五根蜡烛

风吹灭三根蜡烛后，还会有五根蜡烛：两根点燃的和三根熄灭的。

216 我几岁？

现在我14岁。4年后我18岁，5年前我9岁，18是9的两倍。

217 河内塔游戏

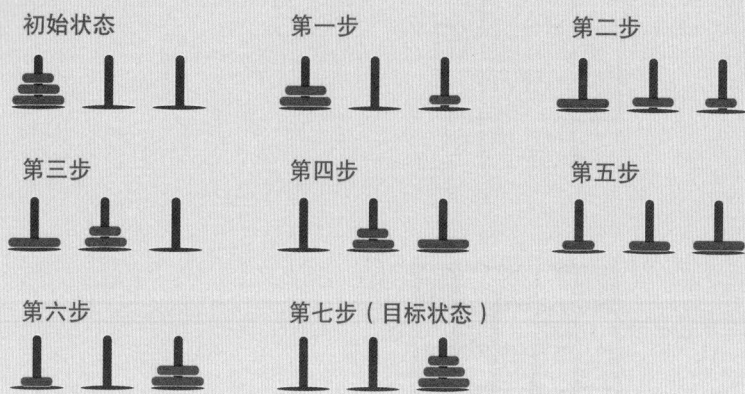

218 青蛙跳（1）

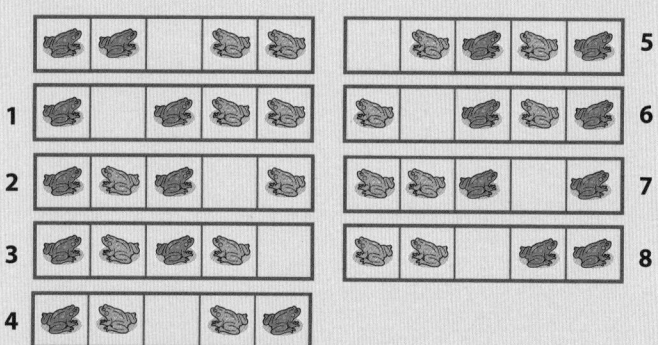

219 俄罗斯方块（5）

220 有几个立方体

这个模型从上到下每一层分别有1个、3个、6个和10个立方体，总共有 1 + 3 + 6 + 10 = 20 个立方体。

如果要搭六层，那么倒数第二层需要15个立方体，最后一层需要21个立方体。所以，我们需要 1 + 3 + 6 + 10 + 15 + 21 = 56 个立方体。

221 移动火柴（2）

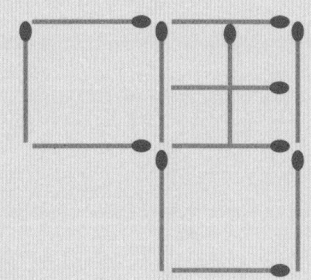

222 安东尼奥的女儿

安东尼奥的儿子是我的内兄弟。

223 卡片叠叠乐（2）

最先放的卡片是B，E，F，它们相互都没有重叠。接下来是C，然后是D，最后是A。

224 神射手（3）

下图是其中一种答案。

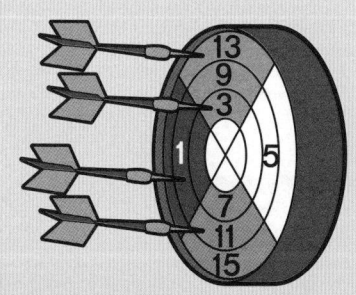

225 火眼金睛（6）

图B和图C。

226 农民和他的猪之谜

题目中的说法不矛盾。事实上，今天他吃猪肉，但题目中没有说他吃的是自己养的这头猪的肉。第二天，农民杀了自己养的猪。

227 数字金字塔（4）

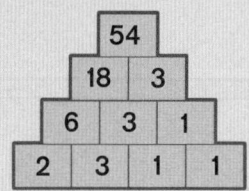

228 在市场上（3）

乘积为30的自然数有1和30、2和15、3和10、5和6，其中只有5和6的和为11。因此，订书机的价格为6元，剪刀5元。

229 水果运算（3）

菠萝只能等于0，因为它是同一种水果相减的结果。菠萝去减苹果的时候，向西瓜借了一位，而得数的百位上西瓜消失了，这样就可以算出西瓜代表1。最后，为使运算正确，苹果只能代表9。

230 找不同（4）

只有图E不能折成立方体。

231 数字纵横（5）

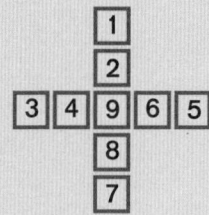

232 青蛙跳（2）

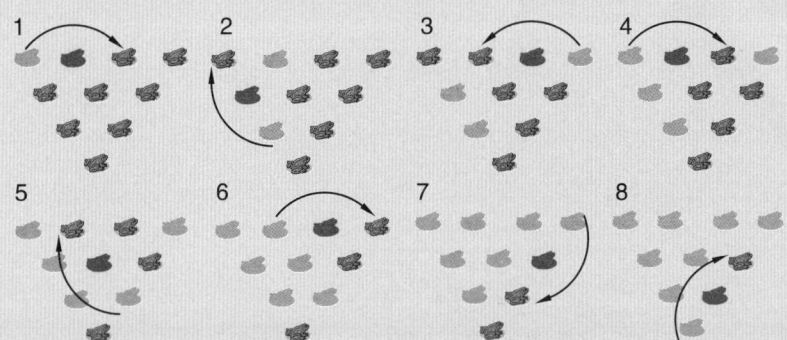

233 迷你水果数独（5）

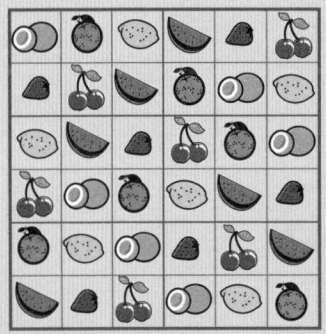

234 使等式成立（6）

下列是一种答案。

$2 \times 2 - 2 - 2 \div 2 = 1$

$2 + 2 + 2 - 2 - 2 = 2$

$2 + 2 \div 2 + 2 - 2 = 3$

$2 + 2 + (2 - 2) \times 2 = 4$

$2 + 2 + 2 - 2 \div 2 = 5$

235 切蛋糕

先在垂直方向，按十字形切两刀，将蛋糕切成四等份，然后在水平方向，在蛋糕中间切一刀，蛋糕就变成了八等份。

236 每种水果代表什么数字

从第三行我们可以知道，西瓜代表的数字是 $8 \div 4 = 2$。通过第四列，我们可以算出苹果代表的数字是3。然后从第三列我们可以算出葡萄代表的数字是5。进而从第一行我们得到香蕉代表的数字是4。最后，从第二列（或第一列）我们得到菠萝代表的数字是1。

237 多米诺骨牌（3）

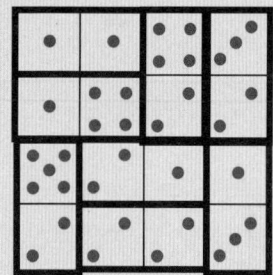

238 数字沙漏

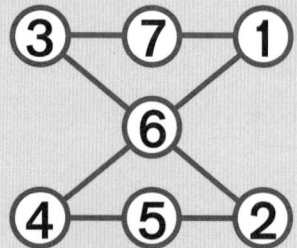

239 四种颜色就足够了

240 相安无事的皇后们（3）

这是一种答案。

241 北极熊之谜

北极熊只生活在北极，所以在南极不可能遇到北极熊。

242 道路、河流和田野之谜

在地图上。

243 盒子里的铅笔之谜

在每边长 10 厘米的正方体盒子中，沿着盒子的对角线，可以放入长度超过 17 厘米的铅笔。因此，放 16 厘米的铅笔没有问题。

244 五块手表

先看显示的小时数，后一个手表的小时数分别比前一个手表的小时数少两小时、3 小时和 4 小时。因此，第五个手表的小时数需要比第四个的少 5 小时，即 21。

再看显示的分钟数，后一个手表都比前一个手表多 5 分钟。因此，第五个手表显示的分钟数为 9 + 5 = 14。

最后，看手表显示的秒数，后一个手表都是前一个手表的两倍。因此，第五个表的秒数为 24 × 2 = 48。

因此，第五个手表的时间应显示如下：21：14：48。

245 数学魔术（3）

无论你选择哪个两位数，最终的结果都会是 9 的倍数（9，18，27，36，45，54，63，72，81）。注意到了吗，在表格中，所有 9 的倍数都是一面小旗。

246 结束了!

字母 F 出现的位置编号为 1, 4, 7, 10……即除了编号 1 外, 所有编号都比 3 的倍数多 1。

字母 I 出现的位置编号为 2, 5, 8, 11……即除了编号 2 外, 所有编号都比 3 的倍数多 2。

字母 N 出现的位置编号都是 3 的倍数。

由于 $2000 = 666 \times 3 + 2$, 因此, 我们知道 2000 比 3 的倍数多 2, 编号为 2000 的字母为 I。